主　编　冯晓青　杨利华
副主编　罗　娇　杜爱霞　周贺微
　　　　刁佳星　郝明英　闻　馨
　　　　江刘容　易镁金　邵红红

冯晓青　杨利华　◎主编

ZHUZUOQUANFA
PINGZHU YU ANLI

著作权法
评注与案例

中国法制出版社
CHINA LEGAL PUBLISHING HOUSE

作者简介

冯晓青,湖南长沙人,中国政法大学二级教授、博士生导师,知识产权法国家重点学科负责人及学术带头人,中国政法大学无形资产管理研究中心主任,中国政法大学国际知识产权研究中心执行主任,北京大学法学博士,中国人民大学法学博士后。兼任中国知识产权法学研究会副会长,中国知识产权研究会副理事长、学术顾问委员会委员暨高校知识产权专业委员会副主任委员,最高人民法院案例指导工作专家委员会委员,最高人民法院知识产权司法保护研究中心研究员,北京恒都律师事务所高级法律顾问及兼职律师等。主持国家社科基金重大项目2个,在《法学研究》《中国法学》等CSSCI刊物发表论文百余篇。获得国家百千万人才工程"有突出贡献中青年专家"、享受国务院政府特殊津贴专家、文化名家暨"四个一批"人才、国家高层次人才特殊支持计划(国家"万人计划")哲学社会科学领军人才等荣誉。开设新浪微博(冯晓青知识产权)和微信公众号(冯晓青知识产权)。

杨利华,湖南长沙人,中国政法大学教授、博士生导师,中国知识产权法学研究会理事,中国知识产权研究会理事,中国人民大学法学博士。主持国家社科基金项目"我国公共文化服务机构的著作权问题及其对策研究"、司法部国家法治与法学理论项目"中国知识产权思想史研究"、北京市社会科学基金项目"北京非物质文化遗产生产性保护研究"等课题。参与国家社科基金重大项目、重点项目以及国家重点研发计划重点专项等国家级重大和重点课题多项。出版《美国专利法史研究》《中国知识产权思想史研究》等多部著作,在《中外法学》《法学评论》《现代法学》《比较法研究》《法学杂志》《法学论坛》《社会科学战线》《南京社会科学》等专业核心期刊发表论文近30篇,国外SSCI等英文专业论文多篇,论文被《人大复印报刊资料》《高校文科学术文摘》等转载多篇。

罗娇，彝族，云南西双版纳人，中国农业大学人文与发展学院法律系副教授、硕士生导师，中国政法大学本科、硕士和博士。主持国家社科基金青年项目、北京市法学会年度课题等研究项目，出版《创新激励论：对专利法激励理论的一种认知模式》等专著2本、编著2本，发表多篇学术论文，其中权威期刊1篇、人大复印资料转载1篇、中国版权年鉴收录1篇、CSSCI期刊10篇。曾获中华法学硕博英才奖、中国律协知产委员会全国十佳论文（合著）、中国知识产权法学研究会优秀论文、中国政法大学优秀博士论文、中国政法大学"学术新人"等奖项与荣誉。

杜爱霞，河南郑州人，中原工学院知识产权学院副教授、硕士生导师，郑州大学法学博士，河南省知识产权高层次人才、河南省知识产权维权专家。主持或参与省部级研究课题十余项，在《中南大学学报（社会科学版）》《中州学刊》《河南社会科学》等期刊发表多篇学术论文。曾作为访问学者赴美国圣约翰大学学习知识产权法学和知识产权管理课程。

周贺微，河南周口人，北京工业大学文法学部法律系教师，中国政法大学法学硕士和博士（其间美国加州大学伯克利分校联合培养），兼任北京市法学会科技法学研究会理事等。出版专著《知识产权法政治学研究》《著作权法激励理论研究》，合著《知识产权法：案例·规则·法理》。在《现代法学》《新闻界》《学海》《编辑之友》等国内外期刊上发表学术论文20余篇，人大复印资料全文转载1篇。

刁佳星，河北保定人，北京科技大学讲师，中国政法大学本科、硕士和博士，美国宾夕法尼亚州立大学法学硕士。参编《恒都知识产权案例研究》《知识产权法热点问题研究》等著作。在《上海交通大学学报（哲学社会科学版）》《湖南大学学报（社会科学版）》等发表多篇论文。主持中央高校基本科研业务费专项资金资助项目一项。曾获中华全国律师协会知识产权专业委员会十佳论文、中国政法大学"学术新人"优秀论文、中国政法大学优秀博士学位论文等荣誉。

郝明英，山东烟台人，中国政法大学民商经济法学院知识产权法研究所教师、知识产权法学专业博士后，兼任北京知识产权法研究会著作权法专业委员会委员、北京市文化娱乐法学会立法咨询与政府规制研究会委员。参编

《网络知识产权法研究》《知识产权法学案例研究指导》《知识产权法前沿问题研究》等著作；在《学海》《中国出版》《编辑之友》《澳门法政杂志》《台湾专利师》等期刊发表多篇论文。参与并负责多项省部级知识产权研究课题，曾获2016年度电子行业优秀工程咨询成果三等奖。

闻馨，河南安阳人，中国政法大学法学博士后研究人员，北京市汉坤律师事务所律师。北京大学物理学博士，瑞典罗尔·瓦伦堡人权与人道法研究所法学硕士结业，中国科学技术大学应用物理学、传播学双学位学士。在SCI刊物发表多篇论文并作为报告人参加多个国际学术会议。参与国家社科基金重大项目研究一项。撰写《可信赖人工智能标准化白皮书》（国家人工智能标准化总体组牵头）中的法律部分。具有丰富的知识产权实务经验，擅长处理复杂技术背景的专利和著作权诉讼案件。

江刘容，重庆垫江人，中国政法大学知识产权法学专业博士生。现任北京市高级人民法院法官助理，具有较丰富的审判实践经验。《追加一人公司股东为被执行人的程序构建》《智慧法院建设背景下在线诉讼证据规则的完善——以在线诉讼对民事证据规则的冲击为视角》《审视与重构：知识产权损害赔偿中证明妨碍制度的完善》等论文荣获全国法院第二十八届学术讨论会二等奖、最高人民法院第二届"羊城杯"司法体制综合配套改革征文一等奖等奖项，多篇案例发表于《中国法院年度案例》。荣获个人三等功、立案审判工作先进个人、优秀公务员等称号。

易镁金，湖南株洲人，中国政法大学民商法学院知识产权法学专业博士。第28届中国国际广告节2021年广告长城奖学术类别铜奖获得者。专长于网络广告、数字营销、网络交易领域公共政策研究。近年来在国家发展和改革委员会、国家市场监督管理总局等官网，以及人民网、新华网、法治网、《北京日报》《法治日报》《人民法院报》等媒体公开发表多篇文章。

邵红红，重庆云阳人，清华大学法学院知识产权法学专业博士研究生，中国政法大学法律卓越人才实验班本科和硕士。参与《北京市知识产权保护和促进条例》法规预案研究项目研究，参编《恒都知识产权案例研究》，在《苏州大学学报（法学版）》《天津体育学院学报》《中国版权》等期刊上发表多篇论文。曾获中南财经政法大学"知识产权南湖论坛"新叶奖、中国政法大学第十八届"学术新人"和中国政法大学第十八届"学术十星"等荣誉称号。

序　言
PREFACE

　　时令更迭，梦想为序，《中华人民共和国著作权法》（以下简称《著作权法》）自从其颁行之日至今已经历经三次修正。整体而言，我国《著作权法》的修改历程表现出从为了遵守国际条约被动修改到基于我国实践发展需要主动调整，从回应性调整伴随技术发展引起的利益纠纷到前瞻式预防技术发展引起的相关侵权风险，保护水平不断提升、体系结构更加合理并且国际保护水平不断提升的特点。

一、《著作权法》三次修改的时代背景与修改需求

　　新中国第一部《著作权法》诞生于1990年，并于1991年6月1日开始施行。我国1990年《著作权法》的施行，对于激励作品创作，促进科技、经济发展以及文学、艺术的繁荣发挥了重要作用。

　　进入21世纪，中国加入世界贸易组织的谈判已经进入最后阶段，但是由于我国1990年《著作权法》的一些规定与《与贸易有关的知识产权协议》存在一定差异，不利于我国加入世界贸易组织。同时，信息技术迅猛发展，1990年《著作权法》的规定无法有效协调信息技术发展引起的利益冲突，因此，我国《著作权法》在2001年进行了第一次修改。这次修改的主要目的在于：其一，对于我国《著作权法》中不符合《与贸易有关的知识产权协议》的相关条款进行修改，为我国加入世界贸易组织做好准备；其二，丰富著作权法的客体种类与行为类型，以此应对随着网络技术发展

出现的新型信息成果与新型作品利用行为。我国《著作权法》第一次修改的主要内容包括：其一，细化有关著作财产权利的规定，将1991年《著作权法》中的"使用权和获得报酬权"细化为十一项具体权项，并且增加信息网络传播权，以此规制信息网络传播环境之下作品的利用行为；其二，将"编辑作品"改为"汇编作品"，以此将"数据库"纳入著作权法客体范围；其三，增加有关版式设计、装帧设计的相关规定；其四，增加有关合理使用的原则性限制，并对合理使用的具体类型进行相应调整；其五，增加有关编写出版教科书法定许可、著作权转让、著作权集体管理组织、临时措施、法定赔偿、举证责任的规定等。

我国2010年《著作权法》第二次修改面临如下时代背景与现实需求：其一，2008年国务院发布了《国家知识产权战略纲要》，突出强调知识产权制度对于确定权利、调整人们在知识产权创造、运用、保护和管理过程中的利益冲突，以及对于促进经济发展的重要作用；其二，我国《著作权法》实施的配套法规相继出台，我国《著作权法》实施的政策与法律环境已经发生变化；其三，世界贸易组织相关裁决认定我国2001年《著作权法》第四条第一款有关"依法禁止出版、传播的作品，不受本法保护"，违反了《与贸易有关的知识产权协议》与《保护文学和艺术作品伯尔尼公约》有关作品自动获得保护的原则。为了适应《著作权法》新的政策与法律环境，并与国际条约的相关规定保持协调，《著作权法》的相关内容有必要进行相应调整。2010年我国《著作权法》第二次修改的主要内容包括：其一，删除2001年《著作权法》第四条有关"依法禁止出版、传播的作品，不受本法保护"的规定，同时增加"国家对作品的出版、传播依法进行监督管理"的规定；其二，增加有关"著作权出质登记"的规定。

我国《著作权法》第三次修改始于2012年，至2020年本次修改方才完成。尽管2001年《著作权法》第一次修改已经回应了一些信息网络环境之下的著作权问题，但是信息网络技术发展迅速，2010年《著作权法》仅对2001年《著作权法》进行了两处修改，面对信息网络技术提出的新问题、新挑战，前两次《著作权法》的修改显然并未全面并且预见性地对信息网络环境下的著作权法律问题进行全面、细致地回应，因此，为了适应新的实践发展需求，有必要根据信息网络技术的发展实践与需求再行调整我国《著作权法》的相关规定。与此同时，我国民法典的立法稳步推进，并分别于2017年与2020年通过了《中华人民共和国民法总则》与《中华人民共和国民法典》（以下简称《民法典》），相关法条内容与表述发生变化。此外，我国虽然参与《马拉喀什条约》的起草，但是我国2010年《著作权法》的相关规定与之还存在一定的差异，影响了加入该条约。为了与我国《民法典》以及相关国际条约保持衔接，也有必要对于《著作权法》的相关规定进行修改。随着我国文化产业的发展，如何更好地激励我国文学、艺术以及科学作品的创作、传播与利用，提升我国文学、艺术以及科学水平，也成为推动本次修改的关键因素。

二、《著作权法》第三次修改的主要内容

2020年《著作权法》的体例结构包括六个部分，分别为"总则""著作权""著作权许可使用和转让合同""与著作权有关的权利""著作权和与著作权有关的权利的保护""附则"。上述体例结构相较于2010年《著作权法》，区别主要在于2020年《著作权法》将2010年《著作权法》第四章的表述"出版、表演、录音录像、播放"修改为"与著作权有关的权利"，将其第五章的表述"法律责任和执法措施"修改为"著作权和与著作权有关的权利的保护"，相关表述逻辑更加严密，体例结构更加合理。2020年《著作权法》条文共计六十七条，相较于2010年《著作权法》，条文数量增加六条。具体修改内容如下：

第一章"总则"部分涉及对于著作权法保护客体、著作权法排除等内容的修改。对于著作权法的保护客体，2020年《著作权法》规定智力成果构成作品的前提条件，即"作品是指文学、艺术和科学领域内具有独创性并能以一定形式表现的智力成果"；将"电影作品和以类似摄制电影的方

法创作的作品"修改为"视听作品";将"法律、行政法规规定的其他作品"修改为"符合作品特征的其他智力成果"。对于著作权法不予保护的客体,将"时事新闻"修改为"单纯事实消息"。

第二章"著作权"部分,修改之处主要涉及:根据《中华人民共和国民法典》的规定,将《著作权法》中的"公民"与"其他组织"的表述分别修改为"自然人"与"非法人组织";调整著作权权利内容,将"数字化"纳入复制权的调整范围,明确规定出租权的客体包括"视听作品、计算机软件的原件和复制件",明确规定广播权控制"以有线或者无线方式公开传播或者转播作品"的行为,但不包括信息网络传播权控制的行为;明确规定合作作品的著作权行使规则;明确规定演绎作品的著作权行使规则;明确规定视听作品的权利归属规则;增加有关"报社、期刊社、通讯社、广播电台、电视台的工作人员创作的职务作品"的规定;完善有关美术、摄影作品原件的展览权的规定;完善有关合理使用的原则性条款以及合理使用的具体类型的规定等。

第三章"著作权许可使用和转让合同"部分,主要修改内容包括:完善有关著作财产权利出质的规定;完善使用作品付酬标准主管部门的规定。

第四章"与著作权有关的权利",主要修改涉及:增加有关职务表演著作权归属与行使的规定;完善有关广播电台、电视台享有的权利的规定等。

第五章"著作权和与著作权有关的权利的保护",修改内容主要包括:增加有关技术措施、权利管理信息的规定;完善有关著作权侵权行为行政责任的规定;完善有关著作权侵权行为类型的规定;增加著作权侵权惩罚性损害赔偿的规定;完善行政处罚的相关规定;完善有关举证责任的规定等。

第六章"附则",主要修改内容涉及著作权法实施的技术性条款。

三、本书的体系与结构

本书为《著作权法》全部六十七个法条添加了评注与相关案例。本书对于《著作权法》法条的分析分为五个部分,分别为"法条对比"、"条文主旨"、"修改理由"、"条文释义"以及"以案说法"。

"法条对比"部分采用表格的形式对比分析了2010年《著作权法》与2020年《著作权法》，并且具体标注每一法条的修改之处，以此直观展现法条之间的区别。

"条文主旨"部分提纲挈领地概括了每一法条的主题与意义，以使读者能够迅速把握法条的要旨。

"修改理由"部分具体阐述了2020年《著作权法》法条进行修改的国际与国内背景，以期向读者呈现《著作权法》相关法条为何修改，以及修改理由。

"条文释义"部分结合著作权法的立法目标、著作权法的配套法规以及著作权法的司法实践对于2020年《著作权法》的具体条款进行了详细解读，以期指明相关条文在著作权法体系中的作用、其与相关法规的配套衔接以及司法适用的要点与难点等问题。

"以案说法"部分选取相关典型案例，通过情景引入的方式深刻而又生动地向读者传达相关法条的具体适用问题。

本书由中国政法大学博士生导师冯晓青教授、杨利华教授共同主编，中国农业大学罗娇副教授，中原工学院杜爱霞副教授，北京工业大学讲师周贺微博士，北京科技大学讲师、博士后研究人员习佳星博士，中国政法大学民商经济法学院知识产权法研究所教师郝明英博士后，中国政法大学知识产权法博士后研究人员闻馨博士，中国政法大学知识产权法学专业博士生、北京市高级人民法院江刘容法官助理，中国政法大学知识产权法学专业博士易镁金，清华大学知识产权法学专业博士生邵红红担任副主编。

本书出版，得到了中国法制出版社的大力支持。在此表示衷心感谢！

由于研究水平所限，本书难免存在不足之处，还望学界同人不吝指正。

目 录
CONTENTS

第一章 总　则

第一条：立法宗旨 / 003

第二条：适用范围 / 010

第三条：著作权的客体 / 019

第四条：合法性原则 / 035

第五条：不予保护的客体 / 043

第六条：民间文艺作品的著作权保护 / 050

第七条：著作权管理机构 / 059

第八条：著作权及相关权利的授权行使 / 063

第二章 著作权

第九条：著作权的主体 / 073

第十条：著作权内容 / 087

第十一条：著作权的归属 / 110

第十二条：著作权的权利存在推定 / 117

第十三条：演绎作品的著作权 / 124

第十四条：合作作品的著作权 / 131

第十五条：汇编作品的著作权 / 138

第十六条：第三人利用他人作品的双重许可 / 145

第十七条：视听作品的著作权 / 154

第十八条：职务作品的著作权 / 161

第十九条：受委托创作作品的著作权 / 167

第二十条：原件所有权和著作权的关系 / 173

第二十一条：著作财产权的承继 / 181

第二十二条：保护期不受限制的著作权 / 187

第二十三条：著作权的保护期限 / 193

第二十四条：著作权的合理使用 / 204

第二十五条：著作权的法定许可 / 234

第三章　著作权许可使用和转让合同

第二十六条：著作权许可使用合同 / 243

第二十七条：著作权转让合同 / 250

第二十八条：著作财产权出质 / 257

第二十九条：未许可、转让权利禁止行使 / 260

第三十条：付酬标准 / 264

第三十一条：行使使用权不得侵犯作者权利 / 270

第四章　与著作权有关的权利

第三十二条：图书出版合同 / 281

第三十三条：图书出版者的专有出版权 / 287

第三十四条：出版合同当事人的义务 / 292

第三十五条：刊登作品的通知时限及转载、摘编作品的报酬 / 296

第三十六条：作品修改、删节的许可 / 303

第三十七条：图书、期刊的版式设计 / 308

第三十八条：表演者的义务 / 315

第三十九条：表演者的权利 / 323

第四十条：职务表演的权利归属 / 330

第四十一条：表演者权利的保护期限 / 338

第四十二条：录音录像制作者的义务 / 343

第四十三条：录音录像合同 / 349

第四十四条：录音录像制作者的权利 / 353

第四十五条：录音制品广播和公播的获酬权 / 359

第四十六条：广播电台、电视台对作品的使用 / 362

第四十七条：广播电台、电视台的权利 / 370

第四十八条：电视台播放他人作品的义务 / 377

第五章　著作权和与著作权有关的权利的保护

第四十九条：技术措施 / 387

第五十条：技术措施的规避 / 395

第五十一条：权利管理信息保护 / 404

第五十二条：侵犯著作权的民事责任 / 410

第五十三条：民事、行政、刑事责任 / 428

第五十四条：侵犯著作权赔偿数额确定方法 / 436

第五十五条：著作权侵权的行政执法 / 447

第五十六条：诉前财产保全措施和禁令 / 451

第五十七条：诉前证据保全 / 458

第五十八条：人民法院对侵权行为的民事制裁 / 464

第五十九条：举证责任 / 471

第六十条：著作权纠纷的解决 / 484

第六十一条：其他民事行为法律适用依据 / 492

第六章 附 则

第六十二条：著作权与版权 / 497

第六十三条：出版与复制、发行 / 502

第六十四条：另行规定 / 505

第六十五条：摄影作品保护期限 / 515

第六十六条：溯及力 / 519

第六十七条：生效日期 / 526

第一章

总　则

第一条：立法宗旨

（法条对比）

2010年著作权法	2020年著作权法
第一条　为保护文学、艺术和科学作品作者的著作权，以及与著作权有关的权益，鼓励有益于社会主义精神文明、物质文明建设的作品的创作和传播，促进社会主义文化和科学事业的发展与繁荣，根据宪法制定本法。	第一条　为保护文学、艺术和科学作品作者的著作权，以及与著作权有关的权益，鼓励有益于社会主义精神文明、物质文明建设的作品的创作和传播，促进社会主义文化和科学事业的发展与繁荣，根据宪法制定本法。

【条文主旨】

本条规定了著作权法的立法目标和立法根据。

【修改理由】

自从1991年实施的《著作权法》确定了"保护文学、艺术和科学作品作者的著作权，以及与著作权有关的权益，鼓励有益于社会主义精神文明、物质文明建设的作品的创作和传播，促进社会主义文化和科学事业的发展与繁荣"的立法目标及宪法法律根据之后，历次《著作权法》都秉承了该立法目标和立法根据，没有进行任何改动。

【条文释义】

【价值、功能与立法目的】

我国立法传统的特点之一是在法律文本中开宗明义，宣告相关立法的立法目标，以明确立法所追求的目标和需要实现的功能与作用。

立法目标虽然不具备诸如假定条件、行为模式、法律后果等法律规范的要素和结构，不是规范性条款，不直接规定具体的权利义务关系，但它体现了法律规范的基本价值导向，为整部法律规范的制定、实施提供了内在约束机制，以保障具体法律规范的合目的性，补充法律规范的不足，解释法律规范的具体意义，对于社会各界理解和把握法律文本中各个具体规范的真正意义具有重要指引作用。

由我国《著作权法》立法目标条款规定的内容可知，对于著作权保护的合理性基础，我国采取了工具主义原理，即保护著作权以及相关权利的最终目的是达到"促进社会主义文化和科学事业的发展与繁荣"，而"保护文学、艺术和科学作品作者的著作权，以及与著作权有关的权益，鼓励有益于社会主义精神文明、物质文明建设的作品的创作和传播"具有工具性功能。

《宪法》是我国的根本法，是其他所有法律规范之父，其具体原则和规定为《著作权法》的立法、司法及实施奠定了根基。《宪法》总纲部分第二十条规定，"国家发展自然科学和社会科学事业，普及科学和技术知识，奖励科学研究成果和技术发明创造"；第二十二条规定，"国家发展为人民服务、为社会主义服务的文学艺术事业、新闻广播电视事业、出版发行事业、图书馆博物馆文化馆和其他文化事业，开展群众性的文化活动"；等等。宪法总纲的纲领性特征，以及国家目标性内容性质，决定了其发展文化、艺术、科学、技术的公共利益本质，为我国《著作权法》立法提出了发展公共利益，以公共利益为根本、为目标的基准要求。由于宪法总则部分为其他具体规范提供了适用标准，为我国《著作权法》立法明确了具体规范标准，以及积极应对的要求，也为著作权行政管理机关行政执法以及司法解释提供了标准，在涉及法律的概括性条款以及不确定的法律概念解释时，相关机关应当基于宪法总纲寻求合宪性解释结果。

我国《宪法》第二章公民权利和义务部分第三十五条规定，"中华人民共和国公民有言论、出版、集会、结社、游行、示威的自由"；第四十七条规定，"中华人民共和国公民有进行科学研究、文学艺术创作和其他文化活动的自由。国家对于从事教育、科学、技术、文学、艺术和其他文化事业的公民的有益于人民的创造性工作，给以鼓励和帮助"。与总纲部分内容规定的公共利益不同，这些基本权利条款规定的是公民的私人利益。因此，这两个宪法条款规定的私人的基本文化权利与总纲部分规定的国家目标（基本国策）存在对立统一关系：其对立面表现为代表公共利益的基本国家目标对私人基本权利行使的限制；其统一面表现为，代表公共利益的国家目标对代表私人利益的基本权利的填充作用，以及基本权利对国家目标的回馈作用。

【规范内涵】

法律制度的立法目标一般具有层次性和逻辑性，著作权法的立法目标具体包括三个层次的内容，每个层次又包含不同的具体目标内容。

第一层次的目标是保护文学、艺术和科学作品作者的著作权以及与著作权有关的权利。该层次规定明确了著作权产生的基础是"文学、艺术和科学作品"，明确了《著作权法》的保护对象包括两方面内容。

一方面是保护文学、艺术和科学作品作者的**著作权**。在英美法系中，著作权对应的词汇是Copyright，意思是"复制的权利"，通常将其翻译为"版权"。在大陆法系中，著作权对应的词汇是Authour's right，意思是"作者的权利"，通常将其翻译为作者权。两个法系之所以选择了不同的词汇，原因在于对该权利保护的重点不同。另一方面是保护与文学、艺术和科学**作品著作权有关的权益**。出版者、表演者、录音录像制作者以及广播电台、电视台等在传播作品的过程中付出了自己创造性劳动，使被传播的作品以不同形式呈现给公众。为了鼓励作品传播者的传播行为，丰富公众的文化生活，著作权法赋予其相应的权益，即"与著作权相关的权益"。就两方面权利的关系而言，由于传播者的权益源自作者的作品，是派生权利，因此其不得侵犯被传播作品的著作权。

从广义方面来说，"著作权"包含了作者权利，以及与著作权有关的传播者的权利。著作权具有绝对性、对世性等特征。将著作权与同样具有绝对权和对世权的物权相比，二者存在诸多区别：第一，二者指向的对象不同，物权的对象是表现为"动产"和"不动产"的有形物，本身在使用方面存在排他性，无产权的状态下会发生"公地悲剧"问题；而著作权的对象表现为知识、信息的无形物，具有公共物本质，在使用方面不存在排他性，不会因产权制度产生"公地悲剧"问题，相反会产生"共享喜剧"效果。第二，二者受到的限制不同。著作权对象的公共物本质导致对其独占会削弱其积极效应的发挥，损害公共利益，因此，著作权受到多方面的限制，例如期限的限制、合理使用的限制、法定许可的限制等。

第二层次的目标是鼓励有益于社会主义精神文明、物质文明建设的作品的创作和传播，具体目标包括以下内容。

要有益于社会主义建设，就要适应新时代中国特色社会主义发展要求。党的十九大报告指出，"中国特色社会主义进入了新时代"，"我国社会主要矛盾已经转化为人民日益增长的美好生活需要和不平衡不充分的发展之间的矛盾"，"必须坚持以人民为中心的发展思想，不断促进人的全面发展"，要"加快建设创新型国家"，"倡导创新文化，强化知识产权创造、保护、运用"。党的二十大报告则指出，"创新是第一动力，深入实施科教兴国战略、人才强国战略、创新驱动发展战略，开辟发展新领域新赛道，不断塑造发展新动能新优势"。新时代是新技术和新产业蓬勃发展的时代，移动互联网、大数据、区块链技术、云计算等技术的广泛应用使《著作权法》实施的社会环境发生巨变进而使著作权保护面临新的挑战，需要著作权法顺势而为，适应新环境对作品的保护、创造、使用及管理的新要求，以人为本，消除涉及文化发展方面不平衡不充分的状况，促进作品的传播和利用，促进人的全面发展。

鼓励有益于社会发展和文明进步的作品的创作和传播。著作权法的合理性理论基础——激励理论认为，保护著作权的目的是鼓励愿意付出创造性劳动的人创作和传播更有益社会的作品，通过赋予作者或者传播者权利的方式可以激励其创作及投资行为，从而实现鼓励创作和传播的目标。

第三层次的目标是促进社会主义文化和科学事业的发展与繁荣。与前两个层次目标涉及的私人利益不同，该层次的目标对应的是宪法总纲部分提出的针对公共利益的国家目标部分内容，涉及公共利益的保护。其要求著作权法保障公众获取和使用作品。这个目标有利于控制著作权对象范围扩张、权利期限延长、权能内容增加、排他效力加强等现象，实现著作权有关利益之间的平衡。社会主义文化和科学事业的发展与繁荣，不仅表现为更多优秀作品的创作和传播，而且体现为公有领域资源的极大丰富，满足公众分享公有领域资源的需求，以及公众对公有领域资源进行再加工、再重组和再创造的需求。

厘清三层次之间的关系对著作权立法、司法和法律实施具有重要的意义，尤其是在三个层次确定的价值之间存在矛盾的状况下，各层次之间的位阶高低状况决定了价值选择的优先性。但是，就该条款的具体表达来说，不能十分明确地确定这三个层次之间的关系是平行逻辑关系还是非平行逻辑关系。如果三者之间是平行逻辑关系，意味着三者的位阶平等，不存在孰优孰劣的问题，并且第一层目标的实现当然意味着第二层或者第三层目标的实现。如果三者之间存在非平行逻辑关系，三个目标之间就存在位阶的差别；如果三者之间是递进逻辑关系，第一层次目标就是第二层次目标的工具或手段，第一、第二层次的目标是第三层次目标的工具，而第三层次目标是前两个层次目标的目的；如果三者之间是递减逻辑关系，效果则相反。

基于中国特色社会主义理论，本书认为三者之间存在逻辑递增关系。

首先，不同层次的立法目标之间存在统一性。为保障具有公共物品性质的文学、艺术和科学作品的有效供给，著作权法律制度赋予作者或者作品的传播者以一定期限的市场利益垄断权利，以激励其创作或者传播更多更好的作品，进而丰富公共利益，增加公众福利。不同层次的立法目标达至统一性的状态需要苛刻的条件。例如，科学合理的权利保护期限、得当合理的权能内容、适当的权利救济措施、恰当的保护对象范围、充分的公众合理使用权等，任何方面的偏颇都可能导致不同目标所体现的利益之间的失衡或者不统一。然而，由于立法认知的有限性，以及利益集团之间的博弈，利益天平上的游码很难处于科学及公平的状态。所以，不同层次的立法目标之间的统一性是偶然的、暂时的、相对的，是矛盾的次要方面。实现不同层次的立法目标之间的统一性是有关立法、司法和法律实施的永恒追求，历次法律的修改都在试图调整利益天平上的游码。但是，人文学科的局限性很难让人们直观明确地知道法律修改的结果是让天平的游码离平衡点更近了还是更远了。

其次，不同层次的目标之间存在对立性。立法目标之间存在的对立性是普遍的、长期的、绝对的和现实的，是矛盾的主要方面，决定了著作权法律制度的本质。就作品本身而言，其公共物本质使其一旦被发表或者被以其他形式公开，就为公众所获取和使用。作品传播的速度越快，范围越广泛，其发挥的积极社会效益就越充分。但是，著作权保护相关的规范极大地堵塞了作品传播和分享的渠道，限制了公众获取文化艺术作品的权利。著作权在期限长度、保护对象广度以及权能宽度等方面形成的棘轮式单向扩张在加强了专有权人私人利益保护的同时，一定在某种程度上减损了公共利益。

最后，我国法律体系中的各个部门法都将"促进社会主义事业发展"或者"适应中国特色社会主义发展要求"作为立法目标之一，都将公共利益保护和实现作为根本目标。这个目标是对《宪法》规定的具体回应，而不能止于口号或倡导。

因此，三个层次目标之间存在位阶递增逻辑，保护著作权以及相关权益，鼓励作品创造和传播是工具性目标，而促进社会主义文化和科学事业的发展与繁荣，扩展公有领域资源是根本目标。

由于立法存在滞后性、不完善性及不合目的性，在适用过程中，如果遇到法律规范的漏洞，以及规范适用会产生不合立法目的的结果时，需要对法律规范进行解释。解释方法之一是目的解释，即根据立法目的说明分析法律意义的一种方法。常用的"目的性限缩"和"目的性扩张"等解释方法就是根据立法目标的具体内容对法律规范中文意不当或者存在的漏洞进行调整，进而使法律规范的含义更符合立法者的意愿，并在实践中得到贯彻实施。

在法律适用过程中，由于著作权边界的模糊性，在判断侵权或者不侵权的过程中要依据著作权法立法目标进行取舍判断，以社会主义文化和科学事业的发展与繁荣的公共利益为根本，科学认识著作权体现的私人利益和公共利益之间的对立统一关系，不能将对私人利益的保护等同于公共利益的实现，防范因"知识产权国家战略""知识产权严保护"等政策，以及"额头流汗"理论形成著作权至上的理念，不适当扩张对著作权的保护，放弃公共利益的考量，相反要适当限制和缩小对著作权法保护的"表达"的范围，扩大合理使用的行为范围，使裁判结果朝私人利益与公共利益平衡的方向倾斜。

【以案说法】

案例：孙某与某出版社有限公司著作权权属、侵权纠纷案

孙某享有诗歌《西部畅想》的著作权。某出版社有限公司在图书《语文教学参考资料》中引用了该诗约70%以上内容，且在各大销售渠道均有售，并非仅作为教学参考书免费供教师使用。该案争议的焦点是被控侵权图书对享有著作权的作品《西部畅想》的使用行为是否构成合理使用，是否构成著作权侵权。

再审法院认为：享有著作权的作品《西部畅想》已公开发表，被控侵权作品引用享有著作权的作品的主要目的在于通过介绍、解读、评论该诗歌，帮助读者更好地了解、感受、体会该诗歌，非单纯向读者展现《西部畅想》本身或利用享有著作权的作品之影响力提升被控侵权作品之影响力。引用行为是否属于"适当引用"并非指引用的部分占享有著作权的作品的比重大小，而是指该部分占被控侵权作品的比重大小，以及引用的方式是否合理。本案中被控侵权作品的引用比例虽然较大，但被引用的部分在被控侵权作品中占比较小，因此，其引用程度属于合理范畴。此外，被控侵权作品多处指明了享有著作权的作品名称，并载明了作品的作者，因此，引用方式合适。再者，并无具体证据证明被控侵权作品对著作权人的合法利益造成负面影响。需要注意的是，我国《著作权法》第一条即规定了其立法目的，明确了保护作者合法权利与促进作品传播及利用以提升社会福祉是著作权法立法宗旨的一体两面。本案以介绍、解读、评论教学课文为主要目的的引用，虽具有一定营利性，但尚未逾越《著作权法》规定的著作权权利边界，亦未损害著作权人法定利益，仍在著作权法"适当引用"的合理使用范畴内，故教学课文之著作权人对此理应予以容忍，以更好地提升社会福祉、促进社会主义文化事业的发展与繁荣。[1]

（冯晓青、杜爱霞 撰写）

---

[1] 上海市高级人民法院（2020）沪民申2415号民事裁定书。

第二条：适用范围

（法条对比）

2010年著作权法	2020年著作权法
第二条 中国公民、法人或者<u>其他组织</u>的作品，不论是否发表，依照本法享有著作权。 外国人、无国籍人的作品根据其作者所属国或者经常居住地国同中国签订的协议或者共同参加的国际条约享有的著作权，受本法保护。 外国人、无国籍人的作品首先在中国境内出版的，依照本法享有著作权。 未与中国签订协议或者共同参加国际条约的国家的作者以及无国籍人的作品首次在中国参加的国际条约的成员国出版的，或者在成员国和非成员国同时出版的，受本法保护。	第二条 中国公民、法人或者<u>非法人组织</u>的作品，不论是否发表，依照本法享有著作权。 外国人、无国籍人的作品根据其作者所属国或者经常居住地国同中国签订的协议或者共同参加的国际条约享有的著作权，受本法保护。 外国人、无国籍人的作品首先在中国境内出版的，依照本法享有著作权。 未与中国签订协议或者共同参加国际条约的国家的作者以及无国籍人的作品首次在中国参加的国际条约的成员国出版的，或者在成员国和非成员国同时出版的，受本法保护。

【条文主旨】

本条是有关著作权法适用范围的规定。

【修改理由】

2010年《著作权法》第二条第一款规定"中国公民、法人或者其他组织的作品，不论是否发表，依照本法享有著作权。"2020年《著作权法》将2010年《著作权法》第二条第一款中的"其他组织"修改为"非法人组织"。2021

年1月1日起施行的《民法典》第二条规定,民法调整平等主体的自然人、法人和非法人组织之间的人身关系和财产关系。根据上述规定,我国民事基本法律打破了传统民法自然人与法人二元分立的结构,首次明确了非法人组织的民事主体地位,从而将自然人、法人之外的其他社会组织纳入调整范围,更为广泛、周延与系统地调整各类主体之间的民事法律关系。根据《民法典》第一百零二条的规定,非法人组织是不具有法人资格,但是能够依法以自己的名义从事民事活动的组织。为与《民法典》规定的自然人、法人和非法人组织三类民事主体保持一致,我国2020年《著作权法》第二条、第九条、第十一条、第十二条、第十八条、第二十一条、第二十三条、第二十四条统一采用了"非法人组织"的表述,不再采用"其他组织"的表述,实现了与《民法典》的衔接。

此外,《民法典》有关民事主体的表述不再使用"公民"的表述,而是统一采用"自然人"表述。"自然人"是私法中的概念,是指自然意义上诞生的人,通常与私法中的拟制主体"法人"相对,"自然人"不仅包括中国公民,也包括我国领域内的外国人和无国籍人;"公民"是公法中的概念,是指具有特定国家国籍的自然人,比如具有中国国籍的自然人称为"中国公民"。抛弃"公民"而采用"自然人"的表述意在重申与强调《民法典》乃是调整平等主体之间的民事法律关系的私法。本次《著作权法》修法过程当中,2020年4月30日发布的《中华人民共和国著作权法(修正案草案)》征求意见版本将2010年《著作权法》第二条规定的"中国公民"修改为"中国自然人",意在表明调整平等主体民事关系的《著作权法》应当受到《民法典》私法精神的制约和引导。但是2020年8月8日发布的《中华人民共和国著作权法(修正案草案二次审议稿)》征求意见版本以及2020年《著作权法》第二条第一款最终并未采用"中国自然人"的表述,而是继续沿用了"中国公民"的措辞。这是因为,2020年《著作权法》第二条是有关著作权法适用范围的规定,本条第一款又是依据国籍原则对具有中国国籍的公民和在中华人民共和国境内依法成立的法人或者非法人组织的作品加以保护的规定,因此在此采用具有公法色彩的用于指代具有一国国籍的自然人的"公民"表述并无不当。

【条文释义】

【价值、功能与立法目的】

依照国家主权原则，根据一国知识产权法律制度取得的知识产权只在该国地域范围之内发生法律效力、受到法律保护，其他国家并无对其加以保护的义务。然而，作品的无形属性导致作品一经发表极易传播，随着跨国商业活动的发展，知识产权跨国交流日益频繁，知识产权国际贸易比重日益增加，一国知识产权需要获得他国尊重，因而产生打破知识产权地域性、加强知识产权国际保护的需求。

在此背景之下，各国积极签订与加入知识产权保护的双边协议或国际条约，为了加入以及履行《伯尔尼公约》等国际公约，顺应知识产权制度国际发展趋势，我国《著作权法》第二条采用国际通行的国籍原则、互惠原则以及地域原则明确规定了我国《著作权法》的适用范围。

【规范内涵】

《著作权法》第二条第一款规定，"中国公民、法人或者非法人组织的作品，不论是否发表，依照本法享有著作权"，是相关主体依据国籍原则获得我国《著作权法》保护的规定。适用该款规定需要注意以下几点：其一，该款规定的主体是具有我国国籍的自然人、法人与非法人组织，不具有我国国籍的自然人、法人与非法人组织并不适用该款规定。我国《著作权法》调整本国自然人、法人与非法人组织是国家主权的体现。其二，具有我国国籍的自然人、法人与非法人组织的作品，只要满足《著作权法》第三条的规定，也即属于文学、艺术和科学领域内、具有独创性并能够以一定形式表现的智力成果，无须履行任何手续，无论作品是否发表，无论作品是在我国境内还是境外发表，自动获得我国《著作权法》的保护。但是，不能认为位于境外的我国自然人、法人或者非法人组织按照我国《著作权法》在当地享有著作权，位于境外的我国自然人、法人或者非法人组织的所在地不会当然地保护基于我国《著作权法》产生的著作权。

随着作品传播技术手段的进步，作品的传播范围与传播频率远超以往，作品的跨国流通日益频繁，我国自然人、法人与非法人组织的作品进入他国境内流通，他国自然人、法人与非法人组织的作品也在我国市场流通，因而产生了协调作品国际保护的需要，各国之间通过签订双边协议或者共同参加国际条约的形式确定对非本国国籍作者的作品是否保护以及保护水平应当为何。其中，较为广泛的涉著作权的国际条约主要包括《伯尔尼公约》《世界版权条约》以及TRIPs协定。根据《世界版权条约》第一条的规定，即"对于属《保护文学和艺术作品伯尔尼公约》所建联盟之成员国的缔约方而言，本条约系该公约第二十条意义下的专门协定"，"本条约的任何内容均不得减损缔约方相互之间依照《保护文学和艺术作品伯尔尼公约》已承担的现有义务"，因此《世界版权条约》的成员国必须遵守《伯尔尼公约》实质性条款的规定（第一条至第二十一条）。同时，TRIPs协定在其第二部分第一节"版权和相关权利"部分指出，"各成员应当遵守《伯尔尼公约》第一条至第二十一条及其附录的规定"。由此可见，《伯尔尼公约》构成其他两大涉著作权国际公约版权规定部分的基础，而且《伯尔尼公约》的成员国已有179个，实际上已成为世界主要国家之间著作权保护的主要国际公约。

我国《著作权法》制定之初主要是为加入《伯尔尼公约》等国际公约做准备，因而我国《著作权法》第二条第二款至第四款有关不具有我国国籍的自然人、法人与非法人组织的著作权法保护主要遵循了《伯尔尼公约》的规定。

《著作权法》第二条第二款规定，"外国人、无国籍人的作品根据其作者所属国或者经常居住地国同中国签订的协议或者共同参加的国际条约享有的著作权，受本法保护"，是相关主体依据互惠原则获得我国《著作权法》保护的规定。 根据《著作权法》第二条第二款的规定，我国与他国如果签订了双边协议或者共同参加了国际公约，双方就应当依照双边协议或者国际条约的规定相互给予保护；如果双方没有签订双边协议或者共同参加国际公约，双方均可以不经许可、无偿使用对方自然人、法人或者非法人组织的作品。适用该款规定需要注意以下几点：其一，该款规定的主体是指其所属国或者经常居住地国同我国签订涉著作权的双边协议或者共同参加国际公约的外国人与无国籍人。这里的外国人包括外国的自然人、法人和不具有法人资格的外国组织；我国2001年修正的《著作权法》将无国籍人纳入了保护的主体范围，这里的无国籍人是指不具有任何国家国籍的人。其二，该协议或者公约承认外国人或者无国籍人的作品享有著作权。其三，该协议或者公约要求协议国或者参加国相互保护其承认的著作权。根据《伯尔尼公约》第三条的规定，如下三种情形：某一作者，如果其系《伯尔尼公约》成员国的公民；某一作者，如果并非《伯尔尼公约》成员国的公民，但是其作品首次在成员国出版或者成员国与非成员国同时出版；某一作者，如果并非《伯尔尼公约》成员国的公民，但是其在任一成员国有经常居所，其作品即可在《伯尔尼公约》的所有成员国获得保护。我国《著作权法》第二条第二款即是根据《伯尔尼公约》第三条的情形一与情形三规定的外国人获得我国《著作权法》保护的条件。比如，我国和法国同属《伯尔尼公约》的成员国，法国国籍公民创作的作品可以自动获得我国《著作权法》的保护；伊朗并非《伯尔尼公约》的成员国，但是伊朗国籍的一位公民在法国具有经常居住地，法国与我国共同参加了《伯尔尼公约》，该公民创作的作品自动获得我国《著作权法》的保护。

《著作权法》第二条第三款规定，"外国人、无国籍人的作品首先在中国境内出版的，依照本法享有著作权"，是相关主体依据地域原则获得我国《著作权法》保护的规定。适用该款需要注意以下几点。首先，无论外国人、无国籍人的所属国或者经常居住地是否与我国签订双边协议或者共同参加国际条约，具体而言即是无论外国人或者无国籍人是否具有《伯尔尼公约》成员国的国籍，无论外国人或者无国籍人是否具有《伯尔尼公约》成员国内的经常居住地，外国人与无国籍人的作品只要首次在我国境内出版，即可依照我国《著作权法》享有著作权。例如，如果伊朗国籍且其经常居住地位于伊朗境内公民的作品首先在我国境内出版，即可获得我国《著作权法》的保护。其次，出版是指"首次在中国境内出版"，也即外国人、无国籍人的作品第一次在我国境内复制、发行。此外，根据《著作权法实施条例》第八条的规定，如果外国人、无国籍人的作品在中国境外首次出版后，30日内在中国境内出版的，仍然视为作品同时在中国境内出版。例如，如果外国人、无国籍人的作品首先在我国境外出版，30天之后又在我国再版的，不能构成"首次在中国出版"。最后，根据《著作权法》第六十三条的规定，本法第二条所称的出版，指作品的复制、发行。《伯尔尼公约》第三条将"已出版的作品"规定为"得到作者同意后出版的作品，而不论其复制件的制作方式如何，只要从这部作品的性质来看，复制件的发行方式能满足公众的需要"，同时规定"戏剧、音乐戏剧或电影作品的表演,音乐作品的演奏,文学作品的公开表演,文学或艺术作品的有线传播或广播,美术作品的展出和建筑作品的建造不构成出版"。根据《伯尔尼公约》与我国《著作权法》的规定,如果伊朗人的一首诗歌创作完成之后,多次在《伯尔尼公约》成员国与非成员国朗诵的,第一次在我国境内复制、发行,仍然构成"在我国境内首次出版"。此外,《伯尔尼公约》规定的"已出版的作品"是指有权出版,但是我国《著作权法》并未指明"出版"是否为获得许可之后的"有权出版"。比如,创作某一作品的主体,其并非我国的公民、法人或非法人组织,其所属国或者经常居住地也未同我国签订任何双边协议或者共同参加任何国际条约,另一主体未经许可擅自在我国境内或者在我国参加的国际条约成员国或者在成员国和非成员国境内予以复制、发行,是否导致该作品自动获得我国《著作权法》的保护呢?我国《著作权法》并未予以规定。

《著作权法》第二条第四款规定,"未与中国签订协议或者共同参加国际条约的国家的作者以及无国籍人的作品首次在中国参加的国际条约的成员国出版的,或者在成员国和非成员国同时出版的,受本法保护",本款同为相关主体依据地域原则获得我国《著作权法》保护的规定。适用该款需要注意以下几点。其一,外国人、无国籍人的所属国或者经常居住地未与我国签订双边协议或者共同参加国际条约;其二,外国人、无国籍人的作品首次在我国参加的国际条约的成员国出版,或者在成员国与非成员国同时出版。例如,我国与法国同为《伯尔尼公约》的成员国,伊朗为非《伯尔尼公约》的成员国,一位伊朗国籍并且经常居住地同样位于伊朗的公民的作品首先在法国境内出版,即可自动获得我国《著作权法》的保护。

【以案说法】

案例1:外国人以其计算机软件著作权在我国被侵权为由提起诉讼的,我国法院是否予以保护?

某公司分别于2001年10月25日与2003年10月21日在美国发表了其开发完成的计算机软件Microsoft Windows XP Professional(微软Windows XP专业版)与Microsoft Office Professional Edition 2003(微软Office 2003专业版),并由微软公司在美国进行了版权登记注册。思创未来公司未经微软公司许可,在其销售的计算机整机中预装有微软Windows XP专业版、微软Office 2003专业版软件。微软公司诉请思创未来公司停止侵权、赔偿损失。法院经审理认为，微软公司系美国法人，根据我国《计算机软件保护条例》（2001）第五条第三款的规定，"外国人、无国籍人的软件，依照其开发者所属国或者经常居住地国同中国签订的协议或者依照中国参加的国际条约享有的著作权，受本条例保护。"我国和美国均为《保护文学和艺术作品伯尔尼公约》的成员国，根据《保护文学和艺术作品伯尔尼公约》第三条第一款（a）项的规定，对于成员国作者的作品，无论是否发表，均应受到保护。微软公司主张权利的计算机软件微软Windows XP专业版与微软Office 2003专业版均已开发完成并于美国发表，因此微软公司就其软件依法受到我国《计算机软件保护条例》的保护。本案中思创未来公司销售的计算机整机中预装有微软公司享有著作权的微软Windows XP专业版、微软Office 2003专业版软件，而思创未来公司未能证明其系经微软公司许可复制、安装的，故思创未来公司实施了侵犯微软公司对微软Windows XP专业版、微软Office 2003专业版软件享有的计算机软件著作权的行为，法院判令思创未来公司应承担停止侵害、赔偿损失的民事责任。[1]

案例2：外国人、无国籍人的作品根据其作者所属国或者经常居住地国同中国签订的协议或者共同参加的国际条约享有的著作权，受我国《著作权法》的保护[2]

莫瑞斯·威廉斯（Maurice Wilems）（原告）为美国知名畅销书作家。2007年，威廉斯开始创作并发表*An ELEPHANT & PIGGIE Book*系列英文绘本，以小猪和大象这对好朋友的漫画形象为故事主角，以二者的对话、表情、动作等形式讲述了不同的故事情节。这一系列英文图书包括*There is a Bird on Your Head*！*Today I Will Fly*！*We Are in a Book*！。上述三册图书的版权页中均记载"文字和插图著作权归属于威廉斯"。在中国，2009年4月，接力出版社首次出版了*An ELEPHANT & PIGGIE Book*系列绘本中文译本，其中包含*There is a Bird on Your Head*！（译名：《你的头上有只鸟》）、*Today I Will Fly*！

---

[1] 北京市高级人民法院（2009）高民终字第4462号民事判决书。
[2] 北京知识产权法院（2021）京73民终938号民事判决书。

（译名：《我要飞》）两册，署名［美］威廉斯著/绘。2016年5月，我国国内一家出版社再次出版了 An ELEPHANT & PIGGIE Book（译名：《开心小猪和大象哥哥》）系列绘本中文译本，其中包含 There is a Bird on Your Head!（译名：《你头上有只鸟！》）、Today I Will Fly!（译名：《今天我要飞！》）、We Are in a Book!（译名：《我们在一本书里！》）三册，署名［美］威廉斯著。

2015年9月，某出版社（被告一）与某公司（被告二）签订《图书出版合同》，约定：某公司授权某出版社在合同有效期内在世界各地区以纸质图书和电子图书等形式出版《你头上有只鸟！》《今天我会飞！》《我们在一本书里！》三册图书（被诉侵权图书）的中文和其他文字版的专有使用权，某公司承诺，作品系自己独立创作完成，无任何著作权使用瑕疵。2015年11月，某出版社出版了上述三册被诉侵权图书，署名"某公司编绘"。该三册图书均以阿凡提和小毛驴的漫画形象为主角，以二者的对话、表情、动作等形式讲述不同故事情节。虽然该三册被诉侵权图书以阿凡提和小毛驴为主角，与上述 An ELEPHANT & PIGGIE Book 系列英文绘本与中文版本以大象和小猪为主角不同，但是该三册图书在封面、前后环衬、扉页以及主文的构图布局，角色的表情、动作、对话，通过角色形象和对话所表达的故事情节几乎完全一致。

该案的争议焦点之一在于，威廉斯是否享有涉案权利图书的著作权。被告认为从涉案权利图书的版权页标注的信息来看，莫瑞斯·威廉斯（Maurice Willems）仅享有涉案权利图书的文字和插图著作权，而涉案权利图书的著作权应归属于"保留所有权利"的亥伯龙童书出版社。原告认为"保留所有权利"并非是对著作权归属的限定，根据涉案权利图书的版权页载明的信息可知，涉案权利图书的著作权明确归属于莫瑞斯·威廉斯（Maurice Willems）。法院审理认为，2010年修正的《中华人民共和国著作权法》第二条第二款规定，外国人、无国籍人的作品根据其作者所属国或者经常居住地国同中国签订的协议或者共同参加的国际条约享有的著作权，受本法保护。第十一条规定，著作权属于作者，本法另有规定的除外。创作作品的公民是作者。如无相反证据证明，在作品上署名的公民、法人或者其他组织为作者。《最高人民法院关于审理著作权民事纠纷案件适用法律若干问题的解释》第七条规定，当事人提供的涉及著作权的底稿、原件、合法出版物、著作权登记证书、认证机构出具的证明、取得权利的合同等，可以作为证据。本案中，威廉斯提供的在美国出版的涉案权利图书，以及在中国出版的中文译本，均署名文字和插图著作权归属于威廉斯，在无相反证据的情况下，法院认定威廉斯系涉案权利图书的作者，其对涉案权利图书享有的著作权应当受到我国著作权法的保护。

（刁佳星 撰写）

第三条：著作权的客体

（法条对比）

2010年著作权法	2020年著作权法
第三条　本法所称的作品，包括以下形式创作的文学、艺术和自然科学、社会科学、工程技术等作品： （一）文字作品； （二）口述作品； （三）音乐、戏剧、曲艺、舞蹈、杂技艺术作品； （四）美术、建筑作品； （五）摄影作品； （六）**电影作品和以类似摄制电影的方法创作的**作品； （七）工程设计图、产品设计图、地图、示意图等图形作品和模型作品； （八）计算机软件； （九）法律、行政法规规定的其他作品。	第三条　本法所称的作品，是指文学、艺术和科学领域内具有独创性并能以一定形式表现的智力成果，包括： （一）文字作品； （二）口述作品； （三）音乐、戏剧、曲艺、舞蹈、杂技艺术作品； （四）美术、建筑作品； （五）摄影作品； （六）视听作品； （七）工程设计图、产品设计图、地图、示意图等图形作品和模型作品； （八）计算机软件； （九）符合作品特征的其他智力成果。

【条文主旨】

本条规定了著作权客体的含义和类型。

【修改理由】

2010年《著作权法》第三条规定，"本法所称的作品，包括以下形式创作的文学、艺术和自然科学、社会科学、工程技术等作品：（一）文字作品；

(二)口述作品;(三)音乐、戏剧、曲艺、舞蹈、杂技艺术作品;(四)美术、建筑作品;(五)摄影作品;(六)电影作品和以类似摄制电影的方法创作的作品;(七)工程设计图、产品设计图、地图、示意图等图形作品和模型作品;(八)计算机软件;(九)法律、行政法规规定的其他作品"。2013年修改的《著作权法实施条例》第二条规定:"著作权法所称作品,是指文学、艺术和科学领域内具有独创性并能以某种有形形式复制的智力成果。"第四条明确了著作权法中十三种作品的含义。

2010年《著作权法》第三条仅仅列举和限定了产生作品的领域,而没有明确作品的本质内涵,不利于公众把握智力成果成为作品受保护的必要条件,同时在司法实践中缺乏指导意义。其中,第(九)项以"法律、行政法规规定的其他作品"作为兜底条款,旨在弥补成文法存在的不足和漏洞,提升司法和法律实施的弹性。但是,在实践中,我国其他法律、行政法规没有明确规定《著作权法》法定的八项作品之外的新类型作品,导致该条款成为没有适用可能性的没有意义的兜底性条款,不能发挥其应有的作用。这样,无论是理论界还是实务界都认为,原来的条款没有给予法官解释新类型作品的权力。

立法方面存在的以上问题,导致司法实践过程中多次产生体育赛事节目、晚会类节目、网页、游戏直播画面、音乐喷泉、实用艺术品、头发造型、汉字字体、微信小程序、沙画、咖啡泡沫造型、人工智能自动生成成果、短视频、香水香味、花束造型等是否为著作权法所保护的"作品"问题,以及何为"著作权法保护的作品"的争议。就音乐喷泉编曲和造型成果是否为作品的问题,一审法院认为,虽然这类成果既不是法定的八类作品之一,也不是汇编作品,由于其具有确定的独创性,应当受到著作权法的保护[1];就网页设计成果是否为著作权法保护的作品问题,法院在未确定其是否属于法定的八类作品中的具体类别的情况下,即判定涉案的网页为著作权法保护的作品[2],相关判决避开了"法律、行政法规规定的"限定,对法律规范的文义进行扩张性解释,认为涉案网页可依据2010年《著作权法》第三条第(九)项规定

---

[1] 北京市海淀区人民法院(2016)京0108民初15322号民事判决书。
[2] 上海知识产权法院(2015)沪知民终字第14号民事判决书。

的"其他作品"加以保护。[①]

为了统一适用标准，实现著作权客体法定，明确作品的范围，避免"作品"一词含义过于广泛而引起歧义，本次《著作权法》修改的结果是吸收著作权法学理论成果，用《著作权法实施条例》的第二条规定中的作品的定义替换了2010年《著作权法》的第三条的相应内容，对个别字词进行了调整，调整后的结果是"本法所称的作品，是指文学、艺术和科学领域内具有独创性并能以一定形式表现的智力成果"。

为了使兜底条款发挥真正的作用，本次《著作权法》修改过程中，删除了原来第（九）项兜底条款中的"其他法律、行政法规规定"的限制，目的是清扫立法规范对司法适用的障碍，并用"符合作品特征的其他智力成果"代替原条款中的"其他作品"，比较而言，"其他智力成果"比"其他作品"涵盖更多内容。此外，该处修改直接将作品类型法定变更为作品类型开放，为更多作品获得著作权法的保护提供了法律依据。

2010年《著作权法》第三条第（六）项规定的"电影作品和以类似摄制电影的方法创作的作品"源自《伯尔尼公约》的相关规范。随着文化娱乐产业的发展、新技术发展以及新型作品的产生，"电影作品和以类似摄制电影的方法创作的作品"分类已经不能涵摄所有的视听类作品，导致司法的扭曲，社会需要一个外延更为广阔，也更能概括诸如短视频、直播类视频等新型的不需要摄制行为的智力成果的概念。因应变化，我国于2012年参加的《视听表演北京条约》使用了"视听作品"的概念。最终，为了鼓励社会公众参与短视频创作，同时与国际惯例挂钩，我国用"视听作品"概念取代了"电影作品和以类似摄制电影的方法创作的作品"概念。这是对作品的外延做出的重要调整。

整体来说，2020年《著作权法》给予"作品"一个明确的法律定义，认可了"视听作品"概念，突破了著作权权利客体的严格法定状态，使其更具有开放性，为新类型的作品保护提供了条件。可以说，该条款的修改在很大程度上完善了我国著作权客体制度。

[①] 王迁：《论作品类型法定——兼评"音乐喷泉案"》，载《法学评论》2019年第3期。

【条文释义】

【价值、功能与立法目的】

著作权系绝对权,具有对世效力,对权利人之外所有人都会产生约束效力,即不得未经许可进行复制、传播等行为,否则即构成侵权。由于该权利对最广泛的公众的自由形成了限制,因此,必须通过法律的明确规定明晰权利的边界,例如权利的客体、种类和内容,而不能允许当事人或法院自行创设,目的是让公众避免无意或者有意进入他人的权利边界,侵害他人权利,也避免该专有权过大地影响公众的自由和利益。再者,著作权的对象具有无形性、抽象性、多样性,因此,哪些智慧成果可以称之为"作品"特别容易引发争议,但又具有特别重要的意义,可以说"作品"是著作权法律制度中的基础性概念、第一性概念或者元概念,涉及著作权范围的确定,基本体系的构建,具体规范的设计,关乎交易安全和交易成本,因此,需要以明确的方式界定"作品"的内涵和外延,以确定的方式限定著作权客体对象的范围,实现著作权客体范围的可预见性,保障法律关系的确定性。

该条款明确了"作品"的基本定义和基本特征,即独创性、可表现性(表达属性)及智力成果属性,为正确、科学及合目的性地实施法律奠定基础。"作品"定义的明确有利于指引司法者判断一项智力成果是否构成作品,也有利于将符合要求的新型的智力成果归入"作品"范围。

该条款在给定了具体"作品"内涵的基础上将作品进行类型化列举,可以指引适用法律者初步判断某种智慧成果是否属于受著作权法保护的某种类别的作品。其中,"视听作品"名正言顺地成为包含了电影以及以类似摄制电影的方法创作的作品的新型作品,解决了司法实践中作品认定僵化和扭曲的问题,对鼓励公众创作具有重要意义。

但是,该条款中的兜底条款删除了"法律、行政法规规定"的条件,认为"符合作品特征的其他智力成果"都可以成为作品。这种"作品类型开放"模式的条款在弥补了立法列举不周全之缺陷,及时保护新型智力成果的同时,可能导致"人工智能自主生成"的成果成为著作权法保护的"作品",从而产生新一轮的争议,该兜底条款还可能有力地突破著作权客体法定的限制,为进一步扩张著作权的客体范围埋下了种子，使著作权法保护的边界更加模糊，如果对该条款把握不当将会导致著作权的进一步扩张，侵害公有领域，损害公共利益。

【规范内涵】

本条规定："本法所称的作品，是指文学、艺术和科学领域内具有独创性并能以一定形式表现的智力成果，包括……"根据本条规定的具体内容，结合其他相关条款可知，作品的特点有以下几个方面。

第一，作品应当是智力成果。"智力成果"指的是智力劳动创造的成果，该属性是作品的根本属性。智力成果属性是作品的必要条件之一，而不是充分必要条件。该条件的目的在于区分智力劳动成果和体力劳动成果，并将体力劳动成果排除出《著作权法》的保护范围。

第二，作品应当是文学、艺术和科学领域内的智力成果。该条件的目的在于区分著作权与工业产权，并将工业产权有关的智力成果排除出保护范围。智力成果内容和表达形式极为丰富，不是所有的智力成果都能受到法律的保护，也不是所有的智力成果都受到著作权法的保护。只有得到专利法、商标法、著作权法以及其他知识产权法认可的智力成果才能受到知识产权法律的保护，其中，得到著作权法认可的智力成果才属于著作权保护的作品。"文学、艺术和科学领域"是对智力成果的一种限制。在这种限制下，体育竞技领域的体育运动表达形式（如广播体操、瑜伽动作），以及技术领域的工艺、操作方法、数学概念以及技术方案、培育的植物新品种、实用功能等智力成果不能作为作品受到保护。因此，在司法适用过程中，司法者可根据该特征首先判断复杂的智力成果是否属于"文学、艺术和科学领域"，如果该智力成果属于体育、技术等领域，就不需要依据其他抽象而难以把握的著作权法原理来判断是否为作品。这样有利于节约法律实施的成本。

第三，作品应当是具有独创性的智力成果。"独创性"意味着独立完成作品，且作品本身具有创造性。作品本身具有创造性表现为体现作者个性的对素材的取舍、对逻辑的安排、对人物及性格的设计、对语言的雕琢等。这个限定条件明确了法律对智力成果给予专有权保护的正当性源泉，排除了对不是自己独立创作的剽窃或者抄袭的成果的保护，以及对不具备创造性的历法、通用数表、通用表格和公式的保护。独创性是判断某种智力成果是否为作品的核心要件。但是，理论界和司法界对该要件存在较大的认识分歧。有的观点认为独创性只存在有无的问题，不存在创造性高低的问题；有的观点认为，独创性既存在有无的问题，又存在高低的问题。司法认定也多有分歧。例如，在关于涉案"磨房"标志是否构成作品问题上，一审、二审法院认为，涉案标志中字并非手写字体，"磨"字中的组成部分"石"虽有一定的变化，但整体上并未达到著作权法意义中的作品所要求的创作高度，不具有独创性，未构成著作权法保护的美术作品。再审法院认为，涉案"磨房"标志中的"磨"字里的"石"是结合涉案主体主办的"磨房网"名称的含义，将其设计成石磨上沟槽形状的旋绕图样，"房"字里的"方"字最后一笔也设计成一横，与"石"字下端笔画保持一致。整体而言，"磨房"二字的设计明显不同于其常见字体，因此，涉案标志具有独创性，构成受著作权法保护的美术作品。[①] 对于独创性的标准问题，最高人民法院的观点是，"虽然著作权法没有对作品独创性的标准作出规定，但审判实践中也并非对作品的独创性没有要求，对那些微不足道，体现不出作者个性化表达的智力创作成果不给予著作权法保护，不违反著作权法的立法本意"[②]。

第四，作品需要"能以一定形式表现"。该限制性条件旨在区分和排除不能被表达的智力成果，例如，具有独特性的香水气味，具有独特性的食品味道等。本次修改过程中，一审稿曾将该特点表述为"能以某种有形形式复制"，后来修改为"能以一定形式表现"。这种调整顺应了新技术时代的需要，摒弃了原来僵化、含义模糊不清，并且不符合国际惯常表达的"有形形式"的限制，为作品的认定以及作品的扩张留出了足够大的空间，并突出了作品的表达属性，也使作品的概念更为清晰科学。这里的"一定形式"可能是文字、图案、造型、声音、动画、符号等。这里的"表现"要求智力成果（思想、创意、观点）必须能够呈现出来，外在表达出来，为他人所感知，如果其仅存在于大脑之中则不构成表现。如此一来，不能通过机械形式固定的，可以在网络上被使用和传播的某些视听类智力成果就克服了"能以某种有形形式复制"的障碍，成为一类法定的作品。

---

① 最高人民法院（2020）最高法行再130号行政判决书。
② 最高人民法院（2014）民申字第671号民事裁定书。

第五，作品需是该条具体列举的类型中的某一种。著作权法中的"作品"具有与现实生活中的作品不同的内涵和外延，由于智力成果的复杂多样性以及人们认知的差异性，该条款规定的作品的定义仅是宏观层次上对作品内涵的判断。所有作品必须符合该定义的要求，但是，不是所有符合定义要求条件的智力成果都是著作权法保护的作品。著作权法中的作品还需要接受进一步的限定，即"包括"一词所限定的作品的有限类型。作品类型的确定明确了作品的外延，为实施法律提供了将某种智力成果排除在作品范围外的相对直观和简便的方法。作品的立法定义与作品类型相结合共同从正反两方面限定了作品的范围，防止当事人和法官创设新类型的作品。

第六，作品需不属于《著作权法》第五条规定的例外情形。有些智力成果满足作品的实质要件，但是，基于公共利益的需要，不能给予其著作权保护，例如，"法律、法规，国家机关的决议、决定、命令和其他具有立法、行政、司法性质的文件，及其官方正式译文""单纯事实消息"等。

此外，2020年《著作权法》用"属加种差"的方式明确了作品的范围。以作品的表现"形式"为分类标准，作品的具体种类包括：文字作品；口述作品；音乐、戏剧、曲艺、舞蹈、杂技艺术作品；美术、建筑作品；摄影作品；视听作品；工程设计图、产品设计图、地图、示意图等图形作品和模型作品；计算机软件等八大类，另外还以"符合作品特征的其他智力成果"为兜底性规定。但是，2020年《著作权法》依然没有明确各种作品的定义。根据2013年修改的《著作权法实施条例》以及相关学术理论研究成果，八类作品的定义分别是：

文字作品是指小说、诗词、散文、论文等以文字形式表现的作品。口述作品是指即兴的演说、授课、法庭辩论等以口头语言形式表现的作品。音乐作品是指歌曲、交响乐等能够演唱或者演奏的带词或者不带词的作品。戏剧作品是指话剧、歌剧、地方戏等供舞台演出的作品。曲艺作品是指相声、快书、大鼓、评书等以说唱为主要形式表演的作品。舞蹈作品是指通过连续的动作、姿势、表情等表现思想情感的作品。杂技艺术作品是指杂技、魔术、马戏等通过形体动作和技巧表现的作品。美术作品是指绘画、书法、雕塑等以线条、色彩或者其他方式构成的有审美意义的平面或者立体的造型艺术作品。建筑作品是指"以建筑物或者构筑物形式表现的有审美意义的作品，包括作为其施工基础的平面图、设计图、草图和模型"①。我国立法者对于建筑作品的范围的界定仅指建筑物本身,其构成材料、建筑方法不受著作权法保护。摄影作品是指借助器械,在感光材料上记录客观物体形象的艺术作品。视听作品"是指由一系列有伴音或者无伴音的连续画面组成,并且能够借助技术设备被感知的作品,包括电影、电视剧以及以类似制作电影的方法创作的作品"②。这样视听作品就涵摄了"录像、MTV、MV、微电影、互联网视频、网络直播、网络游戏等新的作品形式"③。但是,该概念被2020年《著作权法》删除了,因此,关于视听作品的概念需要继续讨论下去。不过,视听作品中的电影作品和以类似摄制电影的方法创作的作品概念相对明确,即指摄制在一定介质上,由一系列有伴音或者无伴音的画面组成,并且借助适当装置放映或者以其他方式传播的作品。图形作品是指为施工、生产绘制的工程设计图、产品设计图,以及反映地理现象、说明事物原理或者结构的地图、示意图等作品。模型作品是指为展示、试验或者观测等用途,根据物体的形状和结构,按照一定比例制成的立体作品。计算机软件是指计算机程序及其文档,"是指以源程序或者目标程序表现的、用于电子计算机或者其他信息处理装置运行的指令,计算机程序的源程序和目标程序为同一作品"④。

需要特别说明的是,以上八种类型的作品分别对应着不同的权利内容、权利期限和救济方式,需要区分对待,这也是作品类型化的功能之一。

关于该条第(九)项,由原来的"法律、行政法规规定的其他作品"修改为"符合作品特征的其他智力成果",放弃了法律、行政法规对作品类型的限定,使作品类型法定发生了根本性变化,即转变为作品类型开放。如此一来,"符合作品特征的其他智力成果"就成为独立的作品类型,法院可直接据此给予新类型作品以著作权保护,而不需要就新型作品具体属于何种规定的类型进行解释后才能给予保护。

与该条款相关的司法问题是如何判断某种新型的智力成果是否属于著作

---

① 《著作权法(修订草案送审稿)》(第三稿)第五条。
② 《著作权法(修订草案送审稿)》(第三稿)第五条。
③ 杨幸芳、李伟民:《视听作品的定义与分类研究——兼评我国〈著作权法〉第三次修订中"视听作品"的修改》,载《中国政法大学学报》2020年第3期。
④ 《著作权法(修订草案送审稿)》(第三稿)第五条。

权法保护的作品。按照该条款的逻辑进行分析，在适用该条款的过程中，应当首先判断某智力成果是否属于"文学、艺术和科学领域"。如果答案为否定，就可以判断该成果不是合格的作品；如果答案为肯定，需要继续判断其是否符合"独创性""能以一定形式表现"。如果答案为否定，判断该成果不是合格的作品；如果答案仍然肯定，就需要继续判断其是否属于规定的作品类别。这个阶段的工作由于涉及核心要件的证明，因此完成的是对作品的性质的认定及权利救济正当性的证明。

如果经过以上步骤判断的作品属于法定类别的作品之一，可以说明两个问题，一是这种作品是法律保护的类别，二是法律为不同类型的作品提供了有区别的权利内容、权利期限和保护方式，法官应当针对不同类型的作品采取不同的保护思路。如果经过以上步骤判断的作品不属于法定类别的作品之一，法官可以依据该条第一款关于作品的定义的规定，并结合第（九）项的兜底性规定，来保护新的表达形式的智力成果，以顺应时代发展的需要。

但是，著作权具有绝对权、对世权，对公众的自由构成约束和限制。作品法定和作品类型法定是我国立法者基于对法官创设作品类型的风险的认识而做出的特别选择。作品类型法定原则下，如果当事人在合同中约定了法定之外的某种成果作为著作权客体保护的作品，法律应当不能承认其约定的效力，法官也不能变相违反法律的规定，将本不属于某类作品的智力成果放入该类并给予相应的保护。2020年《著作权法》虽然删除了兜底条款中"法律、行政法规规定的"限制，但是在适用过程中最好视为对类型法定的缓和。因为，放弃"法律、行政法规规定的"限制是对没有法律、行政法规规定新作品的现实回应，并不意味着只要符合第三条中作品的定义，不论作品是否属于规定的类型，都可以纳入受著作权保护的客体。另外，视听作品概念已经极大地增强了其涵摄性，扩大了新技术环境下的作品范围，如果将第（九）项的"其他作品"视为一项法定类型，就赋予了法院极大的自由裁量权，容易在"知识产权严保护"政策下，不适当扩张著作权，危害公有领域和公共利益。因此，在作品类型开放的情况下，法院也应保持谨慎和克制的态度。

【以案说法】

案例1：相关曲目音乐喷泉喷射效果设计案

原告诉称其创作的《倾城倾国》《风居住的街道》等音乐喷泉将歌曲意境与水舞表演奇妙地融为一体，是艺术创作的智力成果，是受《著作权法》保护的作品，而被告音乐喷泉选用的音乐曲目《倾国倾城》《风居住的街道》编排出的音乐喷泉表演效果，与原告创作的同曲目的音乐喷泉展现的效果一致，认为被告侵害了其音乐喷泉编曲的著作权。被告认为涉案音乐喷泉有关的智力成果并不属于《著作权法》第三条规定的法定作品类型，不受《著作权法》的保护。一审法院认为，涉案音乐喷泉呈现的造型和效果是应当受到《著作权法》保护的作品，原因是涉案音乐喷泉是特定音乐配合下形成的表演，是具有美感和独特视觉效果的智力成果，属于著作权保护范围。不过，一审法院并没有就音乐喷泉这种智力成果属于何种法定作品类型给予判断，根据其法律适用可知，其选择了"法律、行政法规规定的其他作品"作为依据。二审法院认为，由于尚无法律、行政法规增加其他作品的类型，司法裁判应当排除该规范的适用，一审判决适用法律条款存在错误。对于音乐喷泉喷射效果的呈现属于"文学、艺术和科学领域内的智力成果"范畴，具有显著的独创性，满足作品的"可复制性"要求，符合作品的一般构成要件，属于《著作权法》保护的作品的范畴。对于音乐喷泉喷射效果的呈现属于何种类型的作品问题，二审法院通过法律解释的方法将涉案智力成果解释为美术作品并给予相应的保护。[1]

案例2：重庆特色广告词"没得几十强勒种废话，我们豆是重庆贼巴适串串"是否享有文字作品的著作权？

裁判要旨：首先，方言属于公有领域的思想范畴，是社会的共同财富，不能为个别人所垄断。该广告词是以重庆地区方言组成的简单排列组合，未体现作者的取舍、选择、安排、设计等创造性劳动，不具有独创性，不属于著作权法意义上的作品，不应受到著作权法保护。其次，鉴于我国著作权登记仅作形式审查，取得著作权登记证书并不必然受我国著作权法保护。即便

---

[1] 北京知识产权法院（2017）京73民终1404号民事判决书。

涉案广告词取得了著作权登记证书,该广告词因欠缺独创性也不构成作品。最后,当事人提交的证明其经营的火锅店具有较高知名度的证据与涉案广告词是否具有独创性无关。该广告词在宣传和使用过程中产生的商业价值与其是否构成作品也无必然联系。综上,涉案广告词"没得几十强勒种废话,我们豆是重庆贼巴适串串"不属于受我国著作权法保护的作品。①

案例3:《辩护词》是否构成著作权法保护的作品?

我国《著作权法》第五条规定,"法律、法规,国家机关的决议、决定、命令和其他具有立法、行政、司法性质的文件,及其官方正式译文"等不受著作权法保护,但并未排除对辩护词等法律类文书的著作权保护。涉案《辩护词》虽受到刑事辩护词一般格式,表达方式的限制,但具体到特定案件的辩护词围绕案件事实,结合辩护人对法律规定的理解,以辩护人的语言文字和行文逻辑对委托人不构成犯罪进行论述,突出了辩护的方向和重点,体现了辩护人独立完成的创造性劳动,并能以有形形式复制,属于文字作品,应受著作权法保护。但是,著作权法保护的是作品中思想和感情的表达方式,不保护思想观念本身,故对作者提出的对"委托人不构成犯罪"的观点予以著作权法保护的请求不予支持。②

案例4:方正平和体单字"自""然""之""子"是否构成著作权法意义上的作品

裁判要旨:判断计算机字库字体单字是否属于著作权法保护的客体,应从法律规定、产业政策等方面统筹考量。

计算机字库字体产品虽是一种规范化和实用性的工业产物,但并不能因此认为其只是工业产品而非艺术作品。越来越多的设计公司和商业企业等放弃使用公有领域内字体,转而选择使用字库企业开发的具有独特艺术造型风格的字体产品,说明了字库字体产品的价值所在,因此,字库字体单字理应属于著作权法规定的艺术领域范畴的作品而获得保护。对于特定单字例如,"自""然""之""子"能否具有著作权,则应当按照著作权法关于作品构成要件的相关规定进一步进行分析和判断。首先,该单字符合著作权法规定的

---

① 最高人民法院(2018)最高法民申4530号民事裁定书。
② 浙江省高级人民法院(2017)浙民终478号民事判决书。

作品独创性要件，可以以有形形式复制，符合著作权法规定的作品可复制性要求，具有一定的美感，属于著作权法规定的美术作品，应受著作权法保护。著作权法意义上的美术作品的载体形式可以随着时代的进步而表现为新的形式——一系列二进制数字代码的相关控制指令和数据。最后，认定计算机字库中的单字具有可版权性不会导致社会利益的失衡，即不会造成对汉字使用的垄断。①

案例5：具有独创性的古籍点校可以受著作权法保护

2008年9月18日，葛某到李某处找弥北李氏一族的有关族志和族谱资料时，二人协商共同点校民国版《寿光县志》一书，此后双方开始合作点校。2009年6月份第一稿全部打印排版完成。2009年7、8月份李某形成第二稿。2009年10月份形成第三稿，即李某印刷成册的《寿光县志》校注本上、下册。此后，双方发生分歧，终止合作。该印刷成册的《寿光县志》校注本上、下册上标明，顾问：王某、孙某、魏某、葛某，主编：李某，该第三稿并未正式出版。其中，葛某点校了该第三稿中卷十二《人物志》中的两册，卷十三《金石志》，卷十四《艺文志》，卷十五《大事记》，卷十六《杂记》、《附录》全部，其余部分由李某点校。李某向山东省潍坊市中级人民法院（简称一审法院）起诉称葛某的行为侵害了其署名权和发行权，请求法院判令葛某赔偿李某经济损失15万元，向其道歉、在报纸上刊登严重错误勘正声明，并承担本案的全部诉讼费用。

一审法院认为，双方当事人争议的焦点问题是：李某是否享有涉案民国版《寿光县志》点校本的署名权和发行权。葛某出版民国版《寿光县志》点校本的行为是否侵害了李某的署名权和发行权。所谓古籍点校，是点校人在古籍版本的基础上，运用专业知识，依据文字规则、标点规范，对照其他版本或史料对相关古籍进行划分段落、加注标点、选择用字并拟定校勘记的过程，通常会受点校人知识水平、文学功底、价值观、人生观、世界观及客观条件等多方面因素影响而有所不同，这种不同是点校人独创性思维的体现，民国版《寿光县志》虽然属于公有领域的作品，但对其进行整理、点校之后的点校本凝聚了点校人对点校内容的创造性劳动，构成了著作权法意义上的

---

① 北京市第三中级人民法院（2014）三中民（知）初字第09233号民事判决书。

作品。本案中，自2008年9月18日开始，李某、葛某就对民国版《寿光县志》合作进行整理、点校，虽然经历了两次合作与两次分手，但双方对共同点校这一事实均不否认，且葛某当庭认可就双方合作校注的第三稿（民国版《寿光县志》校注本）与正式出版的民国版《寿光县志》点校本相比，就点校部分，相同之处有85%，不同之处有15%。因此，就点校的内容来讲，至少有85%的相同部分凝聚了李某、葛某的创造性劳动，双方对民国版《寿光县志》点校部分共同享有著作权。本案中，葛某在出版的民国版《寿光县志》点校本第一页上仅标明点校人为葛某，其将与李某合作创作的作品当作自己单独创作的作品发表，侵犯了合作作者李某的署名权与发行权，李某请求判令葛某赔偿损失、赔礼道歉并在报纸上刊登勘正错误声明的诉讼请求应予支持。葛某不服上述判决，向山东省高级人民法院提起上诉，请求撤销一审判决，依法改判。

二审法院认为，本案当事人争议的焦点问题为：（1）涉案民国版《寿光县志》点校本是否构成著作权法意义上的作品；（2）葛某的行为是否侵害了李某的著作权。关于第一个问题，法院认为：民国版《寿光县志》点校本的性质为古籍点校。古籍点校，是点校人在古籍版本的基础上，运用专业知识，依据文字规则、标点规范，对照其他版本或史料将古籍中的繁体字改成简化字以及改正文字的错误，并进行划分段落、加注标点的行为。葛某、李某对上述古籍点校的含义均无异议。虽然古籍点校以还原古籍原意为宗旨，但由于古籍点校通常会受点校人知识水平、文学功底、表达习惯及客观条件等多方面因素的影响，就同一古籍，不同的点校人会创作出不同的点校作品，所以，古籍点校凝聚了点校人的创造性劳动，古籍点校作品具有独创性，构成著作权法意义上的作品，应受到著作权法的保护。并且，由于我国古代文献资料极为丰富，绝大部分人只能通过点校版本阅读，如果不给予保护，将对我国古籍点校行业的健康发展、古籍作品的传播及传统文化的传承造成不利的影响。所以，古籍点校作品构成著作权法意义上的作品，应当受到著作权法的保护。关于葛某的行为是否侵害了李某的著作权的问题，法院认为：本案中李某主张葛某出版民国版《寿光县志》点校本的行为侵害其署名权和发行权，葛某对涉案作品系其与李某合作创作没有异议，故涉案作品的著作权应归其二人共同享有。涉案作品在葛某出版之前从未发表过，而葛某出版涉案作品时未将李某列为共同点校人，其行为系将与李某合作创作的作品当作其自己单独创作的作品进行发表，侵害了李某对涉案作品享有的署名权和发行权。二审法院判决驳回上诉，维持原判。葛某不服二审判决，向最高人民法院提起再审申请。

最高人民法院再审认为，涉案民国版《寿光县志》点校本构成著作权法意义上的作品。具体评述如下：第一，涉案民国版《寿光县志》点校本属于智力劳动成果。涉案点校本系对民国版《寿光县志》的首次点校，需要点校者具备一定的历史、人文、文学等素养，且需要投入人力物力进行调查研究，该点校过程属于智力劳动。第二，涉案民国版《寿光县志》点校本构成对客观事实的表达。涉案点校行为可被视为具有独创性思维的表达。一方面，对一篇文学作品而言，通过对民国版《寿光县志》进行标点符号添加、段落层次划分，已加入了点校者对民国版《寿光县志》原意的理解；另一方面，对点校者而言，在面对无标点无分段，甚至部分文字残损的原本时，尽管其目的是要探寻原意，但均是依照点校者的理解对原本含义进行推敲、句读、分段等，客观上形成了一种特殊形式的表达。第三，涉案民国版《寿光县志》点校本的表达方式并非唯一或极为有限。首先，点校者并非民国版《寿光县志》作者本人，其出于还原民国版《寿光县志》的初衷进行点校，但还原的成果也只是其主观理解上的"原著"，针对同一文本，不同点校人点校完成的版本通常不会完全一致；其次，不同点校者的认知水平、史学功底、专业技巧、点校经验存在差别，其对点校素材历史背景、相关事件、前因后果等了解程度亦有不同，最终的点校成果与原本贴近的关联度亦有差异；最后，点校行为受点校人多种主观因素的影响，不可避免地会融入点校者的个性选择。基于上述原因，点校者在对民国版《寿光县志》进行句读、分段的过程中存在一定的选择空间，存在形成不同表达的可能。

根据一、二审法院查明的事实，涉案民国版《寿光县志》点校本至少有85%的部分应由李某、葛某共同享有著作权，根据《著作权法》的相关规定，葛某未经李某许可，单独将其发表，构成侵害李某著作权的行为，一、二审法院据此判令葛某停止侵权并承担相应法律责任，并无不妥，应予维持。

基于上述，最高人民法院判决驳回葛某的再审请求，维持山东省高级人民法院（2014）鲁民三终字第340号民事判决。①

案例6：符合作品认定条件的视听作品片段应当给予著作权保护

在再审申请人上海某文化传媒股份有限公司（以下简称某文化传媒公司）与被申请人天津东丽区某歌厅（以下简称某歌厅）侵害作品放映权纠纷案中，某文化传媒公司系"以类似摄制电影的方法创作的作品"（本案适用2010年修正的《著作权法》）《中国之星》的制片者和著作权人。某歌厅在其KTV中使用了《中国之星》中的8首歌曲的视听片段。某文化传媒公司就《中国之星》节目中的8首歌曲视听片段主张权利，要求被告停止侵权并赔偿损失。天津市第三中级人民法院一审认为，《中国之星》每一期节目可以认定为以类似摄制电影的创作方法创作的作品，但是单独的一首歌曲视听片段仅仅是整部作品的片段，不能完整反映制作者的创作意图、体现制作者的创造性劳动，不属于以类似摄制电影的创作方法创作的作品，某文化传媒公司不享有其所主张的单首歌曲视听片段的著作权，故判决驳回其诉讼请求。某文化传媒公司不服，提起上诉。天津市高级人民法院二审认为，《中国之星》中的单首歌曲视听片段属于作品的片段，不构成独立的作品。某文化传媒公司可以以每一期节目主张权利，因此判决维持一审判决。某文化传媒公司不服，向最高人民法院申请再审。最高人民法院裁定提审本案。

最高人民法院再审认为：内容长短或者是否为片段并不是判断智力成果是否构成作品的法定必要条件，只要符合著作权法关于作品的规定，某一作品的片段可能会构成一部新的独立的作品，一部独立的作品也可能成为另一作品中的片段。《中国之星》节目在整体上已构成"以类似摄制电影的方法创作的作品"，应当受到著作权法的保护；该节目中单首歌曲视听片段系在原有作品基础上，重新剪辑形成的，符合著作权法关于以类似摄制电影的方法创作的作品的要求，因此，亦应当被认定为独立的作品，并给予相应的著作权保护。同时，著作权法保护思想的表达而非思想本身，创作意图属于思想范畴，不应成为作品认定的依据。一审、二审法院认为单首歌曲视听片段缺乏完整的节目脚本、无法完整展现制作者的创作意图，进而认定涉案歌曲视听片段不构成独立的作品，属于适用法律错误。最高人民法院于2022年4月18

---

① 最高人民法院（2016）最高法民再175号民事判决书。

日判决撤销一、二审判决，某歌厅停止侵权并赔偿某文化传媒公司经济损失（含合理开支）3365元。[1]该案的典型意义在于，其明确了具有独创性的一部作品的片段依然可以受到著作权法的保护。

（冯晓青、杜爱霞 撰写）

---

[1] 最高人民法院（2022）最高法民再30号民事判决书。

第四条：合法性原则

【法条对比】

2010年著作权法	2020年著作权法
第四条　著作权人行使著作权，不得违反宪法和法律，不得损害公共利益。 　　国家对作品的出版、传播依法进行监督管理。	第四条　著作权人和与著作权有关的权利人行使权利，不得违反宪法和法律，不得损害公共利益。国家对作品的出版、传播依法进行监督管理。

【条文主旨】

本条规定了著作权的合法性原则。

【修改理由】

2010年《著作权法》第四条规定："著作权人行使著作权，不得违反宪法和法律，不得损害公共利益。国家对作品的出版、传播依法进行监督管理。"基于《著作权法》第三次修改过程中对"与著作权有关的权利"术语使用方式的规范化，在此为了确保著作权法整体用语统一、严谨和对于邻接权也即"与著作权有关的权利"的约束，在此增加了"和与著作权有关的权利人"。

实际上，《著作权法》第三次修改过程中，该条文也曾经有一定的修改争议。比如在国家版权局2012年3月、7月、10月的修改草案第一稿、第二稿、第三稿中均以两款方式呈现该条款的规定，具体为第五条第一款规定："著作权人行使著作权、相关权人行使相关权，不得违反宪法和法律，不得损害公共利益。"第五条第二款规定："国家对作品的传播依法进行监督管理。"2014年6月6日原国务院法制办公室公布的《著作权法（修订草案送审稿）》公开征求意见稿中,此条移至第七条,但是内容与版权局的没有变化。2020年4月30日,全国人大常委会发布的《著作权法修正案(草案)》征求意见版本,该条修改为:"著作权人和与著作权有关的权利人行使著作权或者与著作权有关的权利,不得违反宪法和法律,不得损害公共利益,不得滥用权利影响作品的正常传播。国家对作品的出版、传播依法进行监督管理。"此版本中关于禁止滥用权利的规定曾经引发社会各界的广泛热议。滥用权利的限制有助于规制现实中滥用著作权的行为,如版权蟑螂等。但是纵观世界各国,专门规定著作权权利滥用的几乎没有。而且,对于我国加强著作权保护的道路来讲是否会因著作权滥用界定不清楚而降低著作权保护的有效性,也值得质疑。因此,对于滥用著作权的禁止性规定并未被社会广泛认可。不仅如此,有观点认为,基于我国目前著作权领域的主要问题是对著作权的保护不足,这次《著作权法》修改应坚持加强著作权保护的立法导向,对滥用著作权的行为可以通过《民法典》《反垄断法》等法律的规定进行规范。而且,"不得滥用权利影响作品的正常传播"的表述过于宽泛,也不利于实践中操作执行。2020年8月8日全国人大常委会公布的《著作权法修正案(草案二次审议稿)》征求意见版本中,本条修改为:"著作权人和与著作权有关的权利人行使权利,不得违反宪法和法律,不得损害公共利益。国家对作品的出版、传播依法进行监督管理。"至2020年《著作权法》第三次修改成稿,该规定如上未变。

【条文释义】

【价值、功能与立法目的】

本条规定主要约束的是著作权的合法性。前半句约束的范围是著作权人及与著作权有关的权利人在行使其权利的时候,不得违反宪法和法律,不得损害公共利益。这是对法律秩序、公共利益保护的明确规定,彰显出我国《著作权法》对公共利益的重视。此规定还彰显出《著作权法》作为民法体系的一部分,遵循"法不禁止即可为"的原则,在不违反宪法和法律的情况下,著作权人和与著作权有关的权利人可以行使有关权利。第二句约束的是作品出版、发行的问题。在2010年《著作权法》修改之前,该约束表述为"依法禁止出版、传播的作品,不受本法保护。"违禁作品(依法禁止出版、传播的作品）不受著作权法保护的现象引发人们的争议，作品是否应当因为其内容而受到不相同的著作权法"待遇"成为质疑违禁作品不受著作权法保护的争议点。

作品的出版、传播关系到国家经济社会政治的稳定，因此需要国家对作品的出版、传播等秩序进行监督管理。基于我国已经有其他文件对作品的出版及传播予以规范，因此，即使《著作权法》不对之予以明确规定，仍然可以实现对作品出版、传播进行有效的监督管理。[①]2010年《著作权法》修改之后的本规定意在体现国家对作品秩序的监督管理权力，但是并未否定违反作品出版、传播秩序的作品尤其是违禁作品在著作权法意义上的作品属性。这彰显出我国《著作权法》对表达予以著作权法意义上保护的认可，但同时又未放弃国家对著作权秩序的有效监督管理。

2010年《著作权法》本条规定的前一句仅仅规定了著作权人行使著作权的合法性规定，对与著作权有关的权利人行使权利并没有直接的规定。《著作权法》第三次修改将之予以完善，体现出我国《著作权法》对著作权及与著作权有关的权利之行使的同等合法性约束。

【规范内涵】

"著作权人和与著作权有关的权利人行使权利，不得违反宪法和法律，不得损害公共利益。"包含两个层面的意思：第一，著作权人和与著作权有关的权利人行使权利，不得违反宪法和法律。这是很多部门法规定中都有的一条规定，旨在确保著作权人和与著作权有关的权利人在行使权利的时候要遵守宪法和法律。如前所述，宪法是国家的根本法，《著作权法》依据宪法制定，著作权和与著作权有关的权利的行使，需要遵循宪法的规定。与此同时，著作权人和与著作权有关的权利人行使权利，也不得违反其他法律。这主要是为了解决著作权、与著作权有关的权利在实践中与其他法律的规定产生冲突的问题。比如在作品的传播过程中，仍然要遵循作品传播的相关法律规定，避免以著作权为名义甚至滥用著作权来对抗其他应当遵守的规范，违反法治秩序。第二，著作权人和与著作权有关的权利人行使权利，不得损害公共利益。《著作权法》立法宗旨本身含有对公共利益的保护，其不仅蕴

---

① 《关于〈中华人民共和国著作权法修正案（草案）〉的说明》（2010）。

含着本法对激励创作、作品传播等价值的认可,①还蕴含着本法对整体著作权秩序的有效平衡。在保护著作权及与著作权有关的权利时,加强保护的呼声在社会上越来越大,本条立法对公共利益的保护意味着公共利益的价值并不逊色于著作权及与著作权有关的权利的行使价值。比如在实践中,行使著作权和与著作权有关的权利时,可能滥用权利而造成危害公共利益的现象出现,这不仅有违著作权法的立法宗旨,还不利于著作权法对公共利益的保护,因此是不科学的。但是,通常此种情形在司法实践中惯于用《反不正当竞争法》予以规范,实际上,《著作权法》的此条规定是对损害公共利益行使著作权及著作权有关的权利的规制。公共利益的界定问题也成为实践中的难题,现实中也有两种有关公共利益的风险需要警惕。一方面,著作权及与著作权有关权利的不当行使可能对公共利益造成损害;另一方面,滥用公共利益抗辩的行为也可能破坏著作权及与著作权相关的权利与公共利益之间的平衡,这也就意味着这里的公共利益有必要以著作权法来保护的公共利益为限为宜。②同时应注意,这里限定的对象是著作权人和与著作权有关的权利人在行使著作权和与著作权有关的权利的行为,约束的对象相对来讲较为清楚。

"国家对作品的出版、传播依法进行监督管理。"本规定属授权性条款,是国家相关部门对作品出版、传播依法进行监督管理行政功能具体化的表现。③本条规定是2010年我国《著作权法》第二次修改时形成的规定条款内容,当时我国已经有了出版、传播相关管理条例,④足以对作品的出版和传播进行有效的监督管理,且为了与《伯尔尼公约》、TRIPs协议等保持一致,删除了对违禁作品不受保护的规定。⑤理解《著作权法》本条规定的关键点:第一,在于对"依法"的理解。"依法"中的"法"不限于法律,还包括其他

---

① 冯晓青:《知识产权法利益平衡理论》,中国政法大学出版社2006年版,第329—334页。
② 冯晓青、周贺微:《知识产权的公共利益价值取向研究》,载《学海》2019年第1期。
③ 余俊:《〈著作权法〉第4条的解读》,载《中国出版》2011年第21期。
④ 例如,《音像制品管理条例》《电影管理条例》《出版管理条例》《广播电视管理条例》《计算机软件保护条例》《信息网络传播权保护条例》等。参见《关于〈中华人民共和国著作权法修正案(草案)〉的说明》(2010)。
⑤ 2001年《著作权法》第四条第一款规定:"依法禁止出版、传播的作品,不受本法保护。"

形式的"法",也即所有有关作品内容审查的法律、法规、规章等规范性文件。[1]第二,在于对监督管理对象的理解。根据该条规定修改的历史沿革可知,本规定旨在对作品的内容进行审查,实际上也是为了维护著作权相关的市场秩序,优化著作权环境。2010年《著作权法》对此条修改后作品理论上平等地受著作权法的保护,但是为了维护社会上的公共利益,国家还需要对作品的出版、传播等依法进行监督管理,以保留对市场予以合法维护的权力,避免滥用著作权及与著作权有关的权利而扰乱相关秩序,推动有利于我国文化、艺术、科技发展的作品的传播,促进《著作权法》立法目的的实现。因此,此处的监督管理对象是作品的出版、传播,而非作品本身的内容。总体上,作品平等受《著作权法》的保护,但是对于相关作品的出版、传播受国家的监督管理,彰显出对国家文学、艺术、科学作品市场秩序的维护之公共利益价值。

【以案说法】

案例1:行使著作权的行为违反相关"法律"规定的认定

原告享有包含涉案摄影作品1E-00702的摄影作品《中国图片库1E》的著作权,对其中编号为1E-00702的涉案摄影作品享有著作权。但是本案涉案图片1E-00702标题为:"100元人民币",内容显示为多张100元人民币的构图,从图片标题、内容分析,该涉案图片属于人民币图样的作品。《中国人民银行法》第十九条规定:"……禁止在宣传品、出版物或者其他商品上非法使用人民币图样。"《人民币管理条例》第二十六条规定:"禁止下列损害人民币的行为:(一)……;(二)……;(三)未经中国人民银行批准,在宣传品、出版物或者其他商品上使用人民币图样;……"《著作权法》第四条规定:"著作权人行使著作权,不得违反宪法和法律,不得损害公共利益。国家对作品的出版、传播依法进行监督管理。"依据上述法律、行政法规的规定,涉案摄影作品具有限制传播性,即应经金融主管机构审批使用或者出于宣传、教研人民币知识等公益目的使用。原告某视觉公司、被告某文化公司都未举证

---

[1] 余俊:《〈著作权法〉第4条的解读》,载《中国出版》2011年第21期。

证明其传播、使用该含人民币图样作品获得中国人民银行的批准,均应当停止违法使用,并且不得从中获取其他经济利益。最终,法院认为被告某文化公司应当停止在其企业微信公众号经营性使用、传播涉案作品,原告某视觉公司针对涉案作品主张侵权赔偿以及维权合理开支的诉讼请求也不应得到支持。①

在上述案例之前,福建省也有一个类似案例。在该案中,被诉侵权人某资产管理公司主张涉案图片(以折卷后的人民币作为拍摄主题)违反《人民币图样使用管理办法》,故不受著作权法保护。福建省高级人民法院认为,《著作权法》第四条规定"著作权人行使著作权,不得违反宪法和法律",《人民币图样使用管理办法》系部门规章,效力层级低于法律,因此依据该部门规章不足以认定涉案图片系不受著作权法保护的违法作品。同时,某资产管理公司也未提供证据证明涉案图片损害社会公共利益。故本院对某资产管理公司有关涉案图片违法且损害社会公共利益的上诉主张,不予支持。②

案例2:公益性质播放电视节目不直接被认定为公共利益

原告范某提交的证据能够证明其为摄影作品《向往》的著作权人,其起诉齐齐哈尔电视台未经许可、未支付报酬而使用原告的作品侵犯了原告的著作权。齐齐哈尔电视台提出,原告范某明知齐齐哈尔电视台无侵权过失和故意,并且无证据证明其实际损失就提出4万元损失赔偿,其行为是为实现自身经济利益而对公共利益的损害,正是《著作权法》第四条所排除和禁止的行为。法院认为,齐齐哈尔电视台提交的证据能够证明其公告行为是按照市委、市政府的要求制作播出,但是齐齐哈尔电视台主张其制作播出行为是公益性质,该项抗辩理由不能对抗《著作权法》规定的使用者应取得著作权人许可并支付报酬的规定,不能成为侵犯他人著作权的合法理由,齐齐哈尔电视台的制作播放行为未经著作权人许可,未支付报酬,擅自使用其作品,侵犯了范某的著作权,齐齐哈尔电视台侵权行为成立,应承担侵权赔偿责任。但是在确定侵权赔偿责任时,鉴于本案涉案侵权作品的用途,齐齐哈尔电视台的

---

① 江西省新余市中级人民法院(2019)赣05民初89号民事判决书。
② 福建省高级人民法院(2019)闽民终230号民事判决书。

侵权行为不应按照商业广告侵权标准承担赔偿责任，侵权人的违法所得亦无法确定，综合考量本案涉案作品出于正面宣传目的、被侵权作品在宣传片中所占篇幅仅有一幅画面、齐齐哈尔电视台虽有过错但并无主观恶意、侵权情节较轻且时间较短及范某维权的合理支出成本亦较小等因素，本院酌定齐齐哈尔电视台赔偿范某经济损失8000元。范某主张被告在媒体上公开赔礼道歉，因涉案侵权行为属于公告性质，无贬低作品及作者的结果，最终法院对该项主张未予支持。[1]

案例3：国家对作品的出版、传播依法进行监督管理

一般而言，作品的构成主要看作品本身的特征，与其内容不能直接挂钩——不能因内容而否定作品的属性，进而不能因作品内容差异而带来著作权"歧视"。但是这并不意味着国家对作品的内容完全放任。本条规定国家对作品的出版和传播依法进行监督管理即保留了国家对作品市场的监督管理权。例如在姚某与海口某创意传媒有限公司著作权权属、侵权纠纷案中，原告姚某认为其为涉案摄影作品的作者，被告某创意公司在经营的网站上使用了涉案摄影作品侵犯了其著作权。一审法院经过审理认定了原告为作者，并判决被告某创意公司立即停止在www.×××.com玩车网网站上使用姚某享有著作权的涉案摄影作品，某创意公司赔偿姚某经济损失包括合理费用共计2800元。[2]某创意公司提起上诉。二审法院经过审理认为，涉案证据不足以证明姚某是涉案图片的作者。二审法院经过审理判决，撤销广东省广州市白云区人民法院（2017）粤0111民初7943号民事判决，驳回姚某的全部诉讼请求。[3]

对于本案中涉案作品内容较为低俗的问题，基于《著作权法》规定"国家对作品的出版、传播依法进行监督管理"，在本案司法审判中，法院认为内容低俗的作品的传播是受到法律法规的限制的。而且，法院作为国家机关，在审理案件时，对作品的内容是否低俗负有当然的审查责任。基于禁止传播

---

[1] 黑龙江省齐齐哈尔市中级人民法院（2016）黑02民初69号民事判决书；黑龙江省高级人民法院（2017）黑民终51号民事判决书。
[2] 广东省广州市白云区人民法院（2017）粤0111民初7943号民事判决书。
[3] 广州知识产权法院（2018）粤73民终2116号民事判决书。

的作品作者实际上无法通过传播获得合法收益，因此，无法依《著作权法》获得赔偿，但是作者享有制止他人侵犯其著作权的权利，支出的维权费用属于实际损失，故其维权的相应合理支出仍然应予以支持。[1]

（周贺微 撰写）

---

[1] 2018年广州知识产权法院著作权典型案例及评析之六：姚某与海口某创意传媒有限公司著作权权属、侵权纠纷案。

第五条：不予保护的客体

【法条对比】

2010年著作权法	2020年著作权法
第五条 本法不适用于： （一）法律、法规，国家机关的决议、决定、命令和其他具有立法、行政、司法性质的文件，及其官方正式译文； （二）**时事新闻**； （三）历法、通用数表、通用表格和公式。	第五条 本法不适用于： （一）法律、法规，国家机关的决议、决定、命令和其他具有立法、行政、司法性质的文件，及其官方正式译文； （二）**单纯事实消息**； （三）历法、通用数表、通用表格和公式。

【条文主旨】

本条规定了著作权法不予保护的客体。

【修改理由】

2010年《著作权法》第五条规定，"本法不适用于：（一）法律、法规，国家机关的决议、决定、命令和其他具有立法、行政、司法性质的文件，及其官方正式译文；（二）时事新闻；（三）历法、通用数表、通用表格和公式"。2020年《著作权法》修正，将第（二）项修改为"单纯事实消息"，其他各项保持不变，即第五条规定："本法不适用于：（一）法律、法规，国家机关的决议、决定、命令和其他具有立法、行政、司法性质的文件，及其官方正式译文；（二）单纯事实消息；（三）历法、通用数表、通用表格和公式。"

在2010年《著作权法》第五条的适用过程中，何为"时事新闻"多次引起了争议，司法实践中多个案例的争议焦点也集中在如何界定"时事新闻"

上。为了统一适用标准,《著作权法实施条例》第五条规定,"时事新闻,是指通过报纸、期刊、广播电台、电视台等媒体报道的单纯事实消息";2002年最高人民法院发布的《最高人民法院关于审理著作权民事纠纷案件适用法律若干问题的解释》亦对"时事新闻"一词进行了限缩解释,在第十六条规定,"通过大众传播媒介传播的单纯事实消息属于著作权法第五条第(二)项规定的时事新闻"。2015年,《国家版权局办公厅关于规范网络转载版权秩序的通知》也规定,"《著作权法》第五条所称时事新闻,是指通过报纸、期刊、广播电台、电视台等媒体报道的单纯事实消息"。为避免"时事新闻"一词含义过于广泛而引起歧义,基于著作权不保护事实之原则,本次《著作权法》修改吸纳了最高人民法院的司法解释和国家版权局的相关规定,将《著作权法》第五条第(二)项的"时事新闻"修改为"单纯事实消息"。

【条文释义】

【价值、功能与立法目的】

和有形财产不同,知识具有无形性,知识的使用具有非消耗性,知识不会因使用而减少,反而因不断使用、传播而增加、丰富,经济学领域将此现象称为知识的"溢出效应"[1];有学者因此指出,知识产品具有非竞争性消费的公共品属性[2]。溢出效应意味着,对公共领域的保留和扩大,不但不会出现"公地悲剧"(Tragedy of Commons)[3],反而会出现"共享喜剧"(Comedy of Commons)[4],知识会因为广泛使用和传播得以丰富和增加。因此,各国知识

---

[1] Knowledge Spillover Effect.

[2] [美] Mark A. Lemley:《财产权、知识产权和搭便车》,杜颖、兰振国译,载《私法》(第10辑·第1卷),华中科技大学出版社2012年版,第125页。

[3] 公地悲剧(Tragedy of Commons)理论由经济学家 Garrett Hardin 提出,意图说明如果不将共有物赋予产权以便将共有物的负外部性充分内在化,即会产生牧民在公共地上过度放牧而使草场枯竭、渔民在公共湖泊竭泽而渔的现象。Garrett Hardin, "The tragedy of the commons", 162 science 1243 (1968).

[4] 共享喜剧(Comedy of Commons)理论是由社会学家 Carol Rose 提出,意图说明知识这类非竞争性使用的公共品不会产生公地悲剧,而会通过共享而使得知识增加和积累。Carol Rose, "The comedy of the commons: custom, commerce, and inherently public property", 53 The University of Chicago Law Review 711 (1986).

产权法在规定权利人享有专有权利的同时，也会对公有领域予以保留。例如，对知识产权的某些专有权利规定保护期，保护期间届满后，这些权利客体就进入公有领域。再如，直接将某些客体排除出知识产权保护范围中，划入公用领域。

本条对著作权法不予保护的客体进行了列举，将法律、法规等官方文件及其正式译文、单纯事实消息、历法、通用数表、通用表格和公式从著作权客体范围中排除，是因为前述各项客体具有极高的知识溢出效应，对其得以自由使用、传播，会极大丰富知识总量，不宜被垄断在个人手中。本条规定也体现了《著作权法》第一条有关鼓励作品的创作和传播，促进社会主义文化和科学事业的发展与繁荣之立法目的。

【规范内涵】

关于第五条第（一）项"法律、法规，国家机关的决议、决定、命令和其他具有立法、行政、司法性质的文件，及其官方正式译文"不受著作权法保护。 著作权法将该项所列的官方文件排除在著作权法保护范围之外，是因为此类文件涉及国家利益和社会公众的利益，其公布和传播是国家机关行使国家公权力的必要手段，如果将其纳入著作权保护范围，会影响传播的成本和效率，进而影响公共利益。该款的适用要点如下。

第一，并非所有在立法、行政、司法程序中出现的文件都不受著作权的保护，适用该项时应考虑如果该文件纳入著作权法的保护范围，是否影响公共利益。例如，司法程序中常见的文件"辩护词"，是律师受案件被告人委托，在诉讼过程中提出的有利于被告人的材料和意见，不涉及社会公众利益，因此不属于《著作权法》第五条第（一）项规定的范畴。[1]再如，法律、法规本身不受著作权的保护，但针对法律法规撰写的考情分析、考点分析、对法条的注解和讲解以及对真题的讲解部分体现了独创性的，应当受著作权法的保护[2]。

第二，具有行政性质的文件，一般是指由行政机关做出，由行政机关公布，并由行政机关承担相应后果的文件。

---

[1] 浙江省高级人民法院（2017）浙民终478号民事判决书。
[2] 广东省深圳市福田区人民法院（2016）粤0304民初18313号民事判决书。

关于第五条第（二）项"单纯事实消息"。《著作权法》第一条"促进社会主义文化和科学事业的发展与繁荣"为本法的立法目的之一，该立法目的反映在作品上，意味着著作权法所保护的作品，至少在客观表达上应与已有的作品存在些许程度的差异。著作权法保护的是具有独创性的表达，并不保护事实。判断一则消息是否属于单纯事实消息，是否为著作权法所保护的客体，应具体考察其是否具有独创性。该项的适用要点如下。

第一，需区分新闻作品与"单纯事实消息"，新闻作品受著作权法的保护。如果报道者对新闻事件的报道仅涉及该事件的基本构成要件，且使用的是最为简明的语言或文字，他人对该事件的报道必然会使用相同或基本相同的语言或文字，则该新闻报道属于该项规定的"单纯事实消息"，不受著作权法的保护。换言之，"单纯事实消息"是指仅有"时间、地点、人物、原因"内容的文字或口头表达，对于新闻图片、新闻视频等构成作品的，则不在此列。

第二，判断一则消息是否属于"单纯事实消息"，应具体考察其是否具有独创性，是否体现了作者的创造性劳动。为媒体报道而采写的单纯事实消息，因为仅是对时间、地点、人物、起因、经过、结果等新闻要素的简单排列组合，不涉及思想的表达方式，具有表达上的唯一性，属于客观事实，被排除在著作权法保护范围之外。但对事实富有个性化、独创性的表达，不属于"单纯事实消息"的范畴，应当受到著作权法的保护。例如在新闻报道中"夹叙夹议地对时事新闻进行了整理、加工""以综述、评论等表达方式进行报道""经编导、采访、演播人员的组织策划，有台词脚本的编写、播出顺序的安排、播出内容的剪辑"等情形下，具有独创性的，应当享有著作权，受著作权法保护。

第三，在新闻方面，"单纯事实消息"构成的新闻虽然不排除图片新闻，但以文字新闻为主。由于摄影记者可以在拍摄主题、设计画面、拍摄角度、拍摄时机的捕捉等方面展现独创性，形成摄影作品，新闻图片较少构成"单纯事实消息"，除非新闻图片的画面为唯一表达。此外，图片新闻的独创性应当独立判断，不受其所配文字影响，其所配文字是否为单纯事实消息，通常不会决定或改变配图的独创性。

关于第五条第（三）项"历法、通用数表、通用表格和公式"。"思想与表达二分"是著作权理论确立的一大原则，即著作权法保护的是思想的表达，并不保护思想本身。这是因为，著作权法以鼓励创作为目的，如果对思想进行保护，将垄断思想、束缚思想的传播，阻碍后人吸收利用前人思想创造出新的作品，从而阻碍作品的创作。一般而言，思路、观念、理论、构思、创意、概念、操作方法等，属于思想的范畴，不受著作权法保护。同时，如果思想与表达难以区分，或者一种思想只有有限的表达形式，那么保护表达同样会产生思想垄断的后果，因此这些情况下的表达也不能受到保护。

例如，数学解题方式所运用的思路属于思想，解题思路所对应的解题方式，即为思想表达。但如果该解题方式大部分是数字、字母和数学符号的组合，或少量文字与数字、字母、数学符号的结合，其表达形式是极为有限的，不能受到著作权法保护。

再如，由于2019年修改的《药品管理法》第四十九条第二款对药品说明书的写作体例进行了明确规定，药品说明书上必须注明药品的通用名称、成份、规格、生产企业、批准文号、产品批号、生产日期、有效期、适应症或者功能主治、用法、用量、禁忌、不良反应和注意事项，必须按照法定格式填写才能获得审批并上市。在如此严格的写作体例规范下，药品说明书只能按照法定格式进行填写，只能采用说明文形式，因此药品说明书的自由表达空间非常有限，不应受到著作权法保护。

【以案说法】

案例1：专利申请文件构成具有行政性质的文件？

原告申某发明了一种"电子秤"并撰写了相关专利申请文件进行专利申请，后出于技术保密的考虑，撤回了专利申请，且该专利申请并未进入公开阶段。两年后，原告申某发现，被告王某在后申请专利的权利要求书等与原告申请时所撰写的权利要求书一致。原告以被告侵犯其专利申请文件著作权为由诉至法院，被告王某辩称原告的专利申请文件不构成作品。本案的争议焦点之一为，专利申请文件是否构成《著作权法》第五条第（一）项规定的具有行政性质的文件。法院经审理认为，"具有行政性质的文件，一般是指由行政机关做出，由行政机关公布，并由行政机关承担相应后果的文件。专利说明书作为专利申请文献，经过专利行政机关审查，并由专利行政机关以公告的形式予以公开，其具有行政性质。本案原告的专利申请文件虽然向专利行政机关提交，但因未缴费视为撤回，从而尚未成为授权公告的官方文件，也未进入专利行政机关以公告的形式公开阶段，故其不属于具有行政性质的文件，可以受到著作权法的保护"。①

案例2：美术作品是否构成"单纯事实消息"？

某公司未经许可在其新浪微博账号中使用了画家王某创作的一幅作品作为品牌营销，并作为热门话题宣传使用，未署名王某，也未支付费用，被王某诉至法院。某公司认为涉案图片属于时事新闻，不应受著作权法保护。法院经审理认为，如果报道者对新闻事件的报道仅涉及该事件的基本构成要件，且使用的是最为简明的语言或文字，他人对该事件的报道必然会使用相同或基本相同的语言或文字，则该新闻报道属于《著作权法》第五条第（二）项规定的"时事新闻"。但涉案作品为美术作品，不属于单纯事实消息。②

案例3：经编导、采访、演播人员的组织策划，有台词脚本的编写、播出顺序的安排、播出内容的剪辑的新闻节目，不属于"单纯事实消息"

北京某网络技术有限公司从境外引进某一新闻类节目，北京某互联信息服务有限公司未经许可将该节目上传至其服务器，并提供在线播放服务，被诉至法院。该新闻节目是否构成2010年《著作权法》第五条第（二）项"时事新闻"而不受著作权法的保护，成为案件的争议焦点之一。一审法院经审理认为，涉案节目内容系以某一新闻事件为主题，由新闻主持人、评论员等人主持，配以连续动态的新闻事件视频画面以及记者采访、新闻主持人与场外评论员、专家等人的对话画面等。即系经编导、采访、演播人员的组织策划，有台词脚本的编写、播出顺序的安排、播出内容的剪辑，由一系列有伴音的画面组成的视频节目，而并非单纯的事实消息，其独创性已达到作品的高度，构成以类似摄制电影的方法创作的作品，并非不受著作权法保护的时事新闻。二审法院支持了一审法院的观点。③

案例4：答题卡属于通用数表吗？

陈某完成了具有三个主观分答题卡的设计并进行了版权登记。陈某认为

---

① 深圳市罗湖区人民法院（2016）粤0303民初11248号民事判决书。
② 北京知识产权法院（2017）京73民终634号民事判决书。
③ 北京知识产权法院（2017）京73民终682号民事判决书。

某印务有限公司复制、销售其三个主观分答题卡，构成著作权侵权，遂诉至法院。涉案的三个主观分答题卡是否属于通用数表是本案的争议焦点之一。本案二审法院认为，涉案的主观分答题卡是在原先的答题卡上增加三个主观分分数框，答题卡上主要包括若干题号、字母、数字，以及姓名、准考证号、科目等少量考试信息相关的文字，是针对考题的选项设置和统计信息需要设计的，属于通用数表。法院同时指出能够表达思想和设计的载体实质上来自光标阅读机的软件，对光标阅读机软件进行不同的参数设置可以得到不同的答题卡样式。将这种自定义答题卡样式的过程视为对图形作品的创作过程，则由于著作权的限制会使答题卡样式为有限的主体所垄断，从而损害公众利益，因此给予答题卡样式著作权法保护不符合我国著作权保护制度的立法目的。①

（罗娇 撰写）

---

① 四川省高级人民法院（2010）川民终字第334号民事判决书。

第六条：民间文艺作品的著作权保护

【法条对比】

2010年著作权法	2020年著作权法
第六条　民间文学艺术作品的著作权保护办法由国务院另行规定。	第六条　民间文学艺术作品的著作权保护办法由国务院另行规定。

【条文主旨】

本条规定了民间文学艺术作品的著作权保护。

【修改理由】

此条无修改。

【条文释义】

【价值、功能与立法目的】

民间文学艺术是人类发展过程中优秀传统文化的累积，彰显了一个地区的文化底蕴和历史渊源。经济全球化带来了文化的交流与碰撞，作为民间文学艺术发源地的国家或地区，由于自身经济或实力的限制而无暇顾及民间文学艺术的保护，这些优秀的民间文学艺术被发达国家进行商业性利用并从中获利，导致优秀传统文化的流失，出现由发展中国家向发达国家的文化倒流情况。[①]因此，与发达国家推动的知识产权保护制度不同，对于民间文学艺术的保护主要是由具有优秀传统文化的国家或地区进行推动。我国具有上下

---

① 魏玮：《民间文学艺术表达的版权法保护困境与出路》，载《暨南学报（哲学社会科学版）》2015年第4期。

五千年的悠久历史，形成了丰富的民间文学艺术资源，对我国的民间文学艺术资源进行保护是防止优秀传统文化流失的重要路径。

对于如何进行民间文学艺术保护，则存在争议。如果不对民间文学艺术作品进行特殊保护，传统知识和民间文学艺术作品就会进入公共领域，作为一种公共资源被免费使用，对于其他国家的商业性使用无法提供法律上的阻隔。在认为民间文学艺术作品具有保护必要性的基础上，如何进行保护路径的选择又成为了另外一个难题，若在现有的知识产权体系内将民间文学艺术作品细分为著作权、商标权等形式进行保护，会导致民间文学艺术被分割成多个权利，[①]继而被私人主体所独占，破坏民间文学艺术作品的整体性和传承性。因此，在确有保护的必要以及保护路径存在争议的情况下，《著作权法》采取了折中的方式，在第六条中明确，民间文学艺术作品的著作权保护方法由国务院另行规定，这一方面明确了保护的基本立场，另一方面又为之后的立法预留了空间。

习近平总书记在中央政治局进行第二十五次集体学习中强调"及时研究制定传统文化、传统知识等领域保护办法"。因此，有必要在《著作权法》这一授权性条文的基础上，及时加紧研究目前民间文学艺术作品的保护经验，以提出更加切合的保护方案，对我国数量众多的民间文学艺术、文化传承技艺予以保护。

【规范内涵】

关于民间文学艺术作品的概念。1976年世界知识产权组织（WIPO）和联合国教科文组织（UNESCO）共同制定的《发展中国家突尼斯版权示范法》的第十八条将民间文学艺术作品定义为：在一国领域内可认定由该国国民或种族群落创作的、代代相传并构成其文化遗产之基本组成部分的全部文学、艺术与科学作品。1982年，WIPO和UNESCO制定的《保护民间文学艺术表达、防止不正当利用及其他侵害行为的国内法示范条款》第一条对其定义为：民间文学艺术表达（expressions of folklore）指由具有传统艺术遗产特征的要素构成，并由某一国家的一个群落或者某些个人创制并维系，反映该群落之传

[①] 邓玲：《民间文学艺术作品司法保护路径探索——以云南〈蟒蛇记〉著作权纠纷案为例》，载《法律适用》2013年第6期。

统艺术取向的产品。①2014年国家版权局起草的《民间文学艺术作品著作权保护条例（征求意见稿）》第二条第一款将民间文学艺术作品界定为"由特定的民族、族群或者社群内不特定成员集体创作和世代传承，并体现其传统观念和文化价值的文学艺术的表达"。

民间文学艺术作品的基本特征主要包括以下几个方面。

一是主体群体性。对于一般的作品而言，其创作主体通常是确定的一个或一群自然人、法人和非法人组织。但民间文学艺术作品的作者具有群体性和不确定性，由居住在一定区域内的居民群体几世代接续创作，所延续下来的民间文学艺术作品展现出了群体智慧，属于群体性劳动成果。②即使某些民间文学艺术作品可以追溯到由某一个人或几个人提出最初的创意，但经过世代的延续、发展和完善，民间文学艺术作品彰显的是整个族群的文化传统和个性，难以精准识别出哪些主体对民间文学艺术作品的哪一部分具有独特的贡献。

二是来源确定性。民间文学艺术作品的具体作者难以界定，但是民间文学艺术作品的来源具有确定性，一般是由特定民族、族群或社群的居民进行创作，地域性构成了识别民间文学艺术作品的独特名片，也是该民间文学艺术作品的区别性和特色所在。

三是创作动态性。对于一般的作品创作而言，能够确定一个明确的创作周期，在创作完成后作品即完成。但民间文学艺术作品的创作具有动态性，在老一辈的传承人逝去之后，由后代对民间文学艺术作品进行传承，在传承的过程中，传承者基于自己的理解和感悟，不断加入新的元素或情节，不断塑造民间文学艺术作品的内涵，甚至还可能出现不同的版本。

四是表达差异性。根据《保护民间文学艺术表达、防止不正当利用及其他侵害行为的国内法示范条款》第二条之规定，民间文学艺术作品具有多种表达形式，例如口头表达形式、音乐表达形式、活动表达形式和有形的表达形式等。2014年国家版权局起草的《民间文学艺术作品著作权保护条例（征

---

① 张玉敏：《民间文学艺术法律保护模式的选择》，载《法商研究》2007年第4期。
② 马忠法、宋秀坤：《论民间文学艺术作品的著作权主体及其权利行使主体》，载《民俗研究》2012年第4期。

求意见稿)》第二条第二款规定"民间文学艺术作品包括但不限于以下类型：（一）民间故事、传说、诗歌、歌谣、谚语等以言语或者文字形式表达的作品；（二）民间歌曲、器乐等以音乐形式表达的作品；（三）民间舞蹈、歌舞、戏曲、曲艺等以动作、姿势、表情等形式表达的作品；（四）民间绘画、图案、雕塑、造型、建筑等以平面或者立体形式表达的作品。"

基于民间文学艺术作品的这四项特征，使其在作品类型上，不易将其划定为《著作权法》第三条中某一特定作品从而进行整体保护。在作者认定上，同时因其主体的不确定性、创作的动态性而存在作者确定的难题。针对这些难题，考虑到民间艺术等传统文化知识保护的必要性，有学者主张应在现有知识产权法框架体系下，参照物权法理论体系，设定一种新的权利"民间文学艺术表达权"，并通过登记等要式行为，确定其法定效力。[①]也有学者主张，还是应在现有《著作权法》框架内对民间文学艺术作品提供保护。在程序设计上，可考虑到民间文学艺术作品由不特定的家族或个人继承，可由民间文学艺术作品的所在地域的地方政府为代表提起民事诉讼，以保护该地域民众的集体利益。[②]而在实体保护标准上，考虑到民间文学艺术作品的创作动态流变特征和地域特征，应在《著作权法》基础上考虑适当降低独创性的认定标准，仅需要求其体现传统观念和文化价值的表达即可。[③]笔者认为，应以习近平总书记在中央政治局的第二十五次集体学习中所强调的"及时研究制定传统文化、传统知识等领域保护办法"为契机，在2014年国家版权局出台的《民间文学艺术作品著作权保护条例（征求意见稿）》基础上，推动运用特别法保护民间文学艺术作品的立法进程。

基于《著作权法》第六条的授权性规定，在民间文学艺术作品保护的具体路径上，可尝试探索构建如下保护方案。

一是在权利认定层面。应在现有著作权法"思想—表达二分法"的逻辑

---

① 李远龙、曾钰诚：《民间文学艺术表达权的理论设计——以二元知识产权体系为基点》，载《湖北民族学院学报（哲学社会科学版）》2018年第2期。

② 李秀娜：《民间文学艺术表达司法实践发现和概念再认识——兼评〈民间文学艺术作品著作权保护条例〉（征求意见稿）第二条》，载《科技与法律》2019年第1期。

③ 王晓君：《民间文学艺术的著作权规制——以刘雍系列工艺美术作品侵权案为视角》，载《河北法学》2015年第11期。

框架下，适当降低民间文学艺术作品的独创性认定标准。尤其是对于本民族区域继承人的再创作中，只要能够在前人基础上创作出能反映民族特征和民族文化的表达，则应对表达部分予以整体保护。

二是在权利内容层面。可参照《著作权法》的权利设定赋予本民族区域继承人一定的民间文学艺术作品的人身权和财产权，但应以人身权为核心。主要涉及作品的署名，应当署名该特定民族、族群，同时不得恶意篡改该民间文学艺术的基本内涵、内在精神。在财产权层面，主要是在改编等行为前应经过相应族群或者集体组织的许可。

三是在权利主体层面。应当明确其著作权归属于特定民族、特定社群，而非单独由某一个体所享有，是一种集体权益。对于此集体权益的具体维护，可以由地方政府主导，与我国著作权集体管理组织或其他公益组织签订协议等方式，由该组织代为行使集体权益，代为维护当地族群的民间文学艺术作品权益。

四是在权利授权许可层面。可以由《著作权法》规定的集体管理组织对使用民间文学艺术作品的使用人予以收费。同时，对于本民族区域内的群众，应当允许其在传播文化、继承文化的范围内免费使用的权益。在利益分配上，应当将著作权许可、诉讼所获利益等予以平均分配，切实维护群众的合法权益。

五是在作品创作激励层面。可明确激励族群内及族群外群众在现有民间文学艺术作品基础上，创作出新的作品，如若达到《著作权法》上作品的认定标准可给予相应保护，从而推动中华优秀传统文化创造性转化、创新性发展。例如，我国近年来出现大量国产优质影视剧就是根据我国传统文化主题改编而来。未来还可通过这样的制度激励，推动更多以民间文学艺术为原型的优质影视作品产生，从而更好地向世界展示中华文化、中华风貌、中国精神。

【以案说法】

案例1：借鉴民间文学艺术表现形式创作出的新作品受《著作权法》保护

白某为陕西省民间艺术家，其应邮票印制局之约，为邮票印制局印制辛巳蛇年生肖邮票设计，制作了数幅以蛇为题对的剪纸提交给邮票印制局，邮票印制局选择了其中的4幅，将复印件留存。后邮票印制局的设计师呼某在白某的剪纸基础上设计了邮票图稿,并被邮票图稿评审委员会最终确定为辛巳蛇年生肖邮票的图稿。被告辩称,剪纸是中华民族几千年来流传下来的民间美术形式,涉案剪纸属于民间文学艺术作品范畴,因此本案不应适用著作权法进行审理。

本案中的争议焦点之一为白某借鉴民间文学艺术表现形式创作出的新作品是否属于民间文学艺术作品。法院认为,《著作权法》第六条规定的民间文学艺术作品,应为民间世代相传的、长期演变、没有特定作者、通过民间流传而逐渐形成的带有鲜明地域色彩、反映某一社会群体文学艺术特性的作品,如民歌、民谣、蜡染等。本案中原告白某运用民间剪纸技法独立创作完成了生肖邮票设计,虽然采用了我国民间传统艺术中"剪纸"的表现形式,但其并非对既有同类题材作品的简单照搬或模仿,而是体现了作者白某的审美观念,且表现出独特意象空间,属于应当受《著作权法》保护的美术作品。白某基于民间文学艺术表现的新创作应视为对民间文学艺术的继承和发展,而不属于民间文学艺术作品。[1]

案例2:对民间文学艺术发掘、整理和研究的成果按照一般文学艺术作品保护

原告马某长期从事盘古神话的收集、整理和研究,出版了《盘古之神》等一系列论著。后张某、王某编著了《盘古神话》,该书部分内容出自《盘古之神》的内容。原告起诉称被告张某、王某的行为侵犯了其著作权。被告辩称,盘古神话是在泌阳地区流传久远的民间故事,具有民间文学的特点:一是通过某个社会群体几代人的不断模仿而进行的,非个人的、连续的、缓慢的创作活动的产物。二是表现形式丰富多样。三是作者是社会群体。四是权利归属创作、保存该民间文学作品的社会群体。五是在传统和习惯范围内使用,不需许可,不支付报酬。六是主张民间文学著作权的主体,不是公民个人,而是由产生传承该作品的特定区域的民族群体。

河南省南阳市中级人民法院经审理认为:第一,民间文学艺术一般是指,在特定区域、由当地民族集体创作,世代流传,并不断发展,具有独特内容和风格的文学艺术作品。虽然《著作权法》规定:对民间文学艺术作品的保

---

[1] 最高人民法院(2003)高民再终字第823号民事判决书。

护由国务院另行制定保护办法，国务院对此尚未明确规定，但民间文学艺术作品仍属著作权法保护的范围。对民间文学艺术保护的实质是禁止本民族以外的人随意使用，但不是禁止对民间文学艺术进行发掘、整理和利用民间文学艺术进行再创作。第二，任何人都可以对民间文学艺术进行发掘、整理和研究，其成果只要在原始的素材上融入了自己的创造性劳动，体现了本人独特的艺术风格，就属对民间文学艺术的改编，就对其成果享有演绎作品的著作权，有权禁止他人未经授权而擅自使用。此外，对民间文学艺术发掘、整理和研究的成果，一经发表，可视为一般文学作品，按一般文学艺术作品保护其著作权。[1]

案例3：民间文学艺术作品在符合《著作权法》构成要件的情况下能否直接适用《著作权法》予以保护？

北京鬃人是北京传统民间工艺。2007年6月，北京鬃人被北京市人民政府评为"市级非物质文化遗产"。原告与其兄是北京鬃人的传承人。"跑驴"是北京鬃人的传统制作项目。2007年5月，原告制作完成了涉案作品"跑驴"，该作品底座刻有"北京鬃人白"的字样。涉案作品曾多次在公开场合展出。2009年9月，原告购得被告生产的广式月饼一盒，单价146元。月饼的包装盒和手提袋上使用了涉案作品"跑驴"，具体使用情况为：（1）手提袋一面的左上部使用1次，该面还有"老北京皮影""老北京冬虫儿""老北京京剧"3幅图画。（2）月饼大包装盒盒顶左侧中部使用1次，该面还有"老北京皮影""老北京冬虫儿""老北京京剧""老北京兔儿爷""老北京沙燕风筝""老北京四合院"6幅图画。（3）大包装盒内装有6例独立小包装盒，每个小包装盒在盒面上使用4次，小包装盒上也有上述6幅图画。经过法院比对，月饼包装盒上使用的"跑驴"作品与原告创作的"跑驴"作品具有一致性。

原告认为被告未经原告许可，未支付使用费，以营利为目的，擅自将原告独自创作的涉案作品"跑驴"作为其月饼包装的一部分，并进行了颜色的修改，获利巨大，侵犯了原告的署名权、修改权、使用权和获得报酬的权利。首先，被告辩称其不认可原告系涉案作品"跑驴"的作者，也不能确认该"跑驴"作品是否对北京鬃人的传统作品"跑驴"进行了改进，形成了著

---

[1] 河南省高级人民法院（2008）豫法民三终字第49号民事判决书。

作权法上的新作品。其次，被告使用的是"跑驴"的图片，而不是鬃人作品。再次，原告并未因为被告使用图片的行为产生实际损失。被告销售的是月饼，与鬃人作品不具有竞争关系，不会造成原告鬃人作品销售数量的减少。最后，被告设计使用"跑驴"图片的行为是对老北京文化的宣传和保护，没有侵犯著作权的故意，也没有获得商业利益的目的，不应承担侵权责任。

法院认为，北京鬃人是源于清末、流传于北京地区的特色民间工艺艺术，已被评为北京市非物质文化遗产。北京鬃人艺术作为代代相传的手工技艺，本身具有非物质的特性。原告是北京鬃人艺术的传承人，在吸纳传统工艺和艺术风格的基础上制作完成的"跑驴"作品，是以有形载体形式表现的民间艺术作品。民间艺术作品可以成为知识产权保护的对象。目前，我国著作权法中规定民间文学艺术作品的著作权保护办法由国务院另行规定，但相关保护办法至今并未出台。在此种情况下，如民间艺术作品符合著作权法上作品的条件，可适用著作权法进行保护。本案中，原告持有"跑驴"作品原件，且其兄出庭证明该作品系原告所做，在无相反证据的情况下，可认定原告为该作品的作者。虽"跑驴"属于北京鬃人的传统制作项目，但并无证据证明原告创作的"跑驴"作品与之前的鬃人作品相同，故本院确认涉案作品"跑驴"具有独创性，是著作权法所保护的作品。被告在其生产月饼的包装盒上使用了涉案作品"跑驴"，且包装盒上的"跑驴"作品与原告创作的涉案作品"跑驴"具有一致性，不构成对修改权的侵犯，但确系自立体三维作品到平面二维作品的使用，属于复制行为之一。关于被告辩称月饼包装上使用的是"跑驴"图片，但未举证证明月饼包装上使用图片的合法来源，故对被告的该项辩称意见，法院不予支持。[1]

案例4：基于电影创作等改编需要对民间文学艺术作品进行适当改动，符合电影创作的规律，不侵犯其署名权

原告负责管理该地区的非物质文化遗产。"安顺地戏"为当地传统剧种，被评为非物质文化遗产。被告作为导演、制片人及投资方共同拍摄了电影《千里走单骑》。在该电影拍摄过程中，被告邀请原告所在地的表演者为其表演了

---

[1] 北京市东城区人民法院（2010）东民初字第02764号民事判决书，系2010年中国法院知识产权司法保护五十个典型案例之一。

安顺地戏中的《战潼关》和《千里走单骑》，在该影片片尾字幕出现的演职员名单中标示有"戏曲演出：贵州省安顺市詹家屯三国戏队詹学彦等八人"字样，但在电影中却将该剧种标注为"云南面具戏"。原告主张该影片中将"安顺地戏"称为"云南面具戏"，且上述三被告没有在任何场合为影片中"云南面具戏"的真实身份正名，以致观众以为影片中的面具戏的起源地、传承地就在云南。该影片中将具有特殊地域性、表现唯一性的"安顺地戏"误导成"云南面具戏"，歪曲了"安顺地戏"这一非物质文化遗产和民间文学艺术，侵犯了"安顺地戏"的署名权。被告辩称《千里走单骑》拍摄于2004年11月，上映于2005年12月，而"安顺地戏"被列为国家级非物质文化遗产是在2006年5月，原告无权追溯主张署名权。同时，影片《千里走单骑》是一部虚构的故事片，而非一个专门介绍面具戏或地戏的专题片或纪录片，安顺市文化和体育局不能要求作为艺术创作者的被告承担将艺术虚构与真实存在相互对接的义务。综上，请求法院驳回安顺市文化和体育局的诉讼请求。

一审法院认为，"安顺地戏"作为国家级非物质文化遗产，应当依法受到国家的保护、保存，任何使用者包括出品人、制片人、编剧和导演等都应当尊重和保护非物质文化遗产。但涉案电影《千里走单骑》将真实存在的"安顺地戏"作为一种文艺创作素材用在影片《千里走单骑》作品中，并就戏剧表演的配器及舞台形式加以一定的改动，使之表现形式符合电影创作的需要，并将其称为在现实中并不存在的"云南面具戏"，这一演绎拍摄手法符合电影创作的规律，区别于不得虚构的新闻纪录片。二审法院维持原判。[1]

（邵红红 撰写）

---

[1] 北京市西城区人民法院（2010）西民初字第2606号判决书；北京市第一中级人民法院（2011）一中民终字第13010号民事判决书。

第七条：著作权管理机构

（法条对比）

2010年著作权法	2020年著作权法
第七条　国务院著作权行政管理部门主管全国的著作权管理工作；各省、自治区、直辖市人民政府的著作权行政管理部门主管本行政区域的著作权管理工作。	第七条　国家著作权主管部门负责全国的著作权管理工作；县级以上地方主管著作权的部门负责本行政区域的著作权管理工作。

【条文主旨】

本条规定了管理著作权的主体。

【修改理由】

此次调整也是和2018年《深化党和国家机构改革方案》（以下简称《机构改革方案》）相互统一呼应。原《著作权法》第七条规定："国务院著作权行政管理部门主管全国的著作权管理工作；各省、自治区、直辖市人民政府的著作权行政管理部门主管本行政区域的著作权管理工作。"修改后的《著作权法》第七条规定："国家著作权主管部门负责全国的著作权管理工作；县级以上地方主管著作权的部门负责本行政区域的著作权管理工作。"全国的著作权管理工作主管部门由"国务院著作权行政管理部门"变更成"国家著作权主管部门"；本行政区域的著作权管理工作主管部门由"各省、自治区、直辖市人民政府的著作权行政管理部门"变更成"县级以上地方主管著作权的部门"。

按照行政管辖层级，我国著作权管理机构分为中央和地方两级管理机构。

2018年，中共中央印发《深化党和国家机构改革方案》，中央宣传部统一管理新闻出版工作。[1] 机构调整后，此次条文修改突出"主管部门"负责全国的著作权管理工作，有利于中央宣传部对新闻出版工作的集中统一领导，有利于各项政策的落地执行。

【条文释义】

【价值、功能与立法目的】

我国的著作权行政保护主要依赖国家行政管理机关通过运用法定行政权力，利用行政手段对著作权进行全方位的保护。[2] 我国立法者认为对著作权的保护不仅应重视个案中私人权益纠纷的解决，还应重视的是侵犯著作权的行为还会扰乱社会秩序、损害国家和公众利益，在此思路影响下，我国在著作权保护方面实行司法和行政双重保护模式。对著作权的行政保护不仅包含行政执法，还包含政府管理机关对著作权保护的各个方面：一是对著作权法实施的管理，如著作权登记、许可等内容；二是涉外、涉港澳台著作权及条约管理工作；三是通过行政手段对著作权的保护工作，如对侵权行为进行行政处罚等。[3]

现行《著作权法》进一步明确著作权管理主体，一方面，有利于著作权从公权领域，发挥行政保护的优势，维护著作权秩序，增强全社会对于著作权的保护意识；另一方面，有利于从私权角度，妥善处理各种著作权纠纷，通过公权和私权的保护，让行政和司法发挥各自优势，助推知识产权保护制度不断完善优化。[4]

【规范内涵】

我国著作权行政管理实行国家两级行政管理模式，中央宣传部（国家新

---

[1] 说明：中央宣传部在此领域的主要职责是，贯彻落实党的宣传工作方针，拟订新闻出版业的管理政策并督促落实，管理新闻出版行政事务，统筹规划和指导协调新闻出版事业、产业发展，监督管理出版物内容和质量，监督管理印刷业，管理著作权，管理出版物进口等。

[2] 王晔：《知识产权行政保护刍议》，载《北大知识产权评论》第1卷，法律出版社2002年版，第195页。

[3] 孙彦：《著作权行政管理体制改革研究》，载《科技与法律》2016年第3期。

[4] 邓建志、单晓光：《我国知识产权行政保护的涵义》，载《知识产权》2007年第1期。

闻出版署）是全国著作权行政主管部门，地方著作权行政管理部门（各省、自治区、直辖市和部分地州市）主管本行政区域的著作权行政管理工作。

现行《著作权法》中，将"国务院著作权行政管理部门主管"修改为"国家著作权主管部门负责"，以及将"各省、自治区、直辖市人民政府的著作权行政管理部门主管"修改为"县级以上地方主管著作权的部门负责"，明确中央和地方著作权管理主体，使管理主体范围更加全面，为著作权保护提供强有力的组织保障，有利于知识产权行政保护机构的优化升级，早日实现知识产权强国战略。

【以案说法】

案例：著作权行政保护行政主体资格的认定——常德市某区版权局诉中国工商银行股份有限公司常德市某支行文化行政处罚再审案[①]

在湖南省常德市中级人民法院审理的"常德市某区版权局诉中国工商银行股份有限公司常德市某支行文化行政处罚再审案"中，被申请人（一审原告）工行支行因为没有提供Excel等七款常用办公软件合法来源，申请人（一审被告）某区版权局即作出行政处罚决定。一审原告工行支行认为调查人员是某区文化市场综合执法大队工作人员，而作出处罚决定的却是某区版权局，行政执法主体有2个，某区文化市场综合执法大队没有某区版权局的授权，不能作为执法主体进行执法。故一审被告某区版权局在作出处罚决定的具体行政行为中有程序违法，故诉请法院判令撤销某区版权局作出的常鼎版罚决字（2013）第031号行政处罚决定书。

再审法院认为，某区版权局在本案中是否具有行政执法主体资格是案件的争议焦点。法院经审理认为，某区版权局在本案中具有行政执法主体资格：（1）根据《中华人民共和国著作权法》第七条、《中华人民共和国著作权法实施条例》第三十六条、第三十七条之规定，著作权行政管理部门对本行政区域内著作权行使管理工作，对侵权行为负责查处工作，因而某区版权局的行政处罚职能具有法定授权。（2）文化部令第52号《文化市场综合行政执法管理办法》第三条规定：本办法所称综合执法机构包括，一是经法律、法

[①] 湖南省常德市中级人民法院（2014）常行再字第3号行政判决书。

规授权实施文化市场综合行政执法，对同级人民政府负责的执法机构；二是接受有关行政部门委托实施文化市场综合行政执法，接受委托机关的指导和监督，对委托机关负责的执法机构。某区版权局委托某区文化市场综合执法大队实施行政执法行为，符合该管理办法规定。（3）中共湖南省委宣传部办公室印发的湘宣发（2013）34号文件明确：全省文化市场综合执法采取由同级文化广电新闻出版（版权）部门委托执法的方式，文化市场综合执法机构对同级文化广电新闻出版（版权）部门负责。文化广电新闻出版（版权）部门实行委托执法后，作为行政执法主体，承担法律责任，履行监督、指导职能，但不再直接从事相关执法活动。（4）常德市人民政府办公室印发的常政办发（2011）24号《常德市文化广电新闻出版局主要职责内设机构和人员编制规定》明确：市文广新局委托市文化市场综合执法局对全市文化艺术、广播电视、新闻出版和版权市场行使行政执法职权。常德市某区人民政府办公室印发常鼎政办发（2011）37号《常德市某区文化广电新闻出版局主要职责内设机构和人员编制规定》明确：区文广新局委托区文化市场综合执法大队对全区文化艺术、广播电视、新闻出版和版权市场行使行政执法职权。（5）本案原判所适用的规范性文件精神认为综合行政执法机构是独立的执法主体，以行政机关名义所作出的行政处罚应予撤销。但该一系列规范性文件均是在2010年以前发布，与后发布的规章及规范性文件精神相悖。根据《最高人民法院关于审理行政案件适用法律规范问题的座谈会纪要》规定，国务院部门或者省、市、自治区人民政府制定的其他规范性文件对相同事项的规定不一致的，可以参照法律规范冲突的适用规则，即新的规范性文件优于旧的规范性文件，本案应适用新的规范性文件精神来界定行政机关的行政执法主体资格问题。综上，原判认定某区版权局作出行政处罚的具体行政行为属超越职权的行为不当，应予纠正。

（易镁金 撰写）

第八条：著作权及相关权利的授权行使

（法条对比）

2010年著作权法	2020年著作权法
第八条　著作权人和与著作权有关的权利人可以授权著作权集体管理组织行使著作权或者与著作权有关的权利。**著作权集体管理组织**被授权后，可以自己的名义为著作权人和与著作权有关的权利人主张权利，并可以作为当事人进行涉及著作权或者与著作权有关的权利的诉讼、仲裁活动。 著作权集体管理组织是<u>非营利性组织，</u>其设立方式、权利义务、<u>著作权许可</u>使用费的收取和分配，以及对其监督和管理等由国务院另行规定。	第八条　著作权人和与著作权有关的权利人可以授权著作权集体管理组织行使著作权或者与著作权有关的权利。<u>依法设立的著作权集体管理组织是非营利法人</u>，被授权后可以自己的名义为著作权人和与著作权有关的权利人主张权利，并可以作为当事人进行涉及著作权或者与著作权有关的权利的诉讼、仲裁、**调解**活动。 著作权集体管理组织<u>根据授权向使用者收取使用费。使用费的收取标准由著作权集体管理组织和使用者代表协商确定，协商不成的，可以向国家著作权主管部门申请裁决，对裁决不服的，可以向人民法院提起诉讼；当事人也可以直接向人民法院提起诉讼。</u> **著作权集体管理组织应当将使用费的收取和转付、管理费的提取和使用、使用费的未分配部分等总体情况定期向社会公布，并应当建立权利信息查询系统，供权利人和使用者查询。国家著作权主管部门应当依法对著作权集体管理组织进行监督、管理。** **著作权集体管理组织**的设立方式、权利义务、使用费的收取和分配，以及对其监督和管理等由国务院另行规定。

【条文主旨】

本条是关于著作权集体管理组织的相关规定。

【修改理由】

本次《著作权法》修改对有关著作权集体管理组织修改的内容主要有三点,一是对著作权集体管理组织的法律地位进行了明确,即需要依法设立,同时需要是非营利性法人;二是明确著作权集体管理组织权利来源于著作权人的授权,依据授权可以收取使用费,并就使用费率进行协商和纠纷解决;三是明确了著作权集体管理组织对使用费的分配及监督管理。

著作权集体管理制度最早出现在法国,是作品传播和作品使用扩展的客观需求,[①] 主要目的是通过集体的力量来改变著作权人的弱势地位。[②] 著作权人行使著作权有多种方式,对于使用人数庞大、使用作品频繁的情形,著作权人无法自行行使著作权,此时需要通过著作权集体管理组织来行使其权利。1851年,首个音乐著作权集体管理组织在法国成立,随后德国、英国、美国等国家也纷纷建立著作权集体管理组织,相关的法律规定也逐步完善。我国1991年《著作权法实施条例》(现已失效)中首次出现著作权集体管理相关的内容,并于1992年批准成立中国音乐著作权协会,我国著作权集体管理制度正式确立。2001年,将著作权集体管理制度纳入《著作权法》。2005年实施的《著作权集体管理条例》(2011年、2013年进行两次修改),对著作权集体管理制度进行了更为细致的规定。相较于国外著作权集体管理制度的探索与发展,我国著作权集体管理制度起步较晚,也存在较多问题,2010年《著作权法》对于著作权集体管理组织的相关规定较为原则。在具体的著作权集体管理实践中,有关使用费的收取标准、转付等存在较大争议,此次《著作权法》修改对相关问题予以明确。当然,在《著作权法》修改过程中,著作权集体管理曾作为单独的章节列入"权利的行使"一章,并规定了著作权集体管理组织延伸性集体管理的内容与限制,但有关延伸性集体管理在理论界

---

① 来小鹏:《知识产权法学(第四版)》,中国政法大学出版社2019年版,第167页。
② 张今:《著作权法(第三版)》,北京大学出版社2020年版,第245页。

和实务界存在较大争议,现行《著作权法》未予以规定,有待进一步研究与探索。

【条文释义】

【价值、功能与立法目的】

著作权集体管理是指著作权集体管理组织依据权利人授权,集中行使和管理权利人的著作权或邻接权的行为。[①]著作权集体管理属于著作权人行使其权利的一种方式。著作权是一种无形财产权,由于其无形性的特点,使得著作权人很难像物权人那样对其权利客体实现事实上完全占有而防止他人侵权,[②]即侵犯著作权的行为较为隐蔽,难以被著作权人发现。且在著作权行使过程中,当作品种类繁多、使用者众多、使用频率较高时,著作权人难以就作品的形式一一进行谈判,这就需要著作权集体管理组织根据著作权人的授权代为行使相关权利。这也是著作权集体管理制度设立的主要目的,依据著作权人的授权,代为行使著作权并进行相关诉讼、仲裁、调解等活动。

当然,著作权集体管理制度的设立并不仅仅有利于著作权人,同样也有助于维护使用者的利益,促进著作权的行使以及著作权交易的实现。如上所述,著作权集体管理组织通过"一揽子"授权并收取使用费,对收取的使用费进行分配与转付,这样使用者在使用作品时可以通过集体管理组织,也免予寻找著作权人并进行一一谈判,同样也有助于促进作品的传播。

对于著作权人而言,其创作作品的意义在于使用与传播,通过著作权集体管理组织,可以有效促进作品的广泛传播与作品的最大化使用。正如《著作权法》第一条规定,本法的立法目的在于"保护文学、艺术和科学作品作者的著作权,以及与著作权有关的权益,鼓励有益于社会主义精神文明、物质文明建设的作品的创作和传播,促进社会主义文化和科学事业的发展与繁荣"。著作权集体管理制度则有助于实现上述目的,维护著作权人合法权益、

---

① 刘银良:《知识产权法(第二版)》,高等教育出版社2014年版,第339页。
② 李顺德、周详:《中华人民共和国著作权法修改导读》,知识产权出版社2001年版,第64页。

促进作品的创作与传播、推动文化繁荣与发展。

【规范内涵】

关于第八条第一款"著作权人和与著作权有关的权利人可以授权著作权集体管理组织行使著作权或者与著作权有关的权利。依法设立的著作权集体管理组织是非营利法人，被授权后可以以自己的名义为著作权人和与著作权有关的权利人主张权利，并可以作为当事人进行涉及著作权或者与著作权有关的权利的诉讼、仲裁、调解活动"。该款规定了著作权集体管理组织的性质以及法律地位，关于该款的适用要点如下。

第一，著作权集体管理组织的性质。根据本条的规定，著作权集体管理组织需要依法设立，且为"非营利法人"，即著作权集体管理组织依法设立后，其不以营利为目的。关于该款的修改，为与《民法典》保持一致，将"非营利性组织"修改为"非营利法人"。根据《民法典》第八十七条规定，非营利法人，指的是"为公益目的或者其他非营利目的成立，不向出资人、设立人或者会员分配所取得利润的法人"。著作权集体管理组织的性质，也决定了其对收取使用费的分配方式。

第二，著作权人与著作权集体管理组织的关系。根据本条的规定，著作权人与著作权集体管理组织是授权与被授权的关系，即著作权集体管理组织行使权利需要经过著作权人的授权。根据《著作权集体管理条例》的规定，"权利人可以与著作权集体管理组织以书面形式订立著作权集体管理合同，授权该组织对其依法享有的著作权或者与著作权有关的权利进行管理。权利人符合章程规定加入条件的，著作权集体管理组织应当与其订立著作权集体管理合同，不得拒绝"。[1] 在著作权人与著作权集体管理组织签订管理合同之后，"不得在合同约定期限内自己行使或者许可他人行使合同约定的由著作权集体管理组织行使的权利"。[2] 关于著作权人与著作权集体管理组织签订合同的性质，根据其他国家和地区的规定与实践，基本存在采用转让合同或者信托合同的方式。我国《著作权法》规定的著作权集体管理合同属于"信托合同"，

---

[1] 《著作权集体管理条例》第十九条第一款。
[2] 《著作权集体管理条例》第二十条。

著作权人和著作权集体管理组织之间的授权属于权利信托。①

关于第八条第二款"著作权集体管理组织根据授权向使用者收取使用费。使用费的收取标准由著作权集体管理组织和使用者代表协商确定,协商不成的,可以向国家著作权主管部门申请裁决,对裁决不服的,可以向人民法院提起诉讼;当事人也可以直接向人民法院提起诉讼"。 该款规定了著作权集体管理组织收取使用费的方式以及标准等问题,关于该款的适用要点如下。

第一,著作权集体管理组织依据授权收取使用费。该款再次强调著作权集体管理组织行使权利主要是依据著作权人的授权,著作权集体管理组织收取使用费的行为也是依据著作权人的授权进行,且使用费的收取标准是由著作权集体管理组织与使用者代表协商确定。

第二,使用费收取标准由著作权集体管理组织与使用者代表协商确定。2010年《著作权法》并未规定有关著作权集体管理组织收取使用费标准问题,主要由《著作权集体管理条例》规定。根据《著作权集体管理条例》第二十五条规定,"著作权集体管理组织应当根据国务院著作权管理部门公告的使用费收取标准,与使用者约定收取使用费的具体数额"。著作权集体管理组织制定使用费收取标准时需要考虑"(一)使用作品、录音录像制品等的时间、方式和地域范围;(二)权利的种类;(三)订立许可使用合同和收取使用费工作的繁简程度"。②《著作权法》修改中直接将著作权集体管理组织收取使用费标准问题由著作权集体管理组织与使用者代表进行协商确定,这有助于著作权集体管理组织更好地代表权利人的利益行使相关权利。但具体标准确定方式以及流程尚需要进一步讨论和细化。

关于第八条第三款"著作权集体管理组织应当将使用费的收取和转付、管理费的提取和使用、使用费的未分配部分等总体情况定期向社会公布,并应当建立权利信息查询系统,供权利人和使用者查询。国家著作权主管部门应当依法对著作权集体管理组织进行监督、管理"。 该款主要规定了对著作权集体管理组织的监督,具体适用要点如下。

第一,增强透明度,实现信息共享。随着著作权集体管理制度的发展与

---

① 张今:《著作权法(第三版)》,北京大学出版社2020年版,第248页。
② 《著作权集体管理条例》第十三条。

完善，有关对著作权集体管理组织的监督引发关注。且信息技术发展迅速，为著作权集体管理提供了巨大便利，同时也对著作权集体管理的透明度提出了更高要求。著作权集体管理组织行使权利是依据著作权人的授权，其权利的行使应当受到监督。对使用费收取、分配、使用等情况定期公布，并建立信息查询系统，供权利人和使用者查询，可以提高管理效率、增强透明度，使著作权集体管理组织收取使用费问题公开公正，从而真正实现降低交易成本，促进作品的传播与使用。

第二，加强对著作权集体管理组织的监督与管理。我国著作权集体管理组织的设立具有严格的限制，且在一个领域具有唯一性，因此若不能对著作权集体管理组织进行有效的监督与管理，容易出现著作权集体管理组织滥用市场支配地位的行为，不利于著作权集体管理制度价值的实现。有关著作权集体管理组织的设立方式、权利义务、使用费收取和分配以及对其监督和管理细则由国务院另行规定。

【以案说法】

案例1：著作权人将权利授予著作权集体管理组织后，是否享有约定授予的权利？

苏某与音著协于1994年签订音乐著作权合同，约定"将现有和今后将有的音乐作品的公开表演权、广播权和录制发行权授权中国音乐著作权协会管理，中国音乐著作权协会向苏某分配使用费，中国音乐著作权协会可以自己的名义向侵权者提起诉讼"。某娱乐城于2017年与音著协签订著作权许可合同，约定"音著协许可其可在许可范围内使用音著协管理的音乐作品和音乐电视作品，其向音著协支付著作权使用费"。苏某系《黄土高坡》等27首音乐作品著作权人，其维权代理人指定的工作人员在某娱乐城点播歌曲，未开具发票，认为某娱乐城在未经许可，且未支付使用费的情况下，在其经营场所通过专用设备，以卡拉OK的方式向消费者公开播送涉案歌曲，侵犯了其享有的作品表演权。本案的争议焦点之一是苏某是否享有诉权。苏某认为，其虽然加入音著协，但并未放弃诉讼权利，其可就涉案音乐作品提起诉讼；某娱乐城认为苏某与音著协合同约定是以信托方式进行授权的，信托人在信托期间对信托标的没有处分的权利。法院经审理认为，苏某虽是涉案音乐作品的著作权人,但因其已通过签订集体管理合同的形式将其音乐作品的表演权信托给音著协管理,权利行使的主体是音著协,苏某本人不得自己行使或许可他人行使表演权。此外,某娱乐城已缴纳相关许可使用费,有权在许可期间内使用音著协集体管理的音乐作品,因此,其并未侵害权利人的合法权益。[①]

案例2:著作权集体管理组织是否应承担强制缔约义务?

音集协以某酒店侵害其涉案十首音乐电视作品著作权为由诉诸法院,某酒店答辩认为与音集协订立有许可使用合同,因此不构成侵权,请求驳回音集协的诉讼请求。法院经审理认为,根据《著作权集体管理条例》第二十三条第三款规定,"使用者以合理的条件要求与著作权集体管理组织订立许可使用合同,著作权集体管理组织不得拒绝。""音集协按照合理的价格与使用者签订著作权许可使用合同既是法定权利,也是法定义务。如果音集协利用著作权集体管理组织所具有的优势地位,拒绝与以合理的条件要求缔约的使用者签订许可使用合同,妨碍文化艺术作品的正常传播,人民法院应当依法予以纠正。"[②]

案例3:著作权集体管理组织相关行为能否适用《反垄断法》?

云南某娱乐公司提起诉讼,认为音集协滥用市场支配地位,以不公平高价发放著作权实施许可、拒绝交易、交易时附加不合理交易条件、实行差别对待,属于反垄断法规制行为。音集协辩称,集体管理行为不适用反垄断法,音集协本身就具有天然的垄断性,是中国政府批准的唯一的管理音像节目著作权的集体管理组织,与原告及其他经营者不具有也不存在竞争关系,不具备产生排除、限制竞争的可能性后果。本案的争议焦点在于"被告音集协的行为能否适用《反垄断法》;被告的行为是否构成滥用市场支配地位"。法院经审理认为,"虽然根据《著作权集体管理条例》的相关规定,音集协是我国唯一的音像集体管理组织,在音像集体管理领域并不存在任何的竞争者,但

---

① 江苏省镇江经济开发区人民法院(2017)苏1191民初669号民事判决书,江苏省镇江市中级人民法院(2017)苏11民终3546号民事判决书。

② 广东省肇庆市中级人民法院(2013)肇中法民一初字第168号民事判决书,广东省高级人民法院(2014)粤高法民三终字第539号民事判决书。

不能据此就直接得出音集协不会实施排除、限制竞争的行为，更不能得出音集协不适用于《反垄断法》的当然推断。音集协属于《反垄断法》中市场经营者的范畴。"在分析音集协行为是否构成反垄断过程中，法院亦一一进行分析，该部分分析属于反垄断法具体内容，在此不赘述，详见判决书。[1]

（郝明英　撰写）

---

[1] 云南省昆明市中级人民法院（2017）云01民初1782号民事判决书。

第二章

著作权

第九条：著作权的主体

【法条对比】

2010年著作权法	2020年著作权法
第九条　著作权人包括： （一）作者； （二）其他依照本法享有著作权的<u>公民</u>、法人或者<u>其他组织</u>。	第九条　著作权人包括： （一）作者； （二）其他依照本法享有著作权的<u>自然人</u>、法人或者<u>非法人组织</u>。

【条文主旨】

本条规定了著作权的主体范围。

【修改理由】

2010年《著作权法》第九条规定："著作权人包括：（一）作者；（二）其他依照本法享有著作权的公民、法人或者其他组织。"

2010年《著作权法》使用的"公民"概念源自形成于计划经济时代，并受苏联民事立法影响的《民法通则》。虽然当时立法过程中也发生了使用"公民"概念还是"自然人"概念的讨论，但最终还是使用了具有政治意味并体现政治身份的"公民"概念，目的是顺应时代要求。"公民"概念意味着该自然人具有某国国籍，具有公民权利，有资格参与国家政治生活，因此，公民概念是公法概念，与私法性质的法律规范格格不入。另外，"公民"概念涵摄的范围狭窄，在《民法通则》依然有效的情况下尚且可以通过其第八条第二款"本法关于公民的规定，适用于在中华人民共和国领域内的外国人、无国籍人，法律另有规定的除外"，将著作权主体扩张至外国人、无国籍人。《民法通则》废止后将不能扩张适用。我国已经加入了众多与著作权相关的国际条约，并承诺履行对有关国家主体的著作权保护义务。再者，《民法典》已经于2021年1月1日开始实施，其已经顺应新时代的需求明确将"公民"概念替换为"自然人"概念。为了与《民法典》保持一致，并实现权利主体的科学性，现行《著作权法》用"自然人"概念替换了"公民"概念。自然人是私法概念，与一个人的国籍无关，包括本国公民、外国人、无国籍人以及双重国籍的人。因此，"自然人"概念涵盖的主体范围较"公民"概念涵盖的范围较广，更符合私法追求的平等观念。

2010年《著作权法》使用的"其他组织"概念因应了社会实践中存在大量的不具备法人资格的组织体的现状，与《民事诉讼法》《行政诉讼法》中提出的"其他组织"概念实现了对接。但是，这个概念具体内涵和外延不明确，表达不科学，以至于存在两种意义上的理解。一种是主体意义上的理解，指的是介于自然人和法人之间，不具备法人地位的一种民事主体，另一种是非主体意义上的理解，指的是不具有民事主体地位的组织。所以说，广义而言，"其他组织"包括作为自然人、法人之外的第三类民事主体的组织以及不具有民事主体地位的组织。再者，《民法典》第四章专章规范了非法人组织，明确了"非法人组织是不具有法人资格，但是能够依法以自己的名义从事民事活动的组织"，具体包括个人独资企业、合伙企业、不具有法人资格的专业服务机构等。为了统一立法表达，并明确该概念的具体内涵和外延，提高概念使用的科学性，2020年《著作权法》使用"非法人组织"概念代替了"其他组织"概念。

【条文释义】

【价值、功能与立法目的】

一切法律皆为人法。所有法律规范，都需要效果的承受者——人。因此该条款明确了著作权的承受人范围包括：作者和非作者的其他自然人、法人或者非法人组织，体现了著作权人的多元属性。其中还涉及"作者"的内涵和外延问题。可以说，该条款不但回应了著作权人和公众的利益关系，而且还回应了著作权人内部之间的利益关系。

该条款回应了激励理论的内容。《著作权法》的目的是通过保护著作权以及与著作权有关的权利的方式来分配市场利益，进而激励公众的创作行为，从而实现促进文化和科学事业发展与繁荣的立法宗旨。而对著作权进行保护的合法性在于创作者付出了创造性智慧劳动，而作品是这种劳动的结晶，作品产生的利益理应由作者享有。

但是，如果对"作者"的范围以及非作者的主体范围进行继续考察后发现，"视为作者"的主体，以及非作者的法人和非法人组织等资本主体的出现导致没有参与创作的特殊主体也能成为著作权人，这又与激励理论格格不入。著作权人的多元化，一方面反映了著作权产业规模发展的需要，另一方面反映了资本对著作权产业利益追求的需要。由于没有创作本质，缺乏成为著作权人的伦理基础，资本就首先利用作者权利保护的合理性，要求社会提供著作权保护，又将自己的利益与作者利益进行捆绑，将自己视为作者并成为著作权主体。大量非自然人著作权主体的存在，说明著作权制度的目的并非单纯激励创作行为，而是通过保护投资人的利益以激励著作权产业投资行为。著作权对资本利益的倾斜保护逐渐造成了自然人作者的弱势地位。

权利主体的范围问题彰显着权利的归属，其范围的宽窄影响到著作权的权利配置，以及作品传播和利用的效率。因此，该条款的规定体现了国家意志，也体现了该项法律规范的开放性、时代性，对实现《著作权法》立法目的具有重要作用。另外，就该条款在规范体系中的位置来说，该条款确定了有资格成为著作权人的主体范围，为下一节权利的归属部分奠定了基础，做好了铺垫，也为权利人作为适格的诉讼主体提起诉讼提供了法律依据。

【规范内涵】

一、著作权人

《著作权法》第九条第一款所称的"著作权人"（Copyright Owner）又被称为"著作权主体"，是指依法对文学、艺术和科学领域内具有独创性并能以一定形式表现的智力成果享有著作权的人。根据本条规定可知，"著作权人"不同于"作者"概念。著作权人概念包含更广泛的内容，除作者以外，还包括其他不是作者的自然人、法人或非法人组织，作者只是著作权人中的一部分。因此，以权利人是否为作者，可以将著作权人分为作者权利人和非作者权利人。另外，依照著作权获得是否直接，可以将著作权人分为原始著作权人和继受著作权人。前者指的是创作作品的自然人和依照法律规定被视为作者的法人或者非法人组织，后者指的是通过转让、赠与、继承等合法形式继受取得著作权财产权的自然人、法人或非法人组织。依照享有的权利是否完整为标准，可以将著作权人分为完整著作权人与部分著作权人。前者不但享有著作权财产权，而且享有人身权利，后者享有部分财产权，或者享有部分人身权。以国籍为标准，可以将著作权人分为国内著作权人与外国著作权人。

二、作者

依据2020年《著作权法》第十一条第二款、第三款规定，第九条第（一）项的"作者"包括两类，一类是自然人作者，另一类是被视为作者的法人或者非法人组织作者。作者是著作权的原始主体，可以独立行使著作权，也可以转让著作权，或者许可他人行使著作权，还可以在著作权遭受侵害时提起保护主张。

（一）自然人作者

《著作权法》第十一条规定，除《著作权法》另有规定外，著作权属于作者。创作作品的自然人是作者。自然人享有著作权的合法性基础是其创作行为。作者是著作权的初始分配对象。作者完成作品的行为属于事实行为，行为人不需要进行意思表示，就可以在符合法定要件的情况下直接依据法律的规定而产生民事法律关系变动的效果，因此不需要行为人具有完备的意思表示能力，只要自然人完成作品，无论其年龄大小，无论其是否成年，无论其是否具有完全的民事行为能力，无论其是否被剥夺政治权利，其都可以成为著作权法所指的作者。不具有完全行为能力的人，例如，未成年人可以成为作者并成为著作权人，只是其权利的行使需要由其监护人或其他代理人代为实施。被剥夺了政治权利的服刑期间的罪犯可以成为作者并成为著作权人。另外，作者不同于专业从事文学、艺术和科学创作的作家。前者不但包括作家，还包括作家之外其他进行了创作的人。依据2013年修订的《著作权法实施条例》第三条的规定，"创作"行为指的是"直接产生文学、艺术和科学作品的智力活动，为他人创作进行组织工作，提供咨询意见、物质条件，或者进行其他辅助工作，均不视为创作"，从事这些工作的人也不能成为作者。如果有自然人对其他作者的作品主张是作品的共同作者时，应当提交证据证明其参与了作品的创作，如果证据仅证明对作品的创作提出具体的需求，或者反馈作品中存在的问题，则不构成创作行为，不能成为作者。[①]

---

① 最高人民法院（2020）最高法知民终1283号民事判决书。

（二）法人或者非法人作者

《著作权法》第十一条第三款规定："由法人或者非法人组织主持，代表法人或者非法人组织意志创作，并由法人或者非法人组织承担责任的作品，法人或者非法人组织视为作者。"由此可知，法人或者非法人组织在符合条件的情况下也可以被视为自然人以外的特殊类型的作者。法人或者非法人组织被视为作者对其具有重要的意义，即享有作者的一切著作权，包括诸如署名权、修改权、发表权以及保护作品完整权等人身权利。如果自然人的创作行为是由法人或者非法人组织主持，创作行为代表了法人或者非法人组织意志，法人或者非法人组织对作品承担责任的情况下，法人或者非法人组织被视为作者。将没有真正进行创作的法人或者非法人组织视为作者的立法模式存在割裂自然人作者和作品的联系，有使作者的人格利益落空的嫌疑。将自然人视为作者是对创作活动本质的尊重，目的是鼓励自然人的创作活动，而将法人或者非法人组织视为作者是为了满足某些利益需求，目的是鼓励社会投资，因为，此时投资人不需要再通过谈判和交易行为从自然人作者处继受获得著作权，而是根据法律的规定成为原始著作权人，这增强了投资人对创作成果的控制效力。完成创作的自然人成为作者是一种普遍状态，而将法人或者非法人组织视为作者是例外情形，必须符合法律规定的条件。

法人以及非法人组织作者身份成为法人作品与职务作品的区别标识。比较而言，法人或者非法人组织针对职务作品享有的是不完全的著作权。

三、非作者著作权人

《著作权法》第九条第（二）项"其他依照本法享有著作权的自然人、法人或者非法人组织"指的是非作者的著作权人。该类著作权人有因继受获得权利的，有原始获得权利的，一般是不完全著作权人，但有权在权利遭受侵害时提起诉讼。

依法继受著作权而成为著作权人的情形：第一，继承。根据《著作权法》第二十一条第一款的规定，著作权属于自然人作者的，自然人死亡后，其在保护期内的复制权、发行权、出租权、展览权、表演权、放映权、广播权、信息网络传播权、摄制权、改编权、翻译权、汇编权以及应当由著作权人享有的其他权利依法（如继承法）转移，由其合法继承人或者受遗赠人继受权利。需要注意的是，由于著作人身权承载的是作者本人的人格权，不能被转让和继承。换言之，继承人一般不能继承作者的著作人身权。但是，其中的发表权由于与财产权密切联系，可以有条件地行使。对此，《著作权法实施条例》第十七条专门作出了规定，即"作者生前未发表的作品，如果作者未明确表示不发表，作者死亡后50年内，其发表权可由继承人或者受遗赠人行使；没有继承人又无人受遗赠的，由作品原件的所有人行使"。因此，如果作者生前明确表示相关作品（如日记、信件等）不得发表，发表权没有转移给继承人。此时，继承人还需要保护该作品不被发表。第二，法人或非法人组织变更、终止。根据《著作权法》第二十一条第二款的规定，著作权属于法人或者非法人组织的，法人或者非法人组织变更、终止后，其在保护期内的复制权、发行权、出租权、展览权、表演权、放映权、广播权、信息网络传播权、摄制权、改编权、翻译权、汇编权以及应当由著作权人享有的其他权利由承受其权利义务的法人或者非法人组织享有。第三，许可或转让。《著作权法》第十条第二款、第三款规定，著作权人可以全部或者部分许可或者转让在保护期内的复制权、发行权、出租权、展览权、表演权、放映权、广播权、信息网络传播权、摄制权、改编权、翻译权、汇编权以及应当由著作权人享有的其他权利。被许可人和受让人成为著作权人。法律适用过程中，因许可继受著作权的著作权人是否享有诉讼权利，对该问题应该具体情况具体分析。对于独占许可，应当享有对侵权行为提起诉讼的权利，对于普通许可或分许可，被许可人获得的一般是使用权，无权对侵权行为提起诉讼。在实践中，许可合同常涉及诉讼资格问题，许可人表示被许可人"可以自己的名义提起民事诉讼索赔并代为缴纳与接受相关款项"，法院一般认可这种情形。[①]这与我国传统理论主张的诉权不具有可转让性存在矛盾。

因法律规定而成为原始性质的著作权人的情形： 第一，关于视听作品。根据《著作权法》第十七条规定，制作者是电影作品、电视剧作品的著作权人，而编剧、导演、摄影、作词、作曲等作者是其中的署名权人。在当事人没有约定或者约定不明确的情况下，制作者是其他视听作品的著作权人。第二，关于委托创作的作品，根据《著作权法》第十九条规定，委托人和受托

[①] 最高人民法院（2019）最高法知民终935号民事判决书。

人订立的委托合同未作明确约定著作权归属的或者没有订立合同的，受托人是该种作品的著作权人。第三，关于职务作品，根据《著作权法》第十八条第二款规定，有下列情形之一的职务作品，作者是署名权的权利人，法人或者非法人组织是其他权利的著作权人：主要是利用法人或者非法人组织的物质技术条件创作，并由法人或者非法人组织承担责任的工程设计图、产品设计图、地图、示意图、计算机软件等职务作品；报社、期刊社、通讯社、广播电台、电视台的工作人员创作的职务作品；法律、行政法规规定或者合同约定著作权由法人或者非法人组织享有的职务作品。第四，关于合作作品，根据《著作权法》第十四条规定，合作作者是合作作品的共同著作权人，合作作品可以分割使用的，作者是各自创作的部分的著作权人。第五，关于汇编作品，根据《著作权法》第十五条规定，汇编人是该作品的著作权人。

需要特别注意的是，依据《著作权法》第二十一条第二款规定，著作权属于法人或者非法人组织的，法人或者非法人组织变更、终止后，没有承受其权利义务的法人或者非法人组织的，其在保护期内的复制权、发行权、出租权、展览权、表演权、放映权、广播权、信息网络传播权、摄制权、改编权、翻译权、汇编权以及应当由著作权人享有的其他权利由国家享有。可见，国家也可以成为著作权人。

因约定而成为原始性质的著作权人的情形：根据《著作权法》第十七条规定，当事人可以约定电影作品、电视剧作品之外的其他视听作品的著作权人。根据《著作权法》第十九条规定，当事人可以约定受委托创作的作品的著作权人。

该条款确定的多元化的著作权主体使著作权的归属问题更加复杂化，产生了创作者与雇佣者、创作者与委托者、共同创作者、共同制作者间的矛盾和纠纷。作品类型的多元化使这种矛盾更加复杂化。法人作品、一般职务作品、特殊职务作品以及委托作品之间在立法上存在重叠，某些作品的要件判断标准不明确，导致某种作品可能具有多种性质，以至于司法判断困难，削弱了立法对公众的指引效用。在司法适用的过程中，司法者依据本条款对纠纷双方的著作权人资格进行基本的判断，如果不是自然人、法人或者非法人组织，就没有资格成为著作权人。如果答案肯定，继续结合其他相关条款判断系争主体是否为自然人作者、法人、非法人组织作者，是否为法律规定的非作者的著作权人。在证据方面，根据《最高人民法院关于审理著作权民事纠纷案件适用法律若干问题的解释》第七条规定："当事人提供的涉及著作权的底稿、原件、合法出版物、著作权登记证书、认证机构出具的证明、取得权利的合同等，可以作为证据。在作品或者制品上署名的自然人、法人或者非法人组织视为著作权、与著作权有关权益的权利人，但有相反证明的除外。"对他人提出的证明存在著作权的证据仅有质疑而无反证的，不能否定他人的权利主体地位。

【以案说法】

案例1：继承人可以继受取得著作财产权，但行使著作权应遵循诚信原则

在再审申请人王甲、王乙与被申请人某音乐学院、胡某侵犯作品表演权纠纷案中，最高人民法院指出，著作权继承人行使诉讼权利，应当符合诚实信用原则，依法行使权利。如果著作权继承人就诉权行使已事先达成协议，明确约定必须由全部继承人共同作出决定，方能实施相关诉讼行为，部分继承人违反协议约定而单独提起诉讼的，人民法院应当裁定驳回其起诉。[①]

该案中，各级法院均确认了著作权人的合法继承人享有涉案著作权。同时，基于继承人不限于一人，在行使著作权时需要遵循意思自治原则。该案中由于各继承人已明确诉权行使必须由全部继承人共同作出决定，由于部分继承人未与其他继承人进行协商而单独起诉，最高人民法院认定应当裁定驳回其起诉。

案例2：第二顺序继承人不能被视为被继承著作财产权的权利主体

原告林某1之兄林某2生于1930年11月，生前系福建京剧院（原福建省京剧团）编剧。1981年9月，林某2创作完成历史喜剧《求骗记》。1986年第5期的《剧本》杂志发表了林某2创作的《求骗记》剧本，署名为"戈明"。该剧本较原手稿内容进行了部分增加和改动，分十场及尾声。被告蔡某系湖北戏剧院（原湖北省汉剧团）退休职工。1990年，湖北省汉剧团受邀赴新加

[①] 最高人民法院（2021）最高法民申3068号民事裁定书。

坡演出。为完成演出任务，汉剧团计划改编并演出林某2的《求骗记》剧本。根据汉剧团导演余某的安排，蔡某收到余某交付的林某2《求骗记》手稿后，对该剧本内容和台词对白进行了改编。2013年11月，《戏剧之家》杂志在当月的下半月刊刊出了两份《求骗记》剧本及该杂志原主编陈先祥撰写的《汉剧〈求骗记〉的艺术魅力及其命运悲喜剧》文章。有关《求骗记》的展演宣传册页中注明演出单位为湖北戏剧院，主创人员中注明导演：余某，编剧：林某2、蔡某。2019年3月12日，武汉汉剧院向湖北戏剧院发出邀请函，邀请其参加首届中国（武汉）汉剧艺术节。湖北戏剧院参演节目宣传册页中介绍《求骗记》为"根据林某2同名小说改编"，主创人员中注明导演：余某，编剧：蔡某。林某1认为湖北省戏曲艺术剧院有限责任公司和蔡某侵害其涉案作品著作权，遂向武汉市中级人民法院提起诉讼，要求停止侵害和赔偿损失。

武汉市中级人民法院认为：根据《求骗记》手稿及《剧本》杂志发表的《求骗记》剧本的署名可以确定，林某2系《求骗记》剧本的原作者，对该剧本依法享有著作权。林某1作为林某2去世时的继承人，是否有权提起本案诉讼，应根据其请求保护的著作权内容来予以具体分析。对作者死亡后其著作人身权的保护，法律没有限定应由全体继承人共同来继承的事实，也没有限定继承人在保护死者著作人身权时还需遵循一定的顺位。也即是说，对侵害死者著作人身权的行为，只要是作者死亡后的继承人，均可以提起诉讼来予以保护。本案中，林某1作为林某2的胞妹，对侵害林某2著作人身权的行为，自然有权提起诉讼，而不受其系第二顺序继承人身份之限制。关于著作财产权的保护，因林某2在2006年去世，其著作财产权应根据继承开始时的有关法律来确定。本案中，林某2在2006年去世时，其父母已不在世，妻子胡某健在，因林某2与胡某未育有子女，因此在林某2去世时，其遗产包括有关著作财产权应由胡某继承，林某1作为第二顺序继承人，不能继承林某2死亡后的遗产。在2019年胡某去世后，其遗产也应按照继承法有关继承的规定执行。林某1既非胡某去世后的法定继承人，又未举证说明有遗嘱继承或遗赠之情况，对此前已为胡某所继承的著作财产权，其并不享有继承权。因此，林某1无权对他人实施了侵害《求骗记》剧本著作财产权的行为提起诉讼，对其要求湖北戏剧院返还因使用《求骗记》剧本而获得的经济利益10万元的主张，本院不予支持。①

该案涉及著作权继承中继承人享有的著作权的范围等问题。在该案中，法院区分了著作人身权和著作财产权，认为对于前者不受继承顺序的限制，原告作为第二顺序继承人依然可以主张权利，以维护被继承人的著作人身权。对于著作财产权来说，由于原告仅系第二顺序继承人，在缺乏遗嘱继承或遗赠等证据时，应认定其不享有著作财产权。该案为认识著作权继承背景下确认著作权主体身份提供了启示。

案例3：合作作者的作者身份和著作权主体地位应当得到尊重

在覃某等侵害著作权纠纷案中，一审南宁市中级人民法院判决确认刘某1和刘某2为《中国瑶药学》的合作作者；某出版社立即停止销售《中国瑶药学》一书；覃某、高某、罗某在《中国瑶药学》一书再版时，在该书的"前言""后记"部分适当客观地加入刘某1及《瑶药传统应用》对该书的形成过程所起的重要作用的内容等。刘某1的继承人六人向广西壮族自治区高级人民法院提起上诉，覃某等提出答辩。

二审法院认为：判断覃某、高某、某出版社等是否侵害了刘某1、刘某2对涉案作品《中国瑶药学》享有的著作权（包括发表权、署名权、修改权、保护作品完整权、复制权、发行权、获得报酬权等权利），首先要确定刘某1、刘某2对涉案作品《中国瑶药学》是否享有著作权，是否为《中国瑶药学》的作者。法院认为，刘某1、刘某2为《中国瑶药学》的作者，依法对《中国瑶药学》享有著作权。首先，（2007）桂民三终字第63号生效判决已确定涉案《图书出版合同协议书》的性质为合法有效的合作创作作品及著作权许可使用合同，在该协议中乙方刘某1、罗某约定在以4.5万元稿费许可甲方覃某、高某使用基础材料《瑶药传统应用》合编稿的同时，还约定了双方合作创作《中国瑶药学》，该协议书第三条约定"经甲乙双方协商，双方共同拥有在国内外以汉文（或英文）以图书（各种版式、开本、装帧、列入丛书或文集）及多媒体形式（在互联网上公布）出版发行上诉作品的专有使用权"。刘某1、刘某2在该协议书中并没有放弃对《中国瑶药学》所享有的著作权。其次，尽管刘某1、刘某2没有到北京参加《中国瑶药学》的校对工作，但是《中国瑶药

---

① 武汉市中级人民法院（2020）鄂01知民初251号民事判决书。

学》一书的绝大部分内容来自《瑶药传统应用》合编稿。因为各论部分中包括的968种药物全部来自《瑶药传统应用》合编稿，每种药物的别名、来源、形态分布、生态分布、采集加工、性味功能、传统应用、用法用量、方例内容上均以《瑶药传统应用》合编稿的相关内容为基础；且各论部分从该书的37页开始一直到1138页，占据了《中国瑶药学》的绝大部分篇幅，也正是因为《瑶药传统应用》合编稿在《中国瑶药学》一书基础性的主导地位，覃某等在上诉时对一审认定刘某1、刘某2为《中国瑶药学》作者没有提出异议。最后，《中国瑶药学》的成书过程是一个对瑶药传统不断挖掘、继承和发展的过程。《中国瑶药学》的基础材料《瑶药传统选编》合编稿是由刘某1申领课题后并邀请罗某参加，双方经多年走乡串寨、实地考证，收集、整理传统民间瑶药药方后合作完成，但由于经济问题一直无法出版。覃某等愿意出资4.5万元将《瑶药传统应用》合编稿出版，以《瑶药传统应用》合编稿为基础形成了《中国瑶药学》专著，这是广西瑶药从分散到系统、由民间散方到瑶药专著形成的一个动态的历史传承过程，可以断定，没有刘某1、罗某等人的《瑶药传统应用》合编稿，就没有《中国瑶药学》的出版，所以，即使刘某1没有参加《中国瑶药学》在北京的校对过程，也不能否认刘某1为《中国瑶药学》作出的基础性贡献。因此，刘某1、刘某2是《中国瑶药学》的合作作者，应当对《中国瑶药学》享有《著作权法》所规定的著作权。

二审法院认为，覃某等在《中国瑶药学》的作者简介、"前言"、"后记"的表达方式侵害了刘某1的署名权。尽管《图书出版合同协议书》约定由刘某1担任主审，该约定并不影响刘某1对《中国瑶药学》一书享有的著作权。但是，由于《中国瑶药学》一书的作者简介中并没有介绍刘某1，且《中国瑶药学》在"前言"和"后记"部分这样的表达方式没有反映出刘某1的作者身份和刘某1对《中国瑶药学》的贡献，反而会导致读者误认为刘某1仅是为《中国瑶药学》提供指导的业内专家，并不是《中国瑶药学》的作者，该作者简介、"前言"和"后记"的表达方式也与涉案《图书出版协议书》约定的刘某1享有的对《中国瑶药学》专有使用权相背离，侵害了刘某1对《中国瑶药学》的署名权。二审法院还对相关主体的著作权侵权责任作了认定。在上述基础上，二审法院判决维持原判第一项、第二项，撤销第三项、第四项、第五项、第六项，覃某、高某赔偿刘某2等经济损失20000元及合理开支41816.44元，覃某、高某再版《中国瑶药学》一书时,应在该书的作者简介、"前言"和"后记"部分如实介绍刘某1的作者身份及刘某1对《中国瑶药学》作出的贡献。①

案例4:法人作品及其著作权主体的判定

1995年11月福建某卷烟厂开始生产"七匹狼"卷烟。该卷烟的外包装装潢由该厂职工陈某设计,包含"七匹狼""SEPTWOLVES""奔狼图形"等标志。福建某卷烟厂在其香烟产品上一直使用"七匹狼""SEPTWOLVES""奔狼图形"等标志至今。福建某卷烟厂于2003年12月30日向国家版权局申请版权登记,并取得了国家版权局颁发的登记号为"2003-F-01772"号《"七匹狼"卷烟外包装》(小盒、条盒)的《著作权登记证书》,该证书载明作品由陈某于1995年9月23日创作完成,著作权人为福建某卷烟厂。1996年5月13日某七匹狼制衣实业有限公司(甲方)与福建某卷烟厂(乙方)签订《关于"七匹狼"标志转让协议》,约定:为扩大、提高"七匹狼"成衣的知名度,甲方于九五年初要求乙方研制、生产翻盖产品"七匹狼"香烟。2004年3月1日,两原告(某七匹狼实业股份有限公司与某七匹狼集团有限公司)签订协议,约定双方共同拥有"七匹狼""SEPTWOLVES""奔狼图形"的著作权。原告某七匹狼实业股份有限公司(简称七匹狼实业公司)与某七匹狼集团有限公司认为被告福建某卷烟厂使用"七匹狼"商标侵害了其享有的在先著作权,故向龙岩市中级人民法院提起侵权诉讼。

一审法院对原告是否为"七匹狼+SEPTWOLVES+奔狼图形"和"奔狼图形"作品的著作权人的问题进行了认定。其认为,判断一件作品是否具有独创性,应以产生该作品的过程是否由作者独立完成,且该作品是否能够体现一定程度的选择、安排、设计、组合即具有一定的创造性。"七匹狼"来源于台湾电影《七匹狼》,经比照"七匹狼"三个字的字体与一般美术字体的形状,剔除共同部分后,只是极少部分的变形,创造性不足。因此,"七匹狼"三个字不构成《著作权法》意义上的文字、美术作品。"SEPTWOLVES"是由前缀"七"(SEPT)和"狼"(WOLVES)组合而成,是一种惯常文字表达,其字体与正常的书写字体相差无几,"SEPTWOLVES"亦不构成《著作权法》

---

① 广西壮族自治区高级人民法院(2013)桂民三终字第65号民事判决书。

意义上的文字、美术作品。因此,原告主张其为"七匹狼""SEPTWOLVES"的著作权人的依据不足,不予支持。对于"奔狼图形"作品的著作权主体问题,"奔狼图形"作品来自《七匹狼公司CIS规范手册》,《七匹狼公司CIS规范手册》的标题标明该规范手册就属于七匹狼公司,即原告七匹狼实业公司。在《七匹狼公司CIS规范手册》上又没有其他署名,根据本案现有证据并不能得出相反的证明。根据《著作权法》第十一条的规定,"可认定《七匹狼公司CIS规范手册》的著作权人为七匹狼实业公司"。"奔狼图形"作品作为企业形象识别系统之视觉识别中的图形标志,具有专属性,必然要高度体现该企业的意志,而不能由某个人随意发挥创作。原有标志应如何修改必然要体现晋江恒隆制衣有限公司的法人意志。即"奔狼图形"作品是根据晋江某制衣有限公司的法人意志创作的,相应的责任也应由晋江某制衣有限公司承担。《著作权法》第十一条第三款规定:"由法人或者其他组织主持,代表法人或者其他组织意志创作,并由法人或者其他组织承担责任的作品,法人或者其他组织视为作者。"据此,可判断"奔狼图形"作品属于晋江某制衣有限公司的法人作品。晋江某制衣有限公司现已变更为七匹狼实业公司,因此,"奔狼图形"作品的著作权人为七匹狼实业公司。两原告签订协议,约定由双方共同拥有"七匹狼""SEPTWOLVES""奔狼图形"的著作权。法院还对被告福建某卷烟厂使用"七匹狼+SEPTWOLVES+奔狼图形"和"奔狼图形"标志是否构成侵权的问题进行了认定。法院认为,两原告拥有"奔狼图形"的著作权,但权利不得滥用,其既然将"七匹狼"图案文字在第34类商品上的使用权转让给被告福建某卷烟厂,就不得以著作权等在先权利来限制福建某卷烟厂的正当使用。一审法院判决驳回原告诉讼请求。两原告不服,向福建省高级人民法院提起上诉。

二审法院认为:讼争的"奔狼图形"来自《七匹狼公司CIS规范手册》,系上诉人主持的CIS委员会在晋江某制衣有限公司(即现七匹狼实业公司)原有的狼标的基础上,为了适应七匹狼新形象概念和经营战略的需要所作的一个改良设计。它体现的是七匹狼实业公司的意志,作为企业特有的形象标志,其最终责任也自然由七匹狼实业公司承担,因此,一审法院认定"奔狼图形"系法人作品,其著作权应归属上诉人事实和法律依据充分,本院予以确认。二审法院同样确认了讼争的"七匹狼""SEPTWOLVES"依法不享有著作权。

法院进一步认定，根据《关于"七匹狼"标志转让协议》和《关于转让"七匹狼"注册商标（34类）所有权的协议》，被上诉人福建某卷烟厂使用"七匹狼+SEPTWOLVES+奔狼图形"及"奔狼图形"不构成侵权。基于上述，二审法院判决驳回上诉，维持原判。[1]

（冯晓青、杜爱霞 撰写）

---

[1] 福建省高级人民法院（2007）闽民终字第419号民事判决书。

第十条：著作权内容

(法条对比)

2010年著作权法	2020年著作权法
第十条 著作权包括下列人身权和财产权： （一）发表权，即决定作品是否公之于众的权利； （二）署名权，即表明作者身份，在作品上署名的权利； （三）修改权，即修改或者授权他人修改作品的权利； （四）保护作品完整权，即保护作品不受歪曲、篡改的权利； （五）复制权，即以印刷、复印、拓印、录音、录像、翻录、翻拍等方式将作品制作一份或者多份的权利； （六）发行权，即以出售或者赠与方式向公众提供作品的原件或者复制件的权利； （七）出租权，即有偿许可他人临时使用**电影作品和以类似摄制电影的方法创作的**作品、计算机软件的权利，计算机软件不是出租的主要标的的除外； （八）展览权，即公开陈列美术作品、摄影作品的原件或者复制件的权利； （九）表演权，即公开表演作品，以及用各种手段公开播送作品的表演的权利；	**第十条** 著作权包括下列人身权和财产权： （一）发表权，即决定作品是否公之于众的权利； （二）署名权，即表明作者身份，在作品上署名的权利； （三）修改权，即修改或者授权他人修改作品的权利； （四）保护作品完整权，即保护作品不受歪曲、篡改的权利； （五）复制权，即以印刷、复印、拓印、录音、录像、翻录、翻拍、**数字化**等方式将作品制作一份或者多份的权利； （六）发行权，即以出售或者赠与方式向公众提供作品的原件或者复制件的权利； （七）出租权，即有偿许可他人临时使用**视听**作品、计算机软件的**原件或者复制件**的权利，计算机软件不是出租的主要标的的除外； （八）展览权，即公开陈列美术作品、摄影作品的原件或者复制件的权利； （九）表演权，即公开表演作品，以及用各种手段公开播送作品的表演的权利；

（十）放映权，即通过放映机、幻灯机等技术设备公开再现美术、摄影、**电影和以类似摄制电影的方法创作的**作品等的权利；	（十）放映权，即通过放映机、幻灯机等技术设备公开再现美术、摄影、**视听**作品等的权利；
（十一）广播权，即以无线方式公开**广播或者**传播作品，**以有线传播**或者转播**的方式向公众传播广播的**作品，以及通过扩音器或者其他传送符号、声音、图像的类似工具向公众传播广播的作品的权利；	（十一）广播权，即以**有线或者**无线方式公开传播或者转播作品，以及通过扩音器或者其他传送符号、声音、图像的类似工具向公众传播广播的作品的权利，**但不包括本款第十二项规定的权利**；
（十二）信息网络传播权，即以有线或者无线方式向公众提供**作品**，使公众可以在其**个人**选定的时间和地点获得作品的权利；	（十二）信息网络传播权，即以有线或者无线方式向公众提供，使公众可以在其选定的时间和地点获得作品的权利；
（十三）摄制权，即以摄制**电影或者以类似摄制电影**的方法将作品固定在载体上的权利；	（十三）摄制权，即以摄制**视听作品**的方法将作品固定在载体上的权利；
（十四）改编权，即改变作品，创作出具有独创性的新作品的权利；	（十四）改编权，即改变作品，创作出具有独创性的新作品的权利；
（十五）翻译权，即将作品从一种语言文字转换成另一种语言文字的权利；	（十五）翻译权，即将作品从一种语言文字转换成另一种语言文字的权利；
（十六）汇编权，即将作品或者作品的片段通过选择或者编排，汇集成新作品的权利；	（十六）汇编权，即将作品或者作品的片段通过选择或者编排，汇集成新作品的权利；
（十七）应当由著作权人享有的其他权利。	（十七）应当由著作权人享有的其他权利。
著作权人可以许可他人行使前款第（五）项至第（十七）项规定的权利，并依照约定或者本法有关规定获得报酬。	著作权人可以许可他人行使前款第五项至第十七项规定的权利，并依照约定或者本法有关规定获得报酬。
著作权人可以全部或者部分转让本条第一款第（五）项至第（十七）项规定的权利，并依照约定或者本法有关规定获得报酬。	著作权人可以全部或者部分转让本条第一款第五项至第十七项规定的权利，并依照约定或者本法有关规定获得报酬。

【条文主旨】

本条是关于著作权权项的具体规定，是判定著作权权利边界的基础条款。

【修改理由】

修改一：2010年《著作权法》第十条第一款第（五）项中规定"复制权，即以印刷、复印、拓印、录音、录像、翻录、翻拍等方式将作品制作一份或者多份的权利"。《伯尔尼公约》关于"复制"表述为"以任何方式和采取任何形式复制"，高度抽象。[1] 随着作品传播技术尤其是数字化的推进，数字技术严重威胁著作权人利益的实现，[2] 复制权的内涵和外延在实践中受到一定的挑战。关于何为著作权法意义上的作品复制权亟须修改，以适应当前复制技术的发展。为了适应以网络化、数字化等为代表的新技术的高速发展和应用，复制权在《著作权法》第三次修改过程中得到了一定的回应，最后也以增加"数字化"方式纳入"复制权"的范围，扩大了复制权在著作权法意义上的范围。

在《著作权法》第三次修改的过程中，关于复制权应当如何修改的争议很大。争议点最大的两点是：第一，关于列举的复制形式，第二，是否对固定、有形载体进行限制。比如在国家版权局2012年的三个版本中，分别将复制权规定为"复制权，即以印刷、复印、录制、翻拍以及数字化等任何方式将作品制作一份或者多份的权利"[3]"复制权，即以印刷、复印、录制、翻拍以及数字化等任何方式将作品固定在有形载体上的权利"[4]"复制权，即以印刷、复印、录制、翻拍以及数字化等任何方式将作品固定在有形载体上的权利"[5]。关于数字化，国家版权局1999年的《关于制作数字化制品的著作权规定》第一条规定"数字化制品，是指将受著作权法保护的作品以数字代码形式固

---

[1] 冯晓青、付继存：《著作权法中的复制权研究》，载《法学家》2011年第3期。
[2] 张今：《数字环境下私人复制的限制与反限制——以音乐文件复制为中心》，载《法商研究》2005年第2期。
[3] 2012年3月国家版权局《著作权法》修改草案第一稿。
[4] 2012年7月国家版权局《著作权法》修改草案第二稿。
[5] 2012年10月国家版权局《著作权法》修改草案第三稿。

的有形载体,包括激光唱盘(CD)、激光视盘(LD)、数码激光视盘(VCD)、高密度光盘(DVD)、软磁盘(FD)、只读光盘(CD—ROM)、交互式光盘(CD—I)、照片光盘(Photo—CD)、高密度只读光盘(DVD—ROM)、集成电路卡(IC Card)等"。《最高人民法院关于审理涉及计算机网络著作权纠纷案件适用法律若干问题的解释》中也明确受著作权法保护的作品包括《著作权法》规定的各类作品的数字化形式,基本可以认为,相关规定并未强调数字化的作品是否固定于有形载体上。2014年原国务院法制办公布的《著作权法(修订草案送审稿)》第十三条第三款第(一)项规定,"复制权,即以印刷、复印、录制、翻拍以及数字化等方式将作品固定在有形载体上的权利"。2020年4月"征求意见稿"第一稿包括复制权在内的很多修改都被回避。2020年8月二次审议稿增加了"数字化",最后也与此相同。

修改二:出租权的修改。2010年《著作权法》第十条第一款第(七)项规定"出租权,即有偿许可他人临时使用电影作品和以类似摄制电影的方法创作的作品、计算机软件的权利,计算机软件不是出租的主要标的的除外"。《著作权法》在第三次修改中,首先用"视听作品"替换了"电影作品和以类似摄制电影的方法创作的作品",以保持著作权法用语的统一性。其次,增加了"原件或者复制件",以此明确出租权的对象是视听作品、计算机软件的原件或者复制件。这是因为我国加入了《视听表演北京条约》,其中对出租权的规定不仅涉及原件还涉及复制件,[①]为了将该国际公约的规定落到实处,《著作权法》第三次修改中对出租权的此修改即为回应。国家版权局版本还根据《世界知识产权组织版权条约》第七条的规定将出租权客体增加——包含作品的录音制品,原国务院法制办上述送审稿也包含了录音制品,但是在2020年4月第一次审议时,出租权对象中的录音制品被删除。

修改三:放映权的修改。将2010年《著作权法》第十条第一款第(十)项中规定的"电影和以类似摄制电影的方法创作的作品"修改为"视听作品",以统一《著作权法》全篇用语,维护体系用语的规范性。在《著作权法》第三次修改过程中,国家版权局第二稿中,参考世界多数国家和地区立法实践,取消放映权,将其并入表演权,原国务院法制办送审稿版本与此同

[①] 《视听表演北京条约》第九条。

样——用表演权吸收放映权，但是最终这种方案没有被采纳，而是保留了放映权的独立规定。

修改四：广播权的修改。2010年《著作权法》第十条第一款第（十一）项规定"即以无线方式公开广播或者传播作品，以有线传播或者转播的方式向公众传播广播的作品，以及通过扩音器或者其他传送符号、声音、图像的类似工具向公众传播广播的作品的权利"。但是，在实践中广播权的具体涵盖范围有较大的争议，需要对广播权有关表述进行修改，以适应网络同步转播使用作品等新技术发展的要求。《著作权法》第三次修改增加了"有线"方式，且将"广播或者传播作品"修改为"传播或者转播作品"，并且限定本项规定的广播权"不包括本款第十二项规定的权利"，也即不包括信息网络传播权。该修改相当程度上厘清了广播权的范围及其与其他权利的边界，回应了实践中的制度需求。

修改五：信息网络传播权的修改。2010年《著作权法》第十条第一款第（十二）项规定信息网络传播权"即以有线或者无线方式向公众提供作品，使公众可以在其个人选定的时间和地点获得作品的权利"，《著作权法》第三次修改删除了前半句末尾的"作品"及后半句的"个人"，形成"信息网络传播权，即以有线或者无线方式向公众提供，使公众可以在其选定的时间和地点获得作品的权利"。在《著作权法》第三次修改中，关于信息网络传播权的争议是较大的，主要争议点在于网络环境下的直播、定时转播等的法律适用问题。

上述广播权和信息网络传播权的修改，在《著作权法》第三次修改进程中，是较为重要的一个问题，因为二者有关联，在此一并对修改理由予以陈述。广播权中的"有线"与信息网络传播权中的"有线"具有相同含义。《伯尔尼公约》中规定了传统的广播权，《世界知识产权组织版权条约》（WCT）将其扩展为综合广播权，我国广播权的规定源于《伯尔尼公约》的传统广播权，随着技术的发展相关传统意义下的规定在实践中略显滞后。[1]例如，网络环境下直播、实时转播等行为性质的定性就成了问题。虽然有学者认为，网络实时直播或转播实质上是属于信息网络传播权的范畴，[2]但是《著作权法》

---

[1] 刘银良：《制度演进视角下我国广播权的范畴》，载《法学》2018年第12期。
[2] 刘银良：《信息网络传播权及其与广播权的界限》，载《法学研究》2017年第6期。

文本中"信息网络传播权"的规定并未包含网络直播及实时转播的行为,这就导致在实践中网络直播和实时转播适用信息网络传播权规定上存在困难。[①]《版权条约》中的向公众传播权和向公众提供权,成为对我国广播权和信息网络传播权进行规范界限厘清的国际法溯源依据。国家版权局2012年对《著作权法》修改的第一稿中就将信息网络传播权由交互式扩张为直播、转播等方式,以解决实践中提出的定时播放和转播等问题,修改为"(七)播放权,即以无线或者有线方式向公众播放作品或者转播该作品的播放,以及通过技术设备向公众传播该作品的播放的权利;(八)信息网络传播权,即在信息网络环境下,以无线或者有线方式向公众提供作品,包括直播、转播或者使公众可以在其个人选定的时间和地点获得作品的权利"。国家版权局第二稿中,考虑到原草案关于广播权和信息网络传播权的设定以传播介质而非传播方式为基础,不能完全符合科技发展特别是"三网融合"的现状和趋势,因此将播放权适用于非交互式传播、信息网络传播权适用于交互式传播,以解决实践中的定时播放、网络直播以及转播等问题,将之规定为"(六)播放权,即以无线或者有线方式公开播放作品或者转播该作品的播放,以及通过技术设备向公众传播该作品的播放的权利;(七)信息网络传播权,即以无线或者有线方式向公众提供作品,使公众可以在其个人选定的时间和地点获得作品,以及通过技术设备向公众传播以前述方式提供的作品的权利"。国家版权局第三稿将之重塑,规定为播放权和网络传播权,表述为"(六)播放权,即以无线或者有线方式公开播放作品或者转播该作品的播放,以及通过技术设备向公众传播该作品的播放的权利;(七)网络传播权,即以无线或者有线方式向公众提供作品,使公众可以在其个人选定的时间和地点获得作品,以及通过技术设备向公众传播以前述方式提供的作品的权利"。原国务院法制办送审稿又将之修改为"播放权"和"信息网络传播权",也即"(六)播放权,即以无线或者有线方式公开播放作品或者转播该作品的播放,以及通过技术设备向公众传播该作品的播放的权利;(七)信息网络传播权,即以无线或者有线方式向公众提供作品,使公众可以在其个人选定的时间和地点获得作品的权

[①] 苏志甫:《从著作权法适用的角度谈对网络实时转播行为的规制》,载《知识产权》2016年第8期。

利"。2020年审议稿一稿对该问题进行回应,将上述两项权利修改表述为"广播权"和"信息网络传播权",具体为:"(十一)广播权,即以有线或者无线方式公开播放或者转播作品,以及通过扩音器或者其他传送符号、声音、图像的类似工具向公众传播广播的作品的权利;(十二)信息网络传播权,即以有线或者无线方式向公众提供、使公众可以在选定的时间和地点获得作品的权利"。2020年审议稿二稿将之表述为"(十一)广播权,即以有线或者无线方式公开传播或者转播作品,以及通过扩音器或者其他传送符号、声音、图像的类似工具向公众传播广播的作品的权利,但不包括本款第十二项规定的权利;(十二)信息网络传播权,即以有线或者无线方式向公众提供、使公众可以在选定的时间和地点获得作品的权利"。最终《著作权法》第三次修改成稿表述为"(十一)广播权,即以有线或者无线方式公开传播或者转播作品,以及通过扩音器或者其他传送符号、声音、图像的类似工具向公众传播广播的作品的权利,但不包括本款第十二项规定的权利;(十二)信息网络传播权,即以有线或者无线方式向公众提供,使公众可以在其选定的时间和地点获得作品的权利"。

修改六:摄制权的修改。原摄制权规定为"摄制权,即以摄制电影或者以类似摄制电影的方法将作品固定在载体上的权利"。为了保持《著作权法》全文的用词统一,《著作权法》第三次修改将2010年《著作权法》摄制权中的"电影或者以类似摄制电影"改为"视听作品",最终表述为"摄制权,即以摄制视听作品的方法将作品固定在载体上的权利"。《著作权法》第三次修改中的摄制权的修改表述,在相关版本中的体现也有不同。国家版权局草案第一稿中将之规定为"摄制权,即将作品摄制成视听作品的权利",国家版权局草案第三稿用改编权吸收了摄制权,将之规定为"改编权,即将作品改变成其他体裁和种类的新作品,或者将文字、音乐、戏剧等作品制作成视听作品,以及对计算机程序进行增补、删节,改变指令、语句顺序或者其他变动的权利",原国务院法制办送审稿未改动,审议稿一稿保留了摄制权的独立规定,将之表述为"摄制权,即以摄制视听作品的方法将作品固定在载体上的权利",《著作权法》第三次修改后成稿与之相同。

虽然此条规定中的其他内容最终未作修改,但是在《著作权法》第三次修改中也曾有较大争议,比如人身权与财产权是否分设、修改权与作品完整权的关系、汇编权的去留、表演权、改编权等内容。

【条文释义】

【价值、功能与立法目的】

本条明确列举了著作权包括人身权和财产权的具体内容，分别为：人身权四项包括发表权、署名权、修改权、保护作品完整权。财产权包括复制权、发行权、出租权、展览权、表演权、放映权、广播权、信息网络传播权、摄制权、改编权、翻译权、汇编权。但是，我国关于著作权内容的规定并不是封闭的，而是在具体列举之后增加兜底性规定"应当由著作权人享有的其他权利"。本条规定还对具体的著作权内容进行了明确的定义性规定，为著作权内容边界的确定提供了基础依据，是确定著作权具体内容的基础性规定。本条规定还明确了著作财产权可以许可他人行使，著作权人并因此享有获酬权。同时，也明确规定著作权人可以将著作财产权全部或者部分转让，著作权人因此享有相应的获酬权。

本条规定为著作权内容的界定提供了基础性依据，表达出著作权的体系性架构，内容上明确列举且保持开放，为新型著作权的确立保留了一定的空间。除了明确具体著作权权项外，本条还对著作财产权的许可和转让作出了明确规定，并确保了著作权人的获酬权。通过此规定，也侧面明确了在我国著作人身权的不可许可和不可转让性。

【规范内涵】

著作权包括人身权和财产权。著作人身权也称精神权利，以人身利益为内容，直接反映作者与作品之间不可割裂的血缘关系。[1]人身权包括发表权、署名权、修改权、保护作品完整权。著作财产权反映的是著作权人的经济性权利，与著作人身权相对。从学理角度看，也可以将著作权分为复制权、演绎权和传播权。

发表权指的是决定作品是否公之于众的权利，是作者最重要的精神权利之一，是作品面世的起点。发表权有两层含义：第一，是否将作品公之于众的权利，可以将作品公之于众，也可以将作品不公之于众；第二，如何将作

---

[1] 冯晓青主编：《知识产权法》，武汉大学出版社2009年版，第40页。

品公之于众的权利,比如公之于众的时间、方式等。发表权的行使可以是著作权人自行将作品公之于众,也可以许可他人将作品公之于众,发表权一次用尽。"公之于众",是指著作权人自行或者经著作权人许可将作品向不特定的人公开,但不以公众知晓为构成条件。[1]发表权往往伴随其他权利同时行使。有观点认为,发表权的内容完全可以为各项著作财产权覆盖,取消发表权不会影响著作权的行使,因此认为发表权可取消。[2]当然,也应看到,发表权有其独立存在的价值,[3]需要予以独立规定。

署名权指的是表明作者身份,在作品上署名的权利。作者署名权是作者彰显作者身份的精神权利,作者在作品上署名可以署真名、笔名、艺名等,作者有权禁止未参加创作之人在作品上署名。严格意义上来说,作者才享有在作品上署名的权利,著作权法意义上的署名针对的对象是作品。署名权的行使也是确定作品的作者、著作权人的一般认定依据,如我国《著作权法》第十二条第一款即规定,在作品上署名的自然人、法人或者非法人组织为作者,且该作品上存在相应权利,但有相反证明的除外。值得指出的是,署名权在有些场合下行使却存在一定的困难,如在建筑物作品等作品上署名权的行使可能就会受到一定的限制。[4]因此,在署名权的行使上,一般遵循善意行使的原则。

修改权,指的是修改或者授权他人修改作品的权利。修改权的行使方式可以是作者自己修改作品,也可以是授权他人修改作品。修改权主要保障作者的观点发生改变等情况下的修改自由。[5]基于《著作权法》相关的规定可以认为,对内容的修改才算是《著作权法》中修改权意义上的修改。[6]保护作品

---

[1] 《最高人民法院关于审理著作权民事纠纷案件适用法律若干问题的解释》第九条。
[2] 刘胜红、卢玉超:《我国著作权法应当取消发表权——从一则案例引发的思考》,载《中国版权》2013年第2期。
[3] 李杨:《论发表权的"行使"——以发表权的权能构造为切入点》,载《法律科学(西北政法大学学报)》2015年第6期。
[4] 郑成思:《版权法》(上),中国人民大学出版社2009年版,第165页。
[5] 李琛:《论修改权》,载《知识产权》2019年第10期。
[6] 《著作权法》(2010年)第三十四条第二款,《著作权法》(2020年)第三十六条第二款。崔国斌:《著作权法:原理与案例》,北京大学出版社2014年版,第363页。

完整权，指的是保护作品不受歪曲、篡改的权利。歪曲强调的是对作品原意的曲解，有违作品观点、思想等；篡改强调的是擅自改变作品内容，破坏作品的原有表达。[1] 保护作品完整权，重点是作品的完整性不受他人侵害，保护作者对作品的良性的控制权。关于修改权与保护作品完整权，在理论界和实践中两者之间的关系和边界理解较有争议。如有观点认为，修改权与保护作品完整权是一个事件的正反两面，[2] 也有观点认为，修改权独立于保护作品完整权等著作权。[3] 修改权与保护作品完整权之间的关系在实践中也广受争议。[4] 在《著作权法》第三次修改过程中，也曾有版本将二者合二为一。[5]《著作权法》第三次修改，将修改权与保护作品完整权保持独立未予改变，一方面反映了将现存的保护作品完整权吸收修改权的争议搁置，另一方面也侧面反映出对修改权和保护作品完整权独立部分的认可。值得注意的是，复制权规制的行为有别于在互联网环境下的临时复制，《伯尔尼公约》《世界知识产权组织版权条约》实际上也没有意图用复制权规范临时复制[6]。

复制权是著作权最基本的权利，复制权也是其他权利行使的基础，即以印刷、复印、拓印、录音、录像、翻录、翻拍、数字化等方式将作品制作一份或者多份的权利。复制权是伴随印刷术而建立起来的权利，是著作权的核心权利，其内涵也因技术发展而变化。[7] 从复制的形式来看，我国立法采取了列举方式，具体包括"印刷、复印、拓印、录音、录像、翻录、翻拍、数字化"，但是又以"等"保持了复制权的开放性。复制权是对作品形式的再现，反映了复制件的非独创性和竞争性，把握复制行为的非独创性和竞争性将有

---

[1] 王曙光主编：《知识产权法》，中国政法大学出版社2013年版，第37页；曹新明主编：《知识产权法》，中国法制出版社2008年版，第64页。
[2] 郑成思：《版权法》（上），中国人民大学出版社2009年版，第168页。
[3] 李琛：《论修改权》，载《知识产权》2019年第10期。
[4] 管育鹰：《保护作品完整权之歪曲篡改的理解与判定》，载《知识产权》2019年第10期。
[5] 如国家版权局版本的修改草案就将修改权和保护作品完整权合为保护作品完整权，规定为"保护作品完整权，即授权他人修改作品以及禁止歪曲、篡改作品的权利"。
[6] 朱理：《临时复制是否属于著作权法意义上的复制——以国际公约为核心的规范分析》，载《电子知识产权》2007年第1期。
[7] 张今：《数字环境下私人复制的限制与反限制——以音乐文件复制为中心》，载《法商研究》2005年第6期。

助于判断新型复制如异形复制、自发复制和暂时复制等问题。① 从复制权前后的行使来看，复制权的行使可以是从平面到平面的复制、从平面到立体的复制、从立体到立体的复制、从立体到平面的复制。复制权与其他著作权的区别在于，复制这种再现的形式一般不增加再创作内容。② 对于数字化复制形式，《世界版权条约》在第一条其与《伯尔尼公约》的关系中就明确表述，"《伯尔尼公约》第九条所规定的复制权及其所允许的例外，完全适用于数字环境，尤其是以数字形式使用作品的情况。不言而喻，在电子媒体中以数字形式存储受保护的作品，构成《伯尔尼公约》第9条意义下的复制"。因此，在数字环境发展的当下，数字形式的复制，是当然的复制权内涵之一。本次《著作权法》修改中增加了"数字化"，符合时代发展需要。复制权中的复制的量在本条中也有限制，即"将作品制作一份或者多份"。这样规定，一方面是为了避免将几乎不更换载体或不更换体现方式的再现作品——展出等视为复制，③ 另一方面也是为了突出著作权法意义上的复制权的真正内涵。

发行权，即以出售或者赠与方式向公众提供作品的原件或者复制件的权利。发行的方式包括出售或赠与。发行权的行为核心是提供作品的原件或复制件。一般认为，发行权为一次用尽的权利。但是，发行权是在国内用尽还是国际用尽，各国观点不尽相同，这就涉及平行进口的问题。另外，还有关于数字作品的发行权问题在实践中也存在一定的争议。我国对著作权商品平行进口的问题并未明确规定。我国是《伯尔尼公约》的成员国，依据该公约著作权自动获得保护，那么应当认为在我国完成的作品著作权人发行权一次用尽。④ 发行权的行使通常要在合同中明确约定发行权的范围。⑤ 发行权一般与复制权等权利同时行使。

出租权，即有偿许可他人临时使用视听作品、计算机软件的原件或者复制件的权利，计算机软件不是出租的主要标的的除外。之所以要规定出租权，

---

① 冯晓青、付继存：《著作权法中的复制权研究》，载《法学家》2011年第3期。
② 郑成思：《版权法》（上），中国人民大学出版社2009年版，第182页。
③ 郑成思：《版权法》（上），中国人民大学出版社2009年版，第182页。
④ 李玉红：《"发行权一次用尽原则"若干问题研究——以我国〈著作权法〉修改为背景》，载《河北法学》2015年第1期。
⑤ 沈仁干、钟颖科：《著作权法概论》，辽宁教育出版社1995年版，第71页。

是为了避免出租代替购买而给著作权人带来实质的损害。[1]出租权规定适用要点为：第一，出租权的适用作品类型范围有限制，仅限于视听作品、计算机软件，其他作品类型不适用著作权法中的出租权。例如书店出租纸质版图书，这种出租是普通语境的出租，非著作权法意义上的出租权的行使，故此不适用出租权的规定。第二，出租权的对象包括视听作品、计算机软件的原件，也包括复制件。因而，出租者出租视听作品、计算机软件的原件及复制件，一般均为出租权的行使，需要获得著作权人的许可。第三，出租对象中计算机软件不是出租的主要标的的情形，不适用本出租权的规定。比如出租电脑，而电脑中装有受著作权保护的计算机软件的情况下，出租行为的主要标的在于电脑而非计算机软件，故而此情形不适用《著作权法》关于出租权的规定。基于互联网的兴起，我国出租市场相对有限，在司法实践中发生因未经许可出租视听作品、计算机软件的原件或复制件引发的纠纷也较少。[2]对出租权的适用，在相关场合也应当更为严谨，以切实维护作品著作权人的出租权。

展览权，即公开陈列美术作品、摄影作品的原件或者复制件的权利。展览权的适用要件包括：第一，展览权适用的作品类型有限。展览权仅适用于美术作品、摄影作品两种作品类型，其他作品类型不适用展览权。重点在于美术作品的判断，比如一些文学作品、书法作品的展出可以作为美术作品来看待，那么就是适用著作权法上的展览权的规定。需要注意的是，在各个国家中展览权的范围有不同的规定，比如依据《美国著作权法》的规定，享有著作权的文字、音乐、戏剧、舞蹈、哑剧、绘画、雕刻、电影或视听作品的单幅影像，都可以成为展览权的对象。[3]第二，展览权适用的方式为公开陈列。结合《著作权法》对展览权权属的规定可以得知，设置展览权的主要目的是为美术作品和摄影作品的原件或复制件的所有人对美术作品和摄影作品的展览价值的实现提供一定的保障。当然，展览作品的著作权人之间的利益平衡也需要得到保障，故展览权的行使方式仅仅限于公开陈列。第三，展览

---

[1] 崔国斌：《著作权法：原理与案例》，北京大学出版社2014年版，第410页。
[2] 王迁：《〈著作权法〉修改与国际条约和协定》，载《电子知识产权》2020年第11期。
[3] 《美国著作权法》第一百零六条。《美国著作权法》，杜颖、张启晨译，知识产权出版社2013年版，第20页。

权适用的对象为美术作品和摄影作品的原件或复制件。美术作品和摄影作品作为具有艺术价值的作品类型，其原件和复制件在欣赏价值上很多时候是没有差别的，甚至在有些时候难以分清何为原件、何为复制件。因此，作品的原件和复制件均可以用来实现美术作品、摄影作品的公开陈列价值。基于此，公开陈列他人美术作品、摄影作品的复制件不仅侵犯作品著作权人的复制权，结合我国著作权法对展览权的权属规定，还会侵犯作品原件所有人的展览权。

表演权，即公开表演作品，以及用各种手段公开播送作品的表演的权利。表演权的适用要点包括：第一，表演权包括两种，分别为：①现场表演权或活表演，即公开表演作品；②机械表演，即用各种手段公开播送作品的表演。通常所见的商场、饭店、咖啡馆等各种营业场所通过设备播放音乐即为典型的机械表演。第二，表演权要求公开。表演权的公开要求意味着表演面对的是不特定的主体对象。在人数相对特定的私人范围内的表演作品以及用各种手段播放作品不适用表演权。第三，表演权适用的作品类型理论上来讲没有限制，但是从权利实现角度来讲，表演权可适用的作品类型也较为有限，最为常见的是音乐、戏剧等作品。[①]第四，需要注意的是，要将表演权与表演者权相区分，表演权是作品的著作权人享有的著作权，表演者权是表演者享有的与著作权相关的权利。

放映权，即通过放映机、幻灯机等技术设备公开再现美术、摄影、视听作品等的权利。放映权适用的要点主要包括：第一，放映权适用的作品类型相对有限，主要为美术作品、摄影作品、视听作品等。第二，放映权的实现需要依赖一定的技术设备，比如放映机、幻灯机等。通过互联网、无线等公开再现作品的行为不是放映权的行使。[②]第三，放映权的实现结果为公开再现作品。有观点认为放映权是表演权的一种，我国《著作权法》第三次修改时，版权局《著作权法》修改草案第二稿就参考世界多数国家和地区的立法实践，取消了放映权，将其并入表演权，原国务院法制办修订草案送审稿也采取了此种做法。但是2020年4月的第一次审议稿中，恢复了放映权的独立规定。

广播权，即以有线或者无线方式公开传播或者转播作品，以及通过扩音

---

① 郑成思：《版权法》（上），中国人民大学出版社2009年版，第223页。
② 崔国斌：《著作权法：原理与案例》，北京大学出版社2014年版，第431页。

器或者其他传送符号、声音、图像的类似工具向公众传播广播的作品的权利，但不包括信息网络传播权。广播权行使主要包括两种情形：（1）以有线或无线方式公开传播或转播作品。此种广播权的行使包括有线和无线两种方式，行使的手段包括传播或转播两种方式，这也是《著作权法》第三次修改对广播权进行修改的核心内容——将原来的"以无线方式公开广播或者传播作品，以有线传播或者转播的方式向公众传播广播的作品"整合修改为"以有线或者无线方式公开广播或者转播作品"，扩大了广播权的范围。（2）通过扩音器或其他传送符号、声音、图像的类似工具向公众传播广播的作品。

信息网络传播权，即以有线或者无线方式向公众提供，使公众可以在其选定的时间和地点获得作品的权利。信息网络传播权是网络时代著作权最重要的权项之一，基于我国《著作权法》第三次修改之前著作权权项内容的规定，信息网络传播权的范围及其与其他权利的边界受到的争议非常大。本次《著作权法》修改扩大了广播权的范围，保留了信息网络传播权的相对边界。信息网络传播权的规定适用要点主要包括：第一，信息网络传播权的表现方式为以有线或者无线方式向公众提供作品。第二，信息网络传播权行使的结果为使公众可以在其选定的时间和地点获得作品。这就意味着比如定时播放的行为不受信息网络传播权的规制。信息网络传播权行使具有明显的交互式传播的性质，信息网络传播权也是当前网络环境下著作权侵权最为典型的被诉侵权类型之一。对于信息网络传播权，我国《信息网络传播权保护条例》（2013年修订）也对之做了详细的规定，依据该规定，除法律、行政法规另有规定的外，任何组织或者个人将他人的作品、表演、录音录像制品通过信息网络向公众提供，应当取得权利人许可，并支付报酬，且依法禁止提供的作品、表演、录音录像制品不受该条例保护。

摄制权，即以摄制视听作品的方法将作品固定在载体上的权利。摄制权是视听作品传播的最重要手段之一，也是作品获得视听化商业化收益的基础性权利。摄制权行使的要点在于：第一，采用的方法是以摄制视听作品的方法，比如摄制在胶片上、通过摄像机摄制等，具体可参考视听作品的具体定义。第二，行为的结果是将作品固定在载体上。摄制权是一种特殊的改编权，也因此在《著作权法》第三次修改国务院送审稿版本出现将摄制权为改编权涵盖吸收的做法。摄制权对编剧剧本行业非常重要，是保护剧本著作权人的重要著作权权项。

改编权指的是，改编作品，创作出具有独创性的新作品的权利。改编权是著作权法中重要的演绎权之一。改编权适用要点在于：第一，改编行为是在原作品基本表达基础上进行的行为，以原作品为基础；第二，改编行为是经过进一步的创作、加工形成的；第三，改编行为形成具有独创性、不同于原作品的新作品，因为改编形成新的具有独创性的作品，因此改编作品也具有相对独立的著作权。改编权与复制权仅一水之隔。[①]改编权的适用作品类型没有限制。改编权不仅适用于同种类型作品的改编，还适用于异形作品的改编。

翻译权，即将作品从一种语言文字转换成另一种语言文字的权利。翻译权是作品在他种语言环境下传播的重要工具，是作品扩大传播范围依赖的最重要的权项。翻译权适用的要点在于：第一，翻译权是对作品的语言文字转换的权利；第二，被翻译的作品有多项作品类型的，可能形成多项翻译权。第三，将作品翻译成不同的语言文字，可以授权给不同的主体形成多项翻译权。第四，翻译权行使受到《著作权法》第二十四条中合理使用制度"将中国公民、法人或者非法人组织已经发表的以国家通用语言文字创作的作品翻译成少数民族语言文字作品在国内出版发行"的限制。特殊的作品类型体现些许差异，比如对于计算机软件作品而言，翻译权指的是将原软件从一种自然语言文字转换成另一种自然语言文字的权利。[②]翻译权形成新的翻译作品，其具有相对独立的著作权。

汇编权，即将作品或者作品的片段通过选择或者编排，汇集成新作品的权利。汇编权适用要点包括：第一，汇编行为具有独创性，其体现为对作品或者作品片段的选择或者编排。不同的人对作品或者作品片段的选择或编排通常不同，其中凝结的是个人具有独创性的智力劳动，这是汇编者汇编的作品为独创性表达的体现，也是汇编作品享有著作权的本质原因。第二，汇编形成新的作品。如果汇集他人的作品或作品片段，并没有独创性，如将某人的生平作品全部按照时间顺序排列，这是非常普通的做法，任何人汇集都不

---

① 郑成思：《版权法》（上），中国人民大学出版社2009年版，第211页。
② 《计算机软件保护条例》第八条第一款第（八）项。

会产生不一样的结果，因此并无独创性，这种场合下并不是汇编权的行使，而是复制权的行使。故此，汇编权的重点在于著作权人可以自己或授权他人对作品进行汇编——汇编人通过具有独创性的选择和编排，其是一种智力劳动性创作行为，而非简单的体力劳动，形成了具有独创性的相对独立的新作品。

应当由著作权人享有的其他权利。这是著作权法对著作权权项明确列举后做的兜底性规定，这一规定使得著作权法保持了著作权权项的开放性。随着科技的发展进步，新型具有独创性的作品类型和权项会受到著作权法中列举性规定条款的限制，保持著作权法对著作权权项的开放性可以保持著作权法的囊括力和弹性，进而为著作权法适应时代的发展带来相对的稳定性。[1]需要明确的是，这里的"应当由著作权人享有的其他权利"为著作权财产权的未尽项，不关涉著作人身权。与此同时，著作权法定也与应当由著作权人享有的其他权利之间形成一定的紧张关系，[2]著作权法未明确列举的权利是否应当由著作权人享有，应当兼顾相关方的利益平衡，尤其要注意公共利益的保护。据研究，在实践中应当由著作权人享有的其他权利主要适用于解决获得报酬权、适用不清、网络转播行为等[3]场合。

本条第一款第（一）项至第（四）项为著作人身权，也即著作权人的精神权利。著作人身权与著作权人尤其是作者对作品的支配有较为重要的关联性，因而一般而言著作人身权是不能被转让的。本条第一款第（五）项至第（十七）项就是人们所俗称的著作财产权，也即为经济性著作权权项，著作财产权可许可、可转让，许可他人使用著作权和转让著作权可以提升著作权人经济利益实现、促进作品的传播，有利于著作权法立法宗旨的实现。除了法律规定的情形以及双方约定外，著作权的许可和转让需要确保著作权人经济利益的落实——获酬权。

需要补充的是，对于不同类型的作品，其著作权权项可能有些许差异。

---

[1] 也有学者反对著作权权项的兜底性规定，例如刘银良：《著作权兜底条款的是非与选择》，载《法学》2019年第11期。

[2] 熊琦：《著作权法定与自由的悖论调和》，载《政法论坛》2017年第3期。

[3] 王一播：《著作权权利"兜底"条款的解释适用——基于398份裁判文书的类型化》，载《中国出版》2019年第23期。

以计算机软件作品为例,根据《计算机软件保护条例》,软件著作权人享有发表权、署名权、修改权、复制权、发行权、出租权、信息网络传播权、翻译权等,具体的权项规定也有具体化、特色的规定。[①]该条例虽然有特殊规定,但是对特殊规定中未尽事宜,仍然适用著作权法的规定。不同的著作权权项,也可能对应的作品类型也有限制,例如展览权、出租权等对应的作品类型都是封闭有限的。因而,在著作权权项的理解和适用时,应当结合相应的作品类型解决相关问题。

【以案说法】

案例1:有创作贡献的应当予以署名权保护

刘某1、张某、高某、刘某2、赵某1起诉称:2014年6月17日,经原告刘某1、张某、高某、刘某2、赵某1研发的"数字化变压器温度智能监控系统"技术用于向西安市科学技术局申报《2014年度西安市科学技术奖申报材料》。2017年10月1日前,原告获悉中国期刊网(网址:http://www.chinaqking.com/yc/2016/741288.html)转载了来源于《电力设备》2016年第18期、作者为赵某2(空军工程大学信息与导航学院副教授)、发表时间为2016年11月29日的"原创作品"《数字化变压器温度智能监控系统的设计》一文。该文章与原告作品的内容(文字、技术方案方法、图表、顺序)完全相同。经比对,赵某2"侵权件"除标题增加"的设计"3个文字、摘要第1句略有改动、增加摘要和关键词翻译、增加参考文献及作者介绍之外,其余即正文、图1、图2与原告作品完全相同。因此诉至法院。西安知识产权法庭经审理认为,申报

[①] 《计算机软件保护条例》第八条规定:软件著作权人享有下列各项权利:(一)发表权,即决定软件是否公之于众的权利;(二)署名权,即表明开发者身份,在软件上署名的权利;(三)修改权,即对软件进行增补、删节,或者改变指令、语句顺序的权利;(四)复制权,即将软件制作一份或者多份的权利;(五)发行权,即以出售或者赠与方式向公众提供软件的原件或者复制件的权利;(六)出租权,即有偿许可他人临时使用软件的权利,但是软件不是出租的主要标的除外;(七)信息网络传播权,即以有线或者无线方式向公众提供软件,使公众可以在其个人选定的时间和地点获得软件的权利;(八)翻译权,即将原软件从一种自然语言文字转换成另一种自然语言文字的权利;(九)应当由软件著作权人享有的其他权利。软件著作权人可以许可他人行使其软件著作权,并有权获得报酬。软件著作权人可以全部或者部分转让其软件著作权,并有权获得报酬。

材料类作品的申报人明确认可申报材料撰写人的，该撰写人享有该作品的署名权，任何侵害撰写人署名权的行为均属于对撰写人著作权的侵害，应承担民事责任。①

案例2：作者有权禁止他人在自己未参与创作的作品上署名②

原告吴冠中诉称，1993年10月27日，被告上海朵云轩、拍卖有限公司联合在香港拍卖出售了一幅画《毛泽东肖像》，画上有"炮打司令部，我的一张大字报，毛泽东"字样，落款为"吴冠中画于工艺美院一九六二年"。拍卖前，曾通过有关单位转告上海朵云轩这幅系假冒原告署名的伪作。但是，上海朵云轩在接到通知和书面函件后，仍与拍卖有限公司联合拍卖，甚至出具专家鉴定意见称，这是吴冠中的作品，致使该伪作被他人以港币52.8万元购去。原告认为两被告的行为侵犯了原告的著作权，诉至法院。法院经过审理认为，本案讼争的画《毛泽东肖像》，落款非原告吴冠中署名，是一幅假冒吴冠中署名的美术作品。两被告在获知原告对该画提出异议，且无确凿证据证明该作品系原告所作，落款非原告本人署名的情况下，仍将该画投入竞拍出售，获取利益，属于出售假冒他人署名美术作品的侵犯著作权行为。③

案例3：侵犯他人保护作品完整权不必以降低作者声誉为要件

原告张某（笔名"天下霸唱"）为小说《鬼吹灯》的作者，梦想者公司经授权取得《鬼吹灯之精绝古城》的电影改编权、摄制权。2015年，电影《九层妖塔》公映。张某主张，电影《九层妖塔》的故事情节、人物设置、故事背景均与小说相差甚远，超出了法律允许的必要改动范围，对小说存在严重的歪曲、篡改，侵害了其保护作品完整权等，因而诉至法院。一审法院经过审理认为，在作者将其著作财产权转让给他人后，在判断合法改编行为是否侵犯保护作品完整权时，不能简单依据是否违背作者在原作品中表达的意愿这一主观标准，而应当重点考虑改编后的作品是否损害了原作品作者的声誉。

---

① 陕西省西安市中级人民法院（2018）陕01民初63号民事判决书。本案为2018年西安知识产权法庭著作权典型案例。

② 但是关于假冒署名的问题，是用著作权法上的署名权来规制还是用姓名权来规制，在实践中有一定的争议。崔国斌：《著作权法：原理与案例》，北京大学出版社2014年版，第362页。

③ 上海市第二中级人民法院（1994）沪中民（知）初字第109号民事判决书，上海市高级人民法院（1995）沪高民终（知）字第48号民事判决书。

本案证据不足以证明张某社会评价降低、声誉受到损害。据此，一审法院驳回了原告——小说作品作者张某侵害保护作品完整权的主张。张某不服，提起上诉。二审法院北京知识产权法院经审理认为，保护作品完整权的意义在于保护作者的名誉、声望以及维护作品的完整性，应当综合考察使用作品的权限、方式、原著的发表情况以及被诉作品的具体类型等因素。作者的名誉、声誉是否受损并不是认定侵害保护作品完整权的要件。改编权无法涵盖保护作品完整权所保护的利益。涉案电影对原小说作品的改动是对涉案小说主要人物设定、故事背景等核心表达要素的大幅度改动，对作者在原作品中表达的观点和情感做了本质上的改变，超出了必要限度，导致作者在原作品中要表达的思想情感被曲解，因而构成了对原作品的歪曲、篡改。①

案例4：从立体到立体的复制侵犯他人建筑作品的复制权

北京2008年奥林匹克运动会主会场国家体育场（又称"鸟巢"），呈现出以下特点：（1）整体造型。东西方向窄而高，南北方向长而低，其外形呈立体马鞍形。（2）长宽比例。南北长333米，东西宽296米，长宽比例为1∶0.88。（3）钢架结构。外观为看似随意的钢桁架交织围绕内部田径足球场。（4）色调线条搭配。在夜间灯光的映衬下，国家体育场的钢架呈现出灰蓝色，看台背板呈现出红色，灰蓝色钢架在外笼罩红色看台。（5）火炬。东北侧顶部设置了突起用于点燃奥林匹克圣火的火炬。（6）照明。国家体育场的照明装置，安装在顶部上下弦之间的立面上，以使灯光照向田径场内。（7）田径场。国家体育场内部为绿色足球场、红色外围跑道。"鸟巢"是典型的建筑物作品，国家体育场有限责任公司是其著作权人。

2008年12月以来，原告发现，市场上开始出现由第一被告某烟花集团股份有限公司监制，第二被告浏阳市某烟花有限公司生产，第三被告销售的"盛放鸟巢"烟花产品。"盛放鸟巢"烟花产品外形呈椭圆形，中部镂空，且在整体造型、长宽比例、钢架结构、色调线条搭配、火炬等方面采用了与国家体育场外观相同或者近似的设计，较为全面地体现出国家体育场建筑作品所采用的钢桁架交织围绕碗状结构的独创性特征，构成了对国家体育场建筑

---

① 北京市西城区人民法院（2016）京0102民初83号民事判决书，北京知识产权法院（2016）京73民终587号民事判决书。

作品的高度模仿。

法院经过审理认为，对建筑作品著作权的保护，主要是对建筑作品所体现出的独立于其实用功能之外的艺术美感的保护，因此，在没有合理使用等合法依据的情况下，未经建筑作品著作权人许可，以剽窃、复制、发行等方式对建筑作品所体现出的艺术美感加以不当使用、损害著作权人合法权益的行为，构成对建筑作品著作权的侵犯。"盛放鸟巢"烟花产品系对国家体育场建筑作品独创性智力成果的再现，与国家体育场构成实质性相似。对"盛放鸟巢"烟花产品的制造和销售，构成对国家体育场建筑作品的复制和发行，侵犯了原告的复制权和发行权。[①]

案例5：未经许可销售他人在国内享有独家发行权的作品侵犯他人发行权

某音像有限公司经授权取得了齐秦《美丽境界》CD专辑（包括《偶然》《城里的月光》《像疯了一样》《张三的歌》《你的样子》《离开我》《棋子》《不要告别》《我多么羡慕你》《爱的箴言》等10首歌曲）在中国大陆地区的独家出版发行权。某成都分店未经某音像有限公司许可，销售了《齐秦齐唱情歌》CD光盘，该光盘中收录了《美丽境界》CD专辑中的10首歌曲。某音像有限公司认为某成都分店的行为侵害了其依法取得的发行权，提起诉讼。法院经过审理认为，某成都分店作为从事包括音像制品在内商品销售的专业连锁经营者，未经权利人许可，未尽必要及合理的审查义务，其销售的上述专辑中收录的《偶然》等歌曲，侵犯了某音像有限公司对同名录音制品在中国境内（港、澳、台地区除外）享有的独家复制发行权。[②]

案例6：网络定时播放、转播性质问题（《著作权法》第三次修改前）

在著作权法本次修改之前，关于网络定时播放问题，无法适用信息网络传播权随时随地的规定。

对于定时播放，在北京A网络技术有限公司等与某影片有限公司侵犯著作财产权纠纷案（以下简称"霍元甲案"）中，网站按照预先设定的时间表播放作品，用户在预定的时间只能观看正在播放的作品，并且不能控制作品的

---

① 北京市第一中级人民法院（2009）一中民初字第4476号民事判决书。
② 四川省成都市中级人民法院（2013）成民初字第832号民事判决书。本案为2013年四川法院知识产权司法保护10大典型案例。

播放速度。北京市高级人民法院就认为,"信息网络传播权"针对的是交互式网络传播行为,定时播放行为不属于信息网络传播权控制的信息网络传播行为,这种网络传播行为受到《著作权法》第十条第一款第(十七)项"应当由著作权人享有的其他权利"的规制。①

对于网络直播,在北京B网络技术有限公司与北京某互联信息服务有限公司侵犯著作权及不正当竞争纠纷案中,一审判决认为涉案被诉行为属于《著作权法》第十条第(十七)项"应当由著作权人享有的其他权利"范围,②二审法院认为:信息网络传播权是指"以有线或者无线方式向公众提供作品,使公众可以在其个人选定的时间和地点获得作品的权利",适用信息网络传播权调整的传播行为应具有交互式特点,鉴于网络直播行为不具有交互式特点,网络用户不能按照其所选定的时间或地点获得该转播内容,故其不属于信息网络传播权的调整范围;广播权是指"以无线方式公开广播或者传播作品,以有线传播或者转播的方式向公众传播广播的作品,以及通过扩音器或者其他传送符号、声音、图像的类似工具向公众传播广播的作品的权利",广播权调整三种行为分别为无线广播行为、有线或无线转播行为以及公开播放广播的行为,其中第一种广播行为"无线广播"为初始广播行为,通常指的是广播电台、电视台的广播行为。而后两种行为则是在接收到初始广播信号后对该信号的转播、传播行为;涉案被诉侵权的两个视频中分别显示有BTV、CCTV5的标识,可见其视频来源为北京电视台及中央电视台,上述电视台的初始传播采用的是无线方式,因此其属于第一种广播行为,即"无线广播"行为,被诉行为是对上述广播信号的网络直播行为,属于广播权调整的第二种行为,即"以有线传播或者转播的方式向公众传播广播的作品"的行为。③

对于网络实时转播,也即视频网站或者网络广播组织截取广播电视组织的广播信号转化为数字信号,将广播电视组织正在播放的节目不加修改地在互联网上进行同步播放的行为,在央视国际诉百度和搜狐案中,一审法院认为,涉案的《2012年春晚》属于汇编作品,央视公司通过信息网络向公众传

---

① 北京市高级人民法院(2009)高民终字第3034号民事判决书。
② 北京市朝阳区人民法院(2014)朝民(知)初字第40334号民事判决。
③ 北京知识产权法院(2015)京知民终字第1818号民事判决书。

播《2012年春晚》的权利属于广播权的控制范围，央视公司依据《著作权法》第十条第（十七）项的兜底规定来主张百度公司侵权，无法律依据。二审法院认为信息网络传播权调整的行为应具有交互性的特点，而网络实时转播行为不具有交互性的特点，故其不属于信息网络传播权的调整范围。法院指出广播权控制有三种行为：无线广播行为、有线转播行为和公开播放广播的行为。针对网络实时转播行为而言，若初始传播采用的是"无线"形式，属于广播权的调整范围；若初始传播采用的是"有线"方式，则不属于广播权的调整范围，为弥补"广播权"的立法缺陷，应适用《著作权法》第十条第一款第（十七）项调整，即适用兜底性权利条款。本案中百度公司实施的网络实时转播行为的"初始传播"为中央电视台的"无线广播"，且百度公司未取得著作权人的许可，其实施的上述网络实时转播行为构成对央视广播权的侵犯。①

案例7：改变原作品形成具有独创性的作品是改编权的行使

在温某与北京某科技有限公司（以下简称某公司）侵害作品改编权纠纷案中，原告温某为涉案"四大名捕"系列小说的著作权人，在多个国家和地区以多种语言出版，具有一定的知名度。涉案"四大名捕"系列小说人物共五位："四大名捕"，即各怀绝技的"无情""铁手""追命""冷血"，四人为"诸葛正我"四大徒弟，"诸葛正我"又名"诸葛先生""诸葛小花""诸葛神侯"，为当朝太傅，朝中重臣，率领四大名捕为皇室和百姓做过不少侠义之事，深得皇帝信任。五位人物具有鲜明的各自独特的性格特点、武功招数、身世背景等，是贯穿于温某"四大名捕"系列小说的灵魂人物。

原告温某认为被告某公司开发经营的《大掌门》游戏使用了"无情""铁手""追命""冷血""诸葛先生"这五个人物及对应的人物名称、人物关系、面貌特征、身世背景、性格特点、武功套路等，侵害了其《四大名捕》系列小说人物的改编权。某公司表示，《大掌门》游戏中共有300多个武侠人物，分不同门派，涉案五个人物需要用户付费招来，可以加入任何门派。对于涉案五个人物在《大掌门》游戏中出现的时间，某公司承认是2014年8月电影《四大名捕大结局》上映后陆续加入的，首先上线"无情"人物卡牌，后陆续

---

① 北京市第一中级人民法院（2013）一中民终字第3142号民事判决书。

上线其他人物，该游戏并未使用温某《四大名捕》系列小说的其他内容。某公司同时承认《大掌门》游戏中"神捕无情""神捕铁手""神捕追命""神捕冷血""诸葛先生"五个人物名称与温某所创作小说的关联性，同时认可"诸葛先生"的"惊艳一枪"确系借鉴了温某作品，但否认《大掌门》游戏中这些卡牌人物的表达与温某的小说表达存在关联性，并否认侵害了温某作品的改编权。双方确认《大掌门》游戏中，"神捕冷血"人物改名为"快剑捕快"；"神捕追命"人物改名为"神腿捕快"，武功为"离鸾别凤"；"神捕铁手"人物改名为"铁掌捕快"，武功为"气贯长虹"；"神捕无情"人物改名为"千手捕快"，武功为"雨打梨花"；"诸葛先生"人物改名为"诸葛"。上述人物的相关信息也作了相应的修改。

　　法院经过审理认为，温某享有其创作的"四大名捕"系列小说的著作权。"四大名捕"系列小说中，"无情""铁手""追命""冷血""诸葛先生"是贯穿始终的灵魂人物，涉案五个人物为温某小说中独创性程度较高的组成部分，体现了独创性人物的重要表达。从被告的《大掌门》游戏对涉案五个人物的身份、武功、性格等信息的介绍，以及该游戏出现涉案五个人物的时间，可认定《大掌门》游戏中的"神捕无情""神捕铁手""神捕追命""神捕冷血""诸葛先生"五个人物即为温某"四大名捕"系列小说中的"无情""铁手""追命""冷血""诸葛先生"五个人物。某公司开发经营的《大掌门》游戏，通过游戏界面信息、卡牌人物特征、文字介绍和人物关系，表现了温某"四大名捕"系列小说人物"无情""铁手""追命""冷血""诸葛先生"的形象，是以卡牌类网络游戏的方式表达了温某小说中的独创性武侠人物。故某公司的行为，属于对温某作品中独创性人物表达的改编，该行为未经温某许可且用于游戏商业性运营活动，侵害了温某对其作品所享有的改编权。[1]

（周贺微　撰写）

---

[1] 北京市海淀区人民法院（2015）海民（知）初字第32202号民事判决书。

第十一条：著作权的归属

（法条对比）

2010年著作权法	2020年著作权法
第十一条 著作权属于作者，本法另有规定的除外。 创作作品的**公民**是作者。 由法人或者**其他组织**主持，代表法人或者**其他组织**意志创作，并由法人或者**其他组织**承担责任的作品，法人或者**其他组织**视为作者。 如无相反证明，在作品上署名的**公民**、法人或者**其他组织**为作者。（将本款移至第十二条第一款并作修改）	**第十一条** 著作权属于作者，本法另有规定的除外。 创作作品的**自然人**是作者。 由法人或者**非法人组织**主持，代表法人或者**非法人组织**意志创作，并由法人或者**非法人组织**承担责任的作品，法人或者**非法人组织**视为作者。

【条文主旨】

本条规定了著作权的归属。

【修改理由】

2010年《著作权法》第十一条规定，"著作权属于作者，本法另有规定的除外。创作作品的公民是作者。由法人或者其他组织主持，代表法人或者其他组织意志创作，并由法人或者其他组织承担责任的作品，法人或者其他组织视为作者。如无相反证明，在作品上署名的公民、法人或者其他组织为作者"。2020年《著作权法》修改，将"公民"修改为"自然人"，"其他组织"修改为"非法人组织"，将第十一条第四款移至第十二条第一款并作修改，其他各项保持不变，即"第十一条 著作权属于作者，本法另有规定的除外。

创作作品的自然人是作者。由法人或者非法人组织主持，代表法人或者非法人组织意志创作，并由法人或者非法人组织承担责任的作品，法人或者非法人组织视为作者"。

在2020年《著作权法》修改完成前，2020年5月28日第十三届全国人民代表大会第三次会议通过的《民法典》已经出台。《民法典》将原来《民法通则》中"公民"的表达统一改为"自然人"，"其他组织"的表达统一改为"非法人组织"，在第二条民法调整的主体中增加了"非法人组织"这一主体。

《民法典》作为一部基础性法典，全面、系统地规定了私权制度。相对于"公民"这一政治上适用的公法概念，"自然人"更加强调人的生物属性，弱化了公权性质。而《著作权法》调整的是人身权和财产权这样的私权，显然用"自然人"的概念更为恰当。因此在《民法典》更改了相应概念后，为了实现立法概念科学统一的修法初衷，《著作权法》也进行了相应修改。

对于"其他组织"，司法实践中曾存在争议焦点。实际生活中，著作权领域存在多种"×××编写组""×××办公室""×××研究室"等组织形式。在2010年《著作权法》第十一条的适用过程中，以上组织是否能成为法律意义上的"其他组织"多次引起了争议。[①] 按照《民事诉讼法》第四十八条的规定，"公民、法人和其他组织可以作为民事诉讼的当事人"，而《最高人民法院关于适用〈中华人民共和国民事诉讼法〉的解释》第五十二条规定，"民事诉讼法第四十八条规定的其他组织是指合法成立、有一定的组织机构和财产，但又不具备法人资格的组织"。一般来说，"×××编写组"等类似的组织绝大多数是为了某个项目而组成的临时小组，没有一定的组织机构，也没有财产，因此不能成为民事诉讼法意义上的"其他组织"，更不能成为作者。但有时，上述组织又会以著作权人的身份进行著作权意义上的活动。可以说，在著作权司法实践中，"其他组织"的含义也是颇有争议的。《民法典》第一百零二条规定："非法人组织是不具有法人资格，但是能够依法以自己的名义从事民事活动的组织。非法人组织包括个人独资企业、合伙企业、不具有法人资格的专业服务机构等。"至此，为了统一适用标准，避免"其他组织"一词

---

① 浙江省高级人民法院（2012）浙知终字第105号民事判决书。

含义不清，难以应用于著作权实践，本次修法将《著作权法》中的"其他组织"修改为"非法人组织"。

【条文释义】

【价值、功能与立法目的】

著作权的归属问题反映了一个国家著作权制度的立法理念，在著作权制度中意义重大。作者是文学、艺术或者科学作品的创作者，在各国著作权法中都是最重要的主体。从法律上确认作者的法律地位和维护作者的法律权利，是各国著作权法的主要任务。尽管世界上第一部著作权法《安娜女王法》主要是为保护出版者的利益而制定的，但其首次承认了作者是著作权保护的主体，确立了近代意义的著作权思想。自《安娜女王法》后，人们对于著作权的探索有了质的飞跃。正如《安娜女王法》序言中所述，人们意识到，"在缺乏法律保护的情况下，印刷者可以不经作者同意就擅自复制作者的作品。那些有学问、有知识的人即使创造了有益于社会的作品，也不会有将其投入市场的热情"。

为了鼓励作者积极从事创作、鼓励优秀作品的创作与传播，充分维护作者的合法权利将永远是各国著作权法的核心。只有使付出智力劳动的作者得到应有的权益，受到应有的尊重和保护，作者的创作才能蓬勃发展，从而促进人类文明的进步。

本条对著作权的归属作出了一般性的规定，从法律层面奠定了作者在《著作权法》中的主导地位。确定了我国《著作权法》下的作者或可视为作者的主体主要有三类：自然人、法人以及非法人组织。本条规定也体现了《著作权法》第一条有关保护文学、艺术和科学作品作者的著作权，鼓励有益于社会主义精神文明、物质文明建设的作品的创作和传播，促进社会主义文化和科学事业的发展与繁荣之立法目的。

【规范内涵】

关于第十一条第一款"**著作权属于作者，本法另有规定的除外**"。本条是著作权归属的一般性规定，也是界定各类作品的著作权归属的基本依据。

首先，"著作权属于作者"源于作者创作作品的事实，是各国著作权法确认著作权归属的一般原则。其原因仍在于：著作权是基于作品的创作形成的，而作品是作者的智力、思考、生活经验等的外在体现。因此，作者自创作完成时自动取得著作权。

其次，"本法另有规定的除外"，则对于一些特殊情况做出了特别的限定。这是因为，在人类的文化经济活动中，并非所有的作品创作都来自真正的自由创作的。相反，有大量的作者都是在接受聘任或委托，在投资人出资的情况下从事创作。此时就有必要考虑投资人的利益影响，因此《著作权法》也在不同条款里规定了一些特殊的著作权归属。如：第十七条规定视听作品中的电影作品、电视剧作品的著作权由制作者享有（署名权除外），第十八条第二款规定职务作品著作权由法人或者非法人组织享有（署名权除外），第十九条规定委托作品通过合同约定确定著作权归属，第二十条规定美术摄影作品原件所有权转移后，受让人取得部分著作权等。

关于第十一条第二款"创作作品的自然人是作者"。《著作权法》总则第一条"为保护文学、艺术和科学作品作者的著作权"直接表明了《著作权法》是一部以保护作者权益为核心的知识产权法。[①] 关于《著作权法》中作者的认定，自然人可以成为创作作品的作者，已经在大多数国家著作权法的立法中达成共识。该款的使用要点如下。

第一，这里的"创作"指的是作者通过将自己的智力和认知以一定外在形式表现出来，产生作品，就构成了《著作权法》下的创作。《著作权法实施条例》第三条规定，"著作权法所称创作，是指直接产生文学、艺术和科学作品的智力活动。为他人创作进行组织工作，提供咨询意见、物质条件，或者进行其他辅助工作，均不视为创作"。作者的创作行为应具有创造性，仅为他人创作提供物质条件、组织工作、提供资料等行为，并不属于创作。

第二，对于《著作权法》意义上"作品"的定义，在《著作权法》第三条中，以定义加列举的形式表明了"作品是指文学、艺术和科学领域内具有独创性并能以一定形式表现的智力成果"。《著作权法实施条例》第二条规定，"著作权法所称作品，是指文学、艺术和科学领域内具有独创性并能以某种有形形式复制的智力成果"。因此，首先要求该作品必须是《著作权法》规

[①] 冯晓青：《试论著作权法中的作者》，载《湘潭大学学报（哲学社会科学版）》1995年第3期。

定的关于文学、艺术或者科学领域之内的作品。其次，作品能以一定形式表现。这是因为著作权保护的是思想的表达而不保护思想本身。作者在大脑中形成的思想范畴不能也无法受到著作权的保护。最后，学术界普遍认为，独创性是作品受著作权保护的要件。[①]《著作权法》保护的是具有独创性的表达，作品也应具有独创性。《最高人民法院关于审理著作权民事纠纷案件适用法律若干问题的解释》第十五条中也暗含了对独创性的认定："由不同作者就同一题材创作的作品，作品的表达系独立完成并且有创作性的，应当认定作者各自享有独立著作权。"

第三，我国《著作权法》限定了创作作品的为"自然人"，但是又在第十一条第三款中将满足一定条件的法人或者非法人组织视为作者。对于作品是否只能由"自然人"创造，这一点在国际上分为两大法系。"作者权体系"的大陆法系普遍强调了受保护的作品只能是自然人个人的智力创作，如《德国著作权法》。[②]而"版权体系"的英美法系则倾向将作品视为一种财产，[③]对于作者的定义，除自然人外，还认可多种形式的主体，如《英国版权法》。[④]我国《著作权法》结合了各国的观点，在规定了"创作作品的自然人是作者"后，又承认法人和非法人组织可以视为"作者"，仍然可以享有著作权。

关于第十一条第三款"由法人或者非法人组织主持，代表法人或者非法人组织意志创作，并由法人或者非法人组织承担责任的作品，法人或者非法人组织视为作者"。尽管我国《著作权法》规定自然人是作者，但也同时在该法第十一条第三款规定法人和非法人组织可以被"视为作者"。这里的"视为作者"一方面给予了法人和非法人组织等同于自然人作者的权利，另一方面也在表述上暗示了自然人才是实际著作人，法人和非法人组织只能被"视为"作者。

对于法人和非法人组织能否成为作者，我国借鉴了国际上"作者权体系"和"版权体系"的两大理念，认可了一定条件下的法人或者非法人组织可成

---

① 李雨峰等：《著作权法》，厦门大学出版社2006年版，第40页。

② 《德国著作权法》第二条、第七条、第十一条。《十二国著作权法》翻译组译：《十二国著作权法》，清华大学出版社2011年版，第147—149页。

③ 吴水兰：《作品著作权人的认定》，中国政法大学2014年硕士论文。

④ 《英国版权法》第九条。《十二国著作权法》翻译组译：《十二国著作权法》，清华大学出版社2011年版，第571页。

为作者的观点。如第十一条第三款规定,这些条件是:第一,作品的创作是由法人或者非法人组织主持;第二,作品体现的是法人或者非法人组织的意志,而非实际著作人的个人意志;第三,法人或者非法人组织承担责任。

实际上,随着科学技术飞速发展,越来越多的作品是在法人或者非法人组织的主持和统筹安排下,由诸多实际作者共同合作,按照单位的意志创作出来的。这时,作品体现出的是法人或者非法人组织的意志,也是由法人或者非法人组织承担全部责任,而自然人的个人意识在其中并不突出。因此,将法人或者非法人组织"视为作者"具有合理性。

【以案说法】

案例1:付出独创性劳动是成为作者的必备条件

原告刘某与被告舒某、周某、罗某策划合作创作《中国远征军》小说。2006年4月4日,《中国远征军》作品已完成初稿,但随后在小说创作过程中,因为各方对该小说的修改意见不一致而产生矛盾,罗某遂不再与刘某联系,由罗某与舒某执笔将《中国远征军》小说创作完成。在该小说创作完成后,被告未经原告许可,就该小说的出版与重庆出版社签订《图书出版合同》,并授权对该书进行了出版发行。原告认为其对小说《中国远征军》的创作进行了大量的策划、组织和协调工作,还提供了小说名称、主人公名字及修改意见,也应是《中国远征军》小说的作者之一。被告的行为侵犯了原告作为作者及根据协议所享有的著作权,遂以著作权侵权为由诉至重庆市第五中级人民法院。被告舒某和罗某则提起反诉,认为刘某不是该小说的作者,请求法院确认二人是《中国远征军》的作者并拥有排他的全部著作权。

本案的争议焦点之一在于"刘某是否参与《中国远征军》小说的创作并因此应当是该小说的作者"。根据《著作权法》第十一条规定,创作作品的自然人是作者。一审法院认为:"刘某作为自然人,要成为《中国远征军》小说的作者,应当参加该小说的创作,并提供一定的独创性劳动"。"刘某提交的上述证据虽然证明刘某为该小说的创作进行了大量的策划、组织和协调工作,还提供了小说名称、主人公名字及修改意见,一审法院对刘某为《中国远征军》小说所做的大量工作表示认可,但刘某所提交的现有证据尚不足以证明刘某对该小说的实际创作付出了创造性劳动,仅凭现有证据难以认定刘某是

《中国远征军》小说的作者"。二审法院支持了一审法院的上述观点。①

案例2：如何区分法人作品和职务作品？

原告李某为福建工艺美术学校（以下简称工艺美校）的教师吴某之母。1986年，人民大会堂福建厅装修，工艺美校组织吴某、陈某等多名师生参与创作漆壁画作品《武夷之春》作为福建厅的主画。1994年，人民大会堂福建厅重新装修，对《武夷之春》做了一些修改调整。2013年10月25日，陈某将"大型漆壁画《武夷之春》"进行了著作权登记，登记内容为"作者：陈某；著作权人：陈某"。后工艺美校并入福州大学，吴某已经去世。吴某父母认为陈某将涉案作品著作权登记在其个人名下的行为侵犯了吴某的著作权，遂提起诉讼。第三人福州大学则主张涉案作品为法人作品并主张享有著作权。

本案的争议焦点之一为涉案作品的属性问题。一审法院将涉案作品认定为法人作品，二审法院则认定为职务作品。二审法院强调："认识把握是否代表法人意志创作这一关键所在同时也是实践中最具争议的构成要件时，应限定于创作者个人自由思维的空间不大，不能充分发挥主观能动性，创作思想及表达方式完全或主要代表、体现法人的意志的情形。如创作时仅仅遵循法人总体的思路或是确定的'调子'的，则不能认为作品体现了法人的意志。还需强调的是，将法人视为作者，确认作品的著作权完全归法人所有，系基于某些政策目标或更好地保护法人合法权益的考量，从这个角度而言，在不违背政策目标并能够充分有效保护法人合法权益的情况下，赋予法人以全部的著作权并非必须。"最终，二审法院基于作品创作特定历史背景、现行《著作权法》的立法本意，认为"两幅《武夷之春》美术作品并非完全或者主要体现了法人的意志，并且不需要以法人的名义使用作品，不应认定为法人作品"。②

（闻馨 撰写）

---

① 重庆市高级人民法院（2008）渝高法民终字第191号民事判决书。
② 福建省厦门市中级人民法院（2018）闽02民终1515号民事判决书。

第十二条：著作权的权利存在推定

（法条对比）

2010年著作权法	2020年著作权法
	第十二条　在作品上署名的自然人、法人或者非法人组织为作者，且该作品上存在相应权利，但有相反证明的除外。 作者等著作权人可以向国家著作权主管部门认定的登记机构办理作品登记。 与著作权有关的权利参照适用前两款规定。

【条文主旨】

本条规定了著作权的权利存在推定。

【修改理由】

2010年《著作权法》第十一条第四款规定，"如无相反证明，在作品上署名的公民、法人或者其他组织为作者"。2020年《著作权法》修正，将该款移至第十二条第一款，新增了"权利存在推定"，即"该作品上存在相应权利，但有相反证明的除外"。同时，在第十二条增加第二款和第三款："作者等著作权人可以向国家著作权主管部门认定的登记机构办理作品登记。与著作权有关的权利参照适用前两款规定。"

2020年1月15日中美签署《中华人民共和国政府和美利坚合众国政府经济贸易协议》（以下简称《中美经济贸易协议》）。[1] 该协议第1.29条规定：

---

[1] 《中美第一阶段经贸协议文本发布》，载中华新闻网2020年1月16日，https://news.china.com/zw/news/13000776/20200116/37713855.html。

"在涉及著作权或相关权的民事、行政和刑事程序中，双方应：（一）规定如下的法律推定：如果没有相反的证据，以通常方式署名显示作品的作者、出版者、表演的表演者或录音制品的表演者、制作人，就是该作品、表演或录音制品的著作权人或相关权利人，而且著作权或相关权利存在于上述作品、表演、录音制品中；（二）在符合第一项推定且被诉侵权人没有提交反驳证据的情况下，免除出于确立著作权或相关权的所有权、许可或侵权的目的，提交著作权或相关权的转让协议或其他文书的要求；（三）规定被诉侵权人承担提供证据的责任或举证责任（在各自法律体系下使用适当的用词），证明其对受著作权或相关权保护的作品的使用是经过授权的，包括被诉侵权人声称已经从权利人获得使用作品的准许的情况，例如许可。"

根据现行《著作权法》第十二条第一款规定，在没有相反证据的情况下，著作权人和邻接权人只要以通常方式署名显示作品的作者、出版者、表演的表演者或录音制品的表演者、制作人，就应当推定他们是著作权人或相关权人。此外，由被诉侵权人承担举证责任证明其使用合法性，减轻了著作权人或相关权人的举证责任。

为履行《中美经济贸易协议》的要求，2020年《著作权法》在权利的归属部分做出了调整，形成了新的第十二条。

【条文释义】

【价值、功能与立法目的】

财产包括了知识财产在内的所有财产形式。[1] 不同于传统民法中有形的物理财产，作品是无形的智力成果。对于有形财产，可以较为明确地以一定方式占有，公众也可以清楚有形物的权利边界。智力成果则通过一定载体表现出来并传播扩散流通，其无形物的本质使得公众难以判断权利的所有者，更难以把握私人权利与公众利益的平衡。因此，只能以某种形式表征这种私人权利，尽量给予公众对权利边界的预期。这种形式最常见的就是署名。

---

[1] Peter Drahos, *A Philosophy of Intellectual Property*, Dartmouth Publishing Company Limited,（1996）, p.1.

各国著作权法一般都规定：在无相反证据时，在作品上署名的人即被认为是作者，即"署名推定规则"，这一推定规则也是著作权归属认定中最为基本的规则。同时，署名不是确认作者身份的唯一方式。因此当存在相反证据证明他人才是作品真正的作者时，署名推定也可以被推翻。是否署名，仅在于是否向社会表明其作者身份，而不能决定或改变作者身份。①

本条确定了著作权保护署名推定规则，新增了著作权的权利存在推定的条款，并明确了著作权人可以向国家著作权主管部门认定的登记机构办理作品登记，有利于公众更方便地了解作品权利归属情况。本条旨在平衡著作权保护和公众利益，明确权利归属，减轻权利人举证责任，也体现了《著作权法》第一条有关保护文学、艺术和科学作品作者的著作权之立法目的。

【规范内涵】

关于第十二条第一款"在作品上署名的自然人、法人或者非法人组织为作者，且该作品上存在相应权利，但有相反证明的除外"。本款实际上包括两部分内容，一部分为"署名推定"规则，另一部分为"权利存在推定"规则。

"署名推定"规则是指在作品上署名的人被当然推定为作者。一般情况下，在作品上署名的自然人、法人或者非法人组织为作者。但这并不意味着署名必然可以推定作者身份。2020年11月16日发布的《最高人民法院关于加强著作权和与著作权有关的权利保护的意见》明确了"对于署名的争议，应当结合作品、表演、录音制品的性质、类型、表现形式以及行业习惯、公众认知习惯等因素，作出综合判断"。只有符合《著作权法》意义上的作者署名，才能被理解为"署名推定"规则的"署名"。

一方面，没有传统意义上的文字署名不代表没有作者署名。如表演者在表演前向观众介绍自己的主持人身份，尽管不是传统的以文字形式的署名，仍可被认为是表明表演者身份的"署名"。②另一方面，署名也不意味着一定可以适用"署名推定"。如在影片片尾写出演员的名字，显然不代表能够推定所有演员为该影片的合作作者。如演绎作品上署名"某某原著，某某改编"

---

① 冯晓青：《试论著作权法中的作者》，载《湘潭大学学报（哲学社会科学版）》1995年第3期。

② 北京市高级人民法院（2004）高民终字第153号民事判决书。

也不意味着原作者成为演绎作品的作者。

如前所述，2020年《著作权法》第十二条规定是对《中美经济贸易协议》的援引，但严格地说，其与《中美经济贸易协议》第1.29条规定仍存在差异。2020年《著作权法》规定的"署名推定"规则中推定的是作者的身份，而非权利人的身份。但无论是司法解释和政策法规，还是我国司法实践[①]，都没有对其做出明显区分。《最高人民法院关于审理著作权民事纠纷案件适用法律若干问题的解释》第七条第二款规定"在作品或者制品上署名的自然人、法人或者其他组织视为著作权、与著作权有关权益的权利人，但有相反证明的除外"。2020年11月16日发布的《最高人民法院关于加强著作权和与著作权有关的权利保护的意见》指出："在作品、表演、录音制品上以通常方式署名的自然人、法人和非法人组织，应当推定为该作品、表演、录音制品的著作权人或者与著作权有关的权利的权利人，但有相反证据足以推翻的除外"。可以发现，我国司法实践中已经将《著作权法》中的作者推定扩大到了"著作权人、与著作权有关权益的权利人"。但其实"作者"和"权利人"是并不等同的。作者可以将著作权中的财产权部分转让、许可给他人，使得"著作权人"可以包括作者，还可以包括其他合法取得著作权的著作权人。

2020年《著作权法》增加了"权利存在推定"规则，在一定程度上缓和了司法解释、政策法规和《著作权法》之间的差异，暗含了署名推定原则也推定了权利人的含义。

最后，对于"相反证明"，意味着著作权纠纷证明的举证责任在于被诉侵权者。通过署名推定的"作者身份"以及"权利存在"是初步证据，可以被相反证据推翻。

关于第十二条第二款"作者等著作权人可以向国家著作权主管部门认定的登记机构办理作品登记"。此款是2020年《著作权法》中新增条款。与2010年《著作权法》相比，确立作品登记制度，可以使得公众及时了解作品权利归属，有助于确定著作权主体、降低诉讼成本。目前我国著作权主管部门认定的登记机构是中国版权登记中心。

[①] 最高人民法院（2014）民提字第57号再审民事判决书。

根据《作品自愿登记试行办法》第二条规定，作品实行自愿登记。本款规定并不旨在强制登记制度，因为著作权自作品完成时就产生，不论是否登记作品，均不会影响作者或其他著作权人依法取得的著作权。但实际上，由于著作权缺乏专利权、商标权中类似的审查程序和公示程序，没有官方的权利证书来证明权利归属，仅通过署名推定判断著作权的归属在实践中存在多种弊端。如在2019年"视觉中国"的"黑洞"照片事件中，"视觉中国"仅通过在照片上添加水印便宣称版权显然不合常理。作品登记制度则可以使公众更方便地获悉著作权的信息。目前，我国著作权登记数量已快速增长。

需要注意的是，正如上文所述，现行《著作权法》第十二条第二款不代表作品登记具有强制性，是否进行作品登记仍然取决于权利人的意愿。此款规定没有剥夺未登记权利人的权利，但其可以明确归属，也可以作为主张权利时的初步证明。当然，当存在相反证据时，仍然可以予以推翻。

关于第十二条第三款"与著作权有关的权利参照适用前两款规定"。我国所指的"与著作权有关的权利"也称为"邻接权"（Neighboring Right），意思是与著作权邻近的权利。邻接权通常指："在日益增多的国家中，为保护表演者或演奏者、录音制品制作者和广播组织在其公开使用作者作品、各类艺术表演或向公众播送时事、信息及在声音或图像有关的活动方面应得的利益而给予的权利"。[①]邻接权是以著作权为基础，在不同的传播技术背景下延伸出的权利产物。因此自《罗马公约》确立邻接权制度的基本框架开始，各国的邻接权规定就围绕着与著作权的协调而展开。

我国《著作权法》中，对于权利的保护特点在于"保护著作权与保护邻接权并举"。[②]在此，2020年《著作权法》明确了邻接权也可参照前述规定。我国邻接权制度保护了表演活动、录音录像、广播信号以及版式设计。根据本款规定，上述客体均可以参照适用前两款规定。

---

① 世界知识产权组织编：《著作权与邻接权法律术语汇编》，刘波林译，北京大学出版社2007年版，第7页。

② 冯晓青：《试论著作权法中的作者》，载《湘潭大学学报（哲学社会科学版）》1995年第3期。

【以案说法】

案例1："署名"构成证明著作权权属的初步证据

原告H公司是G公司在中华人民共和国的授权代表，G公司明确授权H公司在中华人民共和国境内展示、销售和许可他人使用附件a中所列出之品牌相关的所有图像。被告Z公司宣传品中使用的被诉侵权图片，与G公司编号为aa030502的图片一致。宣传品上署名："Z软件"，并署有Z公司的名称、地址、电话、传真和网址等。H公司以侵犯著作权为由向黑龙江省哈尔滨市中级人民法院提起诉讼。在案件审理中，被告为证明H公司不享有著作权，提交证据表明不只H公司一家销售被诉侵权图片，多家销售的被诉侵权图片均注明摄影师另有其人。本案争议焦点在于H公司是否已合法取得被诉侵权摄影作品的著作权，能否对Z公司主张相应权利。

此案经过了一审、二审和再审，判决结果也一再反转，其根本原因正是举证责任的转移导致。再审判决书中认为："本案G公司、H公司网站上登载图片，虽然不同于传统意义上的在公开出版物上发表，但同样是'公之于众'的一种方式。故网站上的'署名'，包括本案中的权利声明和水印，构成证明著作权权属的初步证据，在没有相反证据的情况下，可以作为享有著作权的证明。如果对初步证据要求过高，比如对每一张图片都要求取得摄影师的授权证明，或者每一张图片去做著作权登记的话，对权利人而言无疑是巨大的负担。故本案中，H公司一审时以确认授权书、网站权利声明以及图片上的水印共同主张权利，应认为已经尽到了初步的举证责任，一审法院在没有相反证据的情况下认定其为主张权利的适格主体并无不当"。"本案二审程序中，二审法院采信了Z公司提交的相反证据，在此情形下认为H公司未能进一步举证，从而不能证明其享有相关权利也是正确的"。"H公司在申请再审阶段所提交的补充证据能够回应Z公司二审中所提交的相反证据，进一步补充了权属的证明，能够证明G公司为涉案图片的著作权人、H公司经授权享有在中国大陆的相关权利，并有权提起本案诉讼"。[1]

---

[1] 最高人民法院（2014）民提字第57号民事判决书。

案例2：相反证据使得"署名"不必然确定著作权权属

原告H公司为视觉中国网站所属一家公司，被告南京某医院在其官方微信和微博上使用了5张摄影作品，图片上均有"视觉中国"和"GettyImages"水印，图片下均有版权声明：该网站所有图片等均由该公司或版权所有人授权发布。H公司将医院诉至南京市鼓楼区人民法院，认为被告未经授权使用原告拥有著作财产权的摄影作品，侵害原告作品信息网络传播权，应当承担侵权损害赔偿责任。

一审法院对原告享有案涉图片著作财产权予以确认。二审法院则认为："虽然H公司提交的www.vcg.com视觉中国网站展示的涉案图片有该公司和GettyImages公司水印并附有版权声明，且GettyImages公司官网有涉案图片展示，但结合全案证据，本院认为GettyImages公司为涉案5张图片著作权人的证据不足，对此不予采信。"①

案例3：被控侵权人需要承担证明权利人不享有权利的责任，如证明作品不具有独创性

2014年1月28日、2月6日、3月12日，原告先后向微信用户推送了三篇文章。2014年2月3日、2月6日、3月13日，被告运营的公众号"最潮中山"先后向微信用户推送了类似的三篇文章。经对比，与原告的三篇文章基本一致，因此原告认为被告的上述行为侵害了其著作权，遂于2014年4月17日诉至广东省中山市中级人民法院。被告认为原告的作品并非原创，其对涉案的三篇作品不享有著作权。

二审法院认为，"独创性"的意思是作者独立创作和体现了最低限度的创造性。涉案文章将中山相关高楼的情况进行整合、创作，体现了创作者富有个性的判断和选择，有十分明显的个性化烙印，是个人智力创造的产物，具备一定的独创性，应认定为受《著作权法》保护的作品。被告虽质疑涉案文章并非原告的原创作品，但并未提供相反证据证明，故可以认定原告享有涉案文章的著作权。②

（闻馨 撰写）

---

① 江苏省南京市中级人民法院（2019）苏01民终997号民事判决书。
② 广东省中山市中级人民法院（2014）中中法知民终字第197号民事判决书。

第十三条：演绎作品的著作权

【法条对比】

2010年著作权法	2020年著作权法
第十二条　改编、翻译、注释、整理已有作品而产生的作品，其著作权由改编、翻译、注释、整理人享有，但行使著作权时不得侵犯原作品的著作权。	第十三条　改编、翻译、注释、整理已有作品而产生的作品，其著作权由改编、翻译、注释、整理人享有，但行使著作权时不得侵犯原作品的著作权。

【条文主旨】

本条规定了演绎作品的著作权归属。

【修改理由】

本条虽然内容上无变化，但在修法过程中几经周折。尤其是，2014年《著作权法（修订草案送审稿）》中立法者引进了"演绎作品"这一法律概念，并细化了演绎作品著作权行使的一般规则，明确利用已有作品产生的新作品是演绎作品，并规定其特殊的行使规则，即"以改编、翻译、注释、整理等方式利用已有作品而产生的新作品为演绎作品，其著作权由演绎者享有。使用演绎作品应当取得演绎作品的著作权人和原作品的著作权人许可"。[1]然而，2020年修法时将该演绎作品的定义及使用规则进行了删除，而依旧沿袭2010年《著作权法》规定，内容上没有变化。

---

[1] 2014年《著作权法（修订草案送审稿）》第十六条。

【条文释义】

【价值、功能与立法目的】

在科学文学艺术领域，任何作品都离不开"巨人的肩膀"。作品的本质属性，决定其可以在不同公众之间共享和流通，丰富社会的文化内容和知识总量，充分调动社会公众参与促进文化发展的积极性。当今数字时代，信息沟通和处理技术极大发展，公众对于作品表达形式需求更加多元和丰富，在原作品上发展起来的演绎作品的权利归属、保护、利用、限制等问题应运而生。学界认为，传播技术的深层次变革推动演绎作品的产生、发展和制度创新。《安娜女王法》是著作权法发展历史上的重要里程碑。囿于当时印刷技术的水平，该法只打击对图书的印刷、重印之类的机械复制行为，而对于涉及翻译、改编或者节选的行为，仅仅认为是与原作品无关的新作品而受到保护，其内容中并无演绎作品的内容。在《安娜女王法》一百多年后，随着技术的发展，著作权的不断扩张，表演权、翻译权等的出现，著作权法不再局限于保护作品的复制权，开始向保护作品的演绎权和演绎作品著作权方向发展，以此促进知识的传播和再创造，维护社会公众对于公共利益的需求。1976年《美国著作权法》规定了演绎作品的概念，是现代意义上的演绎作品法律地位显现的重要标志。本条对演绎作品的归属作出规定，旨在鼓励演绎者积极演绎，探索不同作品表达形式，促进演绎作品的传播与流动，尊重演绎者创造性劳动成果，为演绎者创造而成的作品保驾护航。特别是在大力弘扬和学习中华民族传统优秀文化的新时代，鼓励具有丰富传统文化知识的创造者投入到传统文化作品的保护和传播事业，具有十分重要的意义。

【规范内涵】

关于第十三条"**改编、翻译、注释、整理已有作品而产生的作品，其著作权由改编、翻译、注释、整理人享有**"。本条内容中既包含了演绎作品的具体方式，也包括了演绎作品的著作权归属。演绎作品，是鼓励演绎作者在原作品的基础上，以改编、翻译、注释、整理等不同表达形式，付出创造性劳动后而形成具有独创性的表达、反映演绎者区别于原作者的意见、情感、思想等的作品。这种改编、翻译、注释等方式在信息技术和数字技术的推动下形成的作品，极大地满足了不同群体的多元生活需求，如网络热门小说改编而成的电视剧、电影、网络游戏、戏剧等,作品传播速度更快、范围更广,可以在不同场景、环境、时间、地点欣赏到作品。演绎作品与原作品息息相关,离开了原作品,就没有演绎作品,或者就是与原作品无关的新作品。只有在原作品的表达方面创新的作品才是演绎作品,抛开原作品不可能会有演绎作品。演绎作品同样作为"作品",尽管其是在原作品的基础上形成的、高度依赖于原作品,但其表达形式仍然要符合作品独创性的实质要求。对于演绎作品的独创性,学界认为其独创性判断标准要高于一般作品。① 如果对原作品的演绎没有达到独创性的要求,则不能按照著作权法意义上的演绎作品来对待,而只能视为原作品的复制品或者是失败的演绎。演绎的方式具体包括:

1.改编,是指在不改变作品的基本内容前提下,将作品由一种类型改成另外一种类型,创作出具有独创性的新作品。改编是产生演绎作品的主要形式。例如,将文学作品改成电影、电视剧本,将童话改成电影动画片。改编是在原作品的基础之上,包含原作品的主要情节和内容,但同时又有所创新,体现了改编者的创造性成果。改编是作者的权利,作者可以自行使用,也可以通过合同形式许可他人使用并获得报酬。改编人对于改编而形成的新作品享有著作权,但改编作品著作权的行使不得侵犯原著作权人的权利。需要注意的是,改编作品时应尊重原作品的主要内容,不得歪曲、篡改原作品。

2.翻译,是指将作品内容由一种语言文字转换成另一种语言文字的创作行为,既包括口头翻译,也包括文字翻译。翻译作品的创作目的决定了其必须忠实于原作品,将原作品的信息完整而准确地表达出来。翻译者必须如实且确切地反映该作品,不应因为翻译者主观思想而改变原作者其创作之内容含义与写作风格,即使翻译者的文字艺术水平会直接影响读者之阅读质量,但转换语言的复制才是翻译作品存在的目的,也就是贯彻"信、雅、达"原则以信实、雅致、通达为主要要求。因此,不同译者对同一作品所创作的翻译作品在传达原作品信息时,受原作品文义限制,必然存在相同或相似之处,该部分系原作品而非翻译作品的独创性所在。作为翻译者对原文的二次创作,翻译作品的独创性体现在因译者学识水平、思想倾向、文学主张、文字功底

---

① 张艳冰:《演绎作品著作权及其归属制度完善研究——以〈著作权法〉(修订稿)为视角》,载《邵阳学院学报》2014年第4期。

和写作特点等差异，而导致译者面对同样的原文时，在遣词造句方面个性化选择与判断不同，即翻译者在翻译时付出了创造性的智力劳动成果，应当由翻译者享有翻译作品的著作权。

3.注释，是指对原作品进行注解、释义和阐明。注释作品是对已有作品进行注释而产生的，被注释的对象一般是晦涩难懂的古代文学艺术作品等，如不易理解的古文、诗词，需要将其文字、内容、标点等加以注释，将其含义以通俗的语言准确地表达出来。因不同注释者之间知识积累、资料占有和主观认识程度、文化程度、水平高低等存在较大差异，注释作品必然表现出不同的语言文字风格、通俗易读程度等。注释作品虽然表达的是已有作品的原意，但其注释者在注释的过程中形成的独创性表达与原作品区别开来，构成了注释作品，该作品著作权应当归属注释作者。

4.整理，是指对一些散乱的作品或者材料进行删节、组合、编排，经过加工、梳理使其具有可读性。例如，将散落的古籍予以编排整理，使其成为可阅读的作品。整理已有作品，使公众易于阅读，这一整理过程并非只是简单地按照时间顺序或者原版顺序进行编排，而是体现了整理者的创造性选择与安排，凝聚了整理者的智力成果，应享有著作权。

关于演绎作品的著作权归属，现行《著作权法》第十三条规定由演绎作者享有，这与《伯尔尼公约》的规定一致。《伯尔尼公约》规定，"翻译、改编、乐曲改编以及对文学或艺术作品的其他变动应得到与原作同等的保护，但不得损害原作的版权"。[①]演绎作品在原作品的基础上演绎形成，但表达方式不同，且具有独创性，演绎者在演绎过程中付出"创造性"智力劳动成果，凝结了演绎者的心血和付出，因此演绎作品的归属应当由演绎者享有，如改编者享有改编作品著作权、翻译者享有翻译作品著作权。原作者则对演绎作品无任何智力成果贡献，不享有演绎作品著作权。当然，原作者对自己的作品进行演绎的情况例外。因演绎作品包含了演绎者独创性的部分，也包含了原作品的表达成分，故演绎作品上存在原作者与演绎者的"双重权利"：演绎作品作者固然对演绎作品享有著作权，但行使著作权时不得侵犯原作品的著作权，受到原作品著作权的限制。

---

① WIPO IP PORTAL，https://wipolex.wipo.int/zh/text/283701，2021年9月30日访问。

【以案说法】

案例1：古籍点校成果具有独创性，构成著作权法意义上的作品[①]

20世纪50年代，A书局组织专家对"二十四史"进行点校，改正错字、填补遗字、修改注释、加注标点、划分段落，并撰写内容翔实的校勘记，直到1978年整理工作全部完成，"二十四史"由A书局陆续出版完成。其中，"二十四史"之一的《史记》由A书局于1959年9月出版第一版，1982年11月出版第二版。第二版点校本《史记》，对第一版内容进行了补充和更正。2008年2月，B书局初次印刷出版了《新译史记》（一至八册）。2011年1月，B书局对该书进行了修订，初版二刷。《新译史记》（一至八册）内容包括《史记》原文以及译文，经比对，《新译史记》（一至八册）中使用的《史记》原文部分与A书局点校本的内容虽略有差异，但表达上基本相同。2011年10月，B书局曾以A书局出版的全译全注本《史记》侵犯其《新译史记》（一至八册）著作权为由起诉至北京市第一中级人民法院，在该诉讼的（2011）一中民初字第15389号民事判决书中认定的事实表明：B书局以及A书局共同确认《新译史记》（一至八册）的古籍原文部分与A书局点校本原文一致。B书局在网站上销售《新译史记》（一至八册）。A书局向一审法院提起诉讼称，A书局的点校版"二十四史"是在古籍作品的基础上经过创造性劳动产生，代表A书局意志并由A书局承担责任，属于A书局享有著作权的演绎作品。《新译史记》（一至八册）未经许可擅自使用了A书局点校本《史记》的内容，侵犯了A书局对点校本《史记》享有的著作权。

法院认为，不同类型作品的独创性体现在不同方面，作品中反映的作者独立构思及创作、作品本身具有的作者个性，或者体现作者对已有作品进行的有个性的取舍、选择、安排、设计、整理、注释，均构成作品的独创性。就古籍点校整理而言，其独创性包括选择最佳底本、改正错字、校补遗缺、加标点分段落、撰写校勘记等。对同一古籍作品的点校整理，如果在上述方面存在一定的差异，即可因不同的独创性而形成不同的作品。本案中，A书局1959年第一版点校本《史记》和1982年第二版点校本《史记》在分段、标

[①] 北京市高级人民法院（2015）高民（知）终字第3456号民事判决书。

点符号及文字等方面存在近700处不同,由此使得二者在取舍、选择、整理等方面形成不同的独创性,故二者构成不同的作品。

案例2:对内容完整的古籍加标点不产生演绎作品[①]

甲认为其对《艺术典》中"相术"部分进行标点(仅仅为标点)的行为是演绎行为,其标点后所产生的《相术》一书是《艺术典》中"相术"部分的演绎作品。某出版社出版、发行的《典藏珍本》(其中包括《相术篇》)抄袭了其《相术》一书的标点,侵犯了其对《相术》一书享有的著作权,要求被告停止侵权、赔礼道歉、赔偿经济损失和精神损失及合理费用等。

法院裁判认为:甲以其对内容完整的《艺术典》中"相术"部分进行了标点,从而认为其《相术》一书已经成为区别于原作品的演绎作品的主张无法律依据,不予支持。主要理由是,对内容完整的古籍断句和标点,是在遵循古籍原意的前提下,为方便现代人阅读而在古籍中本应该停顿的地方用现代汉语中的标点加以标识,故在古籍中加入标点并未改变原作品的表达,也未产生新的表达,这种标点行为并不是著作权法中规定的汇编、改编、翻译、注释、整理等任何一种演绎行为,也不产生区别于原作品的新的演绎作品。另外,著作权法所保护的是有独创性的表达方式,但如果对某一内容的表达方式只有一种或者有限的几种,则这种表达方式不受著作权法的保护。鉴于对古籍断句是在遵循古籍原意的前提下在本应该停顿的地方进行标点,故具有一定古文知识水平的人分别对古籍进行标点,所产生的表现形式是极其有限的,因此对内容完整的古籍进行断句和标点并不产生受著作权法保护的表达方式。尽管甲无权以其标点行为为依据主张《相术》一书的著作权,但甲对该书进行标点也投入了大量的智力劳动,该种劳动成果应当作为一种民事权益受法律保护。他人对甲的劳动成果应予尊重,在使用该劳动成果前应当征得许可,并以适当的方式表明劳动者的身份。

案例3:仅对作品进行非独创性的编排、记录、删节、组合不是著作权法意义上的整理,不能成为作品著作权人[②]

剧本《梅花烙》于1992年10月创作完成,未以纸质方式公开发表,依据

---

① 选自《人民司法案例》2014年第22期。
② 北京市高级人民法院(2015)高民(知)终字第1039号民事判决书。

该剧本拍摄的电视剧《梅花烙》内容与该剧本高度一致，于1993年10月13日起在我国台湾地区首次电视播出，并于1994年4月13日起在中国大陆首次电视播出。电视剧《梅花烙》的片头字幕显示署名编剧为林久愉。电视剧《梅花烙》字幕虽有"编剧林久愉"的署名安排，但林久愉本人出具《声明书》已表明其不享有剧本《梅花烙》著作权的事实且其根据陈某口述整理剧本《梅花烙》没有融入独创智慧，故认定剧本《梅花烙》的作者及著作权人均为陈某。小说《梅花烙》虽然在故事上与剧本《梅花烙》存在高度关联性、相似性，但却有不同于剧本《梅花烙》而存在的独创性，故小说《梅花烙》应为剧本《梅花烙》的改编作品，依法享有著作权。鉴于小说《梅花烙》署名为陈某，故认定小说《梅花烙》作者及著作权人均为陈某。涉案作品具有独创性，应受到《著作权法》保护。

（江刘容 撰写）

第十四条：合作作品的著作权

2010年著作权法	2020年著作权法
第十三条　两人以上合作创作的作品，著作权由合作作者共同享有。没有参加创作的人，不能成为合作作者。 合作作品可以分割使用的，作者对各自创作的部分可以单独享有著作权，但行使著作权时不得侵犯合作作品整体的著作权。	第十四条　两人以上合作创作的作品，著作权由合作作者共同享有。没有参加创作的人，不能成为合作作者。 **合作作品的著作权由合作作者通过协商一致行使；不能协商一致，又无正当理由的，任何一方不得阻止他方行使除转让、许可他人专有使用、出质以外的其他权利，但是所得收益应当合理分配给所有合作作者。** 合作作品可以分割使用的，作者对各自创作的部分可以单独享有著作权，但行使著作权时不得侵犯合作作品整体的著作权。

【条文主旨】

本条规定了合作作品的著作权归属与行使。

【修改理由】

我国1990年《著作权法》第十三条第一款规定"两人以上合作创作的作品，著作权由合作作者共同享有。没有参加创作的人，不能成为合作作者"；第二款规定"合作作品可以分割使用的，作者对各自创作的部分可以单独享有著作权，但行使著作权时不得侵犯合作作品整体的著作权"。2001年《著作权法》和2010年《著作权法》修改均沿袭了这一规定。2020年《著作权法》

修改，将该条规定的序号调整为第十四条，并增加一款为第二款，即"合作作品的著作权由合作作者通过协商一致行使；不能协商一致，又无正当理由的，任何一方不得阻止他方行使除转让、许可他人专有使用、出质以外的其他权利，但是所得收益应当合理分配给所有合作作者"；同时，将2010年《著作权法》第十三条第二款的内容列为2020年《著作权法》第十四条第三款。

　　以作品是否可以分割使用为标准，合作作品分为可分割使用的合作作品与不可分割使用的合作作品。2010年《著作权法》对合作作品著作权归属与行使的相关规定中，对可以分割使用的合作作品的著作权行使规则作出明确规定，但未对不可分割使用的合作作品的著作权行使规则作出明确规定。一般认为，这类合作作品的著作权需通过协商一致行使。这就带来一个问题：如果协商难以达成一致，则作品的利用将受阻；即便协商能够达成一致，需要付出的谈判成本也是一大问题；无论哪种情况，都可能对此类合作作品的利用产生潜在影响。为了解决这一问题，我国《著作权法实施条例》第九条规定，"合作作品不可以分割使用的，其著作权由各合作作者共同享有，通过协商一致行使；不能协商一致，又无正当理由的，任何一方不得阻止他方行使除转让以外的其他权利，但是所得收益应当合理分配给所有合作作者"。本次修改将《著作权法实施条例》第九条的相关内容吸纳到《著作权法》第十四条第二款中，以解决合作作品的利用障碍问题。

【条文释义】

【价值、功能与立法目的】

　　作品得以创造、传播与利用对于公共文化的丰富与发展具有重要意义，因此，各国著作权法均以促进作品的公开与利用作为一项重要的立法政策。从经济学角度看，明晰的产权规则、可控的交易成本，可以在相当程度上促进作品的公开与利用。

　　本条是关于合作作品的著作权归属与行使的规定，一是发挥了明晰合作作品的著作权归属的作用，二是将合作作品区分为可分割使用的合作作品与不可分割使用的合作作品，并根据各自的特点分别设计使用规则，使得不同类型的合作作品在传播与利用中的交易成本可控、可预期。此外，当合作作者无法对合作作品的使用达成一致意见时，本条规定吸纳了民法上"处分共有财产时，才需要协商一致，使用共有财产时，不需要共同共有人协商一致"的精神，在各合作作者对合作作品的使用协商不一致的情况下，也可以使用作品，既符合使作品尽可能地被公开与利用的立法政策，也避免了绝对禁止作品使用造成其他合作作者的利益受到损害。现行《著作权法》的这一修改，在当前产业发展背景下有着多重现实意义。一是这一修改契合了产业发展的趋势。无论是在科学领域还是文化领域，很多高难度、高质量的作品需要多人合作完成，合作作品著作权行使问题越发凸显。二是这一修改很好地解决了合作作品授权难的问题，促进了作品著作权交易。

【规范内涵】

关于第十四条第一款"两人以上合作创作的作品，著作权由合作作者共同享有。没有参加创作的人，不能成为合作作者"。该款规定了合作作品的定义、合作作品的著作权归属、合作作者的认定。关于合作作品的定义与著作权归属，应把握以下要点。第一，在合作作品的情况下，只存在一部作品。"一部作品"通常是指交易观念下的一部作品。例如，多名学者共同编写了《知识产权法学》教材，每个学者各编写几章，尽管每个学者可以将这几章区分开来，但在交易活动中这些可以区分出来的章节并不具有独立交易的意义，而整本教材才具有交易的意义，因此整本教材属于一部作品。合作作品只存在一部作品，这是合作作品与汇编作品的重要区别所在：在合作作品的情况下，合作作者共同享有一部作品的著作权；在汇编作品的情况下，汇编者通过自己的独创性编排方式创作了汇编作品并就汇编作品整体享有著作权，而汇编作品中收录的各个作品独立著作权则归属于各个作者，汇编者与汇编作品中收录的各个作品的作者之间，并不共同享有汇编作品的著作权。

第二，在作品本身达到著作权法所要求的作品标准的前提下，合作作品的认定一般考虑以下两个因素：一是合作作者之间主观上具有共同创作的愿望；二是合作作者之间客观上有共同创作的行为。这是合作作品与改编作品等演绎作品相区别的关键之处。例如，某位大师去世时，尚有一部其未创作完成的小说。大师去世以后，其弟子续写了大师的这部小说。由于大师与弟子之间，主观上没有共同创作的意图，客观上也没有共同创作的行为，因此这部小说并不构成合作作品，弟子的续写属于对大师生前所创作的作品的演绎。

关于合作作者的认定，需要注意的是，只有那些在作品中表达了自己的独创性贡献的人，才可以成为作者，进而才可能成为合作作者。仅仅提供了某些思想、建议、素材，或者仅仅为创作活动提供物质条件或其他辅助劳动的，并不构成合作作者。换言之，如果仅仅对他人的创作行为起到了推动作用或仅仅提供了某种帮助、辅助的，并不构成合作作者。例如，在委托创作的情况下，委托人在委托作者进行创作时，向作者表达了自己的愿望、要求，甚至或多或少的说明，但是委托人的愿望、要求、说明仅存在于思想层面，而并不构成作品的直接表达，因此委托人并非该作品的合作作者。再如，某位专家在其某篇学术论文的写作过程中，指示其科研助手协助收集资料，科研助手按指示收集了相关资料，就收集的资料做了索引表，从资料中提炼出关键内容，但科研助手的行为只是协助科研论文的写作，而并非科研论文的直接表达，科研助手因此并不构成该论文的合作作者（但科研助手的贡献按学术规范惯例，可在论文的致谢部分予以说明）。

关于第十四条第二款与第三款，该两个条款对合作作品的著作权行使出了规定。其中，第十四条第二款原为我国《著作权法实施条例》第九条的相关内容，本次《著作权法》修改中，将其上升为法律，新增为《著作权法》第十四条第二款。如前所述，合作作品是一个作品，由于合作作者之间的共同创作行为仅产生了一个作品，仅仅存在一个著作权，因此著作权应当由各个合作作者共同享有。在著作权共有权利的行使方面，一般认为，可以分割使用的合作作品，准用民法上的"按份共有"，不可分割使用的合作作品，准用民法上的"共同共有"[1]。

根据民法的意思自治原则，合作作品著作权的行使，可以由合作作者进行约定；没有约定或约定不明的，适用《著作权法》第十四条第二款、第三款的规定。其中，对于不可分割使用的合作作品，适用第十四条第二款，即著作权由合作作者通过协商一致行使；不能协商一致，又无正当理由的，任何一方不得阻止他方行使除转让、许可他人专有使用、出质以外的其他权利，但是所得收益应当合理分配给所有合作作者。对于可分割使用的合作作品，

---

[1] 马克思主义理论研究和建设工程重点教材《知识产权法学》编写组：《知识产权法学》，高等教育出版社2019年版，第50—51页。

适用第十四条第三款，作者对各自创作的部分可以单独享有著作权，但行使著作权时不得侵犯合作作品整体的著作权。

【以案说法】

案例1：合作作品须有共同创作的合意与共同创作的行为

1977年，刘某创作了以南澎岛战役为背景的电影文学剧本《双芹岛》，直至2000年刘某去世，该剧本一直未发表。刘某生前曾将作品《双芹岛》的原稿送给与其有共同文学爱好的朋友林某欣赏。2004年，林某通过南澳县文学艺术界联合会（以下简称南澳文联）印发名为《浪冲岛收复战》的林某个人文集，文集中将刘某撰写的《双芹岛》电影剧本的个别内容进行修改，并将《双芹岛》更名为《浪冲岛收复战》后收录入文集。在这一剧本的末尾标注"与刘某同志合作"。刘某的遗孀谢某据此以林某、南澳文联侵犯刘某的著作权为由诉至法院。被告林某则主张涉案作品是其与刘某的合作作品，不构成侵权。

经查，涉案《浪冲岛收复战》是林某在刘某《双芹岛》手稿的基础上修改、更名而形成的，因此案件争议的焦点在于涉案作品是否构成刘某与林某的合作作品。法院认为，构成合作作品，主观上须有共同创作的合意，客观上须有共同创作的行为；创作合意是认定共同创作行为的基础，也是认定合作作品的基础。本案中，原告提供的刘某《双芹岛》手稿上只有刘某的手迹，被告林某既未能证明其与刘某主观上有共同创作的合意，又未能证明其与刘某客观上有共同创作的行为，应认定《双芹岛》为刘某个人独立创作的。[1]

案例2：仅仅为创作提供咨询意见并不构成共同创作

共青团重庆市委等单位集资修建《歌乐山烈士群雕》，并聘请叶某为《歌乐山烈士群雕》的创作设计人。歌乐山烈士陵园管理处指派刘某负责联络工作。在雕塑作品的创作过程中，刘某通过口头或实际刻画提出过一些建议，叶某如认为符合自己创作意图和表现手法，则会予以采纳。《歌乐山烈士群雕》正式落成后，被重庆市选送参加全国首届城市雕塑设计方案展览会，并获得展览会组委会颁发的纪念铜牌。刘某认为，《歌乐山烈士群雕》是其与叶某共同

---

[1] 汕头市中级人民法院（2004）汕中法知初字第9号民事判决书。

创作的，其应当与叶某共同享有参加全国首届城市雕塑设计方案展览会所获的纪念铜牌。据此，刘某以叶某侵犯其著作权为由，向法院提起诉讼。叶某则认为，《歌乐山烈士群雕》是其个人创作，不存在侵权。

法院经审理认为，《歌乐山烈士群雕》的放大稿是在叶某亲自参与和指导下完成的，刘某虽然参与了放大制作的工作，提出过简易制作建议，但最终是否采纳取决于作者叶某。刘某的意见与建议，也未对群雕的主题思想、整体结构、基本形态、表现手法等方面产生实质性影响或变化，不能认定其为烈士群雕的共同创作人。①

案例3：可以分割使用的合作作品，作者对各自创作的部分承担责任

中某公司高级研究员安某等，于1999年至2001年间，在中某公司内部刊物《动态》上发表了《美国金融控股公司立法的现代化》《金融控股公司——金融多元化经营的高级形式》《日本金融改革与金融控股公司的发展趋势》《英德两国金融集团的比较》《德意志银行集团的全球化战略》《多元化金融服务发展的动因与现实选择》等论文，被中某公司发布在其公司网站上。这些论文为职务作品，由中某公司享有著作权，安某等人享有署名权。2002年，某出版社出版了由熊某、王某、陈某、田某所著的《实践》一书。该书第一章由王某、田某合写，第二章由王某撰写，第三章由熊某、陈某合写，第四章由熊某撰写，第五章由陈某撰写，附录由田某撰写。经对比，该书第二章有大量内容与中某公司在《动态》刊物上发表的上述论文的文字基本一致，中某公司遂将《实践》一书的作者王某、熊某、陈某与该书的出版方某出版社一并诉至法院，并以合作作品不可分割为由，要求熊某、陈某也承担侵权责任。

法院经审理认为，根据我国《著作权法》的规定，合作作品可以分割使用的，作者对各自创作的作品可以单独享有著作权。涉案作品《实践》一书，四名作者之间有明确的写作分工，涉嫌侵权部分的内容并非熊某、陈某撰写，中某公司以合作作品不可分割为由，要求熊某、陈某也承担侵权责任的理由不成立。②

---

① 四川省高级人民法院（1990）川法民上字第7号民事判决书。
② 北京市第一中级人民法院（2003）一中民终字第1864号民事判决书。

案例4：出版共有作品是否需要所有共有人协商一致

已故画家吴湖帆留世有大量书画文字作品。吴湖帆生育有二子二女，分别是吴某1、吴某2、吴某3、吴某4。吴湖帆过世时，未留有遗嘱，其所留画作等资产均未析产。吴某3之子吴某5代吴某3与某出版社签订出版协议，出版了《吴湖帆书画集》，该画集中收录了吴湖帆创作的115幅书画作品、161项款识及部分书论。吴湖帆之子吴某2认为出版社未经吴湖帆合法继承人及著作权人的授权，非法出版吴湖帆先生美术作品和文字作品，构成侵权，遂诉至法院。该案的焦点问题之一是，本案是否适用我国《著作权法实施条例》第九条的规定，即"合作作品不可以分割使用的，其著作权由各合作作者共同享有，通过协商一致行使；不能协商一致，又无正当理由的，任何一方不得阻止他方行使除转让以外的其他权利，但是所得收益应当合理分配给所有合作作者"。法院认为，本案中吴某5代吴某3在与出版社签订出版合同之前，应当与其他继承人进行协商，在不能协商一致，又无正当理由的情况下，才可以行使除转让以外的其他权利。但吴某5或吴某3并未与其他继承人进行协商，因此出版社不能依据上述法律规定主张其不构成侵权。最终，法院认为吴湖帆作品的著作财产权由其继承人共有，吴某3作为共有人之一，在未与其他共有人协商的情况下，以吴湖帆家属代表的身份与出版社签订出版合同属主体不适格，出版社在签署出版合同时也未尽到合理的审查义务，主观上存在过错，涉案《吴湖帆书画集》的出版合同无效。[①]

（罗娇 撰写）

---

① 江苏省高级人民法院（2009）苏民三终字第0101号民事判决书。

第十五条：汇编作品的著作权

2010年著作权法	2020年著作权法
第十四条 汇编若干作品、作品的片段或者不构成作品的数据或者其他材料，对其内容的选择或者编排体现独创性的作品，为汇编作品，其著作权由汇编人享有，但行使著作权时，不得侵犯原作品的著作权。	第十五条 汇编若干作品，作品的片段或者不构成作品的数据或者其他材料，对其内容的选择或者编排体现独创性的作品，为汇编作品，其著作权由汇编人享有，但行使著作权时，不得侵犯原作品的著作权。

【条文主旨】

本条是有关汇编作品著作权归属的规定。

【修改理由】

本条款仅序号变化，内容无修改。

【条文释义】

【价值、功能与立法目的】

洛克的劳动理论认为，个人对其身体拥有权利，因而个人对其自身劳动与双手从事的工作所产生的劳动成果拥有财产权利。然而，个人通过选择或者编排而形成的劳动成果并不都受《著作权法》的保护。这是因为，《著作权法》需要在保护劳动成果与维护公共利益之间作出平衡，独创性是实现这一平衡的手段，也即只有个人通过独创性的选择或者编排形成的劳动成果才能受到《著作权法》的保护，以防那些处于公共领域可为公众自由接触的材料不当地为私人攫取。出于保护汇编作者独创性劳动成果与维护公共利益的需要，在此作出有关汇编作品的规定，以促进汇编作品的产生与运用。

【规范内涵】

汇编作品是指将若干作品、作品的片段或者不构成作品的数据或者其他材料进行选择或者编排而产生的新作品。汇编作品可以分为两类，一类汇编作品是指被汇编的素材属于受著作权法保护的作品或者作品片段，如中国政法大学主办的《研究生法学》，其中每篇法学文章都属于受著作权法保护的作品，另一类汇编作品是指汇编不受著作权法保护的素材。

汇编作品的独创性是其享有著作权法保护的基础。汇编作品的独创性并不体现于其汇编素材所具有的独创性上，而在于对于被汇编素材进行选择与编排所体现的独创性，也即汇编作者对于被汇编素材的选择与编排付出了创造性劳动。如果汇编作者未对被汇编素材的选择与编排付出创造性劳动，比如只是按照英文字母顺序汇编与排列相关用户的电话号码、按照时间顺序汇编与排列莫言的作品，由于字母顺序、时间顺序等属于公众普遍知悉并且经常使用的方法，并未体现汇编作者的创造性劳动。进言之，如果依照字母顺序、时间顺序产生的汇编成果能够称为受著作权法保护的汇编作品，实际也就剥夺了社会公众依照字母顺序、时间顺序等惯常手段编排相同素材的自由。

汇编作品的著作权由汇编作者享有。汇编作品著作权人对于汇编作品著作权的行使需要区分两种情况：其一是被汇编的素材属于受著作权法保护的作品或者作品片段，此时汇编作品的著作权人行使汇编作品的著作权需要征求被汇编作品的著作权人的许可，支付相应的报酬，并且不得侵犯被汇编作品著作权人的人身权利；其二是被汇编的素材属于公共领域的素材，如已经经过著作权保护期限的作品、不受著作权法保护的客体等，汇编作品著作权人行使汇编作品的著作权无须获得许可，也不必支付报酬，但是被汇编素材属于经过著作权保护期限的作品之类的，汇编作品著作权人行使著作权仍然应当尊重被汇编素材相关主体的人身权利。

汇编作品著作权人之外的主体对于汇编作品的使用同样需要区分两种情况：其一，如果被汇编素材与汇编作品一样都属于受著作权法保护的作品，那么他人对于汇编作品的使用不仅需要获得汇编作品著作权人的许可并且支付报酬，还需要获得被汇编作品著作权人的许可并且支付报酬，同时需要尊重被汇编作品著作权人与汇编作品著作权人的人身权利；其二，如果被汇编素材属于公共领域的素材，那么他人只需要获得汇编作品著作权人的许可，并且支付相应报酬，而且不得侵犯汇编作品著作权人的人身权利。当然，如果涉及被汇编素材相关主体人身权利的，他人对于汇编作品的使用同样应当予以尊重。

【以案说法】

案例1：网站整体可以作为汇编作品进行保护[①]

甲公司（原告）诉称，其成立于2015年，历经12年的发展已经成为具有较高专业化、规模化、品牌化和产业化的装饰企业。同为装饰企业的乙公司（被告）经营的网站从色彩、文字、图片、编排体例等方面抄袭了甲公司网站的主要内容。两公司的网页对比如下。首先，被告网站首页的页面布局，其公司LOGO显示位置和联系电话与原告基本一致，网页中部亦在相同位置使用与原告相同的图片与宣传文字，其排列方式与原告内容完全相同。主页部分的主题设置，其基本模块及下拉菜单内容与原告网站基本一致，仅将"品牌动态"变更为"最新活动"，主页背景图使用位置及文字描述与原告构成相同。其次，通过点击各主题进行浏览，被告网页呈现内容的方式及相应内容的编排位置均与原告网站相应板块构成相同或近似，部分网页内容包括文字、图片使用方式及排列位置、次序与原告完全一致。最后，被告在资质荣誉部分使用的"2013年中国家居网络总评网年度人物""365家居宝十佳网络客服""2009长三角风尚设计装饰企业"等荣誉照片与原告亦完全相同。原告认为被告的行为侵犯了其所享有的著作权。被告认为，原告网站的独创性不高，不构成著作权法意义上的作品。

法院经审理认为，网站通过撰写源代码将文字、图片、声音等组合成多媒体并通过计算机输出设备进行展示，当网站版面的素材选取、表现形式及内容编排等达到一定独创性要求时，网站整体可作为汇编作品进行保护。网站设计者通过创作构思将多种元素信息进行整合与排列，以营造丰富的视觉体验。网站版面设计过程本身亦是一种劳动创造，其特异性体现在对多媒体

---

① 南京铁路运输法院（2017）苏8602民初564号民事判决书。

信息的选择与编排上。精心挑选的内容、素材经过编排整合形成的网站版面表现形式符合汇编作品的概念与特征。被告公司网站与原告网站高度近似的部分属于原告独创性的对内容的选择、整理与编排部分，故被告网站侵犯了原告著作权。

案例2：汇编作品获得著作权法保护的前提在于汇编作者对于汇编材料的选择和编排付出了创造性劳动[1]

《西杨家族史》是镇原县西杨家族的第一部家族史书，主要收录了西杨家族人口分布及世系表、人物名录、家族轶事、家族文存、家族俗规、族人作品摘撷等内容，共30余万字。书中资料均由其族人和编委会成员采集提供，再由杨某1（原告）批阅增删并酌定体例编撰，于2007年10月出版发行。后经增添、修订，于2010年12月经庆阳市文化局批准，再版发行了《西杨家族史（修订本）》。在该书修订期间，杨某2（被告）受族人杨某3等人委托成立新的族谱编委会，于2009年9月未经杨某1同意，从西峰博文彩印厂获得《西杨家族史》的电子版，并在此基础上进行加工整理，于2012年12月未经审批出版了《西杨族谱》一书。此间，杨某1曾多次与杨某2等人沟通，但未能阻止该书出版。原告以被告侵犯其著作权为由诉至法院。经比对，两部作品的编排体例基本相同，《西杨族谱》在《西杨家族史（修订本）》内容的基础上对各卷内容进行了增添，约80万字。法院经审理认为，《西杨家族史》属于我国《著作权法》第十四条（现行《著作权法》第十五条）规定的汇编作品。汇编作品受著作权法保护的根本原因不在于汇编材料本身是否受著作权法保护，而是汇编人对汇编材料内容的选择或编排付出了创造性劳动。本案诉争的《西杨家族史》一书，从体例和内容看，并非对相关资料的简单堆积或机械记录，而是融入了编著者自己的创造性劳动，是其智力劳动成果的结晶，系我国《著作权法》保护的作品。法院判令被告停止侵权、赔礼道歉以及赔偿相应的精神损失。

案例3：合成图片并不构成汇编作品[2]

H公司（原告）是《孕童亲子-1》至《孕童亲子-146》共计146幅作品（含

---

[1] 甘肃省庆阳市中级人民法院（2013）庆中民初字第17号民事判决书。
[2] 广东省深圳市中级人民法院（2020）粤03民终10642-10657号民事判决书。

涉案十六张图片）的著作权人，作者为关某。刘某（被告）在其淘宝网"有居效果图"的店铺中使用了涉案十六张图片。这些图片均由前景部分和背景部分组成，其中前景部分为作者关某对模特、道具进行拍摄形成的具有独创性的摄影作品，背景部分为作者关某从网上选取的与前景作品相互匹配的图片。这些图片由作者关某采取将前景摄影作品复制、放大、缩小等方式，结合背景素材通过图像处理软件进行合成、调色制作而成。原告认为被告未经许可，使用了与其作品相同的被诉侵权图片，侵害了其著作权，诉请法院判令被告停止侵权并赔偿损失。被告认为原告图片系合成图片，创作难度低。

该案的争议焦点在于原告的合成图片构成何种类型作品。法院经审理认为，判断涉案合成图片是否形成新的作品以及形成何种作品，应根据该合成作品的创作方式、创作结果、是否具有独创性等因素进行审查判断。本案中，涉案图片为作者采取将前景摄影作品复制、放大、缩小等方式，结合背景素材通过图像处理软件进行合成、调色制作，该创作方式并未在已有作品上形成以线条、色彩或者其他方式构成的有审美意义的新的美术作品，不属于美术作品。虽然作者对已有作品作了细微更改，但是更改内容与原作品不存在可以被客观识别的显著差异，未对原表达加以发展形成新表达，亦不属于演绎作品。虽然作者根据前景摄影作品的主题选择了相匹配的背景素材，但是前景与背景的内容前后结合，编排方式唯一，没有体现作者的独特选择或特殊编排，不满足独创性的要求。同时，虽然作者在部分图片中添加了中国古诗词等文字，但选择和编排空间有限，独创性低。因此，该合成图片亦不符合"对其内容的选择或者编排体现独创性的作品"的要件，不构成汇编作品。综上，H公司的合成图片未形成新的作品，其有权主张权利的作品为前景部分的摄影作品。

案例4：数据库可以作为汇编作品受到著作权法的保护[①]

H信息有限公司（原告）是《中国大法规数据库管理查询系统V1.0》（以下简称《数据库》）软件的著作权人。某商务咨询有限公司（被告一）主办、某律师事务所（被告二）协办的"专家论案"网站"法规检索"复制并且公开传播了原告享有著作权的《数据库》。原告认为，被告未经许可使用其《数

[①] 上海市第一中级人民法院（2004）沪一中民五（知）初字第17号民事判决书。

据库》，侵犯了其著作权，请求法院判令被告停止侵权、赔礼道歉并且赔偿损失。被告认为，原告对于法律法规并不享有著作权，其汇编的编排方式也没有独创性，因此《数据库》并不构成汇编作品。

法院审理查明如下事实：

原告《数据库》的一级分类划分为"法律和有关问题的决定、行政法规、部门规章、地方性法规、司法解释、判例、国际条约与惯例库、合同范本库、中国法规英文文本库、最新法规库、我的法规库、中共中央政策部分"12类，被告网站上的数据库一级分类分为"全国人大、国务院、国务院部委、地方性法规、司法解释、国际条约、合同范本、中央文件、案例"9类。

原告《数据库》的二级分类将部门规章划分为"计划投资、科学技术"等35类，将地方性法规按省级行政区划划分为33类（包括香港、澳门），上述各类均有不同代码分别对应。被告网站上的数据库将"国务院部委"划分为"国家计委、科学技术"等35类，各类名称与原告相应部分略有不同但内容基本相同，排列顺序、分类代码亦对应相同（均为3003~3039，其中3013、3021缺失）；地方性法规按省级行政区划划分为32类（不含澳门），排列顺序、分类代码与原告完全相同（均为4001~4034，其中4019和4024缺失）。

被告网站上的数据库与原告《数据库》的相应内容还存在下列相同或近似之处：（1）法规标题字段的省略方式；（2）"颁布单位"字段的截取和省略方式；（3）法规内容中使用的编辑格式和编排体例；（4）法规内容中使用的某种特殊的编辑方法；（5）编辑中的错误和乱码；（6）数据库中的法规记录的顺序和数量标志。

该案的争议焦点之一在于原告的《数据库》是否具有独创性从而构成汇编作品。法院经审理认为：第一，因按照规范性文件的制定机关及效力等级（法律渊源）进行分类，并按照效力等级由高到低的排列是法律规范通常的汇编排列方法，并非原告所独创，故原告将《数据库》按法律、行政法规、部门规章、司法解释、地方性法规、国际条约等进行一级分类不具有独创性，此种分类方法不能作为原告请求保护的依据。第二，因国务院各部委的规章一般是按照国务院组成部门、国务院直属机构等的机构设置进行分类的，而原告《数据库》对这部分的二级分类是以机构设置为基础，将其中某些类似机构适当归并而形成35类（如第12类"金融证券"中还包括外汇管理方面的规章，将海关与商检方面的规章合并编成第32类等等）；原告还使用代码3003~3039与上述35个二级分类相对应（其中3013、3021缺失），故原告开发的《数据库》中对部委规章的编排方式、分类编码等具有一定的独创性。第三，将地方性法规按照省级行政区划（含特别行政区）划分为33类，这是由我国现有的行政区划状况决定的，并非原告独创。原告《数据库》在编排方面，虽未按照传统的大区划分和排列，但其亦未能说明其采用现有排列方式的独创性所在，故原告《数据库》的地方性法规二级分类不具有独创性，不能作为其请求保护的依据。第四，原告《数据库》的确对某些超长的法规题目进行了必要且有效的缩略，其并非采用简单的保留前若干字节等方式，而是有选择地作出保留及省略，如《关于发布〈煤炭企业职工基本养老保险基金财务制度〉〈……会计核算办法〉〈……社会保险经办机构财务管理办法〉〈……经办机构经费会计核算办法〉……》，该法规的标题中有四处省略，这显然是经过原告出于一定编排目的（如方便查询等）考虑而确定的，因此，原告对法规标题的缩略方式也具有其独创性。第五，原告《数据库》确实存在根据法规颁布单位的性质将已撤销的单位颁布的法规归入合适分类的做法，关于这种做法的独创性在前述部委规章二级分类中已经述及，不再重复。因此，法院认为原告的《数据库》具有一定的独创性，其作为一个整体可以作为汇编作品获得著作权法保护。

（杨利华 撰写）

第十六条：第三人利用他人作品的双重许可

（法条对比）

2010年著作权法	2020年著作权法
第三十五条　出版改编、翻译、注释、整理、汇编已有作品而产生的作品，应当取得改编、翻译、注释、整理、汇编作品的著作权人和原作品的著作权人许可，并支付报酬。 第三十七条第二款　使用改编、翻译、注释、整理已有作品而产生的作品进行演出，应当取得改编、翻译、注释、整理作品的著作权人和原作品的著作权人许可，并支付报酬。 第四十条第二款　录音录像制作者使用改编、翻译、注释、整理已有作品而产生的作品，应当取得改编、翻译、注释、整理作品的著作权人和原作品著作权人许可，并支付报酬。	第十六条　使用改编、翻译、注释、整理、汇编已有作品而产生的作品进行出版、演出和制作录音录像制品，应当取得该作品的著作权人和原作品的著作权人许可，并支付报酬。

【条文主旨】

本条是关于第三人使用改编、翻译、注释、整理、汇编已有作品而产生的作品应取得原作品著作权人和演绎作品著作权人双重许可的规定。

【修改理由】

现行《著作权法》第十六条是由2010年《著作权法》第三十五条、第三十七条第二款、第四十条第二款整合而来。

2010年《著作权法》第三十五条、第三十七条第二款、第四十条第二款分别规定了在出版、使用、制作录音录像制品三种情形下，使用改编、翻译、注释、整理、汇编已有作品而产生的作品应当取得演绎作品、汇编作品的著作权人和原作品著作权人的双重许可。这三条均为"第三人利用演绎作品应取得原作品著作权人和演绎作品著作权人的双重许可"的具体体现，在条文设计上显得比较零散。

从《著作权法》修改过程的几次草案来看，在2014年的《著作权法（修订草案送审稿）》中第十六条第一款引入了演绎作品的概念，并在草案第十六条第二款规定："使用演绎作品应当取得演绎作品的著作权人和原作品的著作权人许可。"但同时草案第十八条关于汇编作品的规定中第二款也规定了"使用汇编作品应当取得汇编作品的著作权人和原作品的著作权人许可"。2020年4月的《著作权法修正案（草案）》中又删去了关于演绎作品概念的规定，第十二条第二款相应改为："使用改编、翻译、注释、整理已有作品而产生的作品，应当取得该作品的著作权人和原作品的著作权人许可。"① 在2020年8月的《著作权法修正案（草案二次审议稿）》中进一步整合，将第三人使用演绎作品和汇编作品需获得双重许可的规定合并为一条。2020年4月的《著作权法修正案（草案）》中的第十二条第二款移至第十六条单列为一个条文，将使用汇编作品的双重许可纳入其中，最终通过的2020年修正的《著作权法》即是采用了二次审议稿第十六条的内容。这样的修改是合理的，不仅使法律条文更为凝练、简洁，还将"第三人使用演绎作品、汇编作品需要双重许可"的理念以一般性规则的方式固定下来，使法律适用更加清晰简便。

由此就形成了关于使用演绎作品和汇编作品的新的规范体系：一方面，对于改编、翻译、注释、整理、汇编作品产生新作品的著作权人而言，其行使著作权不得损害原作品著作权人的利益；另一方面，对于第三人使用演绎作品和汇编作品而言，需要获得演绎作品著作权人和原作品著作权人的

---

① 对比而言，2010年《著作权法》第十二条规定："改编、翻译、注释、整理已有作品而产生的作品，其著作权由改编、翻译、注释、整理人享有，但行使著作权时不得侵犯原作品的著作权。"

双重许可。

【条文释义】

【价值、功能与立法目的】

《伯尔尼保护文学和艺术作品公约》第二条第三款规定:"翻译、改编、乐曲改编以及对文学或艺术作品的其他变动应得到与原作同等的保护,但不得损害原作的版权。"其中即明确翻译、改编等演绎作品著作权人应当享有相应的著作权,对该作品的使用亦应经其许可。本条内容贯彻了《伯尔尼公约》对演绎作品权利人和原创作品著作权人的保护。知识产权正当性的重要理论即为洛克的财产权劳动理论。洛克认为,人们对原来共有之物施加劳动,以使其具有相应价值而产生了财产权。[①] 无论是演绎作品权利人,抑或是原作品权利人都在该作品的创作中付出劳动,创造出具有独创性的表达,这种劳动应得到其他传播者、使用者的尊重,这也是著作权法理论中强调演绎作品应得到双重许可的意旨所在。

【规范内涵】

本条明确了使用改编、翻译、注释、整理、汇编已有作品而产生的演绎作品和汇编作品进行出版、演出和制作录音录像制品,应当取得该双重许可。

首先,有必要厘清改编、翻译、注释、整理等演绎作品以及汇编作品的定义。演绎作品目前尚为学理上概念而未进入立法层面,其系指演绎作品作者在原作品的基础上加入了自己的智力劳动成果,亦即独创性表达。这使得演绎作品成为原作作者的独创性表达和演绎作品作者的独创性表达并存的新作品。为了进一步明确演绎作品的概念,有必要将其与完全意义上的新作品、原作品的复制件相区别。一方面,演绎作品并非完全意义上的新作品,其站在"原作作者的肩膀上"创作,并将原作的独创性表达予以保留。其在本质上是在原作品上的再创作。[②] 相比较而言,完全意义上的新作品一般指作者仅借鉴了原作的思想而未运用其独创性表达。基于"思想—表达二分法",如若仅运用原作思想而不重复其表达则是全新的作品,而非演绎作品。另一方面,

---

① 高恩胜:《浅析洛克财产权劳动理论》,载《人民论坛》2013年第14期。
② 谢艳华、孙淑云:《演绎作品著作权归属分析》,载《科技与出版》2005年第6期。

演绎作品并非原作的复制品,其在原作独创性表达的基础上,加入了演绎作品作者的新表达从而形成了新的演绎作品。如若演绎作品作者仅简单重复原作品而未增添新的独创性表达,则仅属于原作的复制件而非演绎作品。实际上,正是因为演绎作品上存在原作作者与演绎作品作者两方的独创性表达,才使得其与完全意义上的新作品、原作的复制件区分开来。

汇编作品是指将他人作品、作品片段或者一些不受知识产权保护的数据、事实资料等进行汇编而形成的作品。汇编作品可以分为集合作品和事实作品,其中集合作品即是指对他人作品、作品片段等受知识产权保护的内容进行汇编,而事实作品则是指对一些不受知识产权保护的数据、事实资料等进行汇编而形成的作品。无论是集合作品还是事实作品,汇编作品的作者所享有的是整体性的著作权,也就是说并不对被汇编的内容享有著作权。

其次,在明确演绎作品、汇编作品概念内涵的基础上,仍需明确其权属规则。对于演绎作品的权属规则而言,由于演绎作品中包含原作作者和演绎作品作者双方的独创性表达,对其使用也需要征求双方权利人许可。同时,无论是原作作者,还是演绎作品作者均无单独许可他人使用演绎作品的权利。需要注意的是,对未经许可的演绎作品而言,仍需遵守双重许可的规则。就未经许可的演绎作品是否受《著作权法》保护而言,答案是肯定的。2010年《著作权法》修正时删去"依法禁止出版、传播的作品,不受著作权法保护",①从中可以看出:部分不宜传播的作品依照法律不得传播,但仍应受《著作权法》保护。举重以明轻,对于未经权利人许可的演绎作品,尽管其传播侵害原作品著作权人的权利,但演绎作品作者的著作权仍应受法律保护,仍有权依《著作权法》禁止他人未经许可使用。②因此,对于未经许可的演绎作品的使用,仍需征得演绎作品作者和原作作者的双重许可。

对于汇编作品的权属规则而言,需要对集合作品和事实作品区别对待。一方面,就集合作品而言,其中不仅存在汇编人的著作权,还存在被汇编的

---

① 2001年《著作权法》第四条第一款规定:"依法禁止出版、传播的作品,不受本法保护。"2010年《著作权法》修改时则删除了这一条文。

② 学界中较多学者亦主张未经许可的演绎作品应取得完整的著作权。杜牧真、李仁玉:《未经许可创作的演绎作品著作权保护探析》,载《知识产权》2018年第12期。

作品或作品片段的著作权。因此，如若要使用集合作品，则需要经过汇编人和被汇编作品的作者的双重许可。另一方面，就事实作品而言，由于被汇编的是已不受知识产权保护的事实、数据等，这些内容已经进入了公共领域，可以为社会公众所自由使用，因此对事实作品类型的汇编作品进行使用，仅需要取得汇编人的许可即可。

最后，使用改编、翻译、注释、整理、汇编已有作品而产生的作品进行出版、演出和制作录音录像制品，除应当取得该演绎作品的著作权人和原作品的著作权人许可，还应支付相应报酬，以实现著作权中的财产权益价值。

【以案说法】

案例1：对于建立在已有原创作品独创性基础上的演绎创作，利用相应演绎作品表演应取得演绎作品作者和原作作者双重许可

A绍剧团前身为B舞台，后改称B绍剧团，1956年定名A绍剧团。七龄童生前系该团团长、主要演员兼讲戏师傅。1958年，东海文艺出版社出版了绍剧《孙悟空三打白骨精》的剧本（以下简称1958年剧本），该剧作者的署名为"顾锡东、七龄童整理"。该剧本记载了《孙悟空三打白骨精》的六场戏，内容完整。1958年剧本是建立在《西游记》基础上的改编作品。2009年7月24日，在绍兴市文化广电新闻出版局给省文化厅的《关于七龄童同志绍剧编剧署名问题》的函的答复中载明：绍剧《孙悟空三打白骨精》电影文本由顾锡东、贝庚从七龄童改编的《三打白骨精》和《大破平顶山》两剧改编而来。1958年以后，由于七龄童被戴上了"反社会主义"的帽子，作为该剧原始改编作者的名字，从此消失。建议省文化厅主编的有关戏曲志书中，涉及《孙悟空三打白骨精》条目，注明七龄童根据《西游记》改编。

2013年4月10日，七龄童的合法继承人提起诉讼，主张绍剧院明知其长期演出使用的《孙悟空三打白骨精》绍剧剧本系改编自七龄童1958年剧本，但既不为七龄童署名，也从未向七龄童的继承人支付过任何报酬，其行为损害了七龄童的声望，侵犯了原审原告的合法权益，并在社会上造成了极为不良的影响。原审原告据此请求法院判令，绍剧院承担停止侵权、赔礼道歉、履行署名义务、赔偿经济损失责任等。绍剧院辩称：绍剧院从1960年起在演出绍剧《孙悟空三打白骨精》时，从未使用由东海文艺出版社1958年出版的

涉诉作品（1958年剧本），而是使用由浙江省文化局创作改编的《孙悟空三打白骨精》剧本即电影版本的作品（以下简称被诉侵权剧本）。

法院认为，一是针对涉案绍剧剧本的著作权权属，1958年由东海文艺出版社出版的绍剧《孙悟空三打白骨精》的剧本作者的署名为"顾锡东、七龄童整理"。该剧本取材于我国古典四大名著之一《西游记》，但剧本在人物、情节、言辞等方面进行了具有独创性的创作改编，形成了具有明显地方戏剧色彩的改编作品。该剧本系顾锡东、七龄童共同改编，属合作作品。七龄童、顾锡东均已去世，七龄童、顾锡东的继承人共同享有该作品的著作财产权，并享有保护原作者著作人身权的权利。二是针对绍剧院目前使用的被诉侵权剧本的作品性质。法院指出，就戏曲剧本创作而言，作品标题、人物姓名、人物形象、人物念白、唱词、音乐、故事情节、场次和场景设计等均属于作品表达元素。本案中，1958年剧本和被诉侵权剧本均来源于吴承恩所著的《西游记》，二者涉及的相当部分内容均非作者创造，而是属于公有领域的表达元素，因此其使用权并不能由相应剧本作者个人垄断而影响自由使用。但是，1958年剧本创造性地运用绍剧艺术特有的表达元素，从故事情节、场次、场景设计、人物数量、形象、念白、唱词、音乐等多方面加以演绎，赋之于原著所不曾有的独创性内容，使之成为情节贯通，适合绍剧演出的专门剧本，形成了具有独创性的新作品。1958年剧本中上述未进入公有领域的独创性表达元素当然成为著作权法所保护的作品。被诉侵权剧本以1958年剧本为母本，虽然在此基础上对人物、情节、语言、场次等作了较大的改动，丰富了故事内容、增加了剧情的可观赏性，但该剧本仍使用了1958年剧本中的多处独创性部分。作为再次演绎的作品，其作者未经已有作品著作权人的授权许可，对于已有作品1958年剧本中未进入公有领域的独创性表达元素加以利用，应该认定构成了对已有作品著作权的侵犯。

因此，绍剧院虽未直接使用1958年剧本，但其现在使用的剧本系1958年剧本基础之上的演绎作品，其在未获允许的情况下演出使用该剧本，且未给七龄童署名，也未支付报酬的行为侵犯了七龄童的著作权。[①]

[①] 浙江省高级人民法院（2014）浙知终字第100号民事判决书。

案例2：将电影作品改编成其他作品形式需要进行双重许可，改编后的电影作品制片者无权代表原作作者发放许可

作家白某创作了小说《谪仙记》，之后许可上海电影制片厂（以下简称上影厂）将其改编为电影《最后的贵族》。被告上影集团得到上影厂许可后即将电影改编为同名话剧并公开演出，但未取得白某的许可，白某起诉该公司侵犯其著作权。在此情况下，被告艺响公司、君正公司进行改编活动并演出6场。原告白某诉称，上述三被告共同侵害了原告所享有的《谪仙记》作品的改编权、署名权和获得报酬的权利，请求判令三被告共同赔偿原告经济损失和合理费用人民币55万余元。

法院认为，本案系艺响公司、君正公司将《最后的贵族》电影作品改编为同名话剧引发的纠纷。电影《最后的贵族》系根据文字作品小说《谪仙记》改编而来，属于演绎作品。演绎作品是指在保持原有作品基本表达的基础上，增加符合独创性要求的新表达而形成的作品，演绎作品包含了原作品作者和演绎者的智力成果，存在原作品作者和演绎者所享有的双重权利。本案中，上影厂经原告同意，通过对文字作品小说《谪仙记》的改编，制作了电影《最后的贵族》，享有对《最后的贵族》电影作品的著作权，但电影《最后的贵族》作为演绎作品，艺响公司、君正公司将该演绎作品改编为另一种作品形式即话剧，并进行公开演出，则需同时取得原作品作者即文字作品小说《谪仙记》作者的许可和演绎作品作者即电影作品《最后的贵族》制片者上影厂的许可。

同时，对于上影厂向被告上影集团概括授权的行为，法院认为，《著作权法》第十二条规定，改编、翻译、注释、整理已有作品而产生的作品，其著作权由改编、翻译、注释、整理人享有，但行使著作权时不得侵犯原作品的著作权。据此，上影厂作为电影《最后的贵族》制片者，享有对《最后的贵族》电影作品的著作权，有权对该电影作品正常利用。但是，由于电影《最后的贵族》包含原作品作者原告的权利，如果制片者上影厂对该电影的使用不当，就改编其电影作品作出原告诉称的包括原作品作者权利在内的授权，则超出了其所享有的对电影作品权利的范围，构成对原告著作权的侵害。[1]

---

[1] 上海市第二中级人民法院（2014）沪二中民五（知）初字第83号民事判决书，系2014年上海法院知识产权司法保护十大案件之一。

案例3：对演绎作品再演绎的著作权侵权纠纷，如包含原作独创性部分，需厘清权属关系，确保取得原作和演绎作品权利人双重许可

1995年版《大头儿子小头爸爸》动画片（以下简称95版动画片）的导演崔某等人于1994年委托刘某创作人物形象，刘某当场勾画了"大头儿子""小头爸爸""围裙妈妈"人物形象的正面图，并将底稿交给崔某（以下简称94年草图），当时双方并未立即就该作品的著作权归属签署书面协议。之后，95版动画片美术创作团队在94年草图基础上，进行了进一步的设计和再创作，最终制作成了符合动画片标准造型的三个主要人物形象即"大头儿子""小头爸爸""围裙妈妈"标准设计图等。刘某没有参与后续的创作。95版动画片由中央电视台（以下简称央视）和东方电视台联合摄制，于1995年播出，在其片尾播放的演职人员列表中载明："人物设计：刘某"。2013年，央视动画公司摄制了动画片《新大头儿子小头爸爸》（以下简称2013版动画片）并在CCTV、各地方电视台、央视网上进行播放，同时对2013版动画片的人物形象进行宣传、展览，并许可中国木偶艺术剧院进行舞台剧表演。2013版动画片的片头载明"原造型刘某"。2012年刘某与洪某签署"大头儿子""小头爸爸""围裙妈妈"三幅作品的著作权转让许可合同。2014年3月10日，洪某又与大头儿子文化公司签订了著作权转让许可合同。大头儿子文化公司主张，其是涉案作品的著作权人，以央视动画公司未支付报酬的情况下利用该美术作品，构成著作权侵权为由，提起诉讼，请求法院判令央视动画公司停止侵权、登报赔礼道歉、消除影响并赔偿损失。再审中，央视动画公司提交刘某签署的95年声明，根据该书证，刘某受央视、东方电视台委托创作涉案动画人物形象，并同意人物造型归央视、东方电视台所有。大头儿子文化公司主张95年声明的签名系伪造。

再审法院认为，本案争议焦点在于原作作品94年草图的权属认定的问题。对于演绎作品的再演绎，如包含原作品的独创性成分，则仍然属于原作品的演绎作品，对演绎作品的利用，应当经过原作品权利人和演绎作品权利人的双重许可。本案明确原作作品94年草图的权属关系，需要对95年声明的真伪根据证据认定规则判断。首先，刘某于不同时间分别与洪某、央视动画公司签订了多份涉及94年草图著作权归属的协议或者说明。95年声明落款时间为1995年2月8日，即使实际形成时间为1998年，其签署时间亦早于其他协议

或者说明签署时间。其次，刘某认识洪某并与其签订转让协议均在2012年以后，而在此前长达18年期间，刘某从未就其作品被使用向央视或央视动画公司主张过权利或提出过异议。再者，95年声明的真实性已经广东法院和北京法院的司法鉴定结论予以证明。因此，再审法院认可了95年声明的真实性，因而94年草图除署名权以外的著作权及其他知识产权属于央视所有，刘某无权就94年草图著作权再转让至洪某及大头儿子文化公司。据此，驳回了大头儿子文化公司的著作权侵权诉讼请求。[1]

（邵红红 撰写）

---

[1] 最高人民法院（2022）最高法民再46号民事判决书。

第十七条：视听作品的著作权

【法条对比】

2010年著作权法	2020年著作权法
第十五条 电影作品和以类似摄制电影的方法创作的作品的著作权由制片者享有，但编剧、导演、摄影、作词、作曲等作者享有署名权，并有权按照与制片者签订的合同获得报酬。 电影作品和以类似摄制电影的方法创作的作品中的剧本、音乐等可以单独使用的作品的作者有权单独行使其著作权。	第十七条 视听作品中的电影作品、电视剧作品的著作权由制作者享有，但编剧、导演、摄影、作词、作曲等作者享有署名权，并有权按照与制作者签订的合同获得报酬。 前款规定以外的视听作品的著作权归属由当事人约定；没有约定或者约定不明确的，由制作者享有，但作者享有署名权和获得报酬的权利。 视听作品中的剧本、音乐等可以单独使用的作品的作者有权单独行使其著作权。

【条文主旨】

本条规定了视听作品的权利归属。

【修改理由】

本次《著作权法》对视听作品的权利归属的修改主要有两个方面，一是视听作品中电影、电视剧作品的著作权归属于制作者，由2010年《著作权法》中的"制片者"修改为"制作者"；二是规定了电影、电视剧作品之外的视听作品著作权归属当事人约定优先，没有约定或者约定不明则由制作者享有，同时作者有署名权和获得报酬的权利。

随着信息技术的发展，视听作品的制作和传播技术也发生了巨大变化，2010年《著作权法》规定的电影和类电作品已经无法涵盖新技术发展产生的新作品类型，此次《著作权法》修改将"电影和类电作品"修改为"视听作品"，在视听作品的著作权归属方面也进行了相应修改。此次修改最主要的一点是区分"电影、电视剧作品"与"其他视听作品"。首先，对电影、电视剧作品的权利归属与2010年《著作权法》的规定没有太大差别，主要是将"制片者"修改为"制作者"，之所以就该问题进行修改，是基于电影、电视剧作品实际制作经验。电影、电视剧作品片头片尾通常会署名"制片人""出品人""投资人"等，而该"制片人"并非一定是《著作权法》上的"制作者"，为对二者进行区分，进行了此次修改。但该修改同样引发了一定的争议，有关制作者的具体界定，还需要实施条例和司法解释进一步明确，以消弭分歧。其次，就"其他视听作品"的权利归属，规定了"约定优先"的原则，即尊重当事人的意思自治，没有约定或者约定不明的情况下才依照法律规定。如前所述，随着信息技术的发展，视听作品的制作、发布与传播与传统的电影、电视剧作品有了较大区别，部分视听作品的制作相对较为简单和即时，[1]如短视频的制作、发布主体均为同一人，针对这类视听作品的权利归属由当事人约定优先。基于上述背景，此次《著作权法》修改区分"电影、电视剧作品"和"其他视听作品"，规定了不同的权利归属原则。

【条文释义】

【价值、功能与立法目的】

以电影作品为代表的视听作品进入著作权法的视野是在20世纪初，电影作品的产生与传播在著作权法领域会产生两方面的问题，一是电影损害了已有作品的权利，二是非法放映、复制影片侵害了合法电影放映的权利。[2]剧作家认为电影使用其作品侵害了其合法权利，要求对电影进行适度保护。[3]1908

---

[1] 李伟民：《视听作品参与主体及法律地位研究》，载《江西社会科学》2020年第7期。
[2] 张今：《著作权法》，北京大学出版社2020年版，第81页。
[3] ［英］帕斯卡尔·卡米纳：《欧盟电影版权》，籍之伟等译，中国电影出版社2006年版，第8页。

年《伯尔尼公约》增加"电影摄制权",1948年《伯尔尼公约》修订将电影作品作为独立的作品类型,1967年,《伯尔尼公约》第十四条之二规定了电影作品的权利归属。《伯尔尼公约》有关电影作品以及其权利归属的规定变化,反映出电影作品保护及其权利归属的重要性,也是电影产业发展的需要。

随着摄制技术和传播技术的发展,视听作品种类越来越丰富,但以电影作品为代表的视听作品内部仍然包含多种复杂关系。视听作品参与创作人数众多,以电影作品为例,其创作包括剧本作者、导演、音乐创作者、摄影师、美工、现场布景、后期配音、剪辑师等众多艺术工作者的贡献。在如此复杂的合作关系之中,需要通过法律对视听作品的权利归属进行明确,一方面有助于保护各个作者的合法权利,促进作品的创作与传播;另一方面,有助于作品的传播与使用。视听作品的创作目的最终在于传播,只有在传播中才能展现出其意义和价值,但复杂的合作关系、众多作者之间利益关系的协调会对作品传播产生重要影响。因此,《著作权法》对视听作品的著作权归属进行规定,明确各方经济利益,促进作品的创作与传播。

【规范内涵】

关于第十七条第一款"**视听作品中的电影作品、电视剧作品的著作权由制作者享有,但编剧、导演、摄影、作词、作曲等作者享有署名权,并有权按照与制作者签订的合同获得报酬**"。该款规定了电影作品、电视剧作品的权利归属原则,关于该款的适用要点如下。

第一,电影、电视剧作品的著作权由制作者享有。电影、电视剧作品的创作较为复杂,是一个系统过程,其著作权的归属对于电影、电视剧作品的创作、传播具有重大影响。在有关电影、电视剧作品的著作权归属问题上,不同国家有不同的侧重。《伯尔尼公约》第十四条之二(a)项规定,"电影作品版权的所有者属于被要求给予保护的国家法律规定的范围",同时(b)项规定,"在法律承认参加电影作品制作的作者应属于版权所有者的成员国内","除非有相反或者特别规定,不能反对对电影作品的复制、发行、公开表演、演奏、向公众有线传播、广播、公开传播、配置字幕和配音"。由此可见,《伯尔尼公约》规定电影作品的权利归属由成员国确定,若将电影作品的著作权归属于作者,则作者不能限制作品著作权的行使。《伯尔尼公约》之所以如此规定主要原因在于电影作品制作复杂,制作者与创作者之间存在较为明显的雇佣/委托关系。制作者发起电影的创作、为电影制作筹措资金，承担电影拍摄物资保障和财务责任，同时也负责电影上映许可、拷贝发行等工作。[1]考虑制作者对于电影、电视剧作品的投资以及商业运作，将电影、电视剧作品著作权归属于制作者，有利于提高电影、电视剧作品的使用、传播效率。

在有关电影作品等视听作品的著作权归属问题上，各国存在不同的制度规定，主要有两种模式，一种是将著作权归属于作者，同时为了保护制作者的投资利益，建立起"法定许可"/"推定许可"的制度，以促进作品的利用与传播，以德国为例；另一种是将电影作品认定为雇佣作品，按照"视为作者"原则，制作者作为雇主，视为享有电影作品的原始著作权，以美国为例。我国电影作品等视听作品的著作权归属规则兼具两种模式的特点，即电影、电视剧作品等视听作品的著作权归属于制作者，作者享有相应权益。

第二，作者享有署名权和获得报酬的权利。参与电影、电视剧作品具体创作的作者可以享有署名权，如编剧、导演、摄影、作词、作曲等。作者享有获得报酬权，该权利内容由作者与制作者在合同中进行约定，包括获得报酬的数额和给付方式等。在《著作权法》第三次修改中，修改草案曾规定"二次获酬权"，也引起了较大争议。所谓"二次获酬权"，在电影、电视剧作品中主要表现为编剧、导演等作者参与分享票房及其他版权收入的分成等的权利，即视听作品的作者（非制作者）在作品的使用中参与分享收益的权利。该规定在最终发布的《著作权法》中予以删除，但有关"二次获酬权"的相关问题仍待研究与探讨。

关于第十七条第二款"前款规定以外的视听作品的著作权归属由当事人约定；没有约定或者约定不明确的，由制作者享有，但作者享有署名权和获得报酬的权利"。该款规定了其他视听作品的著作权归属原则，关于该款的适用要点如下。

第一，其他视听作品的著作权归属当事人约定优先。视听作品的著作权归属区分电影、电视剧作品与其他视听作品，电影、电视剧作品的著作权归制作者享有，而其他视听作品的著作权遵循当事人意思自治，约定优先。该

---

[1] 张今：《著作权法》，北京大学出版社2020年版，第83页。

规定目前尚存在较大争议，一方面，《著作权法》仅规定了视听作品，并未对视听作品进行定义，同时保留了录像制品，有关视听作品的内涵和外延难以确定。由于立法上存在一定的空白，此时区分电影、电视剧作品与其他视听作品存在一定适用上的难度。[①]另一方面，其他视听作品的著作权归属由当事人约定也容易造成作品使用上的障碍，因为对于潜在利用者而言，难以确定约定的著作权是归制作者、合作作者还是其中特定作者，此时增加了交易成本。[②]对于第二个问题，有学者建议，"认定潜在利用者有权信赖此类视听作品版权标识中标注的人就是权利人"，[③]以减少《著作权法》中视听作品著作权归属规则带来的适用问题。因此，有关其他视听作品的界定、权利归属以及当事人约定优先的限制问题还有待进一步研究与解释。

第二，无约定或者约定不明，由制作者享有，作者享有署名权和获得报酬的权利。 对于其他视听作品，在当事人无约定或者约定不明的情况下，与电影、电视剧作品的著作权归属规则相同，由制作者享有，作者享有署名权和获得报酬的权利。

关于第十七条第三款"视听作品中的剧本、音乐等可以单独使用的作品的作者有权单独行使其著作权"。 该款主要规定了视听作品中可单独使用作品的权利归属问题。视听作品主要由编剧、导演、摄影、作词、作曲等作者合作创作完成，基于视听作品制作者的投资及商业运作考虑，将著作权赋予制作者。在视听作品中可单独使用的作品也具有独立的著作权，其作者可单独行使权利。视听作品中可单独使用的作品主要有两类，一类是已有作品，另一类是单独创作作品。已有作品的著作权当然可以单独行使，如小说、剧本等，视听作品属于对已有作品的演绎作品，对视听作品的二次使用，不得侵害已有作品的著作权。而已有作品著作权的行使也不能与视听作品著作权的行使相冲突。为视听作品单独创作的作品，如音乐、美术作品等，可以单独使用。

---

① 刘鹏、李馨怡：《论视听作品的定义与权利归属——以我国〈著作权法〉第三次修订为视角》，载《南都学坛（人文社会科学学报）》2021年第3期。
② 王迁：《论视听作品的范围及权利归属》，载《中外法学》2021年第3期。
③ 王迁：《论视听作品的范围及权利归属》，载《中外法学》2021年第3期。

【以案说法】

案例1：电视剧作品著作权归属由法律规定

某公司（被告）向某培训中心（原告）发出邀请，由某培训中心承接某公司拍摄电视剧《白色休止符》的补拍和后期制作业务。在补拍和后期制作过程中，某公司无法提供剧本和场记等资料，导致合同无法正常履行。某培训中心考虑到《白色休止符》后期卖片产生的利益，重新组织了创作班子，重新制作了剩余的剧集，并承担了由此产生的音乐创作、人员聘请等相关费用。后某公司索要母带，双方发生矛盾，某培训中心提起诉讼请求确认新编《白色休止符》著作权归其所有。法院经审理认为，该案的争议焦点为某培训中心是否享有电视剧《白色休止符》的著作权。根据《著作权法》规定，影视作品的著作权由制片者享有，某培训中心未提交其系《白色休止符》制片者的证据，不能认定其为新编《白色休止符》的著作权人。[①] 该案中，某培训中心为《白色休止符》的创作付出了较多的劳动，但并不能因此认定其为该作品的著作权人，根据《著作权法》规定，电影、电视剧作品等视听作品的著作权人为制作者，作者享有署名和获得报酬的权利。

案例2：电影作品海报、片花未载明作者身份是否侵犯作者署名权？

2012年8月，为创作电视剧《芈月传》剧本，某公司聘任蒋某为电视剧《芈月传》编剧，并约定，蒋某依公司要求修改创作，若经修改仍不能达到要求，公司有权聘请他人在蒋某剧本基础上进行修改创作；编剧署名排序由公司确定；蒋某同意在电视剧《芈月传》片头中署名为"原创编剧"。在剧本创作期间，某公司对蒋某提交的剧本不满意，遂于2013年8月与王某签订合同，委托其对剧本进行修改创作。电视剧《芈月传》视频片头、DVD出版物包装盒、宣传册封面等载明"原创编剧：蒋某""总编剧：王某"。蒋某认为，在部分海报、片花未署名其编剧身份，遂将某公司、王某诉至法院。法院经审理认为本案的争议焦点在于：一是某公司将王某署名为总编剧是否侵害了蒋某的署名权；二是某公司在部分海报、片花未为蒋某署名是否侵害其署名权。针对焦点一，法院认为某公司作为电视剧的制片方和投资方，有权依据其评

---

① 广东省深圳市罗湖区人民法院（2009）深罗法民二初字第434号民事判决书。

判标准对剧本进行审核、修改，以使之达到预期的拍摄标准。在剧本创作中，王某与蒋某都通过独创性劳动将自己的思想、观念、精神内涵等融入该剧本中。依据合同约定，制片方在影视作品上为编剧署名时冠以特定称谓以体现每位编剧不同的分工和作用，这种做法本身并没有被《著作权法》或其他法律所禁止，亦未违背公序良俗。针对焦点问题二，法院认为，根据《著作权法》的规定，署名权的行使应以作品为载体。电视剧海报和片花系制片方为宣传电视剧需要而制作，既不是电视剧作品本身，其目的和功能也非表明作者身份。某公司在电视剧正片片头载明蒋某编剧身份，足以保障其署名权。[1]

（杨利华 撰写）

---

[1] 浙江省高级人民法院（2018）浙民申2302号民事判决书。

第十八条：职务作品的著作权

（法条对比）

2010年著作权法	2020年著作权法
第十六条 **公民**为完成法人或者**其他组织**工作任务所创作的作品是职务作品，除本条第二款的规定以外，著作权由作者享有，但法人或者**其他组织**有权在其业务范围内优先使用。作品完成两年内，未经单位同意，作者不得许可第三人以与单位使用的相同方式使用该作品。 有下列情形之一的职务作品，作者享有署名权，著作权的其他权利由法人或者其他组织享有，法人或者其他组织可以给予作者奖励： （一）主要是利用法人或者**其他组织**的物质技术条件创作，并由法人或者**其他组织**承担责任的工程设计图、产品设计图、地图、计算机软件等职务作品； （二）法律、行政法规规定或者合同约定著作权由法人或者**其他组织**享有的职务作品。	第十八条 **自然人**为完成法人或者**非法人组织**工作任务所创作的作品是职务作品，除本条第二款的规定以外，著作权由作者享有，但法人或者**非法人组织**有权在其业务范围内优先使用。作品完成两年内，未经单位同意，作者不得许可第三人以与单位使用的相同方式使用该作品。 有下列情形之一的职务作品，作者享有署名权，著作权的其他权利由法人或者非法人组织享有，法人或者非法人组织可以给予作者奖励： （一）主要是利用法人或者**非法人组织**的物质技术条件创作，并由法人或者**非法人组织**承担责任的工程设计图、产品设计图、地图、**示意图**、计算机软件等职务作品； **（二）报社、期刊社、通讯社、广播电台、电视台的工作人员创作的职务作品；** （三）法律、行政法规规定或者合同约定著作权由法人或者**非法人组织**享有的职务作品。

【条文主旨】

本条规定了职务作品的著作权归属。

【修改理由】

一般认为，2010年《著作权法》第十六条将职务作品分为一般职务作品与特殊职务作品两类，其中第一款是针对一般职务作品的规定，第二款是针对特殊职务作品的规定。

本次《著作权法》修改中，将2010年《著作权法》第十六条有关职务作品著作权归属的相关内容置于现行《著作权法》第十八条中，内容变动主要体现在两处。一是为了与《民法典》《民事诉讼法》等其他法律保持一致，2020年《著作权法》第十八条将"公民"修改为"自然人"，将"其他组织"修改为"非法人组织"。根据《民法典》第一百零二条的规定，非法人组织是指不具有法人资格，但是能够依法以自己的名义从事民事活动的组织，如个人独资企业、合伙企业、不具有法人资格的会计师事务所、律师事务所等。二是为了充分保护报社、期刊社、通讯社、广播电台、电视台等以著作权运营为其核心竞争力的媒体单位，将报社、期刊社、通讯社、广播电台、电视台及所属媒体的工作人员创作的职务作品定性为特殊职务作品，新增一项列为2020年《著作权法》第十八条第二款第（二）项。

【条文释义】

【价值、功能与立法目的】

在"大科学"、"大文娱"及其周边产业发展的背景下，作品创作呈现职业化、组织化的趋势，越来越多的大型作品，特别是技术门槛高、资金需求大、质量要求高的大型作品，通常是在机构、公司的组织下由诸多职业创造者共同创作的。个人作品、职务作品和法人作品关系问题的重要性因此凸显。只有妥善处理个人作品、职务作品和法人作品的关系，既最大限度地保护作者权益和鼓励创作积极性，又依法保护法人或者非法人组织的合法权益，才能发挥《著作权法》激励作品的创作与传播的立法目的。本次《著作权法》修改中有关职务作品著作权归属的修改内容，便是在自然人创作者与法人或非法人组织的利益平衡上所做出的积极探索。尤其在报社、期刊社、通讯社、广播电台、电视台这类以著作权运营为其核心竞争力的媒体单位上，本次《著作权法》修改将此类媒体单位工作人员创作的职务作品定性为特殊职务作品，不仅充分保护了此类媒体单位对作品的投资，也为此类单位对相关作品的著作权进行统一管理与运营奠定了法律基础。

【规范内涵】

2020年《著作权法》第十八条第一款是关于一般职务作品著作权归属的规定。职务作品，是指自然人为完成法人或者非法人组织工作任务所创作的作品，其中"工作任务"是指自然人在该法人或者非法人组织中应当履行的职责。一般职务作品的著作权由作者享有，但法人或者非法人组织有权在其业务范围内优先使用。对于一般职务作品，作品完成两年内，未经单位同意，作者不得许可第三人以与单位使用的相同方式使用该作品；作品完成两年内，经单位同意，作者许可第三人以与单位使用的相同方式使用作品所获报酬，由作者与单位按约定的比例分配。作品完成两年的期限，自作者向单位交付作品之日起计算。[①]

2020年《著作权法》第十八条第二款是关于特殊职务作品著作权归属的规定。对于特殊职务作品，作者享有署名权，著作权的其他权利由法人或者非法人组织享有，法人或者非法人组织可以给予作者奖励。本款明确列举了三类特殊职务作品，第一类特殊职务作品为主要是利用法人或者非法人组织的物质技术条件创作，并由法人或者非法人组织承担责任的工程设计图、产品设计图、地图、示意图、计算机软件等职务作品。其中，所谓"物质技术条件"，是指该法人或者非法人组织为自然人完成创作专门提供的资金、设备或者资料；所谓"主要是利用法人或者非法人组织的物质技术条件"，是指作品的创作全部或者大部分利用了法人或者非法人组织的资金、设备、器材或者原材料等物质条件，并且这些物质条件与作品的创作直接相关或具有实质性的影响，无法从其他地方轻易获得。

第二类特殊职务作品是报社、期刊社、通讯社、广播电台、电视台及所属媒体的工作人员创作的职务作品。这是本次修改新增的规定。需要注意

[①] 现行《著作权法实施条例》第十二条。

是，报社、期刊社、通讯社、广播电台、电视台及所属媒体的工作人员创作的作品只有在构成职务作品的前提下，才适用特殊职务作品的权属规定，如果此类单位的工作人员创作的作品本身并非职务作品，则仍然适用个人作品的权属规定。

第三类特殊职务作品是法律、行政法规规定或者合同约定著作权由法人或者非法人组织享有的职务作品。这意味着，除了前述两类著作权法明确列举的特殊职务作品外，著作权法还允许单位与作者通过合同约定作品为特殊职务作品，由单位享有除署名权以外的其他著作权。需要注意的是，合同约定应仅限于将职务作品约定为特殊职务作品的情形，否则可能出现单位利用其缔约优势，在不付出合理对价的情况下仅凭合同约定将作者的个人作品约定为特殊职务作品，进而侵害作者权益的情形。

此外，《计算机软件保护条例》对计算机软件构成职务作品的情形作出了特别规定。根据该条例第十三条的规定，自然人在单位任职期间所开发的软件有下列情形之一的，该软件构成特殊职务作品，著作权由单位享有，单位可以对开发软件的自然人进行奖励：（一）针对本职工作中明确指定的开发目标所开发的软件；（二）开发的软件是从事本职工作活动所预见的结果或者自然的结果；（三）主要使用了法人或者非法人组织的资金、专用设备、未公开的专门信息等物质技术条件所开发并由法人或者非法人组织承担责任的软件。

【以案说法】

案例1：职务作品的认定

王某与某公司订立协议，为某国际沙雕节制作沙雕作品，沙雕公司按日向王某支付工作报酬。王某制作了沙雕作品《铁达尼号》，但未约定沙雕作品著作权的归属。后沙雕公司在其与某旅游公司举办的另一个沙雕节上，以王某制作的沙雕作品《铁达尼号》局部图形照片作为沙雕节游览券和入场券的背景图案，被王某诉至法院。沙雕公司与某旅游公司则认为，王某是沙雕公司出资雇佣的为沙雕节雕刻沙雕作品的雇员，其所创造的沙雕作品《铁达尼号》是职务作品。本案一审法院认为，沙雕公司因某国际沙雕节的需要，以每天400元的薪酬委托王某为其制作沙雕作品，王某因此创作的沙雕作品《铁达尼号》属于委托作品,在双方未约定著作权归属的情况下,委托作品的著作权由作者王某享有。①案件上诉后,二审法院经审理认为,沙雕公司与王某签订的协议中,明确约定由沙雕公司根据设计图纸分配给王某雕刻任务,由沙雕公司负担王某的膳食住宿费用、差旅费用,王某的《铁达尼号》沙雕作品应属"为完成法人工作任务所创作的作品",构成一般职务作品,著作权由作者享有,法人有权在其业务范围内优先使用;旅游公司、沙雕公司的使用行为属在其业务范围内的使用,不构成侵权。②

案例2:职务作品与法人作品的区分

胡某、吴某是某制片厂的职工,创作了"葫芦娃"角色造型形象。胡某、吴某认为"葫芦娃"角色造型美术作品属于一般职务作品,著作权应归胡某、吴某所有。某制片厂则认为,"葫芦娃"角色造型是由胡某、吴某等人绘制草稿张贴于摄制组内,经组内人员集体讨论修改,最终由制片厂艺术委员会审定,作品的创作系在被告领导下,体现法人的意志,并由法人承担责任,系法人作品。上海市黄浦区人民法院一审认为,涉案角色形象的创作是胡某、吴某为完成某制片厂交付的工作任务而创作的作品,结合该造型创作的时代背景、历史条件和双方当事人的行为,"葫芦娃"角色造型美术作品并不是代表法人的意志创作,不应认定为法人作品。上海市第二中级人民法院终审认为,"葫芦娃"角色造型由胡某、吴某初创作,体现了二人的个人意志,属于"特殊职务作品"。③

案例3:责任编辑根据出版社策划选题汇编的作品属于特殊职务作品

陈某从1997年至2007年在某出版社第一编辑室从事图书编辑工作。其间,根据某出版社策划的图书选题,陈某作为第一编辑室指定的责任编辑,被出版社指派参与《跨世纪万年历》《袖珍实用万年历》《工作效率手册》等九本图书的汇编工作,出版社按照其编辑图书工作量指标向陈某支付了劳动报酬和奖励。陈某主张其对涉案图书享有著作权。法院经审理认为,涉案的九本图书为汇编作品,构成职务作品。出版社按照其内部规章制度核定了陈某的

---

① 舟山市中级人民法院(2005)舟民二初字第56号民事判决书。
② 浙江省高级人民法院(2006)浙民三终字第62号民事判决书。
③ 上海市第二中级人民法院(2011)沪二中民五知终字第62号民事判决书。

工作量，陈某也接受了出版社对涉案图书核定的工作量并实际领取了按照工作量计算的相应酬金、奖励。结合出版社内部的工作量计算制度，涉案图书构成特殊职务作品，著作权应由出版社享有，出版社出版涉案图书未侵犯陈某的著作权，也不需要向陈某支付稿酬。①

案例4：报社法人代表拍摄的且发表在本社报纸上的照片是职务作品吗？

胡某曾任《楚乡画报》社副主编兼法人代表，任职期间拍摄了武昌鱼照片，在1994年第2期的《楚乡画报》上刊登，1998年5月又在《鄂州画报》刊登，2001年刊登在《楚望台》上。某武昌鱼公司对胡某所摄武昌鱼图片经过处理后，使用在其产品的包装盒上和手提纸袋上，并使用在武汉天河机场旁、武昌火车站南站的两处广告牌上。胡某遂将该武昌鱼公司诉至法院。本案中，关于诉争的武昌鱼照片的著作权权属问题，一审法院认为，胡某任职于《楚乡画报》社，其所摄武昌鱼照片又刊登在本社画报上，且其不能举证证明涉案照片与其职务无关联性，该照片著作权应属于单位。②二审法院则认为，涉案武昌鱼照片虽与胡某的工作职责有关，但反映了胡某的摄影技能和经验，胡某才是该作品的作者，胡某在《楚乡画报》社担任的职务情况，并不能证明其拍摄的作品就应当属于职务作品。③

（罗娇 撰写）

---

① 北京市第一中级人民法院（2008）一中民终字第7372号民事判决书、北京市高级人民法院（2008）高民申字第4221号民事裁定书、最高人民法院（2009）民监字第361号民事裁定书。
② 鄂州市中级人民法院（2003）鄂州法民初字第74号民事判决书。
③ 湖北省高级人民法院（2004）鄂民三终字第18号民事判决书。

第十九条：受委托创作作品的著作权

【法条对比】

2010年著作权法	2020年著作权法
第十七条　受委托创作的作品，著作权的归属由委托人和受托人通过合同约定。合同未作明确约定或者没有订立合同的，著作权属于受托人。	第十九条　受委托创作的作品，著作权的归属由委托人和受托人通过合同约定。合同未作明确约定或者没有订立合同的，著作权属于受托人。

【条文主旨】

本条规定了委托作品著作权的归属。

【修改理由】

本条款仅序号变化，内容无修改。

【条文释义】

【价值、功能与立法目的】

委托作品并非作品的类型，而是"为他作品"的一种。英美法系中，对预期作品的著作权保护，更侧重于著作权财产权的保护和利益分配。[1]获得作者身份有两条途径：一是参加作品的创作，依据"创作人为作者原则"而成为作者；二是未参加作品创作的人在法定条件下可依据"视为作者原则"被视为法律上的作者，即被拟制为作者。大陆法系国家主张作品的著作权归创作者，强调人身权利，坚持自然人创作成为作者，预期使用者只能通过协议、

---

[1] 王迁：《知识产权法教程》，中国人民大学出版社2009年版，第178页。

合同等途径获得作品的使用权。我国为了平衡作品委托人和受托人之间的利益，在遵循大陆法系传统的基础上吸收了英美法系的原则，形成了独特的规定，即对委托作品的归属以合同约定为主，以法律规定为辅。这也反映出著作权作为一种民事权利，立法者充分尊重当事人意思自治，赋予其法律上自由选择的权利，对于鼓励创作、促进科学文化进步具有重要意义。

【规范内涵】

关于《著作权法》第十九条第一句"受委托创作的作品，著作权的归属由委托人和受托人通过合同约定"。委托作品的著作权归属，原则上由委托人和受托人约定，约定的方式只能通过合同进行。此条款是《著作权法》关于作品著作权归属于作者的例外情况的规定。基于某些作品创作的复杂和难易程度，委托人可以概括地将作品全部创作委托他人进行，或者将其部分作品创作委托他人。这一规定比较灵活，受委托创作的作品，著作权的归属首先由委托人和受托人通过合同约定。[①] 即委托人和受托人可以自愿约定著作权是归属为委托人一方还是受托人一方，或者由委托人、受托人共同享有。如果作品完全由他人根据委托合同创作而成，在此意义上委托人并不是作者，其享有著作权是双方自愿约定的结果。通过合同方式约定委托作品的著作权归属时，约定的内容是否可以包括著作人身权，目前存在两种相反的观点。一种观点认为，以《著作权法》中关于职务作品的著作权归属进行类推，因职务作品著作权归属并没有明确禁止约定著作人身权的归属，因此可以认为委托人与受托人的约定应当包括著作人身权的规定。[②] 另一种观点则从著作人身权不得转让的基本观念出发，认为上述规定不应当理解为可以约定著作人身权的归属，特别是署名权是专属于作者的，将上述约定的"著作权"解释为包括署名权在内的著作人身权，背离了著作权保护的宗旨，可能助长现实中替人"捉刀"的现象。

关于《著作权法》第十九条第二句"合同未作明确约定或者没有订立合同的，著作权属于受托人"。此处涉及委托作品著作权归属的两种情形。分别是虽然通过合同对委托作品著作权归属作出约定，但约定不明；或者根本

[①] 蒋舸：《雇佣关系与法人作品构成要件》，载《法律科学》2014年第5期。
[②] 谭启平、蒋拯：《论著作人身权的可转让性》，载《现代法学》2002年第2期。

未订立合同，未对作品著作权归属进行约定。这与《著作权法》中关于"著作权属于作者"的精神和规定是一致的，符合著作权法关于作品著作权归属的一般规则。在没有合同或者合同未明确约定的情况下，本身承担作品创作的是受托人，付出智力劳动的也是受托人，因此受托人享有著作权具有合理性，这也体现了保护作者权益的基本原则，有利于更多优秀作品的问世。当然，为了平衡委托人的利益，提高委托人使用委托作品的积极性，委托人根据《最高人民法院关于审理著作权民事纠纷案件适用法律若干问题的解释》第十二条、第十三条、第十四条的规定，[①]在著作权属于受托人的情况下，委托人在约定的范围内享有使用作品的权利，或者可以在委托创作的特定目的范围内使用该作品。当然，这种使用是无须支付费用的，如果超出约定范围或者超出委托创作的特定目的，则需要经过受托人同意并支付报酬，以尊重受托人的著作权。

【以案说法】

案例1：委托人将委托范围内创作的产品包装图案注册为商标，不构成侵犯受托人的著作权[②]

2008年，A公司为B合作社设计了"三胜园"产品包装图案。2013年，B合作社将"三胜园"产品包装图案中的标识部分申请注册了"三胜园"商标。2018年A公司申请"三胜园"系列图案作品著作权登记并标注作品创作完成时间为2011年。A公司起诉，认为A公司系"三胜园"作品的著作权人，B合作社在未经A公司许可的情况下擅自将该作品注册成商标并生产印有该商

[①] 《最高人民法院关于审理著作权民事纠纷案件适用法律若干问题的解释》第十二条规定："按照著作权法第十七条规定委托作品著作权属于受托人的情形，委托人在约定的使用范围内享有使用作品的权利；双方没有约定使用作品范围的，委托人可以在委托创作的特定目的范围内免费使用该作品。"第十三条规定："除著作权法第十一条第三款规定的情形外，由他人执笔，本人审阅定稿并以本人名义发表的报告、讲话等作品，著作权归报告人或者讲话人享有。著作权人可以支付执笔人适当的报酬。"第十四条规定："当事人合意以特定人物经历为题材完成的自传体作品，当事人对著作权权属有约定的，依其约定；没有约定的，著作权归该特定人物享有，执笔人或整理人对作品完成付出劳动的，著作权人可以向其支付适当的报酬。"

[②] 黑龙江省高级人民法院（2019）黑民终205号民事判决书。

标的商品，侵犯了A公司的著作权。法院经审查认为，案涉作品的创作体现了B合作社的意图和要求，系A公司受B合作社委托而创作的委托作品。该作品的著作权属于A公司，B合作社可以在委托创作的特定目的范围内免费使用该作品。案涉作品的特定目的是B合作社委托A公司为"三胜园"产品设计商标标识，B合作社在其生产的产品上将其注册为商标并作为商标继续使用并不违反法律规定，不构成著作权侵权。

案例2：委托人超越委托创作的特定目的范围使用作品的行为侵犯了受托人的著作权[①]

原告臧某是歌曲《希望、太阳、世界》的曲作者，该歌曲是原告接受被告减灾艺术组委会的委托所创作，但是双方没有对歌曲的著作权归属作出约定。因此《希望、太阳、世界》作为委托作品，著作权是归原告臧某享有的，而且该歌曲是尚未发表的作品，仍由原告控制，使用权是完全由原告享有的。但是，该作品是由被告减灾艺术组委会委托原告为其专题艺术片所创作的，被告取得了在其专题艺术片中使用该作品的权利。但在委托时，双方没有约定该作品还可以其他方式使用，即原告未许可被告在专题艺术片以外的范围使用，也未许可被告可以再向第三人许可使用。因此，减灾艺术组委会将该作品提供给某出版社用于制作《中国大摇滚》音带，超出了许可使用的范围，构成对原告著作权中使用权的侵犯，即委托人对其不享有著作权的委托作品不享有使用权，其在委托创作特定目的范围内的使用，实际上是著作权人许可的结果，仅为该范围内的该种使用方式的许可。凡是委托创作的作品，即含有这种许可，无须著作权人（受托人）明示，著作权人也不能以未明示为理由来对抗委托人的这种使用。

案例3：征集入选的广告语是否属于委托作品？[②]

原告刘某于2002年9月13日在《南国早报》上获悉南宁真龙伟业广告有限公司（以下简称真龙广告公司）为广西壮族自治区某卷烟厂（以下简称某卷烟厂）向全社会有偿征求"礼品真龙"香烟的广告用语后，创作了13条广

---

① 北京市高级人民法院（1994）高知终字第68号民事调解书。
② 一审：广西壮族自治区桂林市中级人民法院（2004）桂市民初字第64号民事判决书；二审：广西壮族自治区高级人民法院（2005）桂民三终字第3号民事判决书。

告词寄给真龙广告公司,但无音讯。2003年初看见其作品"天高几许?问真龙"以广告形式出现在桂林街头,作品中的"?"被删掉。二被告未支付奖金及未经许可大量复制发表其作品的行为已侵犯了其著作权,故原告诉至法院。

法院查明:2002年8月22日,某卷烟厂与真龙广告公司签订了一份《"拾万元诚征广告用语"活动合同书》,约定:某卷烟厂出资901350.00元委托真龙广告公司全权代理"拾万元诚征广告用语"活动,征集"真龙"香烟广告语。刊登"读者评选入围广告用语"公告,征集广告用语的时间自2002年9月13日起至同年9月30日止;在报刊上公布参与投票评选20条入围广告语全部选中的读者姓名,读者评选入围广告用语的时间自2002年10月6日起至10月20日止;将专家与读者评选综合后的最后评选结果在报纸上再次公布,在2002年12月底召开"入围作品颁奖暨记者招待会"。入围广告用语的著作权从公告之日起归某卷烟厂所有,入围广告用语可用于某卷烟厂产品"真龙"香烟的广告宣传及广告品制作等相关领域。后真龙广告公司按照某卷烟厂委托,于2002年9月13日在《南国早报》《八桂都市报》《广西政法报》等媒体上刊登"拾万元诚征'礼品真龙'广告用语"启事。刘某于2002年9月29日将自己创作的12条应征广告语寄给真龙广告公司,其中第3条应征广告语的内容是"天高几许?问真龙",在应征函件中,刘某对真龙广告公司在媒体上刊登的征集广告语启事没有提出异议或声明保留应征广告语的著作权。刘某仅要求真龙广告公司收妥应征广告语并注明作者,将作品提供给评委会挑选。

2002年11月14日,真龙广告公司在《南国早报》上刊登"拾万元诚征'御品真龙'广告用语精选作品",供读者评选入围广告语。其中,第29条广告语是"天高几许?问真龙",署名是《桂林日报》要闻部刘某。经读者投票评选及专家评定,真龙广告公司于2002年12月23日在《八桂都市报》《广西政法报》及2002年12月24日在《南国早报》上公布了全部入围获奖作品及作者名单,刘某创作的"天高几许?问真龙"获得入围奖,列于"品位篇"。征集广告语活动结束后,某卷烟厂按照其与真龙广告公司的约定,将刘某获奖作品"天高几许?问真龙"中的问号删掉,修改为"天高几许问真龙",用于其生产的"真龙"香烟的包装、广告、烟卡、公园门票、车票等,并以此展开对"真龙"香烟的促销宣传。

法院经审理认为：(1)关于"天高几年？问真龙"作品的著作权归属问题。原告刘某根据自己对"真龙"香烟品牌的认识、自己的文化底蕴及社会经验，通过智力劳动，创作出"天高几许？问真龙"广告语。该广告语以高度的概括性，反映对象的鲜明特征，具有丰富的内涵和艺术感染力，具有独创性，且以文字形式表现，可以以某种形式复制，属于《中华人民共和国著作权法》保护的文字作品范畴。该作品的著作权自创作完成之日起即属于原告刘某享有。(2)关于原告刘某创作的"天高几许？问真龙"广告语著作权是否已转让给二被告的问题。被告真龙广告公司刊登的征集广告语启事是要约邀请而非要约。真龙广告公司在征集启事中声明入围作品的使用权和所有权归其所属，指的是对原告作品的稿件本身在此次征集活动中具有所有权和使用权，并不因此而取得对原告作品的著作权。因此，原告作品的入围，并不当然产生二被告取得该作品著作权的法律后果，该作品的著作权仍属于原告刘某。二被告以征集启事已对著作权归属作出声明，原告一经应征，即与真龙广告公司形成委托创作合同关系作为抗辩理由不能成立。(3)关于二被告的行为是否构成侵权的问题。真龙广告公司未依法与刘某签订任何著作权使用许可合同或著作权转让合同，即擅自将刘某的入围作品许可某卷烟厂使用；某卷烟厂虽然委托真龙广告公司为其征集香烟广告，但未要求真龙广告公司依法与作者签订著作权许可使用或转让合同，亦未审查真龙广告公司许可其使用入围广告语是否合法，即将该广告语改编，大量复制，并通过户外广告牌、宣传册、产品包装、礼品包装、电视广告等形式广泛地进行宣传、使用，二被告的行为均侵害了原告刘某的著作权，应当对侵权结果承担连带责任。最终，法院支持了原告的诉讼请求。

（江刘容 撰写）

第二十条：原件所有权和著作权的关系

【法条对比】

2010年著作权法	2020年著作权法
第十八条　美术等作品原件所有权的转移，不视为作品著作权的转移，但美术作品原件的展览权由原件所有人享有。	第二十条　作品原件所有权的转移，不改变作品著作权的归属，但美术、摄影作品原件的展览权由原件所有人享有。作者将未发表的美术、摄影作品的原件所有权转让给他人，受让人展览该原件不构成对作者发表权的侵犯。

【条文主旨】

本条规定了作品原件所有权和作品著作权之间的关系。

【修改理由】

2010年《著作权法》第十八条规定："美术等作品原件所有权的转移，不视为作品著作权的转移，但美术作品原件的展览权由原件所有人享有。"

在2010年《著作权法》第十八条的适用过程中，主要出现了两个争议。第一个争议是根据《著作权法》第十条的规定，展览权保护的对象不仅包括美术作品，还包括摄影作品。然而2010年《著作权法》第十八条仅针对美术作品原件所有人的展览权作出了特别规定，对于实践中同样有展览需求的摄影作品，没有对其原件所有人的展览权作出特别的安排，在客观上不利于摄影作品的传播和市场价值的实现。

第二个争议是展览权和未发表作品的发表权之间的冲突问题。对于已经发表的美术作品或摄影作品，根据"发表权一次用尽"的原理，著作权人在转让了原件的物权后无权再控制该商品的流转，原件所有人再行使展览权，不会对著作权人的发表权造成损害。但对于未发表的美术作品或摄影作品而言，在转移了所有权之后，其发表权仍然属于作者或由作者的继承人行使，导致原件所有人行使展览权受到阻碍，理由在于：原件所有人在行使展览权的同时也会将作品公之于众，造成著作权人发表权的实质性丧失，此时原件所有人行使展览权的行为则面临是否构成侵犯他人发表权的争议，在司法实践中也成为法院裁判的难点。

对于该条文的以上两个问题，这次《著作权法》修改专门作出了回应。修改后的《著作权法》第二十条第一款将"摄影作品"纳入了该条的适用范围。此外还在第二十条第二款专门规定，"作者将未发表的美术、摄影作品的原件所有权转让给他人，受让人展览该原件不构成对作者发表权的侵犯"，为司法实践的裁判提供了法律依据，有利于促进裁判标准的统一。同时，这次的修改还针对条文语句进行部分修改，例如将"不视为作品著作权的转移"改为"不改变作品著作权的归属"，这样的修改是合理的："视为"带有拟制之意，为将两个不同的事物赋予相同的法律效果，而对于该条之规定而言，知识产权作为无形财产权，具有财产属性和人身属性，原件所有权的转移不会导致著作权的转让，不涉及拟制法律效果，因此改为"不改变作品著作权的归属"更为严谨。

【条文释义】

【价值、功能与立法目的】

著作权客体的无形性意味着其需要借助一定的载体予以固定或呈现，但载体与作品具有非同一性，作品原件的所有权和作品的著作权亦是两个独立的概念。物品原件所有权的转移不会改变著作权的归属。换言之，买受人通过买卖、赠与等方式取得了作品的所有权，并不当然取得该作品的著作权。由此可能导致作品在流转过程中出现著作权与物权相分离的状况。而著作权与物权都作为绝对权，具有对世性，著作权与物权分离的状态就可能导致物权所有人行使物权的合法行为可能侵犯他人著作权，造成著作权与物权之间的冲突。典型的例子即是展览权的行使。展览权作为著作权中财产权的一种，在通常情形下属于作者，但当作品原件通过买卖、赠与等方式进行了流转时，作品原件由所有权人控制，若再强调著作权人对原件具有展览权，在实际上存在相当障碍和不合理之处。而且，赋予原件所有人对原件的展览权，一般不会损害作者的利益，且有益于社会欣赏美术作品、摄影作品。此外，与其他类型的作品相比，美术作品和摄影作品在被收购后主要是通过展览的方式去实现市场价值的提升。通过对美术作品和摄影作品的展览、拍卖吸引买家，从而提高该作品的市场利益。如果不对著作权人的展览权作出一定的限制，那么原件所有人的展览行为就会受到著作权人展览权的控制，不利于商品的自由流通、以实现物尽其用，而2020年《著作权法》第二十条的规定正是为了解决这个问题。其通过法律拟制的方式赋予美术作品、摄影作品的所有人以展览权，也正是为了促进美术作品、摄影作品市场交易便利化，从而允许物权人基于对载体的支配而享有部分著作权的权能。①

对于未发表的作品而言，原件持有人实现展览权和著作权人行使发表权存在内在张力。此时若僵化照搬已发表作品中将展览权和发表权相分离的制度设计，则会导致或原件所有人行使展览权而侵害著作权人发表权，或著作权人坚持不发表而损害原件所有人的展览利益而出现两难的困境。事实上，这种困境的根源在于：向不特定社会公众公开展览美术、摄影作品是展览权的题中应有之义，而展览又是著作权人行使发表权的方式之一，因此对未发表作品的展览必然在客观上导致作品被发表，若僵化保护著作权人的发表权，则会使得原件所有人的展览行为构成侵权，著作权人和原件所有人的利益处于对立冲突状态。为了促进美术、摄影作品的市场流通和价值实现，2020年修正后的《著作权法》第二十条对著作权人和原件所有人之间重新进行了利益分配，对著作权的发表权作出了一定的限制，赋予未发表作品的原件所有人以完满的展览权。只要原件所有人通过合法正当途径获得了美术、摄影作品的原件，即可视为著作权人同意原件所有人以展览的方式对作品进行发表，受让人展览作品原件的行为不构成对作者发表权的侵犯。原件所有人享有的展览权，是以对原件的实际控制为基础的。这一规定实际上旨在防范作者对

---

① 杨述兴：《论作品与载体的关系》，载《知识产权》2012年第6期。

原件所有人以展览方式使用作品原件的不合理干预，规定未发表作品的原件所有人展览该作品并不侵犯原作品的著作权。

但值得注意的是，立法者在修改过程中仅规定未发表的美术作品、摄影作品的原件所有人享有不受发表权制约的展览权利，而尚未规定复制品的所有人享有这一权利。这是因为无论是美术作品还是摄影作品，原始载体的价值都远远高于复制载体，甚至有时超出了该作品的著作权市场价值。[①]例如著名画家的神来之笔有时仅在当时当地当景有灵感，即便是本人再就同一主题创作也很难达到当时那一件原作的水准，故而原件的市场价值具有相当的保护必要性。而反观复制件则并非如此，著名画作的复制品由于复制手段的多样性和便捷性而价格较低，复制件的展览价值和原作的展览价值绝不可相提并论。[②]如若对于复制件所有人，仍要求原著作权人让渡其发表权则不尽合理。这也体现出修法后法律要求著作权人对未发表的摄影作品及美术作品原件所有权人让渡相应的发表权，正是综合考虑原件及复制件的价值，进行充分利益衡量后的处理。

【规范内涵】

对于《著作权法》第二十条的理解需要从以下几个方面予以把握。

首先，作品原件所有权的转移不改变作品著作权的归属，意味着对于同一载体出现了物权主体和著作权主体相分离的情形时，原件所有人行使物权的行为不能侵害他人的著作权。也就是说，作品原件的所有权人在占有、使用、收益、处分作品的过程中不得实施篡改作者身份、破坏作品完整性、增加署名或改变署名、批量复制作品、将该作品内容上传网络等侵害作品著作人身权及财产权的行为。

其次，美术、摄影作品原件所有人的展览权行使的范围仅限于作品原件，而不限于作品的复印件。相较于动产、不动产等物权客体的有形性而言，知识产权的客体具有无形性，具有使用上的非竞争性，即他人对知识产权的实施或使用不会导致知识产权人无法使用该知识产权，由此需要法律规

[①] 杨述兴：《论作品与载体的关系》，载《知识产权》2012年第6期。
[②] 刘铁光、王考：《摄影作品原件可以展览吗？——基于〈著作权法〉修订草案送审稿第22条第2款的思考》，载《中国版权》第2期。

范对知识产权的复制、发行、出租、信息网络传播等行为进行控制，以保护知识产权人的合法利益，激励创新。基于此理念，对于美术、摄影作品原件所有人的展览权的特殊规定应具有一定的限制：原件所有人的展览权行使的范围仅限于作品原件，而不及于复制件，作品的复制权、信息网络传播权等权利仍应由著作权人行使，方能实现原件所有人和著作权人之间的利益平衡。

最后，对于2020年修正后的《著作权法》第二十条第二款，作者将未发表的美术、摄影作品的原件所有权转让给他人，受让人展览该原件不构成对作者发表权的侵犯。这一款的规定深刻体现了著作权人与原件所有人之间的利益平衡。作者将未发表的美术、摄影作品转让给第三人时，应推定其同意原件所有人以展览的方式对作品进行发表，原件所有人行使展览权的行为不构成对作者发表权的侵犯，此时原件所有人拥有的展览权才是完整的，有利于最大限度发挥美术、摄影作品的市场价值，促进商品流通。

【以案说法】

案例1：书信著作权人或其继承人可依法行使其发表权，书信原件持有人未经著作权人许可不得公开拍卖

钱钟书（已故）与杨季康（笔名杨绛）系夫妻，二人育有一女钱瑗（已故）。钱钟书、杨季康及钱瑗与李国强系朋友关系，三人曾先后致李国强私人书信百余封，该信件本由李国强收存。但是2013年5月间，中贸圣佳公司发布公告表示其将公开拍卖钱钟书书信手稿私人信件。杨季康主张，中贸圣佳公司及李国强即将实施的私人信件公开拍卖活动，以及其正在实施的公开展览、宣传等活动，将侵害杨季康所享有和继承的著作权，如不及时制止上述行为，将会使杨季康的合法权益受到难以弥补的损害，故向法院提出申请，请求法院责令中贸圣佳公司及李国强立即停止公开拍卖、公开展览、公开宣传杨季康享有著作权的私人信件。

法院认为，杨季康作为著作权人或著作权人的继承人，享有涉案书信作品的发表权，即享有决定作品是否公之于众的权利。如果他人未经许可非法发表涉案书信手稿，将对申请人杨季康的发表权造成难以弥补的损害。此外，发表权是著作权人行使和保护其他权利的基础，一旦作品被非法发表，极易

导致权利人对其他复制、发行等行为难以控制。在杨季康明确表示不同意将其享有权利的涉案作品公之于众的情况下，中贸圣佳公司即将公开预展、公开拍卖涉案书信手稿，以及为拍卖而正在或即将通过报刊、光盘、宣传册、计算机网络等方式复制发行涉案书信手稿的行为构成对申请人杨季康发表权及复制权、发行权的侵犯。①

案例2：将花束拍照上传微信朋友圈的行为是否侵犯著作权人的著作权？

本案的焦点是：买受人在取得花束所有权后，拍照并上传微信朋友圈的行为是否侵犯他人著作权。两审法院虽然在结论上相同，但是论证路径不同。一审法院山东省济南市历下区人民法院认为，插花作品是以花草组合等方式构成的具有审美意义的立体的造型艺术作品，具有独创性的插花作品可以据此获得法律保护。本案中的插花是否具有独创性是决定其作品能否得到著作权保护的关键。从双方认可的插花照片分析，涉案花束在色彩、搭配、植物线条上，未能体现其独创性特点，因此不属于《中华人民共和国著作权法》保护范围的作品。故而，花束所有人并未侵犯他人著作权，法院据此驳回了原告诉讼请求。

然而，二审法院山东省济南市中级人民法院作出了不同的说理：独创性包含"独立完成"和"创作性"两个方面的内容。首先，涉案花束确系被告由原告处购买，且被告未提供反证证明制作者另有他人，故本院推定涉案花束的制作人为张某。对于涉案作品是否具有创作性的问题，主要看是否体现了作者的个性表达，本案中原告从色彩搭配与过渡、花材的选择等方面进行了阐释，在视觉上具备美感。因此，涉案花束具备独创性，构成美术作品中的实用艺术品。被告从合法渠道购得花束后，对花束享有所有权，美术作品的所有权的转移不改变著作权归属，原件所有人拥有展览权。公开展览面向的对象是不特定社会公众，但是本案中将花束拍照后上传朋友圈的行为受众仅限于特定群体，传播范围有限，主观上没有恶意，也没有获取经济利益的意图，客观上并未给上诉人造成不良影响，在此情况下其行为应视为对所有权的正当行使，不构成对著作权的侵犯。②

---

① 北京市第二中级人民法院（2013）二中保字第9727号民事判决书。
② 山东省济南市中级人民法院（2017）鲁01民终998号民事判决书。

案例3：原件所有人展览权的行使仅限于美术、摄影作品的原件，不包括复印件

茅某用毛笔书写的一篇评论文章《谈最近的短篇小说》，原件所有人为本案被告张某。张某委托经典拍卖公司拍卖多件物品，其中包括涉案手稿。案件的争议焦点为张某与经典拍卖公司是否侵犯了原告的著作权。一审法院认为，作品原件的所有权转移，作品的著作权并不随之转移。张某作为所有人，有权以拍卖的方式出售作品原件，经典拍卖公司作为拍卖人，依法在拍卖过程中展示、宣传作品，不应构成对原审原告著作权的侵犯。

二审法院推翻了一审法院的观点：在物权与著作权发生冲突时，物权应受到一定限制，物权人在占有、使用、收益、处分其财产时，不应侵害到著作权人的合法权益。在茅某继承人在世的情况下，涉案手稿的发表权应由作者的继承人行使，作品原件所有人张某以及经典拍卖公司并不享有发表权。经典拍卖公司在拍卖活动中，将该美术作品的完整高清照片通过互联网向社会公开，公众可以在网页上详尽地观察到手稿作品的全部内容和所有细节，在现代互联网传播信息的速度下，经典拍卖公司上传照片的行为客观上已将该美术作品公开发表，侵害了上诉人的发表权。展览权是美术作品所有者或购买者最为重视的权利之一，也是物权人合理使用其所有物的一种方式，但其行为的合法性本质上是作品物权赋予的，所以，美术作品所有人展览权的行使仅限于作品原件，而不包括复印件。本案中，经典拍卖公司并非涉案手稿的"原件所有人"，其只是受委托的拍卖方，且上传网络展示的手稿照片也非"作品原件"，而是电子复制件，因此构成侵犯发表权的行为。[①]

案例4：著作权人将书法作品原件交给他人，并对他人将该作品置于牌匾的行为数年未表示异议，应视为默示许可其在牌匾上使用

被告是一家主要经营公墓、殡仪服务的公司。自2005年起，原告给被告提供刻碑服务，被告分批分期向原告支付刻碑费用。2006年，被告将原告书写的"鸿龙寨陵园"字样用于鸿龙寨生态陵园门楼牌匾上，并在被告宣传彩页上使用进行公司宣传。牌匾上署名"郭某题"，宣传彩页上未署名。2018年双方终止合作关系，原告向被告主张权利未果，诉至法院。另外，鸿龙寨公

---

① 南京市中级人民法院（2017）苏01民终8048号民事判决书。

司复制"鸿龙寨陵园"书法作品用于门楼牌匾亦未向郭某支付报酬。关于上诉人书法作品费用问题，郭某曾为被上诉人书写并雕刻"上善若水"，鸿龙寨公司按照每个字500元向郭某支付2000元。

法院经审理认为，对于被告在牌匾上复制该书法作品的行为，本案中基于双方之间的合作关系，被告不会将此五个字做其他用途，合理的解释应当是用于悬挂等用途，且作品原件已交给被告，被告将以上五个字复制于陵园门楼后，原告并未提出异议，直至12年后的2018年，才予以起诉。对此，应当认为原告同意被告复制此五个字于门楼作牌匾，并注明原告题。该复制行为获得了原告许可，不构成侵权。故原告主张被告侵犯其作品复制权的理由缺乏依据，不能成立。

但是，对于被告将"鸿龙寨陵园"字样用于广告宣传彩页，未给原告署名的行为，未能证明经过原告明示或默示许可，侵犯了原告对其作品享有的署名权、复制权等。原告主张销毁刊印有其作品的广告宣传彩页，具有事实和法律依据，予以支持。至于原告主张被告应向其书面赔礼道歉，由于原告自2005年起即为被告公司提供墓碑雕刻服务，双方存在合作关系，原告并无证据证明被告的侵权行为给其名誉造成了一定侵害。一审判决未支持该项诉讼请求，并无不当。[①]

（邵红红 撰写）

---

① 陕西省高级人民法院（2019）陕民终1063号民事判决书。

第二十一条：著作财产权的承继

(法条对比)

2010年著作权法	2020年著作权法
第十九条　著作权属于**公民**的，**公民**死亡后，其本法第十条第一款第（五）项至第（十七）项规定的权利在本法规定的保护期内，依照**继承法的规定**转移。 著作权属于法人或者**其他组织**的，法人或者**其他组织**变更、终止后，其本法第十条第一款第（五）项至第（十七）项规定的权利在本法规定的保护期内，由承受其权利义务的法人或者**其他组织**享有；没有承受其权利义务的法人或者**其他组织**的，由国家享有。	第二十一条　著作权属于**自然人**的，**自然人**死亡后，其本法第十条第一款第五项至第十七项规定的权利在本法规定的保护期内，依**法**转移。 著作权属于法人或者**非法人组织**的，法人或者**非法人组织**变更、终止后，其本法第十条第一款第五项至第十七项规定的权利在本法规定的保护期内，由承受其权利义务的法人或者**非法人组织**享有；没有承受其权利义务的法人或者**非法人组织**的，由国家享有。

【条文主旨】

本条规定了著作财产权的承继规则。

【修改理由】

本条主要修改为：第一，为了保持与《民法典》等法律用语的统一性，将原来规定中的"公民"修改为"自然人"，"其他组织"修改为"非法人组织"。第二，同样基于我国《民法典》的实施，《继承法》等法律的废除，因而将原来第一款的"依照继承法的规定转移"修改为"依法转移"。《民法典》中的继承编是典型的"依法"对象。本条修改主要体现的是《著作权法》与其他法律规定的内在统一性，使得《著作权法》的规定更加规范。同时也是为了《著作权法》内部统一，规范更加合理。

【条文释义】

【价值、功能与立法目的】

本条主要是对著作权人死亡、变更、终止等情形下，著作权人主体无法作为著作权人的情形下，为了著作权的有序行使而做的制度安排。本制度体现出对著作权承继获得的制度保障，使得著作权能够通过法律规定脱离原来的著作权人，顺利转移给新的合法主体，并由新的著作权人享有著作权。本条主要是为了使得著作权人能够在法定期限内获得完整的著作权价值，充分体现出对著作权的全生命周期的保护。从制度安排上来看，此制度也能为著作权相关市场秩序提供明确的主体支撑，稳定著作权有关的市场秩序，促进作品著作权的行使，充分发挥著作权对社会的有益价值。

【规范内涵】

在我国著作权人可以是自然人，也可以是法人或非法人组织。自然人的著作权人死亡与法人或者非法人组织的著作权人变更或者终止均能够直接使得原来的著作权人的身份终结，在此情形下著作权人应当由谁来承继成了现实的问题。根据《著作权法》的规定，著作权分为著作人身权和著作财产权。一般认为著作人身权不可转让和转移，但是著作财产权可以转让和转移。

自然人的著作权人死亡、法人或者非法人组织的著作权人变更或者终止的，著作权发生转移的适用条件必须是著作财产权还在法定保护期内，超过著作权法定保护期的进入公共领域，不再享有《著作权法》第十条第一款第五项至第十七项规定的著作财产权利。著作权发生转移的情形包括：（1）自然人死亡的，其著作权转移依法进行。（2）法人或者非法人组织的著作权：①变更或者终止后，其著作权由承受其权利义务的法人或者非法人组织享有；②没有承受其权利义务的法人或者非法人组织的，由国家享有。这与《公司法》的相关规定也具有内在的统一性，权利义务一并由承继主体负担。

另外，对于著作人身权而言，根据《著作权法实施条例》第十五条的规定，作者死亡后，其著作权中的署名权、修改权和保护作品完整权由作者的继承人或者受遗赠人保护。著作权无人继承又无人受遗赠的，其署名权、修改权和保护作品完整权由著作权行政管理部门保护。对于自然人亡故后无人继承的著作权，根据《民法典》第一千一百六十条的规定，"无人继承又无人受遗赠的遗产，归国家所有，用于公益事业；死者生前是集体所有制组织成员的，归所在集体所有制组织所有"。

【以案说法】

案例1：自然人的著作权继承

傅雷为我国著名翻译家、文艺评论家，于1966年9月3日去世，其妻朱梅馥于1966年9月2日去世，长子傅聪，次子傅敏。天津社会科学院出版社于2014年6月出版《傅雷家书》，署名"傅敏编"，版权页注明"傅雷、朱梅馥著；傅敏编"。天津社科院版图书包含以下几部分：（1）署名为三原公司的《出版说明》；（2）署名为楼适夷的代序《读家书，想傅雷》；（3）傅聪家信9封；（4）傅雷夫妇给孩子们的信［父亲信133封（含英法文信23封）、母亲信39封（含英法文信1封）］；（5）傅敏撰写的《编后记》2篇。T出版社于2016年7月出版《傅雷家书》，署名"傅雷著"，定价为36元，三河市腾飞印务有限公司印刷。T版图书与天津社科院版图书主体内容相同，包含上述各部分内容。

本案中，傅敏、三原公司称其仅对天津社科院版图书中的文字作品主张权利，放弃对朱梅馥书信作品主张权利。傅敏主张其对天津社科院版图书内容享有以下权利：其自行撰写的《编后记》的著作权、继承傅雷书信的著作财产权、选编天津社科院版图书继而享有汇编作品的著作权。三原公司主张其对天津社科院版图书内容享有以下权利：《出版说明》的著作权、楼适夷撰写的代序《读家书，想傅雷》的著作财产权、傅聪书信的著作财产权、金圣华的译文译注的著作财产权。庭审中傅敏称，金圣华翻译家书中的英、法文书信内容系经其授权。另查，楼适夷于2001年4月20日去世。

法院经过审理认为傅敏、三原公司对天津社科院版图书享有权利。对于著作权的承继问题而言，主要为：（1）傅敏、三原公司在本案中主张的权利为署名权、复制权、发行权，分别为保护期不受限制及《著作权法》第十条第一款第（五）项、第（六）项规定的权利，故根据现有证据，傅敏、三原公司主张的上述权利在《著作权法》施行之日（即1991年6月1日）尚未超过该法规定的保护期（傅雷书信的著作财产权的保护期限截止于2016年12月31日），应依照该法予以保护。（2）傅雷家书，为傅雷与家人的往来书信，由傅雷、其子傅聪等人撰写创作，书信的文字内容具有独创性，傅雷、傅聪对其撰写的书信分别享有著作权。傅雷夫妇于1966年9月先后去世，傅雷书信的著作财产权依照继承法的规定转移，由其法定继承人傅聪、傅敏共同共有。傅敏、三原公司提交的生效判决确认，1990年1月1日，傅聪与傅敏签订《备忘录》，将傅雷所有著译在大陆地区的版权让渡给傅敏，故傅雷书信的著作财产权自此由傅敏单独享有。（3）根据傅敏于1987年11月26日撰写的《第三版后记》中提及的英法文信件以及中文信中夹用的外文均由金圣华女士翻译，以及金圣华于1987年12月8日撰写的《译注〈傅雷家书〉的一些体会》中提及"傅敏认为，既然《家书》之中编收的英、法文信件都是由我译成中文的，这次为全书译注的工作，也该由我担当，以求风格统一"等内容，加之傅敏有关金圣华翻译家书中英、法文书信内容系经其授权的陈述，证明金圣华翻译外文书信确系经傅敏授权，且翻译行为发生于1987年及以前。而此时，傅雷书信的著作财产权仍由傅聪和傅敏共同共有，后傅聪于1990年1月1日将其享有的傅雷书信的著作财产权让渡给傅敏，则傅敏授权金圣华翻译书信的行为自始生效，金圣华的翻译行为系经合法授权之行为，其翻译作品为经合法授权的翻译作品。（4）关于傅敏汇编天津社科院版图书是否系经书中原作品著作权人授权，一审法院认为，从天津社科院版图书的目录看，被汇编入书且傅敏、三原公司主张权利的内容包括代序《读家书，想傅雷》、傅聪书信、傅雷书信（含金圣华翻译为中文的书信内容）。傅敏作为傅雷的法定继承人，经傅聪的权利让渡，单独享有傅雷书信的著作财产权，有权对其进行处分，在其汇编天津社科院版图书时使用傅雷书信。（5）三原公司经傅聪、金圣华本人转让，取得了傅聪书信、金圣华的书信译文译注的全部著作财产权（全世界范围的中文简体字版，限于傅敏所选编傅雷家书等作品使用）。在无相反证据的情况下，三原公司经楼适夷的遗嘱转让，取得了楼适夷撰写的代序《读家书，想傅雷》的全部著作财产权（全世界范围的中文简体字版，限于傅敏所选编傅雷家书等作品使用）。后，三原公司与傅敏签订了《图书合作协议书》，将傅聪书信及其摘录、金圣华翻译家书中文译注和傅雷英法文信的中文译文、楼适夷撰写的代序《读家书，想傅雷》独家授予傅敏选编作品"傅敏编傅雷家书系列"时使用。故，傅敏将傅聪书信、金圣华的书信译文译注、楼适夷撰写的代序《读家书，想傅雷》汇编入天津社科院版图书，系经原作品著作权人授权。[1]

案例2：无人继承的著作权归属

末代皇帝溥仪是其自传《我的前半生》的著作权人，溥仪于1967年去世，其妻李淑贤继承了《我的前半生》著作权中的财产权。[2]李淑贤于1997年去世，死后无儿无女，也没有其他继承人，去世时也没有留遗嘱。《我的前半生》的出版单位某出版社于2007年8月22日向北京市西城区人民法院申请《我的前半生》一书的著作财产权为无主财产，称"我社在20世纪60年代初，按照有关部门的指示，出版发行了溥仪所著《我的前半生》一书，在社会上引起强烈反响和好评。1967年溥仪去世后，该书的著作权由溥仪的夫人李淑贤女士继承。1997年李淑贤去世。由于李淑贤没有继承人，现申请法院认定溥仪所著《我的前半生》一书为无主财产"。法院受理后发出财产认领公告，2008年8月22日，金某向法院申请认领《我的前半生》的著作财产权。[3]但是法官也表示，"申请无主财产案终结并非确认《我的前半生》的著作权归属，权利归属最终确认需要其他确权诉讼解决"。2009年8月，金某向北京市丰台区人民法院起诉某出版社，要求确认《我的前半生》著作权归已所有。丰台区人民法院认为该书著作权已经由法院生效判决确认归溥仪所有。李淑贤作为溥仪的唯一法定继承人，生前未对此书著作财产权进行处分。金某并不是李淑贤的遗产继承人，其要求确认《我的前半生》著作财产权归其所有，于法无据。

案例3：法人或者非法人组织的著作权人变更导致著作权的承继

著作权的承继问题厘清，往往直接涉及诉讼中主体资格正当与否的判断。在黄某与教育部考试中心侵犯著作权纠纷案中，[4]1997年7月16日全国高教自考办委托郑州大学法学院教授姜建初主编自学考试教材《票据法》一书，但

---

[1] 北京市海淀区人民法院（2016）京0108民初41381号民事判决书，北京知识产权法院（2017）京73民终986号民事判决书。
[2] 北京市高级人民法院（1995）高知终字第18号民事判决书。
[3] 北京市西城区人民法院（2007）西民特字第11692号民事判决书。
[4] 南宁市中级人民法院（2005）南市民三初字第67号民事判决书，广西壮族自治区高级人民法院（2006）桂民三终字第20号民事判决书。

由于1994年4月25日国家教育委员会已下发教人〔1994〕36号文明确将全国高教自考办、国家教委高教自考办与国家教委考试中心合并,合并后机构名称为国家教委考试中心,只是因工作需要,国家教委考试中心对外仍保留全国高教自考办、国家教委高教自考办两个名称,实行"一个机构,三个名称"。也即在此过程中,有著作权人的合并问题,涉及本条规定中的著作权属于法人或者其他组织的情形。根据该规定,法人或者其他组织变更、终止后,著作权法中的著作财产权在法定保护期内,由承受其权利义务的法人或者其他组织享有。因而,国家教委考试中心是全国高教自考办的权利和义务的继受人,即使全国高教自考办对外仍以自己的名义进行活动,但全国高教自考办在法律上不具有独立的民事主体资格,其权利义务依法也是由国家教委考试中心承受。机构改革后,国家教委考试中心更名为教育部考试中心(原告),原告是原国家教委考试中心的权利和义务的继受人。依照全国高教自考办与姜建初双方签订的合同约定,自学考试教材《票据法》一书的著作权属于原告,原告是该书的著作权人。

(周贺微 撰写)

第二十二条：保护期不受限制的著作权

【法条对比】

2010年著作权法	2020年著作权法
第二十条　作者的署名权、修改权、保护作品完整权的保护期不受限制。	第二十二条　作者的署名权、修改权、保护作品完整权的保护期不受限制。

【条文主旨】

本条规定了著作权中人身权的保护期不受限制。

【修改理由】

本条仅调整法条序号，内容无变化。

【条文释义】

【价值、功能与立法目的】

知识产权是一种垄断性的权利，这种垄断受到时间、空间、地域、范围等限制。为了避免权利绝对垄断，阻碍社会的进步和发展，知识产权制度必须充分考量社会公众的利益，以此促进科学、文化、艺术领域的发展和进步。因此，为在知识产权人与社会公众之间达到某种平衡，世界各国对于著作权的保护都限定了相应的期限。对著作权保护期限的限制，能够使作品进入公共领域，促进公众创作出数量更多、品质更优、内容更加丰富多彩的作品。这种限制既针对著作权中的财产权，也包括著作权的人身权的部分权利。《著作权法》的立法目的贯穿整个法律制度，即保护作者权益、促进我国文化事业发展，这在著作人身权制度中也有体现。既要对著作人身权进行"保护",以维护作者的人格和尊严,保障作者获得人身利益;也要对其进行"限制",避免社会进步和科学艺术发展受到阻碍。署名权、修改权、保护作品完整权、发表权均属于著作人身权的范畴,本条款之所以对署名权、修改权、保护作品完整权规定不受保护期限的限制,是因为这三项权利体现了作者的尊严与人格,无论作者是否在世或者存续期间,对于此三项人身权利的保护都不会影响到社会公共利益,而是更加突出了对作者人身权利的保护,对于鼓励作者创作具有积极意义。发表权虽然同样属于著作人身权,但应对其进行限制以维护公共利益。《伯尔尼公约》中著作人身权又被称为精神权利,是作者因创作作品而享有的某种与其人格、身份高度相关联的专有性权利。这种权利与作者的人身之间具有密不可分性,其体现了作者个人的精神、意志,不能转让、不能继承、不能被剥夺和限制,这与民法原则相一致,即民事主体人身权与主体不可分离、保护期限不受限制。各国由于立法传统不同,对于著作人身权保护期限的规定各有特色。大陆法系国家认为著作人身权的保护应当是永久的、不受限制的或者至少应到著作财产权的保护期限;英美法系国家偏重于智力作品的"个人财产性",对于著作人身权规定其保护期随作者死亡而消失或者在著作财产权利终止后延续一定时间,或在作者死亡后延长一定时间。我国《著作权法》中对于著作人身权保护期规定,除对发表权有限制外,对其他著作人身权无限制。

【规范内涵】

关于第二十二条"作者的署名权、修改权、保护作品完整权的保护期不受限制"。根据此条款,作者的署名权、修改权和保护作品完整权永远受法律保护,没有任何期限限制。根据《著作权法》第十条第一款规定,署名权是指表明作者身份,在作品上署名的权利,比如"天下霸唱"在其撰写的《鬼吹灯》系列作品中署名,表明自己作者的身份。署名可以是真名,也可以是笔名。修改权,是指自己修改或者授权他人修改作品的权利,包括内容、思想的修改,也包括形式的修改。保护作品完整权,是指保护作品不受歪曲、篡改的权利。这三项权利连同发表权,一并构成了著作权人身权制度。一般来说,在作者(自然人)生前,或者根据《著作权法》享有著作权的法人、非法人组织存续期间,署名权、修改权和保护作品完整权由作者或者法人、非法人组织自己行使。非作者强行署名、删除作者署名并使用非作者姓名、剽窃作品，或者未经过作者同意修改或者删除作品，导致作品与原来创作意图相悖、违背作者初衷的，破坏了作者在作品中传达的真实意思，以及其他有损害作者声誉、名誉的，作者可以依法要求侵权人承担停止侵害、消除影响、公开赔礼道歉等相应的法律责任，以维护作者的尊严和人格。至于作为作者的自然人死亡后，作者的署名权、修改权、保护作品完整权则由其继承人或者受遗赠人进行保护（不是继承）；作为作者的法人或者非法人组织终止或者变更后，这几项权利由承受其权利义务的法人或者非法人组织负责保护。如果作者没有继承人、受遗赠人或者没有承受其权利义务的法人或者非法人组织，将由国家来保护。[①]即使作品著作财产权被转让，著作人身权也应当由作者享有，除了发表权以外其余著作人身权均不受期限限制。

【以案释法】

案例1：以赝品作为收藏品进行出版的，侵犯逝者的署名权[②]

王大凡（1888—1961）系"珠山八友"之一，中国陶瓷美术大师，近代景德镇市杰出陶瓷绘画艺术家，是将国画艺术和诗、书、画、印运用到陶瓷艺术上的杰出代表。原告王某系王大凡之孙。被告黄某对"珠山八友"作品有一定的收藏，与王某亦因此相识，二人就黄某收藏的作品有过交易，并就黄某收藏的"珠山八友"作品出版发行事宜进行过协商，但未成功。2013年9月，王某发现由黄某所著，由被告某出版社出版发行《珠山八友瓷画大系》在景德镇市销售，该书刊登了署名为王大凡的苏公玩月粉彩瓷板、和靖咏梅、伯牙爱琴粉彩瓷板等共36件作品。对以上所谓王大凡作品，黄某在书中称均系其个人收藏。原告王某购买该书后确认，该书中17件所谓的王大凡作品与王大凡的其他作品相比，差距较大，均系假冒品，认为二被告的行为已严重侵犯王大凡的署名权，故诉至法院。法院裁判认为，原告王某系王大凡法定继承人，在王大凡过世后，依法有权继承王大凡就其作品享有的著作权中的相应财产性权利，并有权保护王大凡的署名权不受侵犯。著作权包括人身权

---

① 赵锐：《论孤儿作品的版权利用——兼论〈著作权法〉（修改草案）第25条》，载《知识产权》2012年第6期，第58页。

② 江西省景德镇市中级人民法院（2018）赣02民初82号民事判决书。

和财产权。署名权则属著作权中的人身权，即在相应作品上表明作者身份，署上作者名字的权利，且保护期是不受限制的。作为艺术品收藏者，若将其藏品进行拍照结集出版，则须具备一定的鉴赏能力，应确保向公众出版展示的作品为作者真迹，若以赝品进行出版，则侵犯了著作权人的署名权。本案中，原、被告对其中的5件名为王大凡作品的事实均无异议，即双方均认可王大凡对上述作品享有相应著作权。根据司法鉴定意见，《珠山八友瓷画大系》中刊载的5件作品包括作品上的相应题款笔迹与王大凡笔迹不一致，不是同一人所写。故黄某作为上述作品的收藏者，在其著作的《珠山八友瓷画大系》一书中将上述作品署名为王大凡作品，未尽到相应审查甄别、审慎注意义务，已侵犯王大凡的署名权，且因《珠山八友瓷画大系》在全国发行，其面向民众的影响较为广泛，在书中出现伪作的情况下，会造成对被署名者王大凡的不良评价，故应根据相关规定，承担相应停止侵害、消除影响、赔礼道歉及维权的合理费用等民事责任。

案例2：继承人可针对侵害著作权人署名权、修改权的行为提起诉讼[1]

1979—1981年，傅敏将傅雷、朱梅馥、傅聪的家信整理、编选、辑集起来，汇编成《傅雷家书》公开发表。1981年7月，楼适夷专门写了《读家书，想傅雷》，作为《傅雷家书》代序，介绍了《傅雷家书》的出版缘起和出版价值。1981年8月，《傅雷家书》由北京三联书店出版发行。三十六年来，由于傅敏的不断发掘整理，丰富选编内容，《傅雷家书》不仅成为我国著名的品牌图书，并由出版时的一本小书逐步形成如今拥有十余个品种的"傅雷家书"系列。《傅雷家书》主要由楼适夷代序、傅雷夫妇家信、傅聪家信、给儿媳弥拉的英法文信中译本四个方面内容构成，其往来家信的时间跨度为：傅雷夫妇家信为1954—1966年，傅聪家信为1954—1965年。被告出版的《傅雷家书》共收集傅雷家信110封，朱梅馥家信13封，傅聪家信22封，同时被告还擅自删改119封傅雷家信和13封朱梅馥家信且未加任何说明，侵犯了傅雷和朱梅馥的修改权，以及朱梅馥的署名权。故原告诉至法院。

法院裁判认为：因傅雷妻子朱梅馥已经去世，而傅雷长子傅聪已在2009年签订的"备忘录"中明确傅雷所有著译在中国大陆地区的版权均归次子傅

---

[1] 杭州铁路运输法院（2017）浙8601民初1749号民事判决书。

敏所有，故傅敏作为傅雷作品著作权的继承人，可以就侵害傅雷署名权、修改权的行为提起诉讼主张。被控侵权图书在编入傅雷、朱梅馥所作多封书信时对原文内容进行了删节，属于著作权法意义上的修改，在未征得同意的前提下，构成对傅雷和朱梅馥修改权的侵害。因此，被告因在制作、发行涉案《傅雷家书》一书过程中对傅雷和朱梅馥的书信进行了删改，构成对二人作品修改权的侵害，傅敏以二人继承人的身份提起的侵权指控可以成立。

案例3：已故作者署名权遭受侵害，其继承人能否要求侵权人赔礼道歉？①

原告起诉称，华三川是中国老一辈著名画家，在国内外享有崇高声誉，特别擅长古典人物画，高人雅士、神仙仕女均为其代表作。华三川于2004年去世，其与妻子陆某共生有四个子女：华某、华小蓉、华芝蓉和华琳琳。华三川的三个女儿已通过公证放弃了继承权，陆某、华某作为继承人依法享有华三川作品著作权中的财产权和人身权。被告某通信公司下属的G公司在其发行的电话卡上使用了华三川创作的美术作品《月下独酌》。2011年1月28日，原告在云洲公司处购得上述被控侵权电话卡，并办理了证据保全公证。原告认为，被控侵权电话卡的发行单位G公司经重组最终归并于某通信公司，因此，被告某通信公司应当承担本案的侵权责任。被控侵权电话卡侵害了原告对华三川作品享有的署名权、复制权、发行权和获得报酬权。原告为维护其合法权益，请求法院判令：被告某通信公司在《新民晚报》中缝以外版面刊登声明，就侵害华三川作品人身权向原告赔礼道歉。一审法院认定《华三川唐人诗意图》收录画作是由已故画家华三川创作，且美术作品《月下独酌》署名作者为华三川，美术作品著作权中财产性权利的保护期为作者终生及其死亡后50年，作者死亡后，其著作权中的署名权和修改权由作者的继承人保护，著作权中的财产权利由作者的继承人享有。被告未经许可，在其制作发行的电话卡正面擅自使用华三川的美术作品《月下独酌》，且未标明作者身份，未支付报酬，侵犯了华三川对相关作品享有的署名权及两原告享有的复制权、发行权。因此判决被告某通信公司承担赔礼道歉、赔偿损失等民事责任。被告不服，提出上诉后，二审法院认为署名权属于人身权的范畴，但署

---

① 上海市徐汇区人民法院（2012）徐民三（知）初字第315号民事判决书；上海市第一中级人民法院（2013）沪一中民五（知）终字第51号民事判决书。

名权由作者专属享有，作者去世后，其继承人并不继承取得著作权中的署名权等人身权利，仅对这些人身权利进行保护。本案涉案作品的作者已经去世，如判令向作者赔礼道歉已无履行可能，而涉案侵犯署名权的行为并不会导致被上诉人人格或精神受损，最终认定一审法院判决赔礼道歉不当，二审法院予以纠正。

（江刘容 撰写）

第二十三条：著作权的保护期限

（法条对比）

2010年著作权法	2020年著作权法
第二十一条 **公民**的作品，其发表权、本法第十条第一款第（五）项至第（十七）项规定的权利的保护期为作者终生及其死亡后五十年，截止于作者死亡后第五十年的12月31日；如果是合作作品，截止于最后死亡的作者死亡后第五十年的12月31日。 法人或者**其他组织**的作品、著作权（署名权除外）由法人或者**其他组织**享有的职务作品，**其发表权、本法第十条第一款第（五）项至第（十七）项规定的权利的保护期为五十年，截止于作品首次发表后第五十年的12月31日**，但作品自创作完成后五十年内未发表的，本法不再保护。 **电影作品和以类似摄制电影的方法创作的作品、摄影作品，其发表权、本法第十条第一款第（五）项至第（十七）项规定的权利的保护期为五十年，截止于作品首次发表后第五十年的12月31日**，但作品自创作完成后五十年内未发表的，本法不再保护。	第二十三条 **自然人**的作品，其发表权、本法第十条第一款第五项至第十七项规定的权利的保护期为作者终生及其死亡后五十年，截止于作者死亡后第五十年的12月31日；如果是合作作品，截止于最后死亡的作者死亡后第五十年的12月31日。 法人或者非法人组织的作品、著作权（署名权除外）由法人或者非法人组织享有的职务作品，**其发表权的保护期为五十年，截止于作品创作完成后第五十年的12月31日；本法第十条第一款第五项至第十七项规定的权利的保护期为五十年，截止于作品首次发表后第五十年的12月31日**，但作品自创作完成后五十年内未发表的，本法不再保护。 视听作品，**其发表权的保护期为五十年，截止于作品创作完成后第五十年的12月31日；本法第十条第一款第五项至第十七项规定的权利的保护期为五十年，截止于作品首次发表后第五十年的12月31日**，但作品自创作完成后五十年内未发表的，本法不再保护。

【条文主旨】

本条规定了发表权以及著作权中财产权的保护期限。

【修改理由】

2010年《著作权法》第二十一条中使用的"公民"指的是具有一国国籍，并根据该国法律规定享有权利、承担义务的人。公民系公法概念，且涵摄范围狭窄，已经不能满足社会发展的需要。再者，《民法典》已经于2021年1月1日开始实施，并明确用更为科学的"自然人"概念替换了"公民"概念，为了与《民法典》保持一致，同时实现权利主体表达的科学性，2020年《著作权法》也用"自然人"概念替换了"公民"概念。

2010年《著作权法》第二十一条中使用的"其他组织"概念的具体内涵和外延都不够明确和科学，以至于存在主体意义上和非主体意义上的两种不同的理解。加之《民法典》第四章专章规定了非法人组织，明确了非法人组织的内涵和外延，为了统一立法表达，并明确该概念的具体内涵和外延，2020年《著作权法》使用"非法人组织"概念替换了"其他组织"概念。

由2010年《著作权法》第二十一条第二款规定可以看出，对于法人或者非法人组织的作品、著作权（署名权除外）由法人或者非法人组织享有的职务作品，该款保护期采取了与自然人发表权和财产权保护期限相同的标准，只是采取了不同的起算点。但是，非自然人权利人和自然人权利人具有本质的区别，将发表权与其他著作财产权的保护期限作出一致的规定，对于自然人权利人来说不存在逻辑上的矛盾，但是对于非自然人权利人而言，存在逻辑不成立的问题，由于发表权属于一次性权利，该项权利一旦行使便被穷尽，既不能持续性存在，也不能被中断后再次行使。因此，该条款规定组织体的发表权"保护至首次发表后第五十年的12月31日"是不科学的，2020年《著作权法》对非自然人著作权人的发表权和财产权进行了分别规定，即"法人或者非法人组织的作品、著作权（署名权除外）由法人或者非法人组织享有的职务作品，其发表权的保护期为五十年，截止于作品创作完成后第五十年的12月31日；本法第十条第一款第五项至第十七项规定的权利的保护期为五十年，截止于作品首次发表后第五十年的12月31日，但作品自创作完成后五十年内未发表的，本法不再保护"。

2010年《著作权法》第二十一条第三款规定了"电影作品和以类似摄制电影的方法创作的作品、摄影作品，其发表权、本法第十条第一款第（五）项至第（十七）项规定的权利的保护期为五十年，截止于作品首次发表后第五十年的12月31日，但作品自创作完成后五十年内未发表的，本法不再保护"。2020年《著作权法》的一个重要变化是用"视听作品"代替了不能涵盖更多类型智力成果的"电影作品和以类似摄制电影的方法创作的作品"，以适用产业发展的需要。为了保持表达上的一致性，对此处内容进行了相应的修改。再者，由于组织体可能是视听作品的权利人，对发表权和著作财产权保护期进行一体规定将存在与第二款同样的逻辑问题。因此，2020年《著作权法》对视听作品的发表权和财产权进行了分别规定。此外，2020年《著作权法》删除了关于"摄影作品"保护期限的特殊规定，这意味着摄影作品的著作权人将获得与文字作品、口述作品、音乐作品、美术作品等的著作权人相同的保护期限。修改的理由在于摄影作品具有与视听作品不同的创作过程，并与美术、音乐等作品具有相似性，应当享有一般作品相对较长的保护期。

【条文释义】

【价值、功能与立法目的】

从经济学的角度而言，著作权的客体对象是无形物，具有公共产品属性，在使用方面不会产生排他性，也不会因没有设置产权而产生公地悲剧现象，相反，对这种无形物的广泛使用会产生共享喜剧效果。因此，就使用角度而言不需要对其设置产权。但是，为了解决公共物品的生产问题，法律对这种无形物提供了保护。由于其无形性特点，如果不设置较大的法律成本，生产者将难以控制他人对无形物的使用。实施著作权法需要社会付出巨大的人力、物力和财力成本，以及公共物品不能发挥其溢出效应的成本。著作权的保护期越长，这种成本就越大。因此，著作权法只要使权利人弥补智力活动成本并取得一定利益，达到激励创造性智力活动的效果即可，过长的权利保护期不利于实现智力成果的社会整体经济效益。

从著作权法的公共利益目标看，实现社会主义文化、艺术和科学事业的发展与繁荣是该法的公共利益目标，该目标既为著作权保护提供了伦理支持，也决定了著作权的有期限性。著作权期限过长，意味着权利人对相关资源的垄断时间过长，会推迟其进入公有领域的时间，阻碍了公众对相关资源的获取和使用。

从作品形成过程看，任何作品都是站在前人肩膀上的结果，都是对前人以及当代人智力成果的再加工和再创作过程。作品中不但凝结了作者的智慧劳动，还凝结着他人的不可分割的智慧劳动。如果著作权没有期限限制或者期限过长，就相当于允许作者将公有领域的资源圈占为私人资源，并独享其利益。这正如有人将国家公园圈占出来成为垄断性的收费。因此，作品内容的构成决定了著作权人只能有期限地垄断市场利益。

从著作权法追求的利益平衡看，著作权制度在于通过产权配置激励作品的产出。但是，各种利益之间存在对立和统一的矛盾关系，著作权期限过长会削弱公众对有关资源的获取和使用，因此，需要在著作权人利益和公众利益之间寻找平衡，而著作权的期限就是利益天平上的一个砝码。

本条分别对自然人著作权人、法人或者非法人组织著作权人的权利期限，以及特殊作品的著作权期限分别作了规定，既有利于激励社会创新和投资，也有利于保障公共利益，实现利益平衡，并达成著作权法的立法目标。

【规范内涵】

《著作权法》第二十三条第一款规定了自然人著作权人的发表权及财产权的保护期限。著作权包括人身性质的权利以及财产性质的权利。根据《著作权法》第十条第一款第（一）项的规定，发表权是决定作品是否公之于众的权利，权利人既可以控制作品使其处于秘密状态，也可以最大限度地将其公之于众。发表权存在的伦理基础是为了保障作者的思想和表达自由，保持其独立人格，激励其创作。在具有人身性质的署名权、修改权、保护作品完整权和发表权中，只有发表权受到期限的限制。其原因有三个方面。第一，作品中存在前人和同辈的智慧，吸纳了大量公有领域的资源，不完全是创作者个人智慧的产物，为了促进公有领域的发展与繁荣，需要为发表权设置对其进行限制的保护期限。如果创作者不能有效地控制作品一直处于秘密状态，作品保护期限届满，发表权将由法定权利变为自然权利，一旦作品被公之于众，发表权就被消灭。①第二，发表权比较特殊，同多项著作财产权紧密相连，具有一定的财产权内容。第三，发表权控制的是知识信息的源头，如果发表权没有期限将使智慧成果丧失其社会意义，并形成对知识的长期控制和垄断。

我国对自然人权利主体的作品保护期采取了"作者终身+身后固定期限"模式，即自然人的发表权、财产权的保护期为作者终生及其死亡后五十年，截止于作者死亡后第五十年的12月31日。依照著作权保护合理性的人格权理论，以及激励理论，作者死亡后人格消灭，就不存在继续给予保护的理由了。但是，基于对作者配偶以及后代等进行生活照顾或给予保障的需要，或作者死亡后继续履行抚养、扶养和赡养家庭成员的义务的需要，使作者有义务照顾的家庭成员在作者死亡以后足够长的时间内能继续从作者生前的作品中受益，就需要在作者死亡之后继续对其作品给予保护。作者亡故后保护50年的固定期限也主要考虑了以上因素，即涵盖作者两代后人的平均寿命。有的国家采取作者亡故后保护70年的固定期限，这种立法更多地考虑了两代人平均寿命普遍延长的客观现实。关于作者亡故后保护50年的固定期限的计算，我国《著作权法》没有规定起算日期，仅规定"截止于作者死亡后第五十年的12月31日"。另外，实践中存在自然人授权他人使用作品的合同期限长于剩余保护期限的状况，基于继受的权利不能强于基础权利的原则，被许可的使用权的期限不应超出著作权保护期，应截止于该作品的作者去世后第50年的12月31日。②

大部分著作权的保护期限具有一般性，少数类型作品的保护期限具有特殊性。③合作作品主体多元的特殊性决定了权利期限的特殊性。为了定分止争，法律专门明确了其权利期限，即"截止于最后死亡的作者死亡后第五十年的12月31日"。比较而言，这种合作作品由于确定了最长寿命作者生存期间加死亡后固定期限的保护期，一般比单一作者作品的保护期长。需要特别注意

---

① 李雨峰、陈伟：《为何"一次性"的发表权需要期限限制？——基于发表权的理论逻辑与权利框架的反思》，载《电子知识产权》2019年第9期。

② 北京市高级人民法院（2020）京民申5459号民事裁定书。

③ 冯晓青：《著作权保护期限制之理论思考》，载《北京科技大学学报（社会科学版）》2006年第3期。

的是，根据《著作权法》第十四条的规定，"合作作品可以分割使用的，作者对各自创作的部分可以单独享有著作权"，其著作权保护期限适用一般自然人作品的保护期限。但是，如果作品的共同作者是自然人和非自然人合作完成，权利期限如何计算，本次立法依然没有予以明确。

《著作权法》第二十三条第二款规定了法人或者非法人组织的作品，以及著作权（署名权除外）由法人或者非法人组织享有的职务作品的发表权及财产权的保护期限，即"其发表权的保护期为五十年，截止于作品创作完成后第五十年的12月31日；本法第十条第一款第五项至第十七项规定的权利的保护期为五十年，截止于作品首次发表后第五十年的12月31日，但作品自创作完成后五十年内未发表的，本法不再保护"。由此可见，我国对以上非自然人著作权主体的保护期限规定采取了固定期限模式。由于非自然人著作权主体通过资本组织人员进行创作的主要目的是获取利润，其与作品之间不存在人格联系，不能用人格权理论解释其权利主体地位的合理性，只能从激励理论中寻找支撑，即保护法人或者非法人组织著作权的目的是通过赋予其市场垄断利益帮助其回收成本获得盈利以刺激其投资更多作品。这样，确定法人或者非法人组织著作权期限长短的考量因素是其回收成本并获得足够利润的期间，而不是其可能很长也可能很短的存续期间，也不是其后代生活的保障，因此只需要给予固定时间的保护期限。对于非自然人作品的发表权，《著作权法》给予了自作品完成开始起算的50年保护期，对于其财产权，《著作权法》给予了50年保护期，截止于作品首次发表后第五十年的12月31日。如果作品在发表权到期后，即作品自创作完成后五十年内未发表的，考虑到知识信息本身的自然属性、社会的保护成本，以及其对公共利益的危害，《著作权法》不再保护其财产权。

《著作权法》第二十三条第三款规定了视听作品的权利保护期。视听作品具有一定的特殊性，因此《著作权法》对其著作权期限给予了专门规定。其特殊性表现为其生产过程的协作性与集合性。视听作品一般是由导演、编剧、演员、录音、录像、化妆、美工、服装、道具、剪辑、字幕、作词、作曲、动画制作等众多人员共同参与创作完成的，除去剧本、音乐、美术等可剥离的智力成果外，大部分参与者的智慧劳动不可分割地融入作品中，既无法由参与者单独享有著作权，也无法共同享有著作权，为了定分止争并考虑视听产业发展的特点，只能通过法律确定该类作品的著作权为制作者享有，因此，大多数视听作品的权利人是法人或者组织。同时，由于参与创作的人员众多，如果依照合作作品的规则安排保护期，截止于最后死亡的作者死亡后第五十年的12月31日，将导致视听作品的保护期限过长，不利于公有领域的发展与繁荣。再者，视听作品中诸如剧本、音乐等可以单独使用的作品的著作权被剥离出来由作者按照一般作品享有一般性的保护期。根据《最高人民法院关于审理著作权民事纠纷案件适用法律若干问题的解释》第十条规定，被"视听作品"替代的"电影作品和以类似摄制电影的方法创作的作品"中的剧本、音乐等可以单独使用的作品，如果著作权人是自然人的，其保护期适用2010年《著作权法》第二十一条（修正后的第二十三条）第一款规定；著作权人是法人或非法人组织的，其保护期适用2010年《著作权法》第二十一条（修正后的第二十三条）第二款的规定。

在实践中存在作者署名的时候使用假名、笔名的情形，还存在不署名的情形，这可能导致作品的作者身份不明的后果。对此，根据《著作权法实施条例》第十八条规定，作者身份不明的作品，其著作财产权利的保护期截止于作品首次发表后第50年的12月31日。不过，一旦作者身份确定，就不再是作者身份不明的作品，应当适用《著作权法》相关规定，即著作财产权的保护期为作者终生加上去世后50年时间。

另外，由于公有领域内资源不具有回溯性，一旦进入公有领域将不可以逆转。基于2010年《著作权法》的规定，此前的摄影作品的保护期类同电影作品及类电作品，截止于作品首次发表后第50年的12月31日。如果在2020年《著作权法》开始实施时，此类作品已经进入公有领域，即使依据2020年《著作权法》作品仍然在保护期内的，也不能再次获得保护。

就著作权保护期限的历史演进而言，其期限一直在延长，甚至产生了违背法治精神，圈占公有领域的结果。就著作权权利期限延长的理论而言，哪种理论都不能合理地支撑目前普遍较长的权利期限。受制于国际条约的约束，以及产业界的游说，缩短著作权保护期限的希望渺茫，那么在法律实施的过程中，应当通过限缩著作权宽度的方式减少著作权期限过长带来的危害，还应通过扩张公众合理使用权利的方式减少其危害。在涉及是否为合理使用行为或者侵权行为的过程中，要考察作品期限经过状况，权利人是否是原始权利人等因素，已经获得保护的期限越长，或权利人的权利系继受而来，法院应当更多考虑公共利益，给予行为人更广的非侵权使用空间。①

【以案说法】

案例1："孙悟空"动画形象的著作权是否仍在保护期内？

依照《著作权法》规定，电影《大闹天宫》作品的著作权人系某制片厂。其中"孙悟空"的动画形象产生于电影之前，系具有独立审美价值的美术作品，也是可从电影中抽离出来单独使用的作品。早在1962年，电影作品《大闹天宫》（上集）和"孙悟空"动画形象就已经被创作完成并公开发表。就"孙悟空"动画形象的创作背景而言，当时我国正处于计划经济时期，并没有确立著作权法律制度，公众普遍缺乏著作权保护意识，某制片厂也没有著作权归属的规定，相关权利并不当然归设计该形象的自然人（目前仍健在的美术设计人严定宪）。就"孙悟空"动画形象的创作物质条件而言，该形象围绕某制片厂《大闹天宫》电影的拍摄需要而产生，当时设计者的普遍认知和预期是依职责创作的成果归属于单位所有。另外，涉案动画形象的设计蕴含了整个创作团队的设计思想和智慧，某制片厂为之付出的智力活动应该体现在该形象的著作权中。就"孙悟空"动画形象有关当事人对该形象的权利主张及真实意思表示而言，由于没有证据证明某制片厂曾经认可严定宪、张光宇、张正宇三人是"孙悟空"动画形象的著作权人，前述三人也未曾就该动画形象主张过著作权。就某制片厂的诉讼申请而言，其二审程序中主张严定宪等三人是共同著作权人，其在再审申请程序中又做出了完全不同的主张，请求认定严定宪基于职务创作行为取得著作财产权。可以看出其自身对该动画形象的权利归属的认识尚不确信。综合而言，某制片厂关于严定宪是著作权人的主张缺乏事实和法律依据，法院不予支持。因此，依照著作权法有关权利期限的规定，涉案"孙悟空"动画形象的著作财产权保护期截止于首次发表后的第五十年的12月31日，即2012年12月31日。②

---

① 喻玲：《著作权保护期限标准的审视与重构》，载《法学家》2020年第3期。
② 最高人民法院（2017）最高法民申4621号民事裁定书。

案例2：著作权保护期限届满不再受著作权法保护

某株式会社成立于1956年12月19日。其于1961年1月1日创作并首次发表了美术作品"K星"图案，将该公司英文字号"KEIHIN"的首字母"K"设计创作为在夜空中闪耀的星星，将"K星"图案作为公司标志和产品的商标使用。某株式会社于2005年11月25日和2008年9月1日分别在日本国文化厅和中国国家版权局将"K星"图案进行了著作权登记，登记文件编号分别为31033和2008-F-012092。某株式会社认为福建友力公司在"化油器"上使用"K星"图案侵犯其著作权，遂向济南市中级人民法院提起诉讼。

关于某株式会社是否可以在中国主张著作权保护，一审法院认为：依照我国《著作权法》第二条第二款的规定，外国人的作品根据其作者所属国或者经常居住地国同中国签订的协议或者共同参加的国际条约享有的著作权，受我国《著作权法》保护。某株式会社是涉案美术作品的作者，其所属国为日本，日本是《伯尔尼公约》和《世界版权公约》成员国，中国于1992年加入了这两个公约。基于上述国际公约和中国法律规定，某株式会社的涉案美术作品受中国法律的保护。某株式会社将其英文字号"KEIHIN"的首字母"K"设计创作为在夜空中闪耀的星星，该"K星"图案是具有独创性的美术作品，应依法予以保护。法院认定，福建某公司使用在"化油器"上的"K星"图案中的夹角度数虽与某株式会社的美术作品不同，但其作为美术作品的构图方式相同，其表达的审美效果相同，构成对某株式会社美术作品的篡改，福建某公司将某株式会社的美术作品篡改后大量使用在其"化油器"上，侵犯了某株式会社的著作权，应停止侵权行为并赔偿经济损失。法院判决被告停止侵害，赔偿损失。福建某公司不服一审判决，提起上诉。

法院认为，根据某株式会社的诉讼请求和福建某公司的上诉理由，本案福建某公司被控侵权事实是否成立，首先需要明确某株式会社"K星"图案著作权是否已过保护期限。关于保护期限的确定，本案著作权人某株式会社所属国日本与中国加入的《伯尔尼公约》第七条第一项规定："本公约给予保护的期限为作者有生之年及其死后五十年内。"该条第八项同时规定："无论如何，期限将由被要求给予保护的国家的法律加以规定；但是，除该国家的法律另有规定者外，这种期限不得超过作品起源国规定的期限。"对此，我国

《著作权法》第二十一条第二款规定："法人或者其他组织的作品、著作权（署名权除外）由法人或者其他组织享有的职务作品，其发表权、本法第十条第一款第（五）项至第（十七）项规定的权利的保护期为五十年，截止于作品首次发表后第五十年的12月31日，但作品自创作完成后五十年内未发表的，本法不再保护。"基于上述国际公约和中国法律规定，某株式会社"K星"作品在中国享有的著作权保护期限为五十年，截止于首次发表后第五十年的12月31日。

关于首次发表时间，我国《著作权法实施条例》第二十条规定："著作权法所称已经发表的作品，是指著作权人自行或者许可他人公之于众的作品。"某株式会社虽主张根据其提交的2005年日本国和2008年中国版权登记证书，"K星"作品首次发表时间为1961年1月1日，但其在1999年申请撤销第910400号注册商标时，已明确提出了"K星"图案的最早使用时间，并作为申请撤销注册商标的主要理由。根据某株式会社对商评委的陈述，"K星"图案自1957年9月使用于摩托车化油器上，并在世界各地广泛注册，标有该商标的化油器行销世界各国。对于上述陈述，本院认为所述"K星"图案的使用行为是确切并且有所指向的，商评委及法院是否采纳某株式会社的陈述，并不影响某株式会社对该陈述内容的自认事实。据此，应认定某株式会社在1957年9月对"K星"图案的使用行为构成发表。关于某株式会社提交的2005年日本国版权登记和2008年中国版权登记证书，系其在第910400号商标争议期间获取的，并作为证据在商标争议案中提交。因此，该官方认证证据作为某株式会社在商标争议案中对其自认事实的补正，与其最早使用"K星"图案的相关陈述并不冲突。即不能根据某株式会社取得在后的官方认证推翻某株式会社有关"K星"图案在1957年作为商标公之于众的自认事实。根据《最高人民法院关于民事诉讼证据的若干规定》第七十四条的规定，如无相反证据，当事人应对其自认的对己不利的事实承担不利后果。因此，本案中，某株式会社不能对之前已作出的对己不利陈述作出合理解释，本案"K星"图案保护期限应从1957年9月首次公之于众时起算，向后计算五十年，保护期至2007年12月31日。

综上，本案经本院审判委员会讨论认为，某株式会社"K星"作品首次发表时间为1957年9月，该作品在中国享有的著作权保护期应计算至2007年

12月31日，而本案被控侵权行为发生在2008年12月11日，此时，某株式会社已无权向他人主张"K星"作品著作权。因此，某株式会社在本案中已丧失了向他人主张著作权保护的权利基础，福建某公司的上诉请求应予支持。二审法院遂判决撤销原判，驳回某株式会社的诉讼请求。[①]

（冯晓青、杜爱霞 撰写）

---

① 山东省高级人民法院（2010）鲁民三终字第47号民事判决书。

第二十四条：著作权的合理使用

（法条对比）

2010年著作权法	2020年著作权法
第二十二条　在下列情况下使用作品，可以不经著作权人许可，不向其支付报酬，但应当指明作者姓名、**作品名称**，并且不得**侵犯**著作权人**依照本法享有的其他权利**： （一）为个人学习、研究或者欣赏，使用他人已经发表的作品； （二）为介绍、评论某一作品或者说明某一问题，在作品中适当引用他人已经发表的作品； （三）为报道**时事**新闻，在报纸、期刊、广播电台、电视台等媒体中不可避免地再现或者引用已经发表的作品； （四）报纸、期刊、广播电台、电视台等媒体刊登或者播放其他报纸、期刊、广播电台、电视台等媒体已经发表的关于政治、经济、宗教问题的时事性文章，但**作者**声明不许刊登、播放的除外； （五）报纸、期刊、广播电台、电视台等媒体刊登或者播放在公众集会上发表的讲话，但作者声明不许刊登、播放的除外；	第二十四条　在下列情况下使用作品，可以不经著作权人许可，不向其支付报酬，但应当指明作者姓名**或者名称**、**作品名称**，并且不得**影响该作品的正常使用，也不得不合理地损害**著作权人的**合法权益**： （一）为个人学习、研究或者欣赏，使用他人已经发表的作品； （二）为介绍、评论某一作品或者说明某一问题，在作品中适当引用他人已经发表的作品； （三）为报道新闻，在报纸、期刊、广播电台、电视台等媒体中不可避免地再现或者引用已经发表的作品； （四）报纸、期刊、广播电台、电视台等媒体刊登或者播放其他报纸、期刊、广播电台、电视台等媒体已经发表的关于政治、经济、宗教问题的时事性文章，但**著作权人**声明不许刊登、播放的除外； （五）报纸、期刊、广播电台、电视台等媒体刊登或者播放在公众集会上发表的讲话，但作者声明不许刊登、播放的除外；

（六）为学校课堂教学或者科学研究，翻译或者少量复制已经发表的作品，供教学或者科研人员使用，但不得出版发行；	（六）为学校课堂教学或者科学研究，翻译、**改编、汇编、播放**或者少量复制已经发表的作品，供教学或者科研人员使用，但不得出版发行；
（七）国家机关为执行公务在合理范围内使用已经发表的作品；	（七）国家机关为执行公务在合理范围内使用已经发表的作品；
（八）图书馆、档案馆、纪念馆、博物馆、美术馆等为陈列或者保存版本的需要，复制本馆收藏的作品；	（八）图书馆、档案馆、纪念馆、博物馆、美术馆、**文化馆**等为陈列或者保存版本的需要，复制本馆收藏的作品；
（九）免费表演已经发表的作品，该表演未向公众收取费用，也未向表演者支付报酬；	（九）免费表演已经发表的作品，该表演未向公众收取费用，也未向表演者支付报酬，**且不以营利为目的**；
（十）对设置或者陈列在**室外**公共场所的艺术作品进行临摹、绘画、摄影、录像；	（十）对设置或者陈列在公共场所的艺术作品进行临摹、绘画、摄影、录像；
（十一）将中国公民、法人或者**其他**组织已经发表的以**汉**语言文字创作的作品翻译成少数民族语言文字作品在国内出版发行；	（十一）将中国公民、法人或者**非法人**组织已经发表的以**国家通用**语言文字创作的作品翻译成少数民族语言文字作品在国内出版发行；
（十二）**将已经发表的作品改成盲文出版**。	（十二）**以阅读障碍者能够感知的无障碍方式向其提供已经发表的作品；**
	（十三）法律、行政法规规定的其他情形。
前款规定适用于对**出版者、表演者、录音录像制作者、广播电台、电视台**的权利的限制。	前款规定适用于对**与著作权有关**的权利的限制。

【条文主旨】

本条规定了合理使用制度。

【修改理由】

2020年《著作权法》对合理使用制度具体内容进行了较大的修改：其一，完善有关合理使用制度"三步测试法"的规定；其二，对于构成合理使用的具体行为类型进行了调整，同时纳入一项兜底条款；其三，对于合理使用制度的适用范围进行文字表述上的调整。同时，条文序号有所调整，由2010年

《著作权法》第二十二条改为2020年《著作权法》第二十四条。

首先，完善有关合理使用制度"三步测试法"的规定。

我国《著作权法》的制定受到国际压力与呼吁的影响，这导致了我国《著作权法》起草之初就将目标瞄准国际公约，并且希望借此契机逐步解决我国参加国际公约的问题。在此立法背景与动机之下，我国《著作权法》尽可能参照了《伯尔尼公约》的规定。《伯尔尼公约》第九条第二款规定："本同盟成员国法律得允许在某些特殊情况下复制上述作品，只要这种复制不损害作品的正常使用也不致无故侵害作者的合法权益。"此款即为有关合理使用制度"三步测试法"的规定。我国1990年《著作权法》第二十二条据此规定，"在下列情况下使用作品，可以不经著作权人许可，不向其支付报酬，但应当指明作者姓名、作品名称，并且不得侵犯著作权人依照本法享有的其他权利"。2001年与2010年修正的《著作权法》均沿用了这一规定。但是准确来说，我国《著作权法》有关合理使用制度的规定与《伯尔尼公约》的规定存在出入，并非严格意义上的"三步测试法"。第三次修改《著作权法》之际，有学者提出，我国《著作权法》有关合理使用制度的规定并未完全体现《伯尔尼公约》"三步测试法"的规定，建议在法律层面规定"三步测试法"以使其与《伯尔尼公约》保持一致。2020年《著作权法》采纳了这一建议，规定"在下列情况下使用作品，可以不经著作权人许可，不向其支付报酬，但应当指明作者姓名或者名称、作品名称，并且不得影响该作品的正常使用，也不得不合理地损害著作权人的合法权益"。

除此之外，2020年《著作权法》第二十四条第一款将2010年《著作权法》"指明作者姓名"，修改为"指明作者姓名或者名称"，这是因为2020年《著作权法》第十一条规定了自然人可以作为作者，法人或者非法人组织也可以被视为作者，这里的"姓名"指的是自然人的称谓，用其指代法人或者非法人组织并不恰当，因此2020年《著作权法》在"姓名"之外，增加"名称"的表述，用于指代法人或者非法人组织。

其次，调整有关合理使用制度具体类型的规定。具体表现在如下几个方面：

第一，删除第一款第三项中的"时事"，即将"为报道时事新闻，在报纸、期刊、广播电台、电视台等媒体中不可避免地再现或者引用已经发表的作品"修改为"为报道新闻，在报纸、期刊、广播电台、电视台等媒体中不可避免地再现或者引用已经发表的作品"。2010年《著作权法》中共有两处出现"时事新闻"这一术语：第一处出现在2010年《著作权法》第五条，作为不受《著作权法》保护的客体类型之一；第二处出现在2010年《著作权法》第二十二条有关合理使用制度的规定中。但是，作为不受《著作权法》保护的客体中的"时事新闻"与合理使用制度语境下的"时事新闻"含义并不相同。

通常来讲，"时事新闻"的含义较为广泛，既可包括具有独创性从而可以获得著作权法保护的新闻类作品，也可包括不具有独创性从而不受著作权法保护的单纯事实消息。2010年《著作权法》第五条所指的"时事新闻"本意是指不具有独创性的单纯事实消息，但是由于2010年《著作权法》第五条使用了"时事新闻"这一广泛的术语经常导致司法实践在对新闻类成果是否加以保护这一问题上的分歧。正因如此，我国《著作权法实施条例》以及相关司法解释对"时事新闻"进行了限缩解释，将其界定为"通过报纸、期刊、广播电台、电视台等媒体报道的单纯事实消息"，2020年《著作权法》第五条为了应对"时事新闻"引起的实践分歧以及出于法律协调的目的，将"时事新闻"修改为"单纯事实消息"。考虑到2010年《著作权法》第五条规定的"时事新闻"所引起的分歧以及2020年《著作权法》已经使用"单纯事实消息"取代"时事新闻"的表述，2020年《著作权法》第二十四条有关合理使用制度的规定不宜再行采用"时事新闻"的表述，并且应与2020年《著作权法》第五条的规定作出适当区分，2020年《著作权法》第二十四条因此使用"新闻"的表述。值得注意的是，这里的"新闻"应当从事实层面而非表达层面进行理解，用于指代"人物、事件、地点、事件"等事实；同时，这里的"新闻"应当理解为报道行为的"目的"。①

第二，将第一款第四项中"作者声明不许刊登、播放的除外"修改为"著作权人声明不许刊登、播放的除外"。报纸等媒体刊登或者播放其他报纸等媒体已经发表的时事性文章属于具有独创性并受到《著作权法》保护的作品，由于作品的作者与著作权人在有些情形下并非同一主体，有权作出声明

---

① 来小鹏、贺文奕：《新〈著作权法〉中新闻报道合理使用条款的理解与适用》，载《编辑之友》2021年第8期。

的应为著作权人，在此将"作者"改为"著作权人"更为科学严谨。

第三，将第一款第六项中"翻译或者少量复制"修改为"翻译、改编、汇编、播放或者少量复制"。2020年《著作权法》扩宽了为教学与科研目的进行合理使用的行为类型，增加了"改编、汇编、播放"三种行为类型。其中，教学或者科研人员为了从事教学或者科学研究通常需要对作品进行改编或者汇编。比如，一位小学老师通常需要将长篇、不易于为低龄儿童理解的文本改编为短小、通俗易懂的读本；再如，一位从事合理使用制度研究的大学教授，为了研究合理使用制度通常需要下载多篇论文并将这些论文按照一定顺序进行编排。为学校课堂教学与科学研究播放视听作品的行为并不少见，比如，为了锻炼学生实践能力，将他人已经取得著作权的作品加以改编、拍摄，并为教学观摩和评价目的而在校内播放拍摄的电影，仍然构成合理使用。[①]

第四，将第一款第八项中"图书馆、档案馆、纪念馆、博物馆、美术馆等"修改为"图书馆、档案馆、纪念馆、博物馆、美术馆、文化馆等"。2020年《著作权法》明确"文化馆"可以为了陈列或者保存版本的需要，复制本馆收藏的作品。根据1992年发布的《群众艺术馆、文化馆管理办法》的规定，文化馆是开展社会宣传教育、普及科学文化知识、组织辅导群众文化艺术（娱乐）活动的综合性文化事业单位和活动场所。由于文化馆本身具有公益性质与公共服务职能，为了陈列或者保存版本的需要复制本馆收藏的作品是其履行公共服务职能的题中应有之义。

第五，在第一款第九项中，增加"且不以营利为目的"的规定，即将"免费表演已经发表的作品，该表演未向公众收取费用，也未向表演者支付报酬"修改为"免费表演已经发表的作品，该表演未向公众收取费用，也未向表演者支付报酬，且不以营利为目的"。根据2010年《著作权法》的规定，免费表演是指表演活动既未向公众收取费用，也未向表演者支付报酬，例如，学校国庆期间组织文艺汇演，学校师生免费观看文艺汇演，并且表演者也未收取任何报酬，这种对他人作品的"双向免费表演"通常可以构成合理使用。实践当中经常遇到这样一种情形，一些经营性场所通过利用作品的表演增加顾客，从而从该表演活动中间接获益，如一间咖啡厅为了营造咖啡厅浪漫与

---

① 北京市第一中级人民法院（1995）一中知终字第19号民事判决书。

优雅的格调，由该咖啡厅老板的亲戚免费演奏受著作权法保护的音乐作品，这里既没有直接向咖啡厅的顾客就该表演直接收取任何费用，也未向老板的亲戚支付任何报酬，但是咖啡厅及其老板的确能够从因演奏音乐作品而增加的顾客中间接获益。如果不对这种行为进行规制，那么实际当中就会出现越来越多假借这一侵权豁免之名攫取非法利益，侵犯他人合法权利的行为。因此为了有效规制实践当中经常发生的上述情形，2020年《著作权法》在2010年《著作权法》"双向免费表演"之外增加"且不以营利为目的"的限制规定。

第六，删除第一款第十项中"室外"的规定，即将"对设置或者陈列在室外公共场所的艺术作品进行临摹、绘画、摄影、录像"修改为"对设置或者陈列在公共场所的艺术作品进行临摹、绘画、摄影、录像"。2010年《著作权法》规定对于设置或者陈列在室外公共场所的艺术作品进行临摹、绘画、摄影与录像构成合理使用，理由在于，其一，设置或者陈列在室外公共场所的艺术作品已经融入公共文化生活当中，比如画在厦门大学芙蓉隧道墙壁上的涂鸦，既然这类作品设置或者陈列在对任何人开放且任何人可以自由进出的公共场所，禁止公众对这类作品进行临摹、绘画、摄影与录像意味着禁止公众对设置或者陈列该类艺术作品的公共场所的自由接触；其二，设置或者陈列在公共场所的艺术作品通常缺少权利识别标记，踏足公共场所的社会公众无法在短时间内识别公共场所之内的哪些事物是被《著作权法》保护的艺术作品；即便艺术作品附有权利识别标记，由于公共场所的人流并不确定，如果要求社会公众为了临摹、绘画、摄影与录像寻求著作权人、获得许可并且支付报酬势必导致高昂的社会成本，而且有碍社会公众公共文化生活的质量。因此出于社会公共利益的考量，在此作出此项有关合理使用的豁免规定。对于室内公共场所而言，比如机场大厅、商场，这些室内公共场所每天都会有大量的社会公众出入，同样事关社会公众的公共文化生活，要求社会公众识别权利客体、寻找著作权人并且获得许可同样有损公共生活质量，因此无论室内公共场所还是室外公共场所，因其"公共"性质有关社会公共利益，因此有必要将2010年《著作权法》中的"室外公共场所"拓宽为"公共场所"。

第七，将第一款第十一项"将中国公民、法人或者其他组织已经发表的以汉语言文字创作的作品翻译成少数民族语言文字作品在国内出版发行"修改为"将中国公民、法人或者非法人组织已经发表的以国家通用语言文字创作的作品翻译成少数民族语言文字作品在国内出版发行"。修改之处主要在于：其一，将"其他组织"修改为"非法人组织"，这一修改乃是为了与《民法典》有关民事主体的规定以及据此修正的2020年《著作权法》有关法律主体的表述保持一致，此处不再赘述。其二，将"以汉语言文字创作的作品"修改为"以国家通用语言文字创作的作品"。我国2010年《著作权法》使用"汉语言文字"的表述与《中华人民共和国国家通用语言文字法》（以下简称《通用语言文字法》）对国家通用语言文字的表述不一致。按照《通用语言文字法》第二条的规定，本法所称的国家通用语言文字是普通话和规范汉语。我国《著作权法》继续使用"汉语言文字"的表述既不严肃也不权威，因此2020年《著作权法》将"以汉语言文字创作的作品"改为"以国家通用语言文字创作的作品"，表述更为严谨。

第八，将第一款第十二项"将已经发表的作品改成盲文出版"修改为"以阅读障碍者能够感知的无障碍方式向其提供已经发表的作品"。我国修改此项合理使用制度的目的主要出于加入《关于为盲人、视力障碍者或其他印刷品阅读障碍者获得已出版作品提供便利的马拉喀什条约》（以下称为《马拉喀什条约》），这是世界上第一部以权利限制与例外为主题的国际条约。世界知识产权组织在有关制定《马拉喀什条约》的背景当中指明，全球每年都有数以百万计的图书出版，但是其中仅有1%—7%的图书能为世界上2.85亿的盲人和视力障碍者所获得，他们当中90%属于发展中国家的低收入阶层，为此，世界知识产权组织2013年6月7日通过了《马拉喀什条约》，以期提高全世界印刷品阅读障碍者获取图书、杂志和其他印刷材料的途径，并且改善他们贫困的境遇。《马拉喀什条约》的实施将对所有国家产生积极影响，包括发展中国家和最不发达国家，因为这些国家的阅读障碍者人数最多。2016年9月30日，随着批准或者加入条约的国家达到20个，《马拉喀什条约》正式生效。但是，由于我国《著作权法》中仅规定了"改成盲文出版"的例外，未能达到《马拉喀什条约》规定的最低标准，因此一直未能加入该条约，导致我国《著作权法》有关"改成盲文出版"是否可以适用于外国人、无国籍人的作品存在不确定性，限制了我国阅读障碍者对外国人、无国籍人作品的接触与利用。第三次《著作权法》修改过程中，相关意见指出，"为了让阅读障碍者能够更方便地阅读作品,也为了与国际条约保持一致,建议扩大受益者的范围,以满足普惠化、通用化、个性化的要求,适用特定人群的需要",将第一款第十二项"将已经发表的作品改成盲文出版"修改为"以阅读障碍者能够感知的无障碍方式向其提供已经发表的作品"。[①]这一修改大大扩展了此项合理使用的范围,范围扩展主要体现在:(1)将"盲文"改为"无障碍方式"。实际上,存在阅读障碍因而无法或者难以接触与利用一般格式作品的主体并不限于盲人,比如有视觉缺陷、知觉障碍或者阅读障碍的人,或者在其他方面因身体残疾而不能持书或翻书,或者不能集中目光或移动目光进行正常阅读的人,对于盲人之外的阅读障碍者,即便作品"改成盲文出版",他们仍然无法有效阅读盲文图书,因此同样需要法律对于他们接触与利用作品的需求予以特殊照顾。"无障碍方式"的定义更为广泛,涵盖任何阅读障碍者可能需要的任何方式,包括数字方式,由此,盲人之外的阅读障碍者接触与利用作品的需求也可得到满足。(2)将"出版"改为"提供"。根据2020年《著作权法》第六十三条的规定,出版是指作品的复制、发行。同时《信息网络传播权保护条例》第六条第六项规定了不以营利为目的,以盲人能够感知的独特方式通过信息网络向盲人提供已经发表的文字作品构成合理使用。但是"提供"的含义广泛,并不限于"复制"、"发行"以及"信息网络提供"。根据《马拉喀什条约》第四条的规定,"提供"还可包括"公开表演",因此将"出版"改为"提供"大大扩展了2010年《著作权法》规定的限制与例外。此外,根据《马拉喀什条约》第二条规定,其将"为盲人、视力障碍者或其他印刷品阅读障碍者获得已出版作品"中的"作品"限制为"《伯尔尼公约》第二条第一款所指的文学和艺术作品,形式为文字、符号和(或)相关图示"。2020年《著作权法》规定的可以以无障碍方式向阅读障碍者提供的作品类型更为广泛,包括《马拉喀什条约》并未涵盖在内的"视听作品"等。根据相关学者的论述,这一规定乃是根据《马拉喀什条约》第十二条规定,即"缔约方可以依照该缔约方的国际权利和义务,根据该缔约方的经济情况与社会和文化需求,对于最不发达国家,还应考虑其特殊需求、其特定的国际权利和义务及这些权利和义务的灵活性,在其国内法中为受益人实施本条约未规

[①] 石宏:《著作权法第三次修改的重要内容及价值参考》,载《知识产权》2021年第2期。

定的其他版权限制与例外",而这一规定,正是发展中国家为了向其国内阅读障碍者提供无障碍方式的国内外视听作品积极争取的结果。

第九,增加第一款第十三项"法律、行政法规规定的其他情形"这一兜底条款。2010年《著作权法》借用大陆法系"权利限制与例外"模式封闭式列举了十二项合理使用类型,但是列举数量远远少于大陆法系国家通常规定的合理使用类型。经济学的相关理论认为,人仅具有有限理性,但是《著作权法》调整的社会关系与实践总是不断发展,因此封闭式列举模式最终将会因为立法者立法之时的理性有限以及立法之后实践发展导致法律文本与现实问题之间的脱节。与此相反,《美国著作权法》采用相对开放的因素判断模式。根据《美国著作权法》第一百零七条的规定,判断使用行为构成侵权行为抑或合理使用应当主要考量"使用行为的目的与性质""被使用作品的性质""被使用部分的数量和质量""使用对作品潜在市场或价值的影响"四项因素,这种相对开放的因素判断模式相对于我国采用的封闭式列举模式更加符合人类的认知理性与实践发展的一般规律。正因如此,我国司法实践与司法政策文件当中也借鉴了美国的合理使用立法模式。2011年最高人民法院在《关于充分发挥知识产权审判职能作用推动社会主义文化大发展大繁荣和促进经济自主协调发展若干问题的意见》中指出,"在促进技术创新和商业发展确有必要的特殊情形下,考虑作品使用行为的性质和目的、被使用作品的性质、被使用部分的数量和质量、使用对作品潜在市场或价值的影响等因素,如果该使用行为既不与作品的正常使用相冲突,也不至于不合理地损害作者的正当利益,可以认定为合理使用。"相关司法实践与政策文件表明我国实际已经认识到封闭式列举模式的弊端并且尝试性地探索突破2010年《著作权法》封闭式列举模式的可能路径。2020年《著作权法》增加第一款第十三项表明我国试图改变《著作权法》这一基本法律当中相对封闭的合理使用制度。

最后,将第二款中的"出版者、表演者、录音录像制作者、广播电台、电视台的权利"修改为"与著作权有关的权利"。2010年《著作权法》第四章章名为"出版、表演、录音录像、播放",《著作权法》第三次修改过程中,有关部门、专家和社会公众建议将第四章章名修改为"与著作权有关的权利",以体现本章所规定的内容为邻接权的性质,宪法和法律委员会经研究决定将第四章章名改为"与著作权有关的权利"。与此同时，2020年《著作权法》第二十四条有关合理使用制度的规定以及其他条款也为适应这一修改作出了相应调整。

【条文释义】

【价值、功能与立法目的】

根据我国《著作权法》第一条立法目的条款的规定，我国制定与实施《著作权法》的立法目的可以分为如下几个层次：其一，保护著作权以及与著作权有关的权益；其二，促进作品的创作与传播；其三，促进社会主义文化与科学事业的发展与繁荣。可见，保护著作权及与之相关的权益仅是我国《著作权法》立法目标的一个方面，更为重要的目的在于促进作品的创作与传播，从而促进社会主义文化与科学事业的发展与繁荣。然而仅有权利保护而无权利限制，仅有知识的私有领地而无公众自由接触与利用的公共领域，我国《著作权法》旨在追求的更高层次的价值目标最终将会落空。尽管从经济学中的"公地悲剧"理论来看，缺少私有权利保护，增量知识的生产激励将会不足，但是从"反公地悲剧"理论来看，过多的私有权利将会造成知识的碎片化，导致高昂的交易成本，因而造成知识利用不足的"反公地悲剧"，由于知识的非竞争性，知识的公开、多次以及反复利用将会产生"公地喜剧"。因此为了实现《著作权法》的价值目标，恰当的制度设计应是权利保护规则与权利限制规则共存的"半公地状态"。各国著作权法中的权利限制规则主要表现为：权利客体的限制，如著作权法不保护思想而只保护独创性表达；权利行使的限制，如著作权法中的法定许可制度与合理使用制度；权利期限的限制，即著作权法对于著作财产权的保护是有期限限制的。其中，合理使用制度作为权利限制规则之一，规定使用者对著作权作品的利用可以不经权利人许可，也不必向其支付报酬，极大地节省了使用者寻求与获得许可的交易成本，避免了过度增加后续作者的创作成本，维护了言论自由与竞争自由。然而，自从著作权法产生以来，权利内容不断增多、保护期限不断延长、保护强度不断增加，应当与之相互制约的权利限制规则没有得到相应的补充。为了不致损害《著作权法》的价值目标，第三次《著作权法》修改之际，修改与完善权利保护规则的同时也有必要梳理与适当扩宽构成合理使用的行为范围。

【规范内涵】

2020年《著作权法》第二十四条是有关合理使用制度的规定。第二十四条第一款规定了合理使用制度的原则条款与构成合理使用的具体行为类型，第二款规定了合理使用制度的适用范围。

通常情况下，利用他人受到著作权法保护的作品需要经过授权许可，也即需要经过著作权人的同意并且支付权利许可使用费。合理使用制度作为权利的限制与例外是指特定情形下，使用者使用受到著作权法保护的作品，可以不经权利人的同意，不向其支付报酬，但是需要指明作者姓名或者名称、作品名称（当事人另有约定或者由于作品使用方式的特性无法指明的除外）。第二十四条第一款同时规定了判断使用行为是否合理的"三步测试法"，也即使用行为应当限于特定情形，使用行为不得影响作品的正常使用以及使用行为不得侵害著作权人的合法权益。第二十四条第一款规定了十三种特定情形，但是从事特定情形下的使用行为并不当然构成合理使用，仍需结合使用行为是否影响作品的正常使用与使用行为是否侵害著作权人的合法权益加以判断。第二十四条第一款规定的可能构成合理使用的特定情形如下：

第一项"为个人学习、研究或者欣赏，使用他人已经发表的作品"。把握该项需要注意如下三点：其一，使用主体是指自然人，并不包括法人或者非法人组织。其二，使用目的是"为个人学习、研究或者欣赏"，也即应当以满足个人需求为限，不能为第三方目的而使用，[1]也非出于直接或者间接的商业目的。其三，使用客体是"他人已经发表的作品"，"已经发表的作品"是指著作权人自行或者许可他人公之于众的作品。如果作品尚未公之于众，即便是"为个人学习、研究或者欣赏"，也不能构成合理使用。其四，"为个人学习、研究或者欣赏"进行的使用并不当然构成合理使用，仍需满足"三步测试法"的后两步，如果个人通过复制整本、多本图书，下载大量盗版电影，而不必再行购买正版图书或者电影，实际上给著作权人的合法权益造成损害，因而宜被认定为侵权行为而非合理使用。

第二项"为介绍、评论某一作品或者说明某一问题，在作品中适当引用他人已经发表的作品"。此即通常所说的"适当引用"。"介绍某一作品"是

---

[1] 北京市互联网法院（2019）京0491民初15714号民事判决书。

指将作品的客观情况向社会公众告知与推广,进而使作品的客观情况与社会公众的认知之间发生联系;"评论某一作品"是指对作品的艺术价值或者科学价值进行主观或者客观的自我印象阐述;"说明某一问题"是指被引用的作品本身作为被说明的对象,如不引用作品,说明就缺少了相应的对象,或者被引用的作品作为被说明对象的论据,如不引用作品,难以将被说明的对象阐述清楚或者需要付出额外的巨大表达成本。①各国著作权法普遍将"适当引用"视为合理使用乃是因为:为介绍、评论某一作品而引用享有著作权法保护的作品通常是少量,由于引用是少量的,新作并不构成市场替代,并未过分损害被引用作品的市场价值,同时为说明某一问题而引用享有著作权法保护的作品通常是必要的,如果不引用作品,就无法说明某一问题,即便能够说明,后续作者不得不承担巨大的表达成本,而且效果也不理想;无论是介绍、评论某一作品还是说明某一问题,都将使接触被引用作品的受众有所扩大,因此引用受著作权法保护的作品实际可能构成对该作品的"免费宣传",比如书评、影评,观众可能会因阅读或者观看书评、影评进而产生对原作的兴趣,从而购买原作,因此原作的市场可能并不会因为他人的"引用"而发生损害,反而因此扩展。此外,评论涉及对作品价值的评判,可以分为积极或消极的评论,对于积极的评论著作权人当然愿意欣然接受,但是他们通常拒绝对其作品消极的评论,尽管这种消极的评论可能如实反映了作品的真实水平,因此为了保证公众言论自由与获得真实信息,著作权法也应将此种使用视为"合理使用"。把握该项需要注意如下几点:其一,使用目的是"为介绍、评论某一作品或者说明某一问题",使用目的既可以是公益性质的,也可以是商业性质的。其二,使用客体限于"已经发表的作品"。其三,使用程度限于"适当"。结合北京市高级人民法院关于侵害著作权案件审理的司法指导意见,判断使用行为是否"适当",一般应当考量被引用的作品是否发表,引用他人作品的目的是否为介绍、评论作品或者说明问题。被引用内容在被诉侵权作品中所占的比例,引用行为是否会对被引用作品的正常使用或市场销售造成不良影响等因素予以确定。②其四,引用他人的作品,应当指明作者的

---

① 上海市高级人民法院(2014)沪高民三(知)终字第42号民事判决书。
② 上海市普陀区人民法院(2014)普民三(知)初字第258号民事判决书。

姓名或者名称、作品名称，并且不得影响该作品的正常使用，也不得不合理地损害著作权人的合法权益。

第三项"为报道新闻，在报纸、期刊、广播电台、电视台等媒体中不可避免地再现或者引用已经发表的作品"。 新闻是社会公众了解国内外大事的重要途径。为了全面及时报道新闻，报纸、期刊、广播电台、电视台不可避免地涉及对他人作品的利用。此种行为被视为合理使用的理由在于：获得新闻信息和了解国家与世界经济、政治与文化发展动态是社会民主文化生活的组成部分，社会公众不可能生活在一个信息完全闭塞的环境当中，基于对周边信息的了解，社会公众才能更好地安排他们的生产与生活；新闻具有时效性，通常需要在事件发生之后及时报道，如果每次新闻报道都要寻找著作权人并且获得许可势必会减损新闻报道的时效性。因此，为了促进新闻传播与信息交流，增进社会公众及时获取新闻信息的能力，著作权法将"为报道新闻，在报纸、期刊、广播电台、电视台等媒体中不可避免地再现或者引用已经发表的作品"规定为合理使用。把握该项需要注意如下几点：其一，媒体的范围并不限于"报纸、期刊、广播电台、电视台"。由于信息技术不断发展，当下人们获取新闻信息主要通过信息网络，因此《信息网络传播权保护条例》对此项合理使用制度进行了适当扩展，其第六条第二项规定"为报道时事新闻，在（通过信息网络）向公众提供的作品中不可避免地再现或者引用已经发表的作品"，也即这里的媒体不仅是指"报纸、期刊、广播电台、电视台"等传统媒体，也包括信息网络这一新型媒体。其二，使用目的是"报道新闻"。其三，再现或者引用的作品限于"已经发表的作品"。其四，使用程度限于"不可避免地、附带性地再现或者引用了被报道事件中客观出现的他人作品"。[①] 比如，一个画家就其画作举办向公众开放的个人展览，某电视台为了报道这一事件可以再现画家的几幅画作，但是如果把画家的画作一一搬上屏幕，这种再现或者引用就超出了"不可避免地"限度，因而不构成合理使用。其五，引用他人的作品，应当指明作者的姓名或者名称、作品名称，并且不得影响该作品的正常使用，也不得不合理地损害著作权人的合法权益。

---

① 北京市知识产权法院（2015）京知民终字第1055号民事判决书。

第四项"报纸、期刊、广播电台、电视台等媒体刊登或者播放其他报纸、期刊、广播电台、电视台等媒体已经发表的关于政治、经济、宗教问题的时事性文章,但著作权人声明不许刊登、播放的除外"。一般来说,时事性文章的内容主要涉及党和国家新近发布或者即将发布的方针、政策以及法律,关涉国家宏观政治与经济生活,因此为了能够有效贯彻与实施国家的方针、政策,便于社会公众了解国家宏观政治与经济动态,参与国家政治与经济生活,在此将"报纸、期刊、广播电台、电视台等媒体刊登或者播放其他报纸、期刊、广播电台、电视台等媒体已经发表的关于政治、经济、宗教问题的时事性文章"纳入合理使用的范围。把握该项需要注意以下几点:其一,如同本条第一款第三项一般,本项涉及的媒体类型并不限于"报纸、期刊、广播电台、电视台"这些传统媒体。《信息网络传播权保护条例》第六条第七项规定"(通过信息网络)向公众提供在信息网络上已经发表的关于政治、经济问题的时事性文章"同样构成合理使用。但是在此,传统媒体环境下合理使用的客体与信息网络环境下合理使用的客体存在区别,也即信息网络环境下合理使用的客体并不包括涉及"宗教"问题的时事性文章。这是因为,出于宗教的敏感性考量,国家有关部门希望不要单独提及宗教,因而只在《信息网络传播权保护条例》中保留了关于政治、经济问题的文章。[1] 其二,使用的客体应当是"关于政治、经济、宗教问题的时事性文章"。《现代汉语词典》对"时事"的解释为"最近期间的国内外大事",根据上述定义"时事性文章"应当具备时效性和重大性两个特征。"政治、经济、宗教问题"应是涉及广大社会公众的问题,因为社会公众有权知道党和国家的方针、政策,以便遵照执行或者提出合理建议。[2] 这意味着反映某一行业的经营状况和行业战略的文章[3]、探讨历史问题的文章[4]、亲子类情感文章[5]因为不属于"时事性文章"或者并非"关于政治、经济、宗教问题"的文章并不构成此项规定的合理使用的客体。

---

[1] 张建华主编:《信息网络传播权保护条例释义》,中国法制出版社2006年版,第28页、第29页。
[2] 浙江省杭州市中级人民法院(2014)浙杭知终字第101号民事判决书。
[3] 浙江省杭州市中级人民法院(2014)浙杭知终字第101号民事判决书。
[4] 北京市海淀区人民法院(2009)海民初字第13593号民事判决书。
[5] 辽宁省大连市中级人民法院(2020)辽02民终5961号民事判决书。

在此需要区分"时事性文章"与不受著作权法保护的单纯事实消息,"时事性文章"是在单纯事实消息基础之上通过作者的智力劳动(研究、分析与评论)而创作的具有独创性的作品,由于单纯事实消息本身属于不受著作权法保护的客体,社会公众均可自由利用,对其也就没有必要再谈合理使用,只有对具有独创性的时事性文章才会涉及合理使用的问题。其三,使用的客体限于"已经发表"的关于政治、经济、宗教问题的时事性文章。其四,使用应当限于作者没有声明不许刊登、播放的情形,以防该项合理使用的范围过于宽泛而造成著作权人利益损害。值得注意的是,尽管《信息网络传播权保护条例》第六条第七项关于"(通过信息网络)向公众提供在信息网络上已经发表的关于政治、经济问题的时事性文章"并未明确规定"著作权人声明不许刊登、播放"这一前提条件,但是《信息网络传播权保护条例》第十条规定,"依照本条例规定不经著作权人许可、通过信息网络向公众提供其作品的,还应当遵守下列规定:(一)除本条例第六条第一项至第六项、第七条规定的情形外,不得提供作者事先声明不许提供的作品",也即无论传统媒体还是网络媒体对于时事性文章的合理使用均要以作者事先没有声明不得刊登、播放或者提供为前提条件。其五,报纸、期刊、广播电台、电视台等媒体刊登或者播放其他报纸、期刊、广播电台、电视台等媒体已经发表的关于政治、经济、宗教问题的时事性文章或者通过信息网络向公众提供在信息网络上已经发表的关于政治、经济问题的时事性文章,应当指明作者的姓名或者名称、作品名称,并且不得影响该作品的正常使用,也不得不合理地损害著作权人的合法权益。

  第五项"**报纸、期刊、广播电台、电视台等媒体刊登或者播放在公众集会上发表的讲话,但作者声明不许刊登、播放的除外**"。公众集会是指为了发表意见、表达意愿而在公共场所举办的集会。在公共场所发表的讲话本身通常涉及公共信息,具有公开宣传的性质,公众的知情需求就有可能超过讲话者的著作权保护需求,报纸、期刊、广播电台、电视台等媒体的刊登或者播放可以扩大这类讲话的传播与影响,更大程度地满足公众的知情需求,因此《著作权法》将之规定为合理使用的类型之一。适用该款需要注意如下几点:其一,媒体类型并不限于报纸、期刊、广播电台、电视台,根据《信息网络传播权保护条例》第六条第八项的规定,通过信息网络向公众提供在公众集会上发表的讲话同样可以构成合理使用,因此本项有关刊登或者播放在公众集会上发表的讲话,同样适用于网络环境。其二,使用的客体为"公众集会上发表的讲话"。其三,使用应当限于著作权人没有声明不许刊登、播放的情形,这是因为有时作者出于政治、历史或者其他原因不愿将其讲话通过报纸等媒体刊登或者播放或者通过信息网络传播,那么此时就应尊重作者的意愿。其四,报纸等媒体刊登或者播放或者通过信息网络提供公众集会上的讲话,应当指明作者的姓名或者名称、作品名称,并且不得影响该作品的正常使用,也不得不合理地损害著作权人的合法权益。

第六项"为学校课堂教学或者科学研究,翻译、改编、汇编、播放或者少量复制已经发表的作品,供教学或者科研人员使用,但不得出版发行"。课堂教学是指教师向学生传授知识和技能的活动;科学研究是在前人积累的知识基础之上,为了增进人类有关客观事物的内在本质和运动规律的知识,应用调查、验证、讨论以及推论、分析和综合等科学方法进行的系统的创造性工作。教育是人类获取增量知识的首要前提,没有掌握专业知识与技能的人才,增量知识的供给必然变得缓慢甚至停滞;科学研究是人类获取增量知识的直接手段,借助科学研究活动,人类关于客观事物本质与规律的认识得以不断增进,从蒙昧走向文明。由于教学与科学研究关系人类的未来发展,正是基于人类发展必然需要获得与利用前人的成果的考虑,《著作权法》在此将"为学校课堂教学或者科学研究,翻译、改编、汇编、播放或者少量复制已经发表的作品,供教学或者科研人员使用,但不得出版发行"规定为合理使用。适用该项需要注意以下几点:其一,使用目的是"为学校课堂教学或者科学研究"。其中,"学校"既包括全日制的普通学校,也包括各类业余学校,但是不包括营利性的培训机构,"课堂教学"通常是指"面授",也即教师与学生在教室或者实验室进行的现场教学。[①]其二,使用行为限于"翻译、改编、汇编、播放、少量复制或者通过信息网络提供",其中,"改编、汇编、播放"为第三次《著作权法》修改新加入的行为类型。"翻译"是指将作品从一种语言文字转换成另一种语言文字。"改编"是指在原有作品的基础上,通过改变作品的表现形式或者用途,创作出具有独创性的新作品。播放是指通过无线电波、有线电视系统传播作品。复制是指以印刷、复印、临摹、拓印、录音、

---

① 黑龙江省高级人民法院(2018)黑民终518号民事判决书。

录像、翻录、翻拍、数字化等方式将作品制作成一份或者多份的行为，构成此处合理使用的复制乃是"少量复制"，"少量"可以理解为"被使用部分仅占被使用作品的比例很小"或者"制作的副本数量较少"，以不超过课堂教学或科学研究的需要为限。"汇编"是指将作品或者作品的片段通过选择或者编排，汇集成新作品的行为。同时，根据《信息网络传播权保护条例》第六条的规定，此处构成合理使用的行为类型还包括"通过信息网络传播"，"通过信息网络传播"是指以有线或者无线方式向公众提供，使公众可以在其选定的时间和地点获得作品。其三，使用人员限于教学或者科研人员。例如，将改编拍摄的电影参与电影节展出，不是供教学或者科研人员使用，超出了课堂教学或者科研研究而使用的范围，不构成合理使用。[①]再如，如果复印他人作品提供给学生作为教材大量使用，因该行为并非供教学或者科研人员使用，而且有损作品的正常市场销售，无法构成合理使用。其四，不得出版发行。其五，为学校课堂教学或者科学研究，翻译、改编、汇编、播放或者少量复制或者通过信息网络传播已经发表的作品，供教学或者科研人员使用，应当指明作者的姓名或者名称、作品名称，并且不得影响该作品的正常使用，也不得不合理地损害著作权人的合法权益。

  第七项"国家机关为执行公务在合理范围内使用已经发表的作品"。国家机关包括国家元首、立法机关、审判机关、检察机关、监察机关以及军事机关。国家机关为了执行公务通常会用到他人已经发表的作品，比如立法机关进行立法活动难免会参照法学学者的著述，为了科学立法，立法过程中难免会复制或者汇编法学学者的作品；再如，人民法院审理案件过程中，比如在著作权侵权案件中，为了比照与判断作品之间是否构成"实质性相似"，必然需要复制作品或者作品片段。上述国家机关为了执行公务而对作品的使用具有公益性质，因而作出"国家机关为执行公务在合理范围内使用已经发表的作品"构成合理使用的规定。适用该项需要注意如下几点：其一，使用主体为国家机关。其二，使用目的是"为执行公务"。其三，使用客体限于"已经发表的作品"。其四，使用限度限于"合理范围"，例如人民法院撰写判决书，只能在说明两部作品是否构成"实质性相似"的范围之内使用作品，如将作品（特

---

① 北京市第一中级人民法院（1995）一中知终字第19号民事判决书。

别是长篇作品）原封不动地附在判决当中，就超出了"合理范围"。其五，国家机关为执行公务在合理范围内使用已经发表的作品同样应当指明作者的姓名或者名称、作品名称，并且不得影响该作品的正常使用，也不得不合理地损害著作权人的合法权益。

　　第八项"图书馆、档案馆、纪念馆、博物馆、美术馆、文化馆等为陈列或者保存版本的需要，复制本馆收藏的作品"。图书馆是指搜集、整理、保管各种出版物和文献资料以供读者使用的文化机构；档案馆是指收集保管档案的机构；纪念馆是指为了纪念卓越人物或者重大历史事件而建立的陈列相关实物、图片等的文化机构；博物馆是指保管和陈列关于经济、文化、政治、军事、科学等方面文化或者标本的文化机构；美术馆是指保管和陈列艺术作品的机构；文化馆是指为开展群众文化工作而设立的机构。人类的文明延续需要保存历代优秀的文学、艺术和科学成果，人类文明的发展需要社会公众能够站在历代优秀的文学、艺术和科学成果的基础之上从事创造性的生产活动。离开上述公共文化服务机构，历代优秀的文学、艺术和科学成果难以系统保存，社会公众无从接触与获取前人的优秀成果，因此诸如图书馆、档案馆、纪念馆等公共文化机构发挥着信息保存与信息提供的公共职能。为了陈列或者保存的需要，公共文化服务机构复制本馆收藏的作品才能更好地履行信息保存与信息提供的公共职能，对于一些破损甚至濒于损毁的原件、绝版图书或者仅有一份的真迹，需要对其进行复制，以便更好地将这些人类瑰宝保存下来供后人参阅。[①]适用该项需要注意如下几点：其一，使用主体限于"图书馆、档案馆、纪念馆、博物馆、美术馆、文化馆等"公共文化服务机构。其二，使用目的是"为陈列或者保存版本的需要"，而非用于出租、借阅、销售或者其他任何用途。其三，使用行为是"复制本馆收藏的作品"，如果他馆为了陈列或者保存版本的需要复制本馆收藏的作品，或者本馆为了陈列或者保存版本的需要复制他馆收藏的作品，不在本项合理使用的范围之内。在此，需要注意，由于公共文化服务机构提供信息的传统方式为出借作品的有形版本，为了适应数字环境下保存信息与提供信息的实践与需求，克服有形版本不可避免将会产生磨损等问题，《信息网络传播权保护条例》适当扩大

[①] 张今：《著作权法》，北京大学出版社2018年版，第185页。

了公共文化服务机构为了履行公共职能所能从事的行为范围,其第七条规定,"图书馆、档案馆、纪念馆、博物馆、美术馆等可以不经著作权人许可,通过信息网络向本馆馆舍内服务对象提供本馆收藏的合法出版的数字作品和依法为陈列或者保存版本的需要以数字化形式复制的作品,不向其支付报酬,但不得直接或者间接获得经济利益。当事人另有约定的除外。前款规定的为陈列或者保存版本需要以数字化形式复制的作品,应当是已经损毁或者濒临损毁、丢失或者失窃,或者其存储格式已经过时,并且在市场上无法购买或者只能以明显高于标定的价格购买的作品。"根据《信息网络传播权保护条例》第七条的规定,公共文化服务机构可以从事的行为包括以数字化复制与通过信息网络提供。但是为了防止数字化复制的便捷与低廉而给著作权人的利益造成损害,为陈列或者保存版本需要以数字化形式复制的作品,应当是已经损毁或者濒临损毁、丢失或者失窃,或者其存储格式已经过时,并且在市场上无法购买或者只能以明显高于标定的价格购买的作品,比如,某一图书馆原来藏有以录像带保存的电影作品,因为时间久远,录像带濒临损坏,但是只要市场上能够购买到该电影作品的录像带,图书馆就应从市场购买录像带而非进行数字化复制。[①]此外,通过信息网络传播的范围应当仅限于"向本馆馆舍内服务对象"提供"本馆收藏的合法出版的数字作品和依法为陈列或者保存版本的需要以数字化形式复制的作品",也即公共文化服务机构不能通过信息网络向馆舍之外的对象提供作品,使其可以在馆舍之外的范围获得作品。其四,图书馆、档案馆、纪念馆、博物馆、美术馆、文化馆等为陈列或者保存版本的需要,复制本馆收藏的作品,应当指明作者的姓名或者名称、作品名称,并且不得影响该作品的正常使用,也不得不合理地损害著作权人的合法权益。

第九项"免费表演已经发表的作品,该表演未向公众收取费用,也未向表演者支付报酬,且不以营利为目的"。适用该项需要注意以下几点:其一,"免费表演"是指表演既未向公众收取费用,也未向表演者支付报酬,某些为灾区募捐而进行的义演活动由于要向公众收费并不构成本项规定的"免费使用"。其二,使用应当"不以营利为目的",这一规定为本次《著作权法》修改新增

---

① 王迁:《著作权法》,中国人民大学出版社2015年版,第365页。

加的内容，旨在规制那些尽管构成免费表演，但是从该免费表演当中间接获利的商业性使用行为，比如餐厅、咖啡厅等为了增加顾客，表演他人音乐作品，虽然未向表演者支付报酬，也未就该表演向顾客收取任何费用，但是餐厅、咖啡厅等的确能从增加的顾客流中间接获利。根据2020年《著作权法》，这种间接获利的行为并不构成合理使用。其三，"免费表演"的作品限于"已经发表的作品"，如果作品尚未发表，即便属于"免费表演"并且不具有营利目的，同样不构成合理使用。其四，本项并未限定"表演"的类型，根据2020年《著作权法》第十条的规定，受到著作权法保护的表演活动是指"公开表演作品，以及用各种手段公开传播作品的表演"，也即现场表演与机械表演。根据相关学者的论述，由本项使用的"未向表演者支付报酬"的表述可以推断，本项所指能够构成合理使用的"表演"是指现场表演，并不包括机械表演。[1]其五，免费表演已经发表的作品，该作品未向公众收取费用，也未向表演者支付报酬，并且不以营利为目的，还应指明作者的姓名或者名称、作品名称，并且不得影响该作品的正常使用，也不得不合理地损害著作权人的合法权益。

　　第十项"**对设置或者陈列在公共场所的艺术作品进行临摹、绘画、摄影、录像**"。公共场所是社会公众公共生活必不可少的组成部分，社会公众公共生活过程当中不可避免地接触到设置或者陈列在公共场所的艺术作品，比如以此为背景拍照或者录像，因此设置或者陈列在公共场所的艺术作品本身具有公共与公益的性质，如果社会公众在公共场所从事的临摹等一般行为均要寻求许可、支付报酬，势必有损公共生活的质量。因此，著作权法在此作出此项有关合理使用的规定。适用该项需要注意如下几点：其一，使用客体是"设置或者陈列在公共场所的艺术作品"。由于这里的艺术作品已经设置或者陈列在公众场所，本身即已发表，因此不再进行"已发表的作品"的限制。这里需要注意，根据最高人民法院《关于审理著作权民事纠纷案件适用法律若干问题的解释》第十八条第一款的规定，艺术作品是指"雕塑、绘画、书法等艺术作品"。此次《著作权法》修正删除了2010年《著作权法》中"室外"

---

[1] 王迁：《著作权法》，中国人民大学出版社2015年版，第359页；崔国斌：《著作权法：原理与案例》，北京大学出版社2014年版，第612页。

的限制，因此2020年《著作权法》中的"公共场所"不仅包括对公众开放的室内场所，也包括对公众开放的室外场所。根据《公共场所卫生管理条例》第二条的规定，公共场所的范围包括"（一）宾馆、饭馆、旅店、招待所、车马店、咖啡馆、酒吧、茶座；（二）公共浴室、理发店、美容店；（三）影剧院、录像厅（室）、游艺厅（室）、舞厅、音乐厅；（四）体育场（馆）、游泳场（馆）、公园；（五）展览馆、博物馆、美术馆、图书馆；（六）商场（店）、书店；（七）候诊室、候车（机、船）室、公共交通工具"。可见，2020年《著作权法》大大扩展了此项合理使用的范围，但是对上述公共场所内的艺术作品进行的临摹、绘画、摄影或者录像应当满足本条原则性条款的规定，也即不得影响作品的正常使用，也不得不合理地损害著作权人的合法权益。其二，使用行为限于"临摹、绘画、摄影、录像"，从事本项规定四项行为之外的行为，无法构成本项规定的合理使用。"临摹、绘画、摄影、录像"是指以无接触方式对艺术作品实施的从立体到平面或者从平面到平面的复制或者演绎。其三，对于临摹、绘画、摄影、录像形成的成果的再行利用问题，《最高人民法院关于审理著作权民事纠纷案件适用法律若干问题的解释》第十八条第二款规定，"艺术作品的临摹、绘画、摄影、录像人，可以对其成果以合理的方式和范围再行使用，不构成侵权。"但是何为"合理的方式和范围"，相关法律法规以及司法解释并未作出明确规定。相关司法案例以及学者论述普遍认为，何为"合理的方式和范围"应当根据个案加以判断，一般来说，只要不影响原作品的正常使用，也未不合理地损害著作权人的合法权益，不论是否以营利为目的的再行使用，均在"合理的方式和范围"之列，构成合理使用。[①] 比如，将拍摄平面美术作品之后形成的复制件或者把演绎作品制成明信片或者挂历进行营利销售的行为，通常构成对平面美术作品的市场竞争，这是因为平面美术作品的通常利用方式就是制作明信片或者挂历等，作品的正常使用以及著作权人的合法权益均受到负面影响，因而此种营利性使用就不在"合理的方式和范围"之列；再如，将拍摄厦门双子塔形成的复制件或者把演绎作品制成明信片或者挂历予以出售，与建筑作品双子塔的市场并不相同，两者之间本身并不产生竞争关系，不会影响双子塔的正常使用，也不

---

① 最高人民法院（2013）民提字第15号民事判决书。

会对著作权人的合法权益造成过分损害，因而此种营利性使用就位于"合理的方式和范围"之列。①其四，对设置或者陈列在公共场所的艺术作品进行临摹、绘画、摄影、录像，应指明作者的姓名或者名称、作品名称，并且不得影响该作品的正常使用，也不得不合理地损害著作权人的合法权益。当然，如果当事人另有约定或者由于作品使用方式的特性无法指明的，可以不指明作者的姓名或者名称、作品名称，这一规定适用本条所有合理使用的具体行为类型。

第十一项"将中国公民、法人或者非法人组织已经发表的以国家通用语言文字创作的作品翻译成少数民族语言文字作品在国内出版发行"。我国拥有除汉族外的五十五个少数民族，为了加强民族团结，促进少数民族科学文化事业的发展，汉族作者有义务"将汉族的科学文化知识介绍给兄弟民族，加速当地科学文化的发展"，但是外国作者并无此项义务。②适用该项需要注意如下几点：其一，使用客体限于"中国公民、法人或者非法人组织已经发表的以国家通用语言文字创作的作品"。此项合理使用的客体首先需要满足"中国公民、法人或者非法人组织"的作品与"已经发表"这两个要件。其次，这里的作品是指"以国家通用语言文字创作的作品"，所谓"国家通用语言文字"，根据《中华人民共和国国家通用语言文字法》第二条的规定，是指普通话和规范汉字。最后，中国公民、法人或者非法人组织的原创作品自然属于该项合理使用的客体范围，但是中国公民、法人或者非法人组织的演绎作品是否属于该项合理使用的客体范围需要区分不同情况：如果演绎作品基于中国公民、法人或者非法人组织以国家通用语言文字创作的作品形成，将该演绎作品翻译成少数民族语言文字在国内出版发行，符合此项合理使用制度的法理内涵，构成合理使用；如果演绎作品基于外文作品形成，此时不宜适用该项合理使用制度，这是因为，此项合理使用制度规定乃为我国独创，《伯尔尼公约》当中并无类似制度，因此将基于外文作品产生的演绎作品翻译成少数民族语言文字在国内出版发行，仍需取得外文作品作者的同意并且支付合理报酬，否则容易造成涉外法律冲突；如果演绎作品基于少数民族语言文

---

① 王迁：《著作权法》，中国人民大学出版社2015年版，第361—363页。
② 胡康生主编：《中华人民共和国著作权法释义》，法律出版社2011年版，第111页。

字作品形成，同样不宜适用此项合理使用制度的规定。①其二，使用行为限于"翻译成少数民族语言文字作品"并在"国内出版发行"。根据《信息网络传播权保护条例》第六条第五项的规定，"（通过信息网络）将中国公民、法人或者其他组织已经发表的、以汉语言文字创作的作品翻译成的少数民族语言文字作品，向中国境内少数民族提供"同样可以构成合理使用，因此，除将"翻译成少数民族语言文字作品"并在"国内出版发行"以外，构成本项规定的合理使用行为还应包括将"翻译成少数民族语言文字作品"并"通过信息网络向中国境内少数民族提供"。翻译行为是单向的，仅指将以通用语言文字创作的作品翻译成少数民族语言文字作品，并不包括将少数民族语言文字作品翻译成以通用语言文字创作的作品。无论出版发行还是通过信息网络传播均应限于中国境内，如果出版发行或者通过信息网络传播超出中国境内范围，并不构成本项规定的合理使用。其三，将中国公民、法人或者非法人组织已经发表的以国家通用语言文字创作的作品翻译成少数民族语言文字作品在国内出版发行，应指明作者的姓名或者名称、作品名称，并且不得影响该作品的正常使用，也不得不合理地损害著作权人的合法权益。

第十二项"以阅读障碍者能够感知的无障碍方式向其提供已经发表的作品"。 生存与发展乃是人生而为人的基本权利，阅读障碍者受到先天或者后天的制约，无法正常接触与获得文学、艺术与科学作品，发展能力受到限制，因而通常处于较为贫困的境地。为了增强阅读障碍者的发展能力，改善他们的贫困境地，在此作出此项合理使用的规定。2020年《著作权法》将2010年《著作权法》的对应条款"将已经发表的作品改成盲文出版"改为"以阅读障碍者能够感知的无障碍方式向其提供已经发表的作品"乃是出于加入《马拉喀什条约》的需要。由于目前并无相关司法实践或者司法解释对于该项的理解与适用作出规定，对于相关概念的把握需要参照《马拉喀什条约》的规定。参照《马拉喀什条约》的规定，适用该项需要注意如下几点：其一，"阅读障碍者"不仅是指盲人，根据《马拉喀什条约》第三条的规定，阅读障碍者是指不论有无任何其他残疾的下列人：盲人；有视觉缺陷、知觉障碍

---

① 王迁：《论著作权法中的权利限制条款对外国作品的适用——兼论播放作品法定许可条款的修改》，载《比较法研究》2015年第4期。

或阅读障碍的人，无法改善到基本达到无此类缺陷或障碍者的视觉功能，因而无法以与无缺陷或无障碍者基本相同的程度阅读印刷作品；或者在其他方面因身体残疾而不能持书或翻书，或者不能集中目光或移动目光进行正常阅读的人。其二，"无障碍方式"并不限于"盲文"，是指采用替代方式或者形式，包括让上述主体能够与无视力障碍或其他印刷品阅读障碍者一样切实可行、舒适地使用作品的作品版本，比如一些神经系统受损，无法转动眼球的人，无障碍版本不是盲文而是有声读物。[1]其三，使用客体限于"已经发表的作品"。其四，以阅读障碍者能够感知的无障碍方式向其提供已经发表的作品，应指明作者的姓名或者名称、作品名称，并且不得影响该作品的正常使用，也不得不合理地损害著作权人的合法权益。

第十三项"法律、行政法规规定的其他情形。"本项为2020年《著作权法》新增加的一项，旨在应对与解决2010年《著作权法》因穷尽列举所导致的僵化问题。此处的法律是指狭义的法律，即全国人民代表大会及其常务委员会制定的规范性文件。行政法规是指国家最高行政机关即国务院根据并为实施宪法和法律而制定的关于国家行政管理活动的规范性文件。由于依靠《著作权法》与其配套行政法规之外的其他法律、行政法规规定有关合理使用的行为类型短期之内并不现实，本项所指的具体法律主要是指《著作权法》《著作权法实施条例》《计算机软件保护条例》《信息网络传播权保护条例》等。因此，如果日后《著作权法》及其配套的行政法规规定了新的合理使用行为类型，则可根据新的规定认定使用行为构成合理使用，但是如果行政法规没有规定有关合理使用的一般规定或者具体行为类型，则不能适用本款规定。

第二十四条第二款"前款规定适用于对与著作权有关的权利的限制"规定了合理使用制度的使用范围。"著作权有关的权利"是指2020年《著作权法》第四章授予图书出版者、表演者、录音录像制作者以及广播电台、电视台等邻接权人就其在作品传播中付出的智力劳动所享有的权利。这些邻接权同样受到合理使用制度的限制。

---

[1] 王迁：《〈著作权法〉的修改：关键条款的解读与分析（上）》，载《知识产权》2021年第1期。

【以案说法】

案例1：转换性使用构成著作权法上的合理使用[①]

某制片厂（原告）系"葫芦娃""黑猫警长"形象美术作品的著作权人，相关动画片创作于20世纪80年代。电影《80后的独立宣言》由被告某文化传播有限公司出品。电影海报中突出部分为男女主角人物及主演姓名，背景则零散分布着诸多美术形象，包括"葫芦娃""黑猫警长"卡通形象、黑白电视机等家电用品、铁皮青蛙等玩具。其中"葫芦娃""黑猫警长"卡通形象分别居于男女主角的左右两侧。"葫芦娃""黑猫警长"与其他背景美术形象大小基本相同，但与男女主角形象相比，比例显著较小。原告认为，该海报未经其许可，使用了其享有著作权的"葫芦娃""黑猫警长"美术作品，侵犯其复制权、发行权等，诉请被告停止侵权、消除影响并赔偿损失。被告认为，"葫芦娃""黑猫警长"属于80后一代的集体记忆，和其他具有年代感的美术要素结合，均是为了说明男女主人公的年龄特点，且在海报中使用比例较小，属于合理使用，并不构成侵权。上海市普陀区人民法院认为，"适当引用"构成合理使用，是指为介绍、评论某一作品或者说明某一问题，在作品中适当引用他人已经发表的作品，该使用不得影响作品的正常使用，也不得不合理地损害著作权人的合法权益。判断使用是否"适当"从而构成合理使用，应当综合考虑被引用作品是否已经公开发表、引用他人作品的目的、被引用作品占整个作品的比例、是否会对原作品的正常使用或市场销售造成不良影响等因素予以认定。本案中，涉案美术作品创作完成于20世纪80年代，和海报背景中的其他美术要素，皆属80后成长记忆中具有代表性的人、物、景，这些元素相组合后具有较强的时代代入感，在电影海报中引用涉案美术作品不是单纯再现其艺术美感和功能，而是反映80年代的时代年龄特征，该种引用在电影海报中具有了新的价值、意义和功能，其原有的艺术价值功能发生转换，且转换性程度较高，属于我国《著作权法》规定的为了说明某一问题的情形；从其占整个海报比例来看，系作为背景使用，占海报面积较小，并未突出显

[①] 上海市普陀区人民法院（2014）普民三（知）初字第258号民事判决书，上海知识产权法院（2015）沪知民终字第730号民事判决书。

示，仅为辅助、从属地位，属于适度引用；电影海报的使用方式不至于吸引对涉案两个美术作品有特定需求的受众，从而放弃对涉案作品的选择使用，因此该使用方式不会产生替代性作用，不会影响权利人的正常使用；本案中的海报创作属特殊情况，不具有普遍性，随着电影播映期的消逝，该电影海报的影响也会逐步减小，因此不会不合理地损害权利人的合法利益。综上，被告使用涉案美术作品的方式构成著作权法意义上的合理使用，不构成侵权。据此，判决驳回原告全部诉讼请求。上海知识产权法院二审维持一审判决。

案例2：为课堂教学目的改编他人享有著作权的作品并将其拍摄成电影，仍在课堂教学范围之内，构成合理使用[①]

汪曾祺是小说《受戒》的作者，经其与某录音录像公司（原告）协商，约定在1992年3月15日至1998年3月15日期间，某录音录像公司取得以拍摄影视的方式改编该小说的专有使用权。1992年10月某电影学院（被告）学生吴某为完成改编课程作业，将《受戒》改编为电影剧本。某电影学院在对学生上交的改编作业进行审核后将吴某改编的《受戒》电影剧本选定用于学生毕业作品拍摄。拍摄之前，某电影学院曾向原告征求意见，原告并未明确表示反对。1993年5月影片摄制完成，并在摄制完成之后在某电影学院小剧场内放映一次，用于教学观摩，观看者为该学院教师和学生。1994年11月，某电影学院携《受戒》影片参加法国朗格鲁瓦国际学生电影节，并在该电影节上放映过《受戒》影片，观众系参加电影节的各国学生和教师，也有当地公民。放映该影片时，电影组委会对外公开出售少量门票。某电影学院共制作《受戒》电影拷贝两个，其中一个拷贝封存于本院，另一个拷贝尚在由朗格鲁瓦电影节组委会寄往某电影学院途中。某电影学院有制作的《受戒》一片录像带一盒，也已封存本院。某录音录像公司认为某电影学院侵犯了其改编权，诉请某电影学院承担相应的侵权责任。某电影学院认为，其以教学为目的拍摄《受戒》及在校内放映属于合理使用，法国朗格鲁瓦国际学生电影节系纯学术活动，并未超出合理使用范围。北京市海淀区人民法院认为，《著作权法》第二十二条第一款第六项（2020年《著作权法》第二十四条第六项）规定的目的在于许可学校为课堂教学在一定范围内无偿使用他人作品，以保障教学

[①] 北京市第一中级人民法院（1995）一中知终字第19号民事判决书。

活动得以顺利进行。某电影学院系培养电影人才的艺术院校，教学方式具有特殊性，练习拍摄电影属于其教学活动必不可少的一部分。某电影学院组织毕业生改编小说《受戒》拍摄电影，目的在于锻炼学生实践能力，校内放映影片也是为了教学观摩，均为课堂教学必不可少的组成部分。因此某电影学院的上述行为构成合理使用。但是某电影学院携带《受戒》影片参加法国电影节，由于该电影节的观众不仅有教师、学生，还有当地公民，并且对外公开出售了少量门票，已经超出了为课堂学校使用的范围，并对涉案作品的潜在市场造成不利影响，因此北京电影节携带《受戒》影片并且放映的行为构成侵权，应当承担相应的侵权责任。北京市第一中级人民法院二审维持一审判决。

案例3：国家机关为执行公务使用他人已经发表的作品应当限于合理的程度、方式、范围之内①

原某（原告）系《忠诚卫士》一文的作者，并在中国廉政网上发表了该文，署名原某。某市监察局（被告）在其举办的桐乡廉政网上刊登了该文，并且注明来源"中国廉政网"。某市监察局认为其为反腐倡廉任务使用涉案作品，属于执行公务，并且桐乡廉政网浏览群众有限，其行为构成合理使用。原某认为某市监察局并非在执行公务的合理范围内使用涉案作品，侵犯了其享有的著作权，诉请法院判令某市监察局停止侵权、赔偿损失。一审法院经审理认为，某市监察局作为国家行政机关，宣传反腐倡廉是其法定职责，也是落实中共中央反腐倡廉政策纲要的需要，其在桐乡廉政网上转载原某已经发表的作品，介绍先进人物，以期达到树立先进典型、弘扬社会正气的目的，并已注明来源，构成合理使用。二审法院认为，构成合理使用有严格的条件限制，国家机关使用的作品不仅应当是已经发表的作品，使用的目的是为执行公务，而且使用的必要程度、方式、范围、所使用部分的数量和内容等均应合理。某市监察局作为某市政府行使监察职能的机关，虽然根据相关规定，负有宣传反腐倡廉的工作任务，但其使用原某的涉案作品，并非完成该项任务所必需；同时，从使用方式和范围来看，其系通过互联网传播涉案作品，互联网的开放性使该作品能为不特定公众获得，传播范围十分广泛；此外，

---

① 浙江省高级人民法院（2009）浙知终字第118号民事判决书。

从所使用部分的数量和内容来看，某市监察局使用了《忠诚卫士》一文的全部内容，而非对少量、非实质性内容的摘编引用。二审法院认为，某市监察局在其主办的网站上使用涉案作品的行为不属于合理使用。故二审法院撤销一审判决，改判某市监察局赔偿损失（某市监察局已经在其网站上移除涉案作品）。

案例4：对公共场所艺术品的合理使用应当限于"临摹、绘画、摄影、录像"四种行为方式，并且不得影响权利人对该作品的正常使用[①]

国家体育场公司（原告）是北京2008年奥林匹克运动会主会场国家体育场（以下简称"鸟巢"）建筑作品、《国家体育场夜景图》图形作品和《国家体育场模型》模型作品的著作权人。2008年12月原告发现某烟花集团公司监制，浏阳某烟花公司、北京某烟花公司生产、销售了"盛放鸟巢"烟花产品。"盛放鸟巢"烟花产品在整体造型、长宽比例、钢架结构、色彩线条搭配、火炬等方面采用了与"鸟巢"外观相同或者近似的设计，较为全面地体现"鸟巢"建筑作品所采用的钢桁架交织围绕碗状结构的独创性特征。国家体育场公司认为上述被告侵犯了其建筑作品的著作权，诉至法院判令被告停止侵权、赔礼道歉并赔偿其经济损失。被告浏阳某烟花公司认为"对设置或者陈列在室外公共场所的艺术作品进行临摹、绘画、摄影、录像"属于对作品的合理使用，"盛放鸟巢"烟花系对原告"鸟巢"建筑作品的合理使用，并不构成侵权。法院经审理认为，首先，《著作权法》第二十二条第一款第十项（2020年《著作权法》第二十四条第一款第十项）规定的合理使用行为限于"临摹、绘画、摄影、录像"四种方式，并不包括这四种方式之外的其他使用方式，被告对于原告建筑作品的使用明显不在上述四种使用方式之内。其次，合理使用制度的目的在于保护公共利益，被告将原告建筑作品用于烟花产品上，系出于纯粹商业目的，将该行为视为合理使用与合理使用的立法目的不符。最后，判断某一行为是否构成合理使用，除需属于《著作权法》规定的特定情形之外，不得影响权利人对其作品的正常使用。作品的正常使用，是指在一般情况下人们可以合理预期到的作者利用其作品的各种方式，包括作者所预期的现实存在的作品使用方式和未来可能出现的作品使用方式。被告将"鸟

[①] 北京市第一中级人民法院（2009）一中民初字第4476号民事判决书。

巢"建筑作品用于其他产品设计上,属于可以预见的使用方式,直接影响原告对其作品的二次商业利用。综上,法院认为被告生产、销售"盛放鸟巢"烟花产品的行为不构成合理使用,侵犯了原告就其建筑作品享有的复制权与发行权。

案例5:制成少数民族语言文字版本的作品应当限于文字作品[①]

某卡通公司(原告)是涉案动画片《渊子崖保卫战》的著作权人。央视国际公司(被告)未经某卡通公司合法授权,在其经营的"UYNTV"安卓手机客户端上提供该作品的在线播放服务,使公众可以在个人选定的时间和地点获得涉案作品。某卡通公司以侵犯其信息网络传播权为由请求法院判令央视国际公司停止侵权、赔偿损失。央视国际公司认为涉案APP是维吾尔语频道,属于将已经发表的以汉语言文字创作的作品翻译成少数民族语言作品在中国境内提供,主张其行为构成合理使用。二审法院经审理认为,涉案作品即《渊子崖保卫战》动画片并非文字作品,同时,涉案作品的列表与播放页面均未出现少数民族语言,因此央视国际公司的合理使用抗辩并不成立,其侵犯了某卡通公司享有的信息网络传播权,依法应当承担相应的法律责任。

案例6:使用受到著作权法保护的作品但是未能指明作品名称的不构成合理使用[②]

某制片厂(原告)系《葫芦兄弟》电影作品、电影人物形象美术作品的著作权人。某计算机系统有限公司旗下网站推出名为《数码贱男》的网络情景喜剧,该剧第2季第8集8分56秒至9分12秒共计17秒的时间插入了《葫芦兄弟》电影作品中的7个角色,形象与《葫芦兄弟》中的七个葫芦娃形象基本相同。原告认为,某计算机系统有限公司未经许可商业使用《葫芦兄弟》卡通形象并在其推出的网络情景喜剧中通过产品广告植入进行获利,侵犯了其享有的复制权、发行权以及信息网络传播权,并诉请某计算机系统有限公司承担相应的侵权责任。某计算机系统有限公司认为,其对涉案人物形象的使用属于"为介绍、评论某一作品或者说明某一问题,在作品中适当引用他人已经发表的作品",构成合理使用。法院经审理认为,根据《著作权法》的规

[①] 北京知识产权法院(2020)京73民终490号民事判决书。
[②] 广东省广州市天河区人民法院(2014)穗天法知民初字第1114号民事判决书。

定,为介绍、评论某一作品或者说明某一问题,在作品中适当引用他人已经发表的作品,属于法定的合理使用情形之一。本案中,涉案视频是以网易数码频道员工办公室生活为主题的情景短剧,将展示平板电脑的配置与功能的主线与特定的情节结合,在圣诞变装舞会的情节中使用了由7个红色、橙色、黄色、绿色、青色、蓝色、紫色的葫芦娃卡通形象与7个穿着相近颜色服装的真人照片合成的7组静态画面,目的是诙谐地展示平板电脑的图片处理及MV制作的功能,且被告在时长为10分48秒的涉案视频中使用葫芦娃卡通形象的时间仅为13秒,使用时间较短、使用的量较少,属于《著作权法》规定的为了说明某一问题在作品中适当引用他人已经发表的作品。但是判断行为是否构成合理使用,还需考察行为是否满足《著作权法》规定的其他条件,包括应当指明作者姓名、作品名称。本案中,被告对于原告虽然是为说明某一问题适当引用原告的葫芦娃形象美术形象,但是并未指明作品名称,并且原、被告之间并无无须指明作品名称的约定,被告对原告作品的使用方式也不存在无法指明作品名称的特性,原告作品存在较高知名度,不存在被告无法获知原告作品名称的情况。因此被告使用原告作品但未指明作品名称的行为侵犯了原告的合理权益,故法院认为被告行为不构成合理使用,应当承担相应的侵权责任。

(刁佳星 撰写)

第二十五条：著作权的法定许可

（法条对比）

2010年著作权法	2020年著作权法
第二十三条 为实施**九年制**义务教育和国家教育规划而编写出版教科书，**除作者事先声明不许使用的外**，可以不经著作权人许可，在教科书中汇编已经发表的作品片段或者短小的文字作品、音乐作品或者单幅的美术作品、摄影作品，但应当按照规定支付报酬，指明作者姓名、作品名称，并且不得侵犯著作权人依照本法享有的其他权利。 前款规定适用于对**出版者、表演者、录音录像制作者、广播电台、电视台**的权利的限制。	第二十五条 为实施义务教育和国家教育规划而编写出版教科书，可以不经著作权人许可，在教科书中汇编已经发表的作品片段或者短小的文字作品、音乐作品或者单幅的美术作品、摄影作品、**图形作品**，但应当按照规定**向著作权人**支付报酬，指明作者姓名**或者名称**、作品名称，并且不得侵犯著作权人依照本法享有的其他权利。 前款规定适用于对**与著作权有关**的权利的限制。

【条文主旨】

本条是关于编写出版教科书法定许可的规定。

【修改理由】

本次《著作权法》有关教科书法定许可修改主要有三点，一是删除"九年制"这一限定词；二是删除"除作者事先声明不许使用的外"；三是扩大教科书法定许可作品范围，增加"图形作品"。此次修改扩大了教材法定许可内容，增加了教科书法定许可作品类型。

教科书的编写、出版、传播涉及国家教育大计，教科书编写出版在符合法律基本要求前提下，要建立有助于教科书编写的制度体系。教科书法定许可制度即可以实现上述目的，降低交易成本，提高传播效率，促进教育事业发展。教科书法定许可指的是，为实施义务教育和国家教育规划而编写出版教科书使用本条规定的已经发表的部分作品时，可以不经著作权人或相关权人的许可，但应当向著作权人或相关权人支付报酬，并注明作者姓名或名称、作品名称，且不得侵犯著作权人享有的其他权利。[①]

2010年《著作权法》对于教科书法定许可有限制条件，即附加"声明排除规则"，作者事先声明不许使用的，则不能适用教科书法定许可，这一规定在一定程度上限制了教科书的编写。从立法目的来看，"声明排除规则"并不符合著作权法定许可的本质，"会妨碍法定许可立法目的的实现，降低作品传播效率，按照这一条款，著作权人可通过单方面声明消除法定许可对其权利的约束，导致该制度形同虚设"[②]。基于教科书在国家教育事业发展中的重要作用，删除这一限制条件，强化教科书的法定许可，有助于降低教科书编写出版的交易成本，即使用已发表的部分作品时，均可以不经著作权人或相关权人许可，而不需要进一步分辨作者是否声明不许使用。

【条文释义】

【价值、功能与立法目的】

法定许可制度的目的是鼓励和促进作品的使用与传播，维护作品传播者和使用者的合法利益，协调作者个人利益与社会利益的关系。[③]法定许可制度有助于促进社会经济文化事业的健康发展。法定许可制度的受益者主要是作品的传播者，如音像制品制作者、广播组织等，这些传播组织需要大量、频繁使用作品，若每一次使用均需要进行谈判并经过著作权人的同意，则交易成本太高，不利于作品的传播，而通过法定许可制度，根据法律规定，在不损害著作权人合法权利、支付相应使用费的前提下，不经过著作权人同意即可使用作品，则可以大大提高作品利用效率，促进作品传播。

[①] 《著作权法》第二十五条。
[②] 张今：《著作权法（第三版）》，北京大学出版社2020年版，第230—231页。
[③] 冯晓青主编：《知识产权法》，中国政法大学出版社2008年版，第166页。

教科书法定许可是法定许可制度中的重要内容。科教兴国是我国的基本国策，实施教科书法定许可，义务教育和国家教育规划中编写教科书可以合法使用已经发表的作品，而不需要经过著作权人同意，提高作品利用效率，便利教科书编写与推广。当然，在使用作品时需要注明作者姓名或名称、作品名称，支付相应的报酬，不得侵犯著作权人享有的其他权利，如此规定也适当照顾了著作权人的利益。在此次修改中，删除"除作者事先声明不许使用的外"，进一步扩大教材法定许可内容，降低交易成本，将更加有助于教科书的编写与传播，推动我国教育事业发展。

【规范内涵】

关于第二十五条第一款"为实施义务教育和国家教育规划而编写出版教科书，可以不经著作权人许可，在教科书中汇编已经发表的作品片段或者短小的文字作品、音乐作品或者单幅的美术作品、摄影作品、图形作品，但应当按照规定向著作权人支付报酬，指明作者姓名或者名称、作品名称，并且不得侵犯著作权人依照本法享有的其他权利"。该款是教科书法定许可制度的核心内容，关于该款的适用要点如下。

第一，严格限制使用作品的目的。只有"为实施义务教育和国家教育规划而编写出版教科书"时，才能够适用该法定许可。根据《教科书法定许可使用作品支付报酬办法》，教科书指"为实施义务教育、高中阶段教育、职业教育、高等教育、民族教育、特殊教育，保证基本的教学标准，或者为达到国家对某一领域、某一方面教育教学的要求，根据国务院教育行政部门或者省级人民政府教育行政部门制定的课程方案、专业教学指导方案而编写出版的教科书。"[1]需要注意的是，这里的教科书不包括教学参考书和教学辅导材料。[2]

第二，限制使用作品的数量和作品类型。根据本条规定，编写出版教科书可以使用的作品类型有文字作品、美术作品、摄影作品、图形作品，图形作品是本次《著作权法》修改中新增加的作品类型，除上述作品类型外，其他作品类型不适用编写出版教科书法定许可。同时，对使用作品的数量有一

---

[1] 《教科书法定许可使用作品支付报酬办法》第二条第二款。
[2] 《教科书法定许可使用作品支付报酬办法》第二条第一款。

定限制，即文字作品、音乐作品的"片段"或者"短小"的文字作品、音乐作品，"单幅"的美术作品、摄影作品和图形作品。在《教科书法定许可使用作品支付报酬办法》中对"短小""片段"进行了具体限定。[①]

第三，对作品的使用方式进行了限定。即编写出版教科书过程中，使用已经发表的作品片段或者短小的文字作品、音乐作品或者单幅的美术作品、摄影作品、图形作品，应当按照规定向著作权人支付报酬，指明作者姓名或者名称、作品名称，并且不得侵犯著作权人依照本法享有的其他权利。

第四，关于法定许可报酬的支付方式和标准。编写出版教科书法定许可稿酬的收取和转付职能，由著作权集体管理组织承担。根据《教科书法定许可使用作品支付报酬办法》规定，"著作权集体管理组织应当及时按相关规定向著作权人转付，并及时在其网站上公告教科书汇编者使用作品的有关情况。著作权集体管理组织收转报酬，应当编制报酬收转记录"[②]。有关著作权集体管理组织职能发挥与监督参照《著作权法》第八条相关规定。根据国家版权局《关于明确中国文字著作权协会"法定许可"使用费收转职能的复函》（国版办字〔2009〕25号），编写出版教科书法定许可费用的收取与转付，由文著协负责。就具体报酬标准而言，根据《教科书法定许可使用作品支付报酬办法》，文字作品为每千字300元，不足千字的按千字计算；音乐作品为每首300元；美术作品、摄影作品为每幅200元，用于封面或者封底的，每幅400元；在与音乐教科书配套的录音制品教科书中使用的已有录音制品为每首50元。[③]当然《著作权法》修改增加了图形作品，其收费标准需要具体规定，基于图形作品的性质，其收费标准可参照美术作品、摄影作品收费标准进行。随着社会经济的发展，有关法定许可获酬标准也应适时进行调整。

关于第二十五条第二款"前款规定适用于对与著作权有关的权利的限制"。 该款的适用要点如下。

第一，编写出版教科书法定许可适用范围较广，不仅仅局限于上述提到的文字作品、音乐作品、美术作品、摄影作品、图形作品的汇编权、复制权，

---

① 《教科书法定许可使用作品支付报酬办法》第三条第二款。
② 《教科书法定许可使用作品支付报酬办法》第六条第三款、第四款。
③ 《教科书法定许可使用作品支付报酬办法》第四条第一款。

还包括出版者的专有出版权、广播电台、电视台对其播出节目的复制权,以及表演者、录音录像制作者对其表演和录音录像制品的复制权。①

第二,随着信息技术的发展及其在教育领域的应用,编写出版教科书法定许可扩展到相关"课件"的制作和有限制的信息网络传播。②《信息网络传播权保护条例》第八条规定,"为通过信息网络实施九年制义务教育或者国家教育规划,可以不经著作权人许可,使用其已经发表作品的片断或者短小的文字作品、音乐作品或者单幅的美术作品、摄影作品制作课件,由制作课件或者依法取得课件的远程教育机构通过信息网络向注册学生提供,但应当向著作权人支付报酬。"

【以案说法】

案例1:法定许可使用教科书范围如何界定?

丁某于1999年为妻儿拍摄了一张选购红灯笼的生活照。该幅照片以"街上红灯闹"为题发表,后在某教育局组织编写、由某出版社印刷发行的《南通美术乡土教材(小学高年级版)》(以下简称《乡土教材》)中发现上述照片,认为侵犯其著作权,要求停止侵权并赔偿。某出版社认为其出版的《乡土教材》是为了实施九年制义务教育和国家教育规划而编写出版的教科书,使用涉案照片属于教科书法定许可情形。法院经审理认为,某出版社将上述摄影作品用于《乡土教材》的行为是否属于教科书法定许可适用的情形,关键在于判断《乡土教材》是否属于为实施九年制义务教育和国家教育规划而编写出版的教科书。法院认为,"教科书法定许可使用的规定,旨在平衡著作权保护与公共利益需要,但该规定仅是对著作权的一种适度限制,适用该规定的教科书也并非泛指中小学使用的所有教材。"根据《中华人民共和国义务教育法》《全国中小学教材审定委员会工作章程》的规定,"教科书应当界定为经省级以上教育行政部门批准编写、经国家专门设立的学科审查委员会通过,并报送审定委员会批准后,由国家教育委员会列入全国普通中小学教学用书目录的中小学课堂正式用书。"而上述教材的编写者未按规定向江苏省教

---

① 王迁:《著作权法》,中国人民大学出版社2015年版,第376页。
② 刘银良:《知识产权法》,高等教育出版社2014年版,第330页。

育厅补办编写地方性教材的立项申请核准手续,该教材也未经江苏省中小学教材审定委员会审查,更未经江苏省教育厅批准并列入南通市辖区范围内的《中小学教学用书目录》,不属于适用法定许可情形的教科书范畴。[1]

案例2:教辅材料是否适用教科书法定许可?

2000年中国少年儿童出版社出版了《初中英语完形填空200篇》等书目,作者包括陈某,后陈某发现由某出版社出版的《课时训练》(以下简称涉案书籍)中四篇英语习题剽窃了其享有著作权的作品,遂提起诉讼。本案一审中,某出版社答辩称,在教科书中使用他人作品是法定许可使用,涉案书籍属于教科书,不构成侵权。法院经审理认为,涉案书籍为教辅材料,并非《著作权法》规定的教科书,不能适用法定许可。[2]

案例3:《教师用书》是否属于教科书?

陈某为《拐弯处的回头》一文的作者,并自2004年起收录于《小学语文》等义务教育教科书。2005年,某出版社未经许可、未署名,将该文改名为《父爱,在拐弯处》并使用于《教师用书》,且将其发布至官网供浏览、下载。陈某认为某出版社行为严重侵犯了其修改权、署名权、保护作品完整权和获得报酬权。某出版社辩称,《教师用书》属于教科书,适用法定许可情形。一审法院认为,某出版社网站对作品的使用行为应由出版社负责,而《教师用书》并不属于教科书。"教材制度改革后,教师用书不再需要经过立项审批和审定,由各出版社依据教学课程标准自行组织编写,教师用书的编写和出版已经基本市场化,编写教师用书使用他人作品,应当通过市场交易取得著作权授权。"[3]

(郝明英 撰写)

---

[1] 江苏省南通市中级人民法院(2002)通中民三初字第14号民事判决书。
[2] 江苏省南京市中级人民法院(2019)苏01民终2624号民事判决书。
[3] 北京市海淀区人民法院(2008)海民初字第11715号民事判决书。

第三章

著作权许可使用和转让合同

第二十六条：著作权许可使用合同

（法条对比）

2010年著作权法	2020年著作权法
第二十四条 使用他人作品应当同著作权人订立许可使用合同，本法规定可以不经许可的除外。 许可使用合同包括下列主要内容： （一）许可使用的权利种类； （二）许可使用的权利是专有使用权或者非专有使用权； （三）许可使用的地域范围、期间； （四）付酬标准和办法； （五）违约责任； （六）双方认为需要约定的其他内容。	第二十六条 使用他人作品应当同著作权人订立许可使用合同，本法规定可以不经许可的除外。 许可使用合同包括下列主要内容： （一）许可使用的权利种类； （二）许可使用的权利是专有使用权或者非专有使用权； （三）许可使用的地域范围、期间； （四）付酬标准和办法； （五）违约责任； （六）双方认为需要约定的其他内容。

【条文主旨】

本条是关于著作权许可使用合同的规定。

【修改理由】

本条为2010年《著作权法》第二十四条规定，无文字修改。

【条文释义】

【价值、功能与立法目的】

在著作权法诞生之前，智力作品的所有权已经被间接承认。如19世纪的Spooner指出，"确实做了发现的人，或者首先占有了思想的人，从而会成为法律上的正当的所有人"[①]。财产的所有人可以通过贸易等手段为自己换取报酬和利益。郑成思教授指出："不同类型的知识产权，都存在权利的取得、维护和利用三个主要问题。就版权而言，权利的利用亦即版权贸易占突出地位。因为获得版权不是目的，通过转让、许可等贸易活动取得经济上的收入，才是目的，才是版权制度最初产生的原因也才是维护版权的主要理由"[②]。著作权人通过许可使用合同将著作财产权中的一项或多项内容许可他人使用，以实现著作权尤其是著作财产权的最大化利用，便是一种典型的著作权贸易，也是大多数著作权人实现其著作财产权的主要方式。鉴于著作权无形财产权的特点，需要通过这种强制性的合同条款，在更大程度上保障和约束合同双方当事人的权利和义务。

本条规定了在使用著作权人的作品时，应经过著作权人许可并订立许可合同，在合同中规定允许使用者在一定的期限内使用其部分著作权，以明确使用者的权利范围，更好地维护著作权人利益，也可以保障著作权贸易中的交易安全，有利于促进作品的有效传播。本条本意在于强调使用他人作品必须经过著作权人许可，但该条款并没有限制许可人与被许可人签订许可使用合同为著作权人许可他人使用作品的唯一形式。本条也体现了《著作权法》第一条有关保护著作权、鼓励作品的创作和传播之立法目的。

【规范内涵】

关于第二十六条第一款"使用他人作品应当同著作权人订立许可使用合同，本法规定可以不经许可的除外"。根据本款规定，使用他人作品应当同著作权人订立许可使用合同。实践中，著作权许可使用合同可以是常见的合同协议，也可以是特殊的许可证，例如，现今如火如荼的开源领域便是通过各式各样的许可证来促进源码的传播。

《著作权法》中对许可使用合同的形式没有强制规定，这一点和《著作权法》第二十七条所规定的著作权转让合同有所不同。著作权许可使用可以分

[①] Spooner, The Law of Intellectual Property: Or An Essay on the Right of Authors and Inventors to a Perpetual Property in their Ideas, in 3 The Collected Works of Lysander Spooner (C.Shively ed.1971), 27.

[②] 郑成思：《版权公约、版权保护与版权贸易》，中国人民大学出版社1992年版，第206页。

为专有许可使用和非专有许可使用两种形式，对于合同的形式要求也不同：

第一，对于专有使用权的著作权许可使用合同，根据《著作权法实施条例》第二十三条的规定，"使用他人作品应当同著作权人订立许可使用合同，许可使用的权利是专有使用权的，应当采取书面形式，但是报社、期刊社刊登作品除外"。首先，专有使用权的著作权使用合同应该采取书面形式，但这不意味着未采取书面形式的许可使用合同必定无效。《民法典》第四百九十条第二款规定，"法律、行政法规规定或者当事人约定合同应当采用书面形式订立，当事人未采用书面形式但是一方已经履行主要义务，对方接受时，该合同成立"。著作权许可使用合同仍然具有合同的属性，因此不应违背当事人意思自治原则。当"一方已经履行主要义务，对方接受时"，已经完成了要约和承诺两个阶段并且是当事人用实际行动达成了合意。此时，出于尊重当事人意愿的考虑，不应仅因为形式问题将许可使用合同认定为无效。其次，报社、期刊社刊登作品可以不签订书面合同。这是因为实践中通常是作者投稿、报社采纳发表，报社可以通过统一声明等形式获得专有使用权。如果硬性要求每次报社都要和作者签订书面合同，显然会给双方当事人带来较烦琐的程序问题，如报社出版一份报纸可能需要签订几十份著作权许可使用的书面合同，显然不利于作品的发表和文化的传播，有悖于《著作权法》的立法目的。

第二，对于非专有使用权的著作权许可使用合同，法律没有对其形式有过多要求。根据《民法典》第四百六十九条第一款的规定，"当事人订立合同，可以采用书面形式、口头形式或者其他形式"，非专有使用权的著作权许可使用合同可以采取口头形式或者其他形式，只要双方当事人达成合意且没有法律规定的无效事项出现，则可以推定合同成立。

本款还规定了不需订立著作权使用许可合同的"除外"情况，是指本法规定的"合理使用"和"法定许可"制度。"法定许可"包括编写出版教科书、报刊转载、将他人已合法录制的音乐作品制作成录音制品，以及播放已出版的录音制品的法定许可。"合理使用"，是指《著作权法》第二十四条规定的可以不经著作权人许可，不向其支付报酬的情况，在此不再赘述。

关于第二十六条第二款第一项"许可使用的权利种类"。著作权许可使用合同的主要内容应该包括许可使用的权利种类。根据《著作权法》第十条规定，著作权人可以许可他人行使的权利为复制权、发行权、出租权、展览权、表演权、放映权、广播权、信息网络传播权、摄制权、改编权、翻译权、汇编权、应当由著作权人享有的其他权利。因此，许可使用的权利种类限于著作财产权，而不包括著作人身权。

著作权许可使用合同中必须注明许可使用的权利种类，并且根据《著作权法》第二十九条规定，许可使用合同中著作权人未明确许可的权利，未经著作权人同意，另一方当事人不得行使。因此，只要是合同中没有授予的权利种类，使用者都不得擅自使用。

关于第二十六条第二款第二项"许可使用的权利是专有使用权或者非专有使用权"。前面已经提到，著作许可使用包括专有许可使用或者非专有许可使用。专有许可和非专有许可中，权利义务的规定差别较大，因此，合同中应明确许可的性质。

专有使用权也称独占使用权，是一种独占的排他的权利。专有许可中，著作权人只许可被许可人在一定时期、一定方式下使用作品，在该段时间内不再向第三人发放同类型的许可，著作权人自己也不保留该相同类型的权利。

非专有使用权也称普通使用权。非专有许可中，著作权人许可被许可人在一定时期、一定方式下使用作品，但本人仍然保留着相同类型的权利，同时，著作权人还可以许可他人同类型的权利。

关于第二十六条第二款第三项"许可使用的地域范围、期间"。著作权许可使用具有地区性和期限性的特点。

许可使用的地域范围是指被许可人在哪些地域范围上可以享有使用权。这是因为文化的传播本身就具有地域性的特质。比如，实践中常见的图书出版只允许在国内发行，便是一种地域范围的规定。

许可使用的期间，是指被许可人被允许使用作品的期限，可以根据当事人合意自行约定。

关于第二十六条第二款第四项"付酬标准和办法"。本款所指的"付酬标准和办法"不仅仅指有关部门规定的标准和办法，也可以是由当事人协商一致自行约定的标准和办法。

双方当事人可以根据作品的质量、许可的期限、许可的性质和类型等多种因素综合考虑付酬条款。至今为止，我国已经制定了多种付酬标准和办法，如《使用文字作品支付报酬办法》等。根据《著作权法》第三十条规定，"使用作品的付酬标准可以由当事人约定，也可以按照国家著作权主管部门会同有关部门制定的付酬标准支付报酬。当事人约定不明确的，按照国家著作权主管部门会同有关部门制定的付酬标准支付报酬"。

关于第二十六条第二款第五项"违约责任"。《民法典》第五百七十七条规定，"当事人一方不履行合同义务或者履行合同义务不符合约定的，应当承担继续履行、采取补救措施或者赔偿损失等违约责任"。著作权许可使用合同本质上仍是合同，因此，《民法典》合同通则中的一般性规定依然适用于著作权许可使用合同。

关于第二十六条第二款第六项"双方认为需要约定的其他内容"。 著作权许可使用合同是著作权贸易中最常见的合同。合同种类繁多，根据双方当事人不同的需求，可以在合同中添加双方认为需要约定的其他内容，比如作品的名称、合同履行的期限、免责条款、纠纷解决的方法等。

【以案说法】

案例1：没有签署书面许可使用合同，并不能因此否定双方存在非专有许可使用合同关系

自2016年6月起，被告某科技有限公司与原告某信息技术有限公司就案涉影视剧《解密》的非独家信息网络传播权的授权事宜达成合作意向，协商签订《影视节目版权授权协议》，第1至7条约定：原告将涉案影视剧的非独家信息网络传播权授权给被告。在被告签订《影视节目版权授权协议》前，因涉案影视剧已临近协议约定的上线日期，且被告确认需立即上线使用。2016年6月20日，原告按照《影视节目版权授权协议》的约定，向被告提供了涉案影视剧的节目介质，同时出具了加盖公章的授权书。但是，在被告接受上述材料并将涉案影视剧上线播放后，被告却以各种理由推脱签署《影视节目版权授权协议》，并作出拒绝支付已上线的涉案影视剧的授权使用费的意思表示。原告遂诉至天津市第二中级人民法院。

一审判决中存在自相矛盾的地方，认为《影视节目版权授权协议》未得到双方签字就没有成立，但又判决被告向原告支付授权使用费。二审中纠正了这一看法。二审法院认为，我国《著作权法》没有限定信息网络传播权非专有使用权的授权应当采用书面形式，不能因此否定双方存在《解密》非独家信息网络传播权许可使用合同关系。

判断某科技有限公司与某信息技术有限公司之间是否存在《解密》非独家信息网络传播权许可使用合同关系，首先要审查当事人之间就合同关系的成立是否有合意以及该合意是否违反法律规定。如果在签字或者盖章之前，当事人一方已经履行主要义务且对方也接受的，不能因为没有签字或者盖章，就认定合同不成立。在这种情况下，认定合同不成立违背了当事人的真实意思表示，更会使守约方的合法合同利益失去法律保障。某信息技术有限公司一方已经履行主要义务，某科技有限公司已经接受，某科技有限公司与某信息技术有限公司之间存在电视连续剧《解密》信息网络传播权的许可使用合同关系。①

案例2：默示许可仍有争议

电视琴书《十把穿金扇》由原告淮海某公司组织摄制完成，被告某电视台未经其许可，自2007年起长期播放电视琴书《十把穿金扇》进行商业广告。后淮海某公司与其交涉未果，故诉至法院。案中，第三人丁某等三人诉称：淮海某公司对涉案《十把穿金扇》作品并不享有著作权，理由为他们三人创作并演唱了包括《十把穿金扇》在内的二十多部曲艺作品，上述曲艺作品已经相关版权部门颁证确认，故他们三人依法对上述作品享有著作权。本案的争议焦点之一在于淮海某公司是否为涉案电视琴书《十把穿金扇》的合法著作权人。就琴书《十把穿金扇》而言，丁某对该琴书作品享有著作权。就电视琴书《十把穿金扇》而言，由于该电视琴书是淮海某公司在使用琴书《十把穿金扇》作品的基础上摄制完成，依照我国《著作权法》的规定，应当取得琴书作品著作权人的许可。故本案判断淮海某公司是否享有合法著作权的关键在于认定淮海某公司拍摄电视琴书是否取得琴书作品著作权人的许可。

二审法院认为，根据《最高人民法院关于贯彻执行〈中华人民共和国民法通则〉若干问题的意见》第六十六条的规定，民事行为的意思表示可以明示或默示的方式为之。所谓明示，一般是指行为人用语言或文字等方法直接表达其内在意思的表意形式；所谓默示，是指行为人虽未用语言或者文字明确表示意见，但可以从其行为间接推断出其意思表示。不作为的默示即沉默

---

① 天津市高级人民法院（2017）津民终609号民事判决书。

只有在法律有规定或者当事人双方有约定的情况下，才可以视为意思表示。本案中，丁某是以其积极参与电视琴书《十把穿金扇》拍摄的行为表明其同意淮海某公司拍摄该电视琴书，而非单纯的沉默，故其许可淮海某公司拍摄电视琴书的意思表示是明确、清楚的。最终法院认为，淮海某公司摄制电视琴书《十把穿金扇》获得了丁某的许可。[1]

案例3：许可使用合同中的期限可以为无限期

《长征组歌》的词作者为肖华，原告王某和肖某等人系肖华的遗孀和子女。肖华作为《长征组歌》的词作者，依法享有著作权。肖华死亡后，王某及其子女依法享有《长征组歌》歌词著作权中的财产权利。肖华的继承人代表王某与曲作者共同作为甲方，与乙方战友文工团签订了《关于作品〈长征组歌——红军不怕远征难〉的协议》（以下简称《协议》），约定乙方可以不经甲方许可，以演出的形式无限期地使用甲方创作的1975年版的《长征组歌》。战友文工团在营业性演出的情况下，应当至迟在演出后的十五日内将演出事宜告知甲方，并按照国家有关规定向甲方支付报酬。后原告发现，战友文工团多次举办《长征组歌》的营业性演出，但没有按约告知词曲著作权人并支付报酬，遂诉至法院。法院认为，《协议》明确约定《长征组歌》词曲的许可使用期限为无限期，是合同当事人真实意思表示，不属于约定不明或无约定的情形，不应视为违反法律规定。[2]

（闻馨 撰写）

---

[1] 江苏省高级人民法院（2009）苏民三终字第0250号民事判决书。
[2] 北京市高级人民法院（2005）高民终字第1528号民事判决书。

第二十七条：著作权转让合同

（法条对比）

2010年著作权法	2020年著作权法
第二十五条　转让本法第十条第一款第（五）项至第（十七）项规定的权利，应当订立书面合同。 权利转让合同包括下列主要内容： （一）作品的名称； （二）转让的权利种类、地域范围； （三）转让价金； （四）交付转让价金的日期和方式； （五）违约责任； （六）双方认为需要约定的其他内容。	第二十七条　转让本法第十条第一款第五项至第十七项规定的权利，应当订立书面合同。 权利转让合同包括下列主要内容： （一）作品的名称； （二）转让的权利种类、地域范围； （三）转让价金； （四）交付转让价金的日期和方式； （五）违约责任； （六）双方认为需要约定的其他内容。

【条文主旨】

本条规定了著作权的转让合同。

【修改理由】

本条为2010年《著作权法》第二十五条，未作文字上的修改。

【条文释义】

【价值、功能与立法目的】

著作财产权是一种无形财产权，在英美法中称为"Economic Rights"（经济权利），属于"诉讼中的动产"（Choses in Action）中的一类，可以作为动产被转让。①大陆法系国家也至少允许著作财产权中的使用权被转让。我国加入《伯尔尼公约》和世界贸易组织后，也逐渐接受了著作权转让制度。与专利、商标等知识产权的转让一样，在贸易活动中转让著作权以实现权利流转，需要在权利人与受让方之间达成协议——著作权转让合同。著作权转让合同保护了权利人的权益，使得权利人以及受让人通过私权合同获得更多的物质和精神利益。同时，著作权转让合同也维护了转让交易的安全性，有利于促进作品的创作和传播。

本条规定了著作权转让制度中的转让合同。著作权人通过订立书面合同的方式，将著作权的部分权利转移给他人。尽管转让合同在内容上有一些特殊的要求，但转让合同也是合同的一种，自成立之时即具有法律约束力。本条规定也体现了《著作权法》第一条有关鼓励有益于社会主义精神文明、物质文明建设的作品的创作和传播，促进社会主义文化和科学事业的发展与繁荣之立法目的。

【规范内涵】

关于第二十七条第一款"转让本法第十条第一款第五项至第十七项规定的权利，应当订立书面合同"。《著作权法》第十条第一款第五项至第十七项规定的权利，即复制权、发行权、出租权、展览权、表演权、放映权、广播权、信息网络传播权、摄制权、改编权、翻译权、汇编权等。著作权人转让这些权利，应当订立书面合同。

首先，这里的转让合同的形式要件为书面形式。要求著作权转让合同为书面形式是容易理解的。著作权转让不同于著作权许可使用，其是让渡了一部分权利，权利流转后，原权利人是未转让部分的权利所有人，受让人成为转让的部分或全部权利的新的权利主体。转让合同的内容更加复杂也应更加慎重，需要文字明确内容，使得在后期行使权利或履行合同时有据可查。

但是，本款并不意味着未采取书面形式的转让合同必定无效。《最高人民法院关于审理著作权民事纠纷案件适用法律若干问题的解释》第二十二条规定："著作权转让合同未采取书面形式的，人民法院依据民法典第四百九十条

---

① 郑思成：《知识产权论》，法律出版社1999年版，第41—42页。

的规定审查合同是否成立。"《民法典》第四百九十条第二款规定:"法律、行政法规规定或者当事人约定合同应当采用书面形式订立,当事人未采用书面形式但是一方已经履行主要义务,对方接受时,该合同成立。"著作权转让合同仍然属于合同的一种,因此不应违背当事人意思自治原则。当"一方已经履行主要义务,对方接受时",已经完成了要约和承诺两个阶段并且是当事人用实际行动达成了合意。此时,出于尊重当事人意愿的考虑,不应仅因为形式问题将转让合同认定为无效。

关于第二十七条第二款第一项"作品的名称"。根据《著作权法》第三条规定,《著作权法》意义上的作品"是指文学、艺术和科学领域内具有独创性并能以一定形式表现的智力成果"。和专利转让一样,著作权转让时也是依托于具体作品的。因此,需要明确约定待转让的作品的名称,以确认权利转让的具体客体。

值得注意的一点是,现实生活中常会发生"未来作品"的转让。如作者承诺未来几年内的几部作品的部分著作权转让至出版人。此时,作品的名称并不能确定,转让合同里势必会缺少本项形式要件。对于这种"未来作品"的转让情况,我国现行法律还没有作出明确规定。

关于第二十七条第二款第二项"转让的权利种类、地域范围"。《著作权法》认可的可转让的著作权权利种类有多种,如复制权、发行权、出租权、展览权、表演权、放映权、广播权、信息网络传播权、摄制权、改编权、翻译权、汇编权等。著作权的转让并不意味着原权利人丧失了全部著作权,原权利人转让的仅是著作权转让合同中明确转让的权利种类,如果著作权受让人行使了未在合同中明确转让的权利,也是侵犯权利人的著作权。

转让合同中还应当明确转让的地域范围。这里的地域范围指的是"作品著作权转让后允许使用的地理范围"[1]。

关于第二十七条第二款第三项"转让价金"。著作权具有无形财产权的属性,其价值可以通过著作权转让等贸易活动实现。无论是有偿转让还是无偿转让,对于权利人而言,都是希望可以通过转让著作权部分权利的方式获得

---

[1] 李建国主编:《〈中华人民共和国著作权法〉条文释义》,人民法院出版社2001年版,第171页。

经济或精神上的利益。因此，在转让合同中明确约定转让的价金，保障了权利人的权益。转让价金没有固定的行业标准。在有偿转让中，合同双方可以根据权利的种类、转让方式、市场价值、社会效益等多种因素综合确定。转让合同中必须注明转让价金不意味着排除了无偿转让的情况。只要当事人双方达成合意且合同条款没有违反法律法规，即使转让价金为零，权利人也可以从转让活动中获得精神上的收益。

关于第二十七条第二款第四项"交付转让价金的日期和方式"。不同于一般的合同条款中无约定时可以推定交付时间和方式[①]，著作权转让合同中约定好转让价金后，还要约定受让人交付转让价金的日期和方式。

交付转让价金的日期，可以约定为合同签署日（生效日）后一段时间内，也可以约定为著作权履行完相应转让手续，权利实质流转后的之前或之后一段时间内。这一日期是判断受让人是否按时履行义务的直观依据。

在转让合同中约定交付转让价金的方式，可以约定多项要素，如约定支付何种货币，何种途径支付，一次性支付还是分期支付等等。

关于第二十七条第二款第五项"违约责任"。《民法典》第五百七十七条规定，"当事人一方不履行合同义务或者履行合同义务不符合约定的，应当承担继续履行、采取补救措施或者赔偿损失等违约责任"。著作权转让合同本质上仍是合同的一种，因此，《民法典》合同通则中的一般性规定依然适用于著作权转让合同。例如，在转让合同中约定违约金，权利人重复转让时属于无权处分应向在后的受让人支付一定数额的违约金；例如，受让人未按照合同约定向权利人交付转让价金时，权利人可以请求其支付并要求其赔偿损失承担违约责任。

关于第二十七条第二款第六项"双方认为需要约定的其他内容"。若双方协商一致，著作权转让合同中还可以约定其他未在《著作权法》中明确列出的条款，如：发生纠纷时的解决方式等内容，以适应各种不同的著作权转让合同的目的和需要。

[①] 《民法典》第六百二十六条规定："买受人应当按照约定的数额和支付方式支付价款。对价款的数额和支付方式没有约定或者约定不明确的，适用本法第五百一十条、第五百一十一条第二项和第五项的规定。"

【以案说法】

案例1：转让合同非书面形式不必然导致转让无效

1999年赵某等人成立双狐软件公司，并在第二年以双狐软件公司、赵某作为著作权人对两款V2000软件进行了著作权登记。赵某退出双狐软件公司后，约定双狐软件和赵某共有的知识产权双方共享。2006年赵某成立环波公司。双狐公司四名股东与恒泰艾普石油天然气技术服务股份有限公司，成立恒泰艾普公司并承继双狐软件公司全部财产。2009年，环波公司就四款软件进行了版权登记。赵某以其个人名义在国家版权局就赵某的三款软件进行了版权登记。双狐软件公司和恒泰艾普公司以对赵某和环波公司登记的软件拥有著作权为由诉至法院。

本案的争议焦点在于赵某不认可两款V2000软件为双方共有，称其从未转让该软件的著作权，两款V2000软件应归其独有。对此，法院认为，"由于著作权中含有人身权的内容，所以我国与著作权相关的法律对其转让行为明确规定了应当采取订立书面合同或者实际履行两种方式"。本案中，从赵某将两款V2000软件登记为双方共有作品至赵某退出双狐软件公司期间，双方不断以双狐软件公司的名义大量研发、出售、服务与该软件相关的软件产品，并以双狐软件公司名义申报、领取科技奖项。在申报奖项材料中，赵某仅是以普通研发人员的名义而不是以权利人的名义出现，赵某对此是明知的且无异议。上述事实足以说明，赵某在事实上将该权利向双狐软件公司进行了部分转让，使双方共享其权利，且已实际履行完毕。[①]

案例2：可以通过"补充协议"规定著作权转让合同的必备条款

原告A公司经转让取得涉案音乐电视在卡拉OK领域的著作权。原告主张被告B公司未经许可，以营利为目的在其经营场所内将涉案音乐电视复制保存在其服务器内并以卡拉OK形式向客户提供点播服务，侵害了A公司的复制权、放映权等权利。被告辩称原告提供的《转让协议》未约定作品转让对价，亦未提交支付对价的凭证，违反了《中华人民共和国著作权法》第二十五条的规定，故涉案音乐电视著作权未有效转让。

---

① 河北省高级人民法院（2010）冀民三终字第52号民事判决书。

对此，法院认为，《转让协议》约定转让金额及给付事项由双方另行签订补充协议，该约定并未违反法律规定。且原始权利人又出具《确认书》确认收到款项，并再次确认《转让协议》按原签订日期生效。A公司依据《转让协议》受让取得了涉案音乐电视相关著作权实体权利。[①]

案例3：著作权之转让不应有时间的限制

2007年12月7日，原告北京某公司与广东巨星公司签订《电视剧播映权转让合同书》，约定广东巨星公司将其拥有版权的电视剧《康熙微服私访记》（以下简称《康》剧）第1-5部有偿转让给北京某公司，版权转让范围为独家全国版权。2012年9月15日，广东巨星公司将《康》剧第1-4部有线、无线电视播映权及发行权授权于北京骏马公司，北京骏马公司又将其在济南地区内的电视剧播映权（有线、无线，不含上星）独家授权于被告某电视台。被告某电视台在电视播出后，北京某公司认为某电视台侵犯了其享有《康》剧独家播映权，遂诉至山东省济南市中级人民法院，后此案经过二审后又经过最高人民法院再审，最终认为本案中的著作权转让合同实际是专有使用权许可合同。北京某公司对《康》剧享有的是广播权专有使用权。

审理过程中，最高人民法院明确："因为按照《中华人民共和国著作权法》第二十五条的规定，著作权之转让不应有时间的限制，附有时间限制的著作权转让实质上是著作权的专有使用许可"。从《电视剧播映权转让合同书》内容来看，北京某公司所获得的广播权有时间限制，即第1-4部自合同签订之日起至2017年12月31日止，第5部自首轮版权到期之日起至2017年12月31日止，由此可见，北京某公司根据该份合同书，获得的是《康》剧在全国卫星及地面频道（不包括港澳台地区）的广播权专有使用权。[②]

案例4：双方认为需要约定的其他内容可以包括"诉权"

北京盛世辉公司（甲方）与北京惠达州公司（乙方）签订《音像著作权授权合同》，乙方同意将其依法拥有的音像节目的放映权、复制权以专有的方式授权于甲方以自己的名义独家管理，并授权甲方有转授权和以自己名义提起诉讼的权利。后北京盛世辉公司出具《专有使用权转授权合同》一份，将

---

① 上海市徐汇区人民法院（2019）沪0104民初12309号民事判决书。
② 最高人民法院（2016）最高法民申174号民事裁定书。

其从北京惠达州公司获得的音像节目的专有使用权转授权给原告北京某公司管理，并授权原告北京某公司享有转授权及以自己名义提起诉讼的权利。被告某娱乐服务部未经许可，以营利为目的，在其经营场所内以卡拉OK方式向公众放映上述31首作品，原告以被告侵犯了著作权人及原告的合法权益为由，诉至云南省昆明市中级人民法院。一审法院认为被告侵权事实成立，被告不服并上诉至二审法院。本案中，由于合同上约定"被授权方有以自己的名义提起诉讼的权利"，被告认为《转授权合同》是违法的。但法院认为，北京某公司通过与北京盛世辉公司签订书面转授权合同获得了涉案歌曲的管理权，该合同形式上是合法的。其中约定被上诉人"有以自己的名义提起诉讼的权利"也是当事人真实的意思表示，并未违反法律、行政法规的强制性规定，故该条款是合法有效的。法院认可了原告经授权获得涉案音乐电视作品的放映权、复制权等权利。[1]

（闻馨 撰写）

---

[1] 云南省高级人民法院（2014）云高民三终字第73号民事判决书。

第二十八条：著作财产权出质

（法条对比）

2010年著作权法	2020年著作权法
第二十六条　以著作权出质的，由出质人和质权人向国务院著作权行政管理部门办理出质登记。	第二十八条　以著作权中的财产权出质的，由出质人和质权人依法办理出质登记。

【条文主旨】

本条是关于著作财产权出质登记的规定。

【修改理由】

2020年8月8日，全国人民代表大会宪法和法律委员会在关于《中华人民共和国著作权法修正案（草案）》修改情况的汇报中指出，"民法典物权编已删除了关于著作权等知识产权出质的登记机关的规定，建议本条与民法典的规定相衔接。"因此，本条修改主要是吸收了《著作权质权登记办法》相应规定，明确了著作权出质范围，将著作人身权排除在出质范围以外，删除了"向国务院著作权行政管理部门"，确保出质登记规定与民法典保持衔接一致。

【条文释义】

【价值、功能与立法目的】

随着著作权制度的发展，我国经济结构也发生了一定变化，相较于某些传统行业，电影行业、游戏产业等一些文化产业的发展强势。可以说，科学、文化、艺术方面的知识产权带来的经济利益不可估量。作为著作权人，通过各种合法、合理的使用，将著作权的各项权能转换为实实在在的经济利益,是著作权法的一项重要目的,也能在保护权利的同时刺激经济发展。然而,现在一些科技型中小企业在发展上,受到知识产权无法尽快变现的影响,且知识产权评估难、质押担保难、交易流通难、融资难,这些问题都极大地制约着中小企业的高速发展。为解决创新型企业"轻资产、缺担保"困境,2019年,中国银保监会、国家知识产权局和国家版权局联合发布《关于进一步加强知识产权质押融资工作的通知》,制定对知识产权质押的服务体系及其创新、融资风险管理、融资保障等方面规定。通过对知识产权的质押融资,向金融机构或者担保公司、资产评估机构申请贷款,以缓解企业资金方面的经济压力。著作权出质,即是其中一种方式,以出质的方式将著作权中的财产权变现,能拓宽融资渠道,为企业发展注入活力。在加快推进知识产权强国战略的背景下,通过著作权出质,这一无形资产得以盘活,这对激发创作活力、驱动创新发展,促进著作权的商品化、市场化、产业化具有重大意义。

【规范内涵】

关于第二十八条"以著作权中的财产权出质的,由出质人和质权人依法办理出质登记"。本条款可分为前、后两个部分理解。前半部分是著作权出质的范围,后半部分是出质履行的手续。

著作权出质的范围,应当作如下理解:第一,出质范围限于著作财产权,不包括著作人身权,这是由著作人身权的人格特性所决定的。第二,著作财产权质押标的具有广泛性和复杂性,主要是《著作权法》第十条规定的著作财产权,包括复制权、发行权、出租权、展览权、表演权、放映权、广播权、信息网络传播权、摄制权、改编权、翻译权、汇编权和应当由著作权人享有的其他权利。上述权利中的每一项都可以为权利人带来实际的经济利益或担保利益,而且各项权利可以被不同的人同时行使。每一项权利都可单独作为质押标的,也可以是任意几项权利的集合体作为质押标的。与一般权利质押标的的单一性、权利人行使的独占性相比,著作权质押标的的权利较为复杂,而且随着科技进步和经济发展,作品可能会出现新的利用方式。第三,著作权质押受到著作权保护期限的限制。为了维护社会公共利益,上述著作财产权的保护期限为作者终生及其死亡后五十年。当著作财产权期限届满,权利灭失作品进入公有领域,在著作财产权上随附的质权就一并消失。因此著作权的保护期对于著作权质押具有重要意义,一旦作品的著作财产权过了保护期,则该作品的质押担保就失去了意义。著作权的价值与著作财产权的剩余期间成正比关系，著作财产权的剩余期限越长则著作权的价值越高。因此，对于即将到期的著作财产权或者保护期限届满的著作权，不得设立质权，以免影响质权人的权利。

出质需要履行的手续，主要手续是依照国家版权局2010年10月发布、自2011年1月1日起生效的《著作权质权登记办法》（以下简称《办法》），由出质人和质权人按照规定办理出质登记手续。《办法》对著作权质权的设立、变更、转让、消灭等都进行了规定，要求出质人和质权人应当订立书面质权合同，合同中应当明确记载身份信息、担保债权的数额、担保期限、著作权内容和保护期限、质权担保的范围等；登记时应当提交的材料；登记机构不予登记的情形，主要看出质人是否为著作权人、出质的期限以及质权合同是否违反法律法规的强制性规定；登记机构撤销质权登记的条件；登记机构变更登记的项目；著作权质权登记簿的主要内容、著作权质权的终止等。[1]根据出质人与质权人签订的著作权质押合同，双方约定的质押期限到期或者出质人履行还款义务后，著作权质押关系自行终止。但如果在著作权所担保的债权到期后仍未得到清偿，则质权人可以依法将设立质押的著作财产权折价或者以变卖、拍卖等形式就其所得的价款优先受偿。如果该价款少于应清偿的债权，则应由债务人予以弥补，如果超过该债权则应就超过的部分退还给出质人。另外，如果在担保债权最终清偿前作为质物的著作财产权已由质权人授权使用，并获得了许可费用，作为提前清偿所担保的债权或者向与质权人约定的第三人进行了提存，则应将该笔费用扣除。出质人或第三人经质权人同意而以其他质物或其他担保形式替代设为质物的著作财产权，则亦终止著作权质押关系。

【以案说法】

本条无案例。

（江刘容　撰写）

---

[1]《著作权质权登记办法》第六条、第七条、第十二条、第十四条、第十五条、第十六条、第十八条、第二十一条。

第二十九条：未许可、转让权利禁止行使

【法条对比】

2010年著作权法	2020年著作权法
第二十七条 许可使用合同和转让合同中著作权人未明确许可、转让的权利，未经著作权人同意，另一方当事人不得行使。	第二十九条 许可使用合同和转让合同中著作权人未明确许可、转让的权利，未经著作权人同意，另一方当事人不得行使。

【条文主旨】

本条对著作权许可和转让中未明确的权利如何处理进行了规定。

【修改理由】

本条规定未变化，只有条文顺序的变动。

【条文释义】

【价值、功能与立法目的】

著作权的许可和转让是促进著作权活化和作品传播、提升著作权的社会价值的典型手段。著作权许可和转让的具体事宜一般在合同中明确约定，这既是著作权交易中双方权利义务的依据，也是著作权行使边界的依据。著作权是私权，除了法律规定和另有约定的以外，一般情况下未经许可他人不得行使著作权。因此，在著作权许可和转让中，只有明确约定的才能作为许可和转让的权利，未明确的又未经著作权人同意的，交易的相对方无权行使。这既是对著作权的尊重，也是对著作权交易秩序的保障，维护著作权中的诚信秩序和可期待利益。

【规范内涵】

根据《著作权法》第二十六条、第二十七条的规定，使用他人作品应当同著作权人订立许可使用合同，转让著作权中的财产权利应当订立书面合同，因此可以认为合同是著作权许可和转让的基础。而且根据上述两条规定，许可使用合同的主要内容中包括许可使用的权利种类，权利转让合同的主要内容中包括转让的权利种类，因此权利种类是许可使用合同、权利转让合同的核心构成部分，这也足以表明许可使用合同和权利转让合同中，权利种类是双方当事人均非常重视的内容，也是对交易双方而言都非常重要的内容。因此，对之予以明确约定是实践中著作权许可和权利转让合同应当纳入的内容。

对于在许可使用合同和权利转让合同中未明确约定许可和转让的权利，为著作权人未许可和未转让的权利。基于多数著作财产权可以分别许可、转让给不同的主体，因此也不宜将未明确许可和转让的权利轻易纳入许可和转让的范围，这有利于著作权人利益的实现，也有利于著作权社会价值的有序化。

对于未明确许可、转让的权利，未经著作权人同意，另一方不得行使。这意味着，对于未明确许可、转让的权利，是可以通过著作权人的同意来启动许可、转让的。这里的"著作权人同意"必须是明示的同意，而不是推定著作权人同意。且在获得著作权人的授权及同意时，被许可人应当尽到一定的谨慎注意义务，避免权利的重复授权产生冲突。与此同时也意味着，对于未经明确许可、转让的著作权，被许可人、受让人不得行使。这进而要求，著作权被许可人、被转让人必须以双方合意为权利许可、转让的边界。

【以案说法】

案例1：未明确授权的著作权，未经著作权人同意，另一方不得行使

窦某系涉案作品著作权人。窦某在《图书出版合同》中授权团结出版社出版涉案图书时，并未明确将该书的信息网络传播权授予团结出版社。同时，双方《图书出版合同》手写的"电子版使用同此标准"，根据合同约定的前后文义，仅指在团结出版社在以类似报刊转载的方式使用该作品时，应向窦某支付报酬，该项约定亦非对该书信息网络传播权的授权。一审法院认为，根据《图书出版合同》，团结出版社无权实施该作品信息网络传播行为。亚马逊

公司通过其经营的亚马逊网站，提供该书电子版的销售、下载，系通过信息网络传播该作品的行为。在团结出版社并未获得窦某信息网络传播权授权及转授权权利的情况下，亚马逊公司的行为，侵犯了著作权人窦某对该书的信息网络传播权。①

二审法院认为，《图书出版合同》被划线删除了原格式条款的第十三条，其内容为"甲方授予乙方除本合同规定的出版权还包括：网络出版、电子出版、手机阅读、音频、视频、影视改编权及其他纸制出版等。乙方负责以上出版方式的推广，并将以上出版方式所得利润的50%付与甲方"。上述条款本为涉案图书网络出版、电子出版等权利的授权条款，双方经协商一致删除该条款的行为可以证明窦某明确未将上述权利授予团结出版社，团结出版社对此应清楚知晓。至于手写附加2条款，该条款载明"甲乙双方商定，任何报刊转载该作品的任何内容，需按国家相关规定支付甲方每千字50元的报酬，电子版使用同此标准。"从该条款全文意思看，应为报刊转载涉案图书内容时的稿酬约定，与涉案图书的信息网络传播权无关。②

案例2：对于是否属于许可范围，应当结合综合因素确定

谢某诉懒人公司、创策公司等侵害作品信息网络传播权纠纷案中，原告谢某享有《72变小女生》文字作品著作权。谢某曾于2013年将涉案作品的"信息网络传播权及其转授权以及制作、复制和销售电子出版物的权利"授权创策公司。2014年，创策公司向思变公司出具授权书，明确写明授权思变公司将涉案作品制成有声读物，并自行或再许可他方行使音频格式作品的信息网络传播权。2015年，思变公司授权朝花夕拾公司将涉案作品的信息网络传播权转授权给懒人公司在其"懒人听书"平台上使用。同年，懒人公司与朝花夕拾公司签订合同，约定朝花夕拾公司将涉案作品有声读物许可懒人公司在其平台上使用。思变公司确认涉案有声读物系由其制作，在制作过程中未改变原作文字内容。思变公司与朝花夕拾公司均确认在向下游授权时对上游授权文件的审查系通过审查扫描件的形式进行。创策公司主张其从谢某处所取得"改编权"授权包含将涉案作品制作成音频制品的权利。法院在审理过程

---

① 北京市朝阳区人民法院（2016）京0105民初12185号民事判决书。
② 北京知识产权法院（2016）京73民终1042号民事判决书。

中，结合合同上下文及签约时的时间环境，认定在线提供有声读物不属著作权人谢某授权范围之内。认为因制作有声读物不属于对文字作品的改编，故四被告不能以所取得改编权之授权作为合法性基础。[1]

（周贺微 撰写）

---

[1] 浙江省杭州市中级人民法院（2017）浙01民终5386号民事判决书。

第三十条：付酬标准

(法条对比)

2010年著作权法	2020年著作权法
第二十八条　使用作品的付酬标准可以由当事人约定，也可以按照**国务院著作权行政管理部门**会同有关部门制定的付酬标准支付报酬。当事人约定不明确的，按照**国务院著作权行政管理部门**会同有关部门制定的付酬标准支付报酬。	第三十条　使用作品的付酬标准可以由当事人约定，也可以按照**国家著作权主管部门**会同有关部门制定的付酬标准支付报酬。当事人约定不明确的，按照**国家著作权主管部门**会同有关部门制定的付酬标准支付报酬。

【条文主旨】

本条规定了使用作品的付酬标准。

【修改理由】

本次修改是为了与国家机构改革相适应。2010年《著作权法》第二十八条规定："使用作品的付酬标准可以由当事人约定，也可以按照国务院著作权行政管理部门会同有关部门制定的付酬标准支付报酬。当事人约定不明确的，按照国务院著作权行政管理部门会同有关部门制定的付酬标准支付报酬。"其中制定付酬标准支付报酬的主体是国务院著作权行政管理部门。2020年《著作权法》第三十条规定，可参考的付酬标准和支付标准由国家著作权主管部门作出。主体变更与国家政府机构改革有关。具体可参见第七条的修改理由。

【条文释义】

【价值、功能与立法目的】

根据我国《著作权法》的规定，除合理使用等豁免情形外，使用他人的作品应当支付报酬。根据第三十条的规定，付酬标准既可以在当事人之间在合同中自行约定，也可以按照国家制定的标准来确定。此种规定在一定程度上是对当事人双方的保护，因为不是所有的著作权当事人都有法律定约的专业能力和市场价格评估能力。国家一方面设定协议约定，另一方面又提供付酬标准，就是在充分尊重当事人合同自治的基础上，给予法律专业知识弱势一方确定对价的行业价格参考依据。

对于付酬标准，一般存在两种情形：第一种情形是如果当事人有明确约定的，双方按照合同约定履行，付酬的标准可以综合考量作品的质量、使用的频次、展示的时长、作品给相关利益方带来的经济效益和社会效益等因素；第二种情形是，当事人有约定，但约定不明确，或者当事人没有约定时，可以在国家有关部门制定付酬标准的幅度内约定具体的付酬标准。

【规范内涵】

适用本条需要注意的是：合理的著作权报酬应达到下列标准：第一，付酬标准应与作者创作和其他支出相符合，包括劳动、金钱等方面的投入；第二，付酬标准应与行业惯例相符合；第三，付酬标准应与市场经济所反映的情况相符合，如参考居民消费价格指数。[①]

本条规定，当事人使用作品的付酬标准约定不明确时，按照国家著作权主管部门会同有关部门制定的付酬标准支付报酬。除国家版权局1990年颁布的《书籍稿酬暂行规定》外，国家版权局、国家发展和改革委员会于2013年颁布的部门规章《教科书法定许可使用作品支付报酬办法》中对于使用已发表作品编写出版九年制义务教育和国家教育规划教科书中，教科书汇编者需要支付给著作权人的支付报酬进行了明确规定，作品类型包括文字作品、音乐作品、美术作品、摄影作品及在与音乐教科书配套的录音制品教科书中使用的已有录音制品。两部委于2014年颁布的部门规章《使用文字作品支付报酬办法》也可以作为支付报酬的参考标准，它不仅适用于出版领域还适用于在数字或者网络环境下使用著作权人文字作品的，也可以参照《使用文字作品支付报酬办法》规定的付酬标准和付酬方式，迎合了数字时代著作人通过

---

① 张一楠：《论著作权中使用作品付酬标准问题》，载《陕西青年职业学院学报》2015年第3期。

内容创作进行商业变现的现实需要，促进了数字内容文化产业的繁荣与发展。同时，在付酬方式方面，《使用文字作品支付报酬办法》还规定以纸介质出版方式使用文字作品的场景下，可以选择版税、基本稿酬加印数稿酬或者一次性付酬等多种支付报酬的方式，给予当事人更为多元化的参考依据和付酬选择路径。

【以案说法】

案例1：自费出版书籍合同条款效力认定及出版社报酬支付义务

在北京知识产权法院审理的"某商业出版社有限公司与舒某著作权合同纠纷案[①]"中，被上诉人（原审原告）舒某称与上诉人（原审被告）签订《出版合同》，在签订合同之前，双方对稿酬无明确约定。原告舒某坚持出版要付稿酬，被告某出版社则认为，原告对自费出版事宜明知，依据合同约定，无权要求某出版社支付稿酬。二审法院认为，本案争议的焦点问题为：第一，涉案合同是否成立并生效；第二，原审原告舒某是否有权向某出版社主张稿酬。双方所签订的合同第十一条约定，"某出版社采用下列方式向舒某支付报酬：无（手写）"。根据法院补充查明的事实，舒某知晓涉案图书属于自费出版，某出版社也告知了自费出版的相应价格及操作流程。通过双方的邮件往来，舒某对涉案图书自费出版的方式予以认可，在此基础上，双方签订了涉案合同，舒某并未提交证据证明，其在某出版社寄回双方已经盖章的合同后，与某出版社就涉案合同的第十一条发生争议，双方的往来邮件也未表明舒某就稿酬问题与某出版社存在争议。同时，考虑到舒某与某出版社签订的《图书发行协议书》中，约定了某出版社代销涉案图书，并按照图书定价的40%折扣与舒某结算，综合来看，某出版社并没有排除舒某基于涉案图书的出版获得报酬的权利。结合舒某认可自费出版及合同实际履行的情况，应认定双方当事人对涉案合同第十一条的约定达成了合意，不违反法律、行政法规的效力性强制性规定，属于有效条款。现实生活中"由作者与出版社签订自费出版合同，作者提供书稿，出版社负责图书出版、代销等工作并不再支付作者稿酬的图书出版形式"较为常见。二审法院认为一审法院仅从涉案合同文

---

① 北京知识产权法院（2019）京73民终2598号民事判决书。

本出发，片面地以格式条款的相关规定认定该条款属于无效条款确属不当，应予以纠正。故在双方当事人约定不支付稿酬的情况下，一审法院依照《著作权法》第二十八条及《使用文字作品支付报酬办法》确定的稿酬金额亦属不当，应予纠正。最终，二审法院判决某出版社并无向舒某支付稿酬的义务，某出版社的上诉理由部分成立。

案例2：侵权经济损失赔偿数额的判定应兼顾公布标准和客观环境等多种因素

在"某练歌房天马店与中国音像著作权集体管理协会著作权权属、侵权纠纷案[1]"中，原审原告中国音像著作权集体管理协会是经国家批准成立的、中国大陆地区唯一的音像著作权集体管理组织，依法有权代表权利人对使用MV音乐电视（录像）作品的卡拉OK经营者发放著作权有偿许可并可以自身的名义从事维护音乐著作权的法律诉讼。被告某练歌房天马店曲库中含被侵权作品，明知应当支付音乐作品使用费而不支付，且侵权时间长，侵权后果严重，获利巨大。故原告向法院提出诉讼请求判令被告停止侵权，立即从曲库中删除侵权作品，并赔偿原告经济损失。

二审法院认为，根据《中华人民共和国著作权法》第二十八条规定："使用作品的付酬标准可以由当事人约定，也可以按照国务院著作权行政管理部门会同有关部门制定的付酬标准支付报酬。当事人约定不明确的，按照国务院著作权行政管理部门会同有关部门制定的付酬标准支付报酬。"而国家版权局于2006年已就卡拉OK经营行业著作权许可使用费公布了收费标准，该标准是本案的重要参考。

法院进一步说明，面对该类型案件不断涌现，侵权主体范围广和侵权音像作品数量众多等现象，为了合理平衡各方利益，促进版权使用费的规范收取，保障版权市场的健康发展，以及裁判尺度的统一，根据《中华人民共和国著作权法》和《最高人民法院关于审理著作权民事纠纷案件适用法律若干问题的解释》的相关规定，以及参照公布的卡拉OK著作权使用费收费标准，在此基础上，结合卡拉OK经营者歌城（厅）包房数量、应缴费的经营期间、地理位置、经营规模、权利人维权费用等因素，确定侵害著作权赔偿数额的

---

[1] 山西省高级人民法院（2020）晋民终751号民事判决书。

计算方法。据此，一审法院在当事人对涉案音像作品付费标准约定不明的情况下，综合案涉作品类型、发行时间、传播范围、经营规模、侵权情节以及制止侵权行为的费用等因素，酌定按4元/包间/天计算损失，同时结合音集协维权的合理开支，确定某练歌房赔偿音集协经济损失72140.6元，该认定并无不妥之处，二审法院予以支持。

案例3："先使用后付款"不违反法律规定

在最高人民法院审理的"大圣公司与王某1、王某2、王某3侵犯著作权纠纷案[1]"中，一审原告王某1等向江西省九江市中级人民法院起诉称，其于2005年3月2日，在联盛公司和南昌百货大楼分别购得一盒涉案光盘，该光盘中所含歌曲《亚克西》，是其父亲生前根据吐鲁番民歌改编并作词的音乐作品。三峡公司、大圣公司、广州音像出版社未经许可，复制、发行该音乐作品的录音制品，侵犯了王某1等依法享有的权利。王某1等从各种媒体了解到，三峡公司、大圣公司、广州音像出版社复制、发行涉案光盘的数量不少于520万张。请求判令联盛公司、南昌百货大楼停止销售上述音像制品；三峡公司、大圣公司分别赔偿其经济损失45.5万元及合理开支4万元，广州音像出版社承担连带赔偿责任；三峡公司、大圣公司、广州音像出版社在《中国文化报》上向其赔礼道歉。三峡公司口头辩称，其手续齐全，没有侵权故意，涉案音乐作品已由音著协管理，王某1等不具有诉讼主体资格。大圣公司、广州音像出版社口头辩称，《亚克西》是一部公开发表的音乐作品，涉案录音制品复制、发行符合法律规定，复制、发行数量为20万张，其已向音著协交纳了21900元音乐作品使用费。联盛公司答辩称，涉案光盘的进货来源合法，且已停止销售。南昌百货大楼未作答辩。

法院认为，依据《著作权法》之规定，"使用作品的付酬标准可以由当事人约定，也可以按照国务院著作权行政管理部门会同有关部门制定的付酬标准支付报酬。当事人约定不明确的，按照国务院著作权行政管理部门会同有关部门制定的付酬标准支付报酬"。鉴于1993年8月国家版权局发布的《录音法定许可付酬标准暂行规定》目前仍为各有关单位及著作权集体管理组织参照执行的依据，故审理此类案件，在当事人没有约定的情况下，可以按照该

---

[1] 最高人民法院（2008）民提字第57号民事判决书。

规定确定付酬标准。法院经审理查明，大圣公司、广州音像出版社、三峡公司、联盛公司及南昌百货大楼不构成侵犯涉案音乐作品著作权人王某1等的复制、发行权，但应依法向其支付报酬。本案因涉及多个音乐作品使用人，以谁的名义向著作权人支付报酬应遵从当事人之间的约定或行业惯例。因法律没有规定支付报酬必须在使用作品之前，因而作品使用人在不损害著作权人获得报酬权的前提下，"先使用后付款"不违反法律规定。

（易镁金　撰写）

第三十一条：行使使用权不得侵犯作者权利

【法条对比】

2010年著作权法	2020年著作权法
第二十九条 出版者、表演者、录音录像制作者、广播电台、电视台等依照本法有关规定使用他人作品的，不得侵犯作者的署名权、修改权、保护作品完整权和获得报酬的权利。	第三十一条 出版者、表演者、录音录像制作者、广播电台、电视台等依照本法有关规定使用他人作品的，不得侵犯作者的署名权、修改权、保护作品完整权和获得报酬的权利。

【条文主旨】

本条是关于行使使用权时不得侵犯作者权利的规定。

【修改理由】

本条无内容修改，只有条文顺序的变动。

【条文释义】

【价值、功能与立法目的】

出版者、表演者、录音录像制作者、广播电台、电视台是作品的传播者，他们要传播作品，必须经著作权人许可，取得使用作品的权利。但是，使用作品的权利只是著作权中的一项或者几项权利，除此之外，著作权人还有署名权、修改权、保护作品完整权和获得报酬的权利。对于这些主要的作品传播者，往往涉及对多个作品的使用，无论是通过商业许可，抑或是法定许可、合理使用等方式，都需要注重对作者著作人身权和财产权的保护，既要确保被使用作品的作者能够依法获取报酬，又需要在传播作品的过程中落实传播者不篡改主要内容、尊重原创作品、准确署名的义务。

从体系解释的视角来看，该条款承前启后。其承接前文关于著作权人许可使用的部分，而以概括性说明义务的方式开启下一章节诸邻接权人与著作权人的权利义务关系。从承前的视角而言，其位于第三章著作权许可使用和转让合同中，立法者旨在说明在著作权使用、传播的过程中，仍应强调对被使用作品的著作权保护。同时，立法者再次强调尊重被使用作品的这四项权利的意旨在于：即便在立法设计中，为便利作品的传播，出版社、表演者、录音录像制作者、广播电台、电视台等法定主体可以通过法定许可等制度实现对已发表作品予以批量使用，但是在这个过程中仍应对作者权益予以充分尊重，方能真正实现《著作权法》第一条中所指的鼓励有益于社会主义精神文明、物质文明建设的作品的传播。

从启后的视角而言，本条是后续第四章中出版社、表演者、录音录像制作者、广播电台、电视台等主体使用作品义务、与著作权人关系的概括性说明。其与《著作权法》第三十二条（图书出版者使用作品的义务）、第三十八条（表演者使用作品的义务）、第四十二条（录音录像制作者使用作品的义务）、第四十六条（广播电台、电视台使用作品的义务）相呼应，从而起到提纲挈领的作用。

从利益平衡的视角而言，要求传播者在传播过程中尊重作者的人身权和财产权亦是平衡作者、作品传播者、社会公众三方利益的必然要求。从作者权益保护的角度，要求传播者给付报酬、尊重其人身权自然是激励作者创作的必然举措。而从作品传播者的角度，对所传播作品的权利予以充分尊重，既是推动作品传播者长足发展的现实举措，也是《著作权法》诚实信用原则的必然要求。《著作权法》第四条要求与著作权有关的权利人在权利行使过程中不得违反宪法、法律，不得损害社会公共利益。而作为作品传播者的出版者、表演者、电视台等主体并不享有所传播作品的源权利，应在作品传播过程中秉持诚实信用、不损害作者合法权益的理念，既应当依据商业规则向作品权利人磋商谈判给付合理报酬，又应当充分尊重著作权人的人身权，不篡改作品，对作者予以正确、完整署名。

最后，从社会公共利益的视角而言，要求作品传播者对作者的署名权、修改权、保护作品完整权和获得报酬的权利予以尊重，也是满足公众获取更多优质作品的关键一环。倘若允许传播者肆意传播而不予以付费，不仅会使得本土作者因著作权保护不足而缺少创作激励，甚至会由于缺乏良好的版权保护市场而使得域外优秀作品因担心被肆意传播而不愿进入该市场，久而久之会产生劣币驱逐良币的倾向，进而损害到社会公众获取优质作品的公共利益。相反，让传播者尊重作品著作权，给予充分激励，营造市场化、国际化、法治化的著作权保护环境，不仅可激励本土作品的创作和传播，更可吸引国外优质作品进入市场，从而给予国内公众更多接触优质作品的机会。比如，在我国音乐版权市场建立起较好的版权保护和付费模式后，国外作品也瞄准中国市场和中国机遇，纷纷进入中国市场，也正体现出"法治是最好的营商环境"的要义所在，满足了人民群众对优质作品日益增长的美好生活需要。因此，无论是作者、作品传播者抑或社会公众，强调出版者、表演者、录音录像制作者、广播电台、电视台等主体尊重作者上述四项权利的义务，正是平衡各方利益的重要方面。

【规范内涵】

为了鼓励作品的传播，促进社会主义文化和科学事业的发展与繁荣，出版者、表演者、录音录像制作者、广播电台、电视台这些作品的传播者有必要在取得著作权人许可时取得使用作品的权利。具体而言，出版者、表演者、录音录像制作者、广播电台、电视台分别涉及作品的出版、表演、录制和播放，所以本条前半段规定上述主体"依照本法有关规定使用他人作品"，使用的合法途径包括以下几种：一是通过签订著作权许可使用合同；二是通过签订著作权转让合同；三是通过"合理使用"或"法定许可"的相关规定取得合法使用的权利。

《著作权法》第三十一条重申了在作品传播过程中著作权人的署名权、修改权、保护作品完整权的重要性，有利于著作权人在传播过程中保护自身利益。一方面，对于署名权、修改权、保护作品完整权这几项著作人身权，仍然属于作者，应当予以尊重和保护，上述主体在使用作品时不得侵犯作者的署名权、修改权、保护作品完整权，体现了在作品传播过程中对作者人格利益、人身权益的尊重。这也体现出我国实则偏向于欧洲"作者的权利"的立法模式，给予著作权人涉及人格权较为优越的地位，而要求在后作品传播者对其人格权予以尊重。①由于《著作权法》上的署名权、修改权、保护作品完整权并无期限限制，在后作品传播者在署名、作品修改方面应一直予以注意。另一方面，根据《著作权法》有偿使用作品的原则，②因作品利用而获得报酬本身就是对著作权人经济利益的保障。从激励理论的视角而言，唯有对作者予以充分的制度激励，方能从经济效益和精神层面激励作者，推动其创作出更多的优质作品。然而出版者、电视台等传播主体的受众面十分广泛，若放任上述主体使用作品而不支付相应的报酬，则会严重影响著作权人经济利益的实现，不利于激励作者进行新的创作。

同时，《著作权法》第三十一条不仅是权利宣誓性的规定，更明确指出出版者、表演者、录音录像制作者、广播电台、电视台在作品利用中的义务。著作权在其禁用权的行使过程中亦明确了其他主体的行为边界。在实践中，出版者、表演者、录音录像制作者、广播电台、电视台这些主体对作品的利用主要是出于对经济利益的追求，而在实现利益过程中往往可能逾越著作权的边界而涉嫌侵权。在传播媒介演变的历史过程中，随着复制手段的便捷化、传播速度的提高、传播方式的多样化，作者的权益在传播过程中极易被侵犯，尤其是热播剧、档期电影、热门歌曲。著作权人与作品传播者可能因传播技术的发展而倾斜。而面对侵权的可能性，著作权人的权益保护不能仅靠技术保护措施，更需要法律衡平的艺术以平衡著作权人与传播者间的利益。这一条款则明确无论是何类传播主体，也无论其传播力大小，均应对著作权人的人身权及财产权予以尊重，从而划定了传播者在传播过程中的合法边界。换言之，传播者唯有在传播过程中尊重作者相应权益，在不侵权的前提下更好地传播、弘扬作品，方能实现社会价值和经济效益相统一。

综上分析，本条规定在出版者、表演者、录音录像制作者、广播电台、电视台和著作权人之间进行了充分的利益衡量。一方面，明确了著作权人保留的权利，为著作权人维护自身合法权利提供了法律依据；另一方面，划定

---

① 季卫东：《网络化社会的戏仿与公平竞争——关于著作权制度设计的比较分析》，载《中国法学》2006年第3期。
② 冯晓青主编：《知识产权法（第三版）》，中国政法大学出版社2015年版，第64页。

了出版者、表演者、录音录像制作者、广播电台、电视台等主体的行为边界，要求上述主体规范使用作品，避免侵犯著作权人的权利。

【以案说法】

案例1：出版社擅自增加未参编人员侵犯著作权人的署名权

七名原告参照日文和英文两种版本完成了《广岛·长崎の原爆灾害》一书的编译工作，定名为《广岛·长崎原子弹爆炸写实：社会·物理·医学效应》。原告将书稿交给被告出版社，被告在出版该书时将未参编的钱某、李某于该书版权页署名，并将其作为该书的编译委员会及主任、副主任。原告认为钱某、李某未参加该书编译，无权在该书扉页和版权页署名。被告钱某、李某主张《广岛·长崎原子弹爆炸写实：社会·物理·医学效应》一书的编译工作是该单位某研究项目的组成部分。作为该书著作权人的法人，将作者署名为编委会而不直接署法人单位名称，是法律所允许的，至于编委会内部人员的组成，尤其是主任、副主任这种对作品不付出创造性劳动而只担任组织和领导职责人员的确定及署名问题，应由法人内部根据实际情况予以确定。主任、副主任的署名符合法律规定和一般出版惯例。

法院经审查认定，虽然七原告受单位指派参加了《广岛·长崎の原爆灾害》的翻译工作，但是该翻译工作的完成主要不是利用单位的物质技术条件。该书为七原告为完成军事医学科学院工作任务而翻译的职务作品，该书著作权由七原告享有。同时法院认定，在没有证据证明该书编译过程中存在编译委员会这一组织的情况下，该书扉页和版权页上署名的编译委员会无法对该书的编译行为承担责任，亦不能对该书的著作权享有权利，该书的著作权人不是编译委员会。而七原告作为该书译者，享有该书的著作权，包括决定该书署名方式的署名权。被告出版社未经七原告的许可，擅自在该书的扉页和版权页上以编译委员会主任、副主任的署名方式增加未参加该书编译的人员名称的行为侵犯了原告署名权，应承担侵权责任，并判令被告出版社就侵犯七原告署名权行为停止侵权、消除影响、赔礼道歉。[1]

---

[1] 北京市第一中级人民法院（2002）一中民初字第3994号民事判决书。

案例2：著作权人将电视剧向电视台送播但未就费用、时间等事项达成一致，电视台擅自播出侵犯其合理报酬请求权

原告作为电视剧《高原骑兵连》一剧的投资人，将该电视剧的录像带送至某电视台，但具体播出时间、费用等内容尚未明确。该电视台向其出示技审合格卡片和档案卡，并让原告在"是否同意按台里有关规定播出和付酬"一栏签字，并未表示一定会播出该剧以及播出的时间和费用。后来，原告知道该电视台播出费每集才9000元时，曾表示拒绝其播出，另行寻找播映者，但未提供其曾表示拒绝的相关证据，也未向被告某电视台取回录像带。后来，该电视台在上午时段以每天四集的速度播出了该剧。该电视台主张按照其操作惯例，对于送播的电视剧，送播方在《电视录像节目档案卡》"是否同意按我台规定和标准审理、播出及付酬"一栏中签字表示同意，即为同意，该电视台对于送播的只能在非黄金时段播出的电视剧的播出费的标准是视其质量每集在5000-8000元，不需要再签订正式的合同。

法院认为，该电视台未按照法律规定最终签订许可播出合同，从而产生本案争议，其存在一定过错。在双方未对播出时段、付酬标准等达成最终一致的情况下就播出了原告投资拍摄的《高原骑兵连》一剧，且至今未支付播出费用，构成侵权。具体而言，对于作品的发表权，法院认定原告两次将《高原骑兵连》送往该电视台审片，并填写了《电视录像节目档案卡》，在该档案卡"是否同意按我台规定和标准审理、播出及付酬"一栏中签字，可以视为原告许可被告电视台播放该电视剧，双方对著作权人许可播放《高原骑兵连》一剧达成了合意，至于播出时间、每集播出费用等事宜还需双方进一步协商。因此，电视台并未侵犯原告的发表权。而对于原告应向被告著作权人支付的合理报酬，法院认为，本案中作为著作权人所受到的实际损失为该电视台使用作品所应当支付的报酬。虽然从被告电视台出具的证明来看，其支付播出费的标准为每集5000-8000元，但考虑到《高原骑兵连》曾在全军获奖以及被告方主观过错等因素，一审法院判令被告电视台支付每集播出费20000元的数额并无不当。[①]

---

① 北京市第一中级人民法院（2006）一中民终字第9152号民事判决书。

案例3：出版社对其出版稿件未尽审查的合理注意义务，应承担相应侵权责任

涉案作品一文由原告于1999年创作，并发表于某出版社主办的《散文》杂志1999年第11期，该文署名为原告笔名"山珍"。2018年7月，原告发现被告未经许可，在其出版发行的《读者文摘精华·感恩卷》《读者文摘精华（学生版）·有你即是天堂》二书中刊载了由涉案作品删节、修改而来的同名文章，同日，原告公证购买该书，其中包含99篇文章。该书版权页载明"某出版社；字数：256千字；版次：2014年1月第1版；印次：2015年4月第6次印刷；定价：28元。"该二书中分别载有涉案作品，原告就此主张被告出版社的行为侵犯了原告的署名权、复制权、发行权、修改权。

法院经审理认为，根据《著作权法》（2010修正）第二十九条规定，出版者不得侵犯作者的署名权、修改权、保护作品完整权和获得报酬的权利。同时，依据著作权法司法解释第二十条规定，出版者对其出版行为的授权、稿件来源和署名、所编辑出版物的内容等未尽到合理注意义务的，依据《著作权法》的规定承担赔偿责任；出版者所尽合理注意义务情况，由出版者承担举证责任。本案中，被告出版发行的二书系汇编作品，二书中载有被诉侵权作品。经对比可知，二被诉侵权作品与涉案作品在题目设置、结构布局、叙事情节上完全相同，在句法结构及语言表述等方面高度重合，二者仅存在部分段落删除，对少部分词语、语句进行同义替换及调整之区别。经综合判断，本院认定被诉侵权作品与涉案作品在表达上已构成实质性相似。经法庭询问，被告未提交证据证明其对出版行为的授权、稿件来源、所编辑出版物的内容尽到合理注意义务，且其汇编的作品既未署名，亦未载明出处。被告未经许可，在其出版发行的图书中使用对涉案作品进行修改的被诉侵权作品，侵犯了原告就涉案作品享有的署名权、复制权、发行权、修改权，应当承担停止侵权、赔礼道歉、赔偿损失的法律责任。[1]

案例4：报社未经许可转载他人作品，添加小标题，并在段落末尾署他人姓名，侵害了原告的署名权、保护作品完整权

原告依据新华网所载关于上海漕河社区为该社区外来妹春节送温暖的相关报道，创作了《送温暖》一文，全文924个字。2007年1月12日红网网站

---

[1] 北京市朝阳区人民法院（2019）京0105民初84588号民事判决书。

在红辣椒频道发表了该文。2007年1月15日被告转载了该文,并对原文作如下处理:在原文第二段前加小标题"让'温暖'持续",并将原文最后文字编入该段,形成第二部分。且在该部分末端署名王某。在第三段前加小标题"送'温暖'不能一送了之",末端署原告姓名。原告主张被告未经原告同意,于2007年1月15日刊载了该文,将该文割裂为两部分,并分别署名作者为王某(原告外第三人)、陈某(原告),侵犯了原告的署名权和作品完整权。被告辩称本报编辑根据版面设计要求,将原稿分为两部分,并加了小标题,且拟一虚名王某。

法院认为,原告依据新华网所载相关报道,创作了《送温暖》一文。该文属新闻评论中的小言论,体现了原告对社会生活的思考,原告为撰写此文付出了创造性的智力劳动,是原告独立创作完成的智力成果,该文区别于单纯的时事新闻,属于《著作权法》所保护的作品。同时,出版者使用他人作品,不得侵犯作者的署名权和保护作品完整权。被告转载原告作品,将《送温暖》一文调整段落,添加小标题,并在段落末尾署他人姓名(王某),使人误以为该文系由两个作者分别完成,既侵害了原告的署名权,同时亦损害了原告享有的保护作品完整权,现原告要求被告赔礼道歉符合法律规定。被告依法应在侵权作品的传播范围内承担相应的民事责任。[1]

(邵红红 撰写)

---

[1] 江苏省扬州市中级人民法院(2007)扬民三初字第0042号民事判决书。

第四章

与著作权有关的权利

第三十二条：图书出版合同

【法条对比】

2010年著作权法	2020年著作权法
第三十条　图书出版者出版图书应当和著作权人订立出版合同，并支付报酬。	第三十二条　图书出版者出版图书应当和著作权人订立出版合同，并支付报酬。

【条文主旨】

本条规定了图书出版合同的订立与报酬。

【修改理由】

本次《著作权法》修改并未修改本条内容，仅将条文序号由2010年《著作权法》第三十条变更为2020年《著作权法》第三十二条。

【条文释义】

【价值、功能与立法目的】

我国出版行业随着经济、文化的快速发展而不断扩大规模、提升市场化程度，对我国文化产业的发展起着举足轻重的作用。包括图书出版在内的出版行业的健康发展，对促进我国文化产业的大发展和大繁荣具有重要意义。出版合同作为作者和出版者之间法律关系的重要体现，对于明确出版行为当事人之间的权利义务、保护著作权人和出版者应有的利益具有重要作用。本条规定要求图书出版者出版图书应当和著作权人订立出版合同并支付报酬，以期以合同的约定，既保障作者的利益，又保护出版者的利益，明确二者之间的权利义务，减少或避免因出版纠纷、争议而挫伤作者的创作积极性、影响出版行业的健康发展。

【规范内涵】

2020年《著作权法》第三十二条规定，图书出版者出版图书应当和著作权人订立出版合同，并支付报酬。本条理解与适用的要点体现在适用对象、合同内容与报酬支付三个方面。

在适用对象上，本条适用于图书出版行为。2020年《著作权法》第六十三条将出版定义为"作品的复制、发行"，图书出版即图书的复制、发行行为，不包括非以图书为出版对象的报刊出版、音像出版，也不包括非以发行行为进行的网络出版、电子出版。

在合同内容上，依据特别法优先于一般法的法律适用原则，《著作权法》中有规定的内容优先适用《著作权法》，《著作权法》中没有规定的内容可以适用《民法典》总则与合同编的相关规定。实践中，图书出版合同通常对拟出版作品的情况、作者的权利义务、出版者的权利义务、违约责任、争议解决方式、准据法与管辖等内容进行约定。其中，作者与出版者的权利义务条款是图书出版合同的关键条款。对于作者义务，在图书出版实践中，一般会在图书出版合同中约定作者负有按期将作品交付给出版者的义务，对于作品承担权利瑕疵（即作者担保所交付的作品的著作权完整、有效且不侵犯第三人的权利）和质量担保（即作者担保所交付的作品的外观、内容、范围与合同约定的目的相符，且不违反法律的强制性规定）的义务。对于作者权利，实践中一般约定作者享有要求出版者按期、保质保量出版作品的权利；就出版取得约定报酬的权利等。对于出版者义务，实践中一般约定出版者负有按约定质量、数量和期限出版作品，保持作品的完整性，支付报酬，重印、再版作品前通知作者，妥善保管作者的原稿，向作者交付样书等义务。对于出版者权利，实践中一般会在出版合同中约定出版者是否享有专有出版权，以及享有专有出版权的具体内容和期限。根据现行《著作权法实施条例》第二十八条的规定，如果图书出版合同中约定图书出版者享有专有出版权但没有明确其具体内容的，视为图书出版者享有在合同有效期限内和在合同约定的地域范围内以同种文字的原版、修订版出版图书的专有权利。对于出版商，在签订图书出版合同时还需对拟出版稿件来源的合法性进行核查，并妥善保存证明稿件合法来源的相应证据。根据我国《著作权法》及相关司法解释的规定，出版者对其出版有合法授权承担举证责任，举证不能的，出版者承担相应的法律责任。①出版者对其出版行为的授权、稿件来源和署名、所编辑出版物的内容等未尽到合理注意义务的，出版者需承担赔偿损失的责任。出版者是否尽到上述合理注意义务，由出版者承担举证责任，举证不能的，由出版者承担相应的法律责任。②

在报酬支付上，应当对出版者支付作者报酬的方式及标准进行约定。就文字作品而言，没有约定或者约定不明的，适用国家版权局、国家发展和改革委员会发布的《使用文字作品支付报酬办法》的相关规定予以确定付酬方式与数额。例如，在付酬方式上，可以选择版税（即图书定价 × 实际销售数或者印数 × 版税率），基本稿酬（按作品的字数，以千字为单位支付报酬），加印数稿酬（根据图书的印数，以千册为单位按基本稿酬的一定比例支付报酬）或者一次性付酬（根据作品的质量、篇幅、作者的知名度、影响力以及使用方式、使用范围和授权期限等因素，一次性支付的报酬）等方式。又如，未约定付酬标准的，根据《使用文字作品支付报酬办法》付酬标准的上限分别计算报酬，③以较高者向著作权人支付，并不得以出版物抵作报酬。如果作者许可出版者通过转授权方式在境外出版作品，但对支付报酬没有约定或约定不明的，出版者应当将所得报酬扣除合理成本后的70%支付给作者。④

---

① 《著作权法》第五十九条、《最高人民法院关于审理著作权民事纠纷案件适用法律若干问题的解释》第十九条。

② 《最高人民法院关于审理著作权民事纠纷案件适用法律若干问题的解释》第二十条。

③ 《使用文字作品支付报酬办法》第四条、第五条规定了付酬标准。其中，第四条规定："版税率标准和计算方法：（一）原创作品：3%-10%；（二）演绎作品：1%-7%。采用版税方式支付报酬的，著作权人可以与使用者在合同中约定，在交付作品时或者签订合同时由使用者向著作权人预付首次实际印数或者最低保底发行数的版税。首次出版发行数不足千册的，按千册支付版税，但在下次结算版税时对已经支付版税部分不再重复支付。"第五条规定："基本稿酬标准和计算方法：（一）原创作品：每千字80-300元，注释部分参照该标准执行。（二）演绎作品：1.改编：每千字20-100元；2.汇编：每千字10-20元；3.翻译：每千字50-200元。支付基本稿酬以千字为单位，不足千字部分按千字计算。支付报酬的字数按实有正文计算，即以排印的版面每行字数乘以全部实有的行数计算。占行题目或末尾排不足一行的，按一行计算。诗词每十行按一千字计算，作品不足十行的按十行计算。辞书类作品按双栏排版的版面折合的字数计算。"

④ 《使用文字作品支付报酬办法》第十条。

【以案说法】

案例1：出版社在订立出版合同前不承担退稿义务

罗某通过邮局将其创作的作品打印件以包裹形式寄给了某出版社要求出版，并在邮单上注明"作品（闪电行动）"，该出版社工作人员从新闻出版局收发室领取了该邮件。此后，罗某致信该出版社，要求涉案作品如不出版，应予以退还。但罗某既未收到出版通知，也未收到退回的稿件。罗某认为出版社不退还、丢失、毁损其作品，属于交付出版的作品丢失、毁损的，构成侵权行为，应当承担赔偿责任，遂诉至法院。法院经审理认为，《最高人民法院关于审理著作权民事纠纷案件适用法律若干问题的解释》第二十三条规定："出版者将著作权人交付出版的作品丢失、毁损致使出版合同不能履行的，著作权人有权依据民法典第一百八十六条、第二百三十八条、第一千一百八十四条等规定要求出版者承担相应的民事责任。"该条文适用的前提是出版者和著作权人签订了出版合同，在此情况下，出版者对著作权人交付的作品才负有保管的义务。本案中，罗某只是向出版社邮寄了作品，并未与出版社订立出版合同，出版社没有对交付作品的保管义务。《著作权法》及其实施条例等相关法律也没有出版社在订立出版合同前有承担退稿义务的规定，罗某主张出版社侵害了其著作权，要求出版社退还涉案作品、赔偿损失的诉讼请求于法无据。[①]

案例2：出版者对其出版行为的授权应尽合理注意义务

某出版公司出版了张某的长篇小说《铁血平西》。该出版公司未与张某签约，也未支付稿酬。张某多次提醒出版公司与其签订"图书出版合同"，并按照标准支付稿酬，但未被理睬。此间，某出版公司将涉案图书投放至全国新华书店以及全国各大网站销售，张某因此诉至法院。某出版公司辩称，某区委宣传部为了纪念抗日战争胜利七十周年，以著作权人的身份和其签订了涉案图书的出版合同，作者稿酬和许可问题应由该区委宣传部负责。法院认为，张某系涉案小说的作者，其向某区委宣传部提供了涉案小说、参与了出版校

---

① 河南省郑州市中级人民法院（2013）郑知民初字第225号、河南省高级人民法院（2014）豫法知民终字第38号民事判决书、最高人民法院（2014）民申字第2015号民事裁定书。

对工作，且收取费用，但这一事实仅能证明张某认可该区委宣传部负责涉案小说的出版发行事宜，并不代表张某有向该区委宣传部转让涉案小说著作权的意思表示。某出版公司在与某区委宣传部订立《图书出版合同》时，在应当知晓涉案小说作者系张某的情形下未得到张某的许可出版发行涉案小说，且未审某区委宣传部与张某之间关于涉案小说出版发行的授权许可文件，某出版公司未尽到合理的注意义务，其未经张某授权许可将涉案小说公开销售的行为侵犯了张某著作权，应当承担民事责任。①

案例3：图书再版时，出版者仍对出版授权问题负有合理注意义务

A出版社于1992年出版了《舌诊源鉴》一书，署名王某、李某编著。次年，A出版社未经涉案图书作者王某、李某的许可，与B出版社（甲方）签订《出版授权与契约》，B出版社发行了涉案图书。后经行政机关调解，涉案图书作者王某、李某与A出版社达成了调解协议。2004年B出版社再次出版了涉案图书。涉案图书作者王某、李某遂将两家出版商诉至法院。法院经审理认为，1993年4月，A出版社未经王某、李某许可，授权B出版社出版涉案图书，侵犯了王某、李某的著作权。由A出版社未经许可授权B出版社出版涉案图书这一事实可以推知，B出版社出版发行涉案图书时，未履行应有的注意义务以确认A出版社是否有权许可其出版，具有主观过错。2004年，B出版社再次出版涉案图书，已时隔十年，应尽到更加审慎的注意义务。无论A出版社是否告知其相关侵权纠纷发生的事实，均不能免除B出版社的注意义务。因此，B出版社未经涉案图书作者王某、李某许可，出版发行涉案图书，构成著作权侵权，应承担相应的民事责任。A出版社和B出版社均具有过错，二者承担连带责任。②

案例4：专有出版权是否影响图书出版合同的效力

舒某与某出版社签订了图书出版合同，后因稿酬纠纷诉至法院。某出版社认为，涉案《出版合同》签订时，涉案图书的专有出版权已经归属于另一出版社，舒某无权与某出版社签订涉案合同，涉案合同应予无效或撤销。法院经审理认为，舒某在与某出版社签订涉案合同时，涉案图书的专有出版权

---

① 北京市高级人民法院（2020）京民申768号民事裁定书。
② 北京市高级人民法院（2009）高民终字第5842号民事判决书。

是否归属于另一出版社不影响涉案合同的效力，涉案合同没有履行障碍，某出版社也无证据证明舒某在合同签订过程中存在欺诈、胁迫等行为，涉案合同不存在可撤销的情形，也不符合认定合同无效的条件。[1]

（罗娇 撰写）

---

[1] 北京知识产权法院（2019）京73民终2598号民事判决书。

第三十三条：图书出版者的专有出版权

【法条对比】

2010年著作权法	2020年著作权法
第三十一条　图书出版者对著作权人交付出版的作品，按照合同约定享有的专有出版权受法律保护，他人不得出版该作品。	第三十三条　图书出版者对著作权人交付出版的作品，按照合同约定享有的专有出版权受法律保护，他人不得出版该作品。

【条文主旨】

本条规定了图书出版者的专有出版权。

【修改理由】

此次《著作权法》修改并未对图书出版者的专有出版权进行改动。

有关专有出版权的规定最早见于1990年《著作权法》第三十条规定："图书出版者对著作权人交付出版的作品，在合同约定期间享有专有出版权。合同约定图书出版者享有专有出版权的期限不得超过10年，合同期满可以续订。图书出版者在合同约定期间享有的专有出版权受法律保护，他人不得出版该作品。"1990年《著作权法》对图书出版者专有出版权的规定较为细致，一方面规定在合同约定期间内图书出版者直接享有专有出版权；另一方面，规定了专有出版权的期限以及续订规则。2001年《著作权法》对该条进行了修改，2010年《著作权法》、2020年《著作权法》均延续了该规定。修改主要体现在两个方面，一是规定专有出版权来源于合同约定，而非法律规定，尊重当事人的意思自治，由著作权人决定是否授予图书出版者专有出版权。二是删除了专有出版权的期限及合同续订规则，该条进一步强调当事人意思自治，由当事人协商决定。

专有出版权是著作权人对其权利的行使，是著作权人的权利之一。虽然《著作权法》将专有出版权规定在相关权之中，但专有出版权属于著作权人对权利的使用。作者创作作品之后，其本身并不能出版图书、期刊，因此将作品的出版权许可给出版者。依据著作权人的授权，出版者可以进行图书、期刊的出版。图书出版者的权利来源于合同授权，是基于出版合同而享有的对作品进行出版的使用权利。

【条文释义】

【价值、功能与立法目的】

专有出版权是出版者对著作权人授权出版的作品所享有的独占性的出版权利。[1]专有出版权来源于著作权人的授权，作品创作完成之后公之于众有多种方式，出版是其中一种重要方式。出版需要由特定的机构即出版者进行，此时著作权人可将出版相关权利许可给出版者以实现作品出版、传播的目的。

《著作权法》规定专有出版权一开始作为法定权利，法律修改后成为当事人约定的权利内容，其主要目的在于保护著作权人、出版者的合法权益，防止权利滥用，实现著作权人、传播者之间的利益平衡。首先，当著作权人授予出版者专有出版权，该出版者出版该作品就具有排他性。在作品的出版与传播过程中出版者发挥着重要作用，没有出版者的贡献，作品很难高效、便捷地为公众所获取。为保护出版者的合法、正当权益，规定专有出版权，可有效保护出版者的利益，有效促进作品传播，实现文化繁荣。其次，专有出版权的具体内容由出版合同约定，著作权人可与出版者协商专有出版权的具体内容，著作权人拥有一定的谈判权，有助于保护著作权人的合法利益。就专有出版权的具体内容法律没有明确规定时，可以参照《著作权法实施条例》的相关内容进行解释，也有助于防止著作权人权利滥用，有效实现著作权人和出版者之间的利益平衡。最后，保护作品的创作与传播是《著作权法》的立法目的，专有出版权的主要目的在于保护传播者的利益，同时也兼顾著作权人的相关权益。在充分

---

[1] 麦买提·乌斯曼：《专有出版权的司法适用规则构建》，载《编辑之友》2021年第4期。

尊重当事人意思自治的前提下，有助于实现创作者与传播者之间的利益平衡。

【规范内涵】

关于"图书出版者对著作权人交付出版的作品，按照合同约定享有的专有出版权受法律保护，他人不得出版该作品"。该条规定了图书出版者的专有出版权，关于该条的适用要点如下。

第一，专有出版权的性质。专有出版权规定在《著作权法》第四章"与著作权有关的权利"之中，若按照该条在《著作权法》中的体系位置，很容易将专有出版权认定为"出版者权"，将其作为"相关权"/"邻接权"的一个类型。实际上，专有出版权并非邻接权，其来源于著作权人和出版者的合同约定，是通过合同创设的权利，即著作权人通过出版合同授予出版者专有出版权，出版者的该项权利受到法律保护。出版者并不当然享有专有出版权，其非法定邻接权。[1]换言之，专有出版权是著作权人权利的延伸，合同是创设该权利的手段和方式。我国《著作权法》规定的邻接权主要是出版者的版式设计权、表演者权、录音录像制作者权和广播组织权。[2]

第二，专有出版权来源于著作权人的授权。根据该条规定，图书出版者按照合同约定享有的专有出版权受到法律保护。图书出版者所享有的专有出版权来源于著作权人的授权，即著作权人可以通过出版合同将出版权许可给图书出版者，且双方可协商该出版权是否为专有出版权。有关出版的内容均由合同进行约定，而非法律规定，充分尊重当事人的意思自治。关于图书出版者是否应享有法定的专有出版权，这一问题曾引起较为激烈的争论。图书出版者在出版图书的过程中需要付出巨大的人力、资源，为保护出版者的利益，在1990年《著作权法》制定过程中将专有出版权规定为法定的权利。但该规定并不利于著作权人，于是在2001年《著作权法》修改时将其确定为合同约定的权利，以实现著作权人和出版者之间的利益平衡。

第三，专有出版权具有排他性。著作权人将专有出版权授予图书出版者后，在合同约定期限内，不得再授予其他出版者出版该作品，这是由专有出版权的特点所决定的。获得专有出版权的图书出版者在合同约定的期限内，

---

[1] 李自柱：《专有出版权的权利性质和效力范围》，载《科技与出版》2020年第8期。
[2] 《著作权法实施条例》第二十六条。

未经著作权人同意，不得许可他人出版该作品。

第四，图书出版合同约定专有出版权具体内容。如上所述，专有出版权的授权与否以及具体内容由图书出版合同约定，对于图书出版合同中约定了图书出版者享有专有出版权，但没有明确具体内容的情形，视为图书出版者享有在合同有效期限内和在合同约定的地域范围内以同种文字的原版、修订版出版图书的专有权利。①根据《著作权法实施条例》的规定，也可以总结出，专有出版权的行使具有一定时间、地域和版本的条件限制。

第五，专有出版权行使受原作品著作权的约束。专有出版权的行使具有时间、地域和版本的条件限制，同时也受到原作品著作权的约束。根据《著作权法》第三十一条的规定，出版者、表演者、录音录像制作者、广播电台、电视台等依照本法有关规定使用他人作品的，不得侵犯作者的署名权、修改权、保护作品完整权和获得报酬的权利。图书出版者在行使专有出版权的过程中，不得损害著作权人的署名权、修改权、保护作品完整权和获得报酬权等权利。

【以案说法】

案例1：专有出版权是否具有排他性？

古典长篇章回体小说《镜花缘》是由清代李汝珍所著。1955年4月，作家出版社出版发行校注版《镜花缘》一书，该书版权页显示：张友鹤标点、校注。2009年8月4日，张友鹤著作权继承人与A社签订《图书出版合同》，约定授予A社在合同有效期内，在我国以图书形式出版张友鹤校注版《镜花缘》中文本的专有出版权。A社发现，B社于2017年7月出版发行的《镜花缘》标点、分段与其出版发行的《镜花缘》相同，诉至法院。一审法院经审理认为，该案争议焦点为张友鹤对古籍《镜花缘》进行标点、分段、注释等整理后所形成的成果是否受著作权法保护，属于何种作品；张友鹤是否系A社版《镜花缘》一书的校注者以及A社是否享有该书的专有出版权；B社出版发行被诉侵权图书是否构成侵权，应如何承担民事责任。第一个争议焦点在于作品独创性的认定，是否构成演绎作品，在此不作详细论述，主要分析有关专有出版权侵权内容。法院认为，根据《最高人民法院关于审理著作权民事纠纷案件适用法

---

① 《著作权法实施条例》第二十八条。

律若干问题的解释》第二十条规定,出版物侵犯他人著作权的,出版者应当根据其过错、侵权程度及损害后果等承担民事赔偿责任。出版者对其出版行为的授权、稿件来源和署名、所编辑出版物的内容等未尽到合理注意义务的,依据著作权法规定,承担赔偿责任。"A社版《镜花缘》出版发行早于被诉侵权图书。两书对注释内容选择整体相同且注释部分高度雷同,故可认定被诉侵权图书抄袭了A社版《镜花缘》的实质性部分,属于侵权图书。B社作为专业出版机构,可通过正常途径获知A社已在国内市场上在先出版发行了权利图书,其对被诉侵权图书的出版未尽到合理的注意义务,主观上存在过错,侵犯了A社对张友鹤点校版《镜花缘》享有的专有出版权。"①

案例2:专有出版权的客体范围是否包括图书的部分内容?

苏霍姆林斯基的继承人奥莉加与A出版社签订合同,授权A出版社在中国境内复制发行《苏霍姆林斯基五卷本》,并约定在合同有效期内其无权再授权其他出版社出版该作品。A出版社据此出版发行了该书,其中第二卷包括《给教师的100条建议》。在上述合同期内,奥莉加授权B出版社在中国境内专有出版发行作品《给教师的建议》。A出版社认为,B出版社侵害了其对《苏霍姆林斯基五卷本》享有的专有出版权。一审法院认定侵权成立。二审法院认为,"本案的争议焦点问题就在于A出版社享有专有出版权的客体是否可以及于该部分。专有出版权指向的客体应为图书的整体或实质性部分,而不能延及图书中各个非实质性的组成部分。在著作权人既享有汇编作品著作权又享有其中被汇编的各个作品的著作权的情况下,著作权人许可他人使用汇编作品并不当然意味着著作权人许可他人使用被汇编的各个作品。如果被许可使用人欲取得被汇编的各个作品的使用权,应当取得著作权人的明确授权。"②B出版社仅使用了《苏霍姆林斯基五卷本》的部分内容,且A出版社并未举证证明或说明《给教师的100条建议》是《苏霍姆林斯基五卷本》的实质性部分,故B出版社未侵害A出版社的专有出版权。

(杨利华 撰写)

---

① 北京市朝阳区人民法院(2019)京0105民初10975号民事判决书。
② 北京市朝阳区人民法院(2015)朝民(知)初字第39059号民事判决书,北京知识产权法院(2017)京73民终1080号民事判决书。

第三十四条：出版合同当事人的义务

（法条对比）

2010年著作权法	2020年著作权法
第三十二条　著作权人应当按照合同约定期限交付作品。图书出版者应当按照合同约定的出版质量、期限出版图书。 图书出版者不按照合同约定期限出版，应当依照本法第五十四条的规定承担民事责任。 图书出版者重印、再版作品的，应当通知著作权人，并支付报酬。图书脱销后，图书出版者拒绝重印、再版的，著作权人有权终止合同。	第三十四条　著作权人应当按照合同约定期限交付作品。图书出版者应当按照合同约定的出版质量、期限出版图书。 图书出版者不按照合同约定期限出版，应当依照本法第六十一条的规定承担民事责任。 图书出版者重印、再版作品的，应当通知著作权人，并支付报酬。图书脱销后，图书出版者拒绝重印、再版的，著作权人有权终止合同。

【条文主旨】

本条规定了图书出版者与著作权人的义务。

【修改理由】

本次《著作权法》修改并未修改条文内容，仅将条文序号由2010年《著作权法》第三十二条变更为2020年《著作权法》第三十四条；条款内容中引致条款的序号由2010年《著作权法》第五十四条变更为2020年《著作权法》第六十一条。

【条文释义】

【价值、功能与立法目的】

作者将自己的作品交给出版商予以出版，是最典型的作品利用行为。通过签订出版合同，作者把作品的复制与发行交给出版商。出版合同负以作者交付作品及许可出版的义务，负以出版者支付报酬和出版图书的义务。明确出版合同当事人义务，有助于确保交易安全，使作品得以顺利出版。

【规范内涵】

2020年《著作权法》第三十四条分别规定了图书出版合同中著作权人与图书出版者的义务。

关于著作权人的义务，2020年《著作权法》第三十四条第一款规定，著作权人应当按照合同约定期限交付作品。当作者把自己的作品交给出版商出版，通常情况下基于出版合同会产生一系列作者义务，在这些义务中对出版合同的影响最重要的就是交付作品的义务，因此本条规定将交付作品的义务予以明示。就交付作品的义务而言，在主体上，履行交付作品义务的主体可以是著作权人本人，也可以是著作权人的继承人。在客体上，所交付的作品应当达到可出版的标准和状态。例如，交付的书稿外观上处于适合复制的状态，内容与范围和合同约定的目的相符，且不存在违背法律强制性规定或者善良风俗的情形等。在期限上，应当按照合同约定期限交付作品。未约定交付期限的，根据《民法典》第五百一十一条的规定，著作权人可以随时交付作品，图书出版者也可以随时要求著作权人交付作品，但应当给著作权人必要的准备时间。其中，必要的准备时间可以按照作品的需要来确定，例如，关于节日纪念文集的以节日前后的特定时间来确定；从作品的需要仍无法确定作品的交付期限的，可以按照有关作品能够完成的通常期间来确定。

关于图书出版者的义务，首先，图书出版者应当按照合同约定的出版质量、期限出版图书[1]；图书出版者不按照合同约定期限出版，依法承担民事责任[2]。其中，图书出版者不按照合同约定期限出版的情形，既包括主观不愿，

---

[1] 《著作权法》第三十四条第一款。
[2] 《著作权法》第三十四条第二款。

也包括客观不能。例如，出版者将著作权人交付出版的作品丢失、毁损，致使出版合同客观上不能履行，则出版者也违反了本条规定的义务。[①]其次，图书出版者重印、再版作品的，应当通知著作权人，并支付报酬。图书脱销后，图书出版者拒绝重印、再版的，著作权人有权终止合同。[②]所谓图书脱销，根据现行《著作权法实施条例》第二十九条的规定，是指著作权人寄给图书出版者的两份订单在6个月内未能得到履行。需要注意的是，2020年《著作权法》第三十四条第三款规定的"图书出版者重印、再版作品的，应当通知著作权人"，不能理解为图书出版者重印、再版作品的，只需要通知著作权人，不需要获得著作权人的授权。相反，无论是图书的首次印刷、再次印刷，还是图书的首次出版、再次出版，图书出版均需获得著作权人授权，并对其出版、制作有合法授权承担举证责任。图书出版者在拥有重印、再版作品的合法授权的前提下，其重印、再版作品的，还应当尽到通知著作权人并支付报酬的义务。

【以案说法】

案例1：重印册数按图书版权页记载的数量计算

王某经过多年研究，创作了《人大学》一书，由某出版社于2003年5月出版了《人大学》，图书版权页记载印数3500册。同年9月，该出版社又经过印刷厂再次印刷并销售，图书版权页记载印数1500册。王某发现后，与出版社和印刷厂联系，并向出版社发函要求说明情况协商解决，出版社未复函，王某遂向法院起诉。根据《著作权法》的相关规定，图书出版者重印、再版作品的，应当通知著作权人，并支付报酬。出版社重印王某的图书，应当通知王某并向其支付重印图书的报酬。本案中，双方当事人均认可出版社已按照出版合同的约定向王某支付了3000册图书的报酬。但出版社提出实际印刷只有2000册，并提供了图书定价印数审批单、北京公大印刷厂增值税发票及结

---

① 《最高人民法院关于审理著作权民事纠纷案件适用法律若干问题的解释》第二十三条规定："出版者将著作权人交付出版的作品丢失、毁损致使出版合同不能履行的，著作权人有权依据民法典第一百八十六条、第二百三十八条、第一千一百八十四条等规定要求出版者承担相应的民事责任。"

② 《著作权法》第三十四条第三款。

算明细表等予以证明。法院经审理认为，出版社提供的证据属于内部单据，相比图书版权页记载的印刷数量，其证明力较弱，应根据图书版权页的记载认定出版社首印与重印的实际数量，并以此数量计算报酬。①

案例2：图书再版是否仅需通知，不需授权？

陈某为《中国礼制史》先秦卷、秦汉卷、魏晋南北朝、隋唐五代、宋辽金夏、元明清六部图书的作者，上述图书在1991年至2002年期间，陆续由某出版社出版发行。某出版社与陈某签署图书出版合同，授权出版社对该套著作权专有出版权。2011年至2012年期间，该出版社以相同的书名和署名陆续再版了涉案图书。陈某认为出版社未经其许可非法再版，遂向法院起诉。出版社辩称，根据《著作权法》第三十二条的规定，出版社再版图书，仅需要通知陈某，不构成侵权。法院经审理认为，图书出版者是否有权再版图书应当根据著作权人与图书出版者签订的出版合同的约定进行判断。涉案图书以新的国际标准书号、封面设计出版，属于再版。出版社未能举证证明再次出版被诉侵权图书获得了陈某的授权，构成侵权。②

（罗娇　撰写）

---

① 最高人民法院（2010）民提16号民事判决书。
② 湖南省高级人民法院（2020）湘知民终29号民事判决书。

第三十五条：
刊登作品的通知时限及转载、摘编作品的报酬

（法条对比）

2010年著作权法	2020年著作权法
第三十三条　著作权人向报社、期刊社投稿的，自稿件发出之日起十五日内未收到报社通知决定刊登的，或者自稿件发出之日起三十日内未收到期刊社通知决定刊登的，可以将同一作品向其他报社、期刊社投稿。双方另有约定的除外。 　　作品刊登后，除著作权人声明不得转载、摘编的外，其他报刊可以转载或者作为文摘、资料刊登，但应当按照规定向著作权人支付报酬。	第三十五条　著作权人向报社、期刊社投稿的，自稿件发出之日起十五日内未收到报社通知决定刊登的，或者自稿件发出之日起三十日内未收到期刊社通知决定刊登的，可以将同一作品向其他报社、期刊社投稿。双方另有约定的除外。 　　作品刊登后，除著作权人声明不得转载、摘编的外，其他报刊可以转载或者作为文摘、资料刊登，但应当按照规定向著作权人支付报酬。

【条文主旨】

本条规定了报社、期刊社与著作权人就作品发表时的权利义务关系以及报纸期刊转载、摘编的法定许可。

【修改理由】

本条规定未变化，只有条文顺序的变动。

【条文释义】

【价值、功能与立法目的】

本条第一款是有关报社、期刊社与著作权人有关作品发表的权利义务的

规定，**旨在实现报社、期刊社与著作权人之间的利益平衡**。报社与期刊社刊登的稿件源于三个途径，一是作者自行投稿，二是报社、期刊社向作者约稿，三是报社、期刊社内部人员发稿。著作权人自行投稿时，由于某一特定报社或者期刊社是否采用著作权人的稿件存在不确定性，为了提高投稿被采纳的概率，实践当中，著作权人有一稿多投的倾向。不同报社、期刊社刊登同一篇文章势必有损报社、期刊社的利益。但是稿件是否采用以及何时采用均由报社、期刊社单方决定，经常出现报社、期刊社审稿周期过长或者决定不采用稿件但未通知作者的情况，而且著作权人投给报社、期刊社的文章一般都是讨论当下政治、经济、文化领域热点问题，稿件是否及何时刊登也会影响著作权人的相关利益，报社、期刊社的上述行为势必有损稿件的价值，进而损害著作权人的利益。因此，为了协调著作权人与报社、期刊社之间的利益，在此就其权利义务进行规定。

本条第二款是有关报刊转载、摘编的法定许可的规定。本款规定的法定许可是对刊载在报刊上的文字作品复制权的限制，旨在保证著作权人获酬权的前提下通过报刊转载、摘编促进具有价值的作品的传播，以使社会公众能够最大程度地接触和利用作品，以此实现著作权人与社会公众之间的利益平衡。一般授权许可都需经过事前寻找交易对象、事中谈判和决策以及事后的监督和履约过程，三个阶段均会产生交易费用，交易费用的存在势必有损双方能从交易当中获得的交易剩余，而当交易费用超过交易双方因此能从交易当中获得的剩余之时，交易不会达成。此外，报纸与期刊的性质决定了其刊载的多是具有时事性质的文章，如果授权许可经历上述三个交易阶段，那交易周期的拉长势必将减损报纸与期刊刊载文章传播的效率。此时需要一些类似责任规则的强制交易制度以确保具有价值（特别是新闻价值）的作品迅速进入不同读者群体，以满足公众文化生活的需求。法定许可制度即是通过法定转移著作权人的许可权与定价权的方式节约交易成本，缩短交易周期，从而促进优秀作品的传播，满足社会公众获取与利用作品的需求。报刊转载、摘编的法定许可并不悖于著作权人的合法权益，这是因为：首先，如果著作权人不愿其他报刊转载、摘编其作品，可以声明保留；其次，如果著作权人事先并未声明保留，报刊转载、摘编的又是已经刊登的作品，报刊通过转载、摘编对于著作权人的作品再行传播并不违反著作权人的意志;最后,即便报刊转载、摘编可以不经著作权人的许可,但仍需向著作权人支付合理报酬,因此著作权人的财产权利并未受到过分限制。

【规范内涵】

本条第一款规定:"著作权人向报社、期刊社投稿的,自稿件发出之日起十五日内未收到报社通知决定刊登的,或者自稿件发出之日起三十日内未收到期刊社通知决定刊登的,可以将同一作品向其他报社、期刊社投稿。双方另有约定的除外。"

根据本款规定,除非双方另有约定,报社与期刊社可以在法定期限之内禁止著作权人一稿多投,报社享有的法定期限为"自稿件发出之日起十五日内",期刊社享有的法定期限为"自稿件发出之日起三十日内",以确保其在法定期限之内享有优先刊载权。如果在该法定期限之内报社、期刊社未通知著作权人刊载决定或者逾期通知刊载决定,那么著作权人可以向其他报社、期刊社投稿,以免因为稿件延期发表损害自身利益。实践当中,报社、期刊社的"征稿启事"并不构成要约,而是要约邀请,著作权人的投稿行为构成要约,报社、期刊社决定刊载的意思表示构成承诺。[①]

本条第二款规定:"作品刊登后,除著作权人声明不得转载、摘编的外,其他报刊可以转载或者作为文摘、资料刊登,但应当按照规定向著作权人支付报酬。"此即有关报纸、期刊转载、摘编的法定许可。

所谓法定许可,是指依照法律的明文规定,在作者事先未声明不得使用的前提下,无须经过权利人的同意,只需支付一定的对价,即可对已发表的作品接触与利用的制度。法定许可制度对于专有权利的限制主要表现在著作权人许可权与定价权的转移。适用该款需要注意如下几点。

其一,报刊进行转载或者摘编以著作权人未声明不得转载、摘编为前提。《著作权法实施条例》第三十条规定:"著作权人依照著作权法第三十三条第二款声明不得转载、摘编其作品的,应当在报纸、期刊刊登该作品时附带声明。"著作权人不得转载、摘编的声明应当与刊登的作品一并发出,事先的笼统声明或者事后的追加声明一般并不构成有效声明,报刊仍可以不经许可进

[①] 冯晓青主编:《知识产权法(第三版)》,中国政法大学出版社2015年版,第120页。

行转载或者摘编。

其二，转载是指"原封不动或者略有改动之后刊登业已经其他报刊发表的作品"；摘编是指"对原文主要内容进行摘录、缩写"，结果应能全面、系统地反映原文内容，如果仅是摘录作者姓名或者名称、作品名称等，并不构成文摘，无须获得著作权人许可，也不必支付报酬。

其三，该款适用于报刊之间的相互转载，并不适用于图书之间或者图书与报刊之间的相互转载。根据《最高人民法院关于审理著作权民事纠纷案件适用法律若干问题的解释》第十七条规定，《著作权法》第三十五条第二款规定的转载，是指报纸、期刊登载其他报刊已发表作品的行为。因此报刊转载图书作品，或将报社上的作品结集出版，需要事先取得著作权人的许可并且支付相应报酬。[1] 同时，尽管网络环境之下，报纸和期刊均有网络版本，但是报刊转载、摘编的法定许可限于以纸为载体进行的转载、摘编，并不包括报刊网络版本之间的相互转载、摘编。这是因为网络转载、摘编方便快捷，必然损害被转载报刊的阅读量，而且著作权人难以控制作品的网络传播。

其四，虽然作品刊登后，其他报刊转载或者作为文摘、资料刊登无须获得著作权人的许可，但应尊重著作权人的获酬权，按照规定向著作权人支付报酬。对于付酬标准，2020年《著作权法》第三十条规定："使用作品的付酬标准可以由当事人约定，也可以按照国家著作权主管部门会同有关部门制定的付酬标准支付报酬。当事人约定不明确的，按照国家著作权主管部门会同有关部门制定的付酬标准支付报酬。"该条规定同样适用报刊转载或摘编的法定许可，既可与当事人约定，也可按照相关部门制定的付酬标准支付报酬。《使用文字作品支付报酬办法》对此进行了规定，其第十三条第一款指出："报刊依照《中华人民共和国著作权法》的相关规定转载、摘编其他报刊已发表的作品，应当自报刊出版之日起2个月内，按每千字100元的付酬标准向著作权人支付报酬，不足五百字的按千字作半计算，超过五百字不足千字的按千字计算。"同时为了解决直接向作者支付报酬存在的困难与避免消耗无谓的成本，《使用文字作品支付报酬办法》第十三条第二款、第三

---

[1] 王迁：《著作权法》，中国人民大学出版社2015年版，第371页。

款规定:"报刊出版者未按前款规定向著作权人支付报酬的,应当将报酬连同邮资以及转载、摘编作品的有关情况送交中国文字著作权协会代为收转。中国文字著作权协会收到相关报酬后,应当按相关规定及时向著作权人转付,并编制报酬收转记录。报刊出版者按前款规定将相关报酬转交给中国文字著作权协会后,对著作权人不再承担支付报酬的义务。"其五,《最高人民法院关于审理著作权民事纠纷案件适用法律若干问题的解释》第十七条中规定:"转载未注明被转载作品的作者和最初登载的报刊出处的,应当承担消除影响、赔礼道歉等民事责任。"因此,除了尊重著作权人的获酬权之外,报刊进行转载或者摘编还应指明被转载作品的作者以及最初登载的报刊出处。

报刊转载、摘编的法定许可还需注意:如果报刊转载或者摘编演绎作品,不仅需要向演绎作品的著作权人支付报酬,还需要向原作品的著作权人支付报酬;为报道新闻,在报刊中不可避免地再现或者引用已经发表的作品、报刊刊登或者播放其他报刊已经发表的关于政治、经济、宗教问题的时事性文章(但著作权人声明不许刊登、播放的除外)构成合理使用,无须经过著作权人许可,也无须支付报酬。

【以案说法】

案例1:报社、期刊社对于著作权人主动投来的稿件没有法定的退还与保管义务[①]

某报社是《金剑》杂志的主办单位。2002年12月17日,罗某以邮寄的形式向某报社下属不具法人资格的《金剑》编辑部投稿,邮寄内容为打印并装订成册的《狂飙——中国扫黑行动》稿件1本。同年12月25日,《金剑》编辑部收取了该打印的稿件,但未采用。2003年4月18日,罗某曾致函《金剑》编辑部,要求将未采纳的稿件退回,但未获答复。罗某起诉要求某报社返还作品,并赔偿经济损失1万元。

法院经审理认为,我国《著作权法》规定,除双方另有约定外,著作权人向报社、期刊社投稿,自稿件发出之日起15日内未收到报社通知决定

[①] 北京市朝阳区人民法院(2003)朝民初字第23219号民事判决书。

刊登的，或者自稿件发出之日起30日内未收到期刊社通知决定刊登的，可以将同一作品向其他报社、期刊社投稿。由此可见，著作权人主动向报社、期刊社投稿只是一种许可报社、期刊社刊载其作品的要约行为，只有报社、期刊社在法定的期限内通知采用的，双方才形成合同关系，否则报社、期刊社对于著作权人主动投来的稿件没有法定的退还与保管义务。《金剑》杂志是某报社主办的期刊，罗某主动投稿给某报社下属的《金剑》编辑部，在法定期限内并未接到采用其稿件的通知，说明双方没有形成作品许可使用的合同关系，罗某可以另投稿件，某报社并不存在法定的退还稿件义务。虽然罗某在邮寄的稿件中表达了退还不采用稿件的意思，但只是其单方的意愿，某报社并未就此作出承诺。双方不存在其他的保管并退还稿件的合同关系，故某报社亦无约定的退还稿件义务。对于罗某的诉讼请求，法院不予支持。

案例2："转载""摘编"通常适用于报纸、期刊上发表的作品，且仅以转载或者作为文摘、资料的形式进行刊登[①]

栾某等人（原告）是《商事合同签订指南与纠纷防范》一书的作者，其与某出版社（被告）签订了《图书出版合同》，其中一条规定"甲方同意乙方转载、摘编上述作品"。某出版社未经许可，在其出版的《最新公民常用合同范本全书》一书中使用栾某等九名原告享有著作权的作品，既未给原告署名，亦未向其支付报酬。该案的争议焦点之一在于，双方签订的《图书出版合同》中"甲方同意乙方转载、摘编上述作品"这一条款的解释，即该条款是不是栾某等对某出版社使用其作品中的部分内容另行出版其他图书的明确许可。

法院经审理认为《著作权法》第三十三条（2020年《著作权法》第三十五条）规定，著作权人向报社、期刊社投稿的，作品刊登后，除著作权人声明不得转载、摘编的外，其他报刊可以转载或者作为文摘、资料刊登，但应当按照规定向著作权人支付报酬。该条款中的"转载""摘编"通常适用于报纸、期刊上发表的作品，且仅以转载或者作为文摘、资料的形式进行刊登，其与以图书出版方式使用作品并不相同。因此，某出版社关于将《图书出版

---

① 北京市第一中级人民法院（2011）一中民终字第560号民事判决书。

合同》中约定作品的部分内容进行摘录并加以编辑重新出版图书的行为属于著作权法意义上的摘编，著作权人同意转载、摘编就一定意味着同意出版的主张，并无法律依据，本院不予支持。

（刁佳星　撰写）

第三十六条：作品修改、删节的许可

【法条对比】

2010年著作权法	2020年著作权法
第三十四条　图书出版者经作者许可，可以对作品修改、删节。 报社、期刊社可以对作品作文字性修改、删节。对内容的修改，应当经作者许可。	第三十六条　图书出版者经作者许可，可以对作品修改、删节。 报社、期刊社可以对作品作文字性修改、删节。对内容的修改，应当经作者许可。

【条文主旨】

本条规定了合理修改的内容。

【修改理由】

本条未修改，只有条文顺序的变动。

【条文释义】

【价值、功能与立法目的】

作品的修改关系到作者的人身权利，一般需要经过著作权人许可方可对作品进行修改。但是对作品修改进行保护主要是为了维护作者对作品的控制权，保护作品呈现符合作者本意的表达，避免被歪曲、篡改。因此，一般情况下，传播者如图书出版社对作品的修改、删节，需要经过作者的许可。

但是，在作品传播过程中未免经常需要对作品进行不违背作者表达的修改、删节，以符合作品传播的市场化需求。尤其是对于报社、期刊社这种对作品传播时效性需求较高的传播者而言，其要兼顾作者的表达与传播的效率，对于作品文字性的修改、删节可直接进行，这与作者的表达本意一般并不违反，甚至进行修改是对作品的"优化加工"，一般也符合作者的希望，作者对之也有一定的预期。但是若对于内容的修改直接关涉作者的表达内容，则应当尊重作者的意思，需要经过作者许可才能对内容进行修改、删节。

本条对传播者对作品的修改、删节进行了规定，体现了兼顾作者利益和传播者利益的精神。

【规范内涵】

图书出版者经作者许可，可以对作品修改、删节。图书编辑对图书进行编辑是其本职工作，如我国原新闻出版总署于1997年发布的《图书质量保障体系》第九条就规定："坚持责任编辑制度。图书的责任编辑……除负责初审工作外，还要负责稿件的编辑加工整理和付印样的通读工作，使稿件的内容更完善，体例更严谨，材料更准确，语言文字更通达，逻辑更严密，消除一般技术性差错，防止出现原则性错误；并负责对编辑、设计、排版、校对、印刷等出版环节的质量进行监督……"图书出版编辑工作虽然是图书编辑的本职工作，但是其对作品的修改、删节也有一定的限制，避免对作品修改过度。之所以要规定图书出版者经作者许可才可以对作品进行修改、删节，也主要是为了避免图书出版者未经许可而对作品进行修改、删节而侵犯作品作者利益的现象。实际上，本条规定不仅仅保护作者利益，还对图书出版者对作品进行修改、删节明确了法律依据。本款适用要点在于：第一，图书出版者可以对作品进行修改、删节。第二，图书出版者对作品的修改、删节需要经过作者的许可。这种许可一般在出版合同中予以明确。基于图书形式出版的作品一般篇幅较长，一般修改、删节指向的正是作品内容的修改，因此对之并没有做文字修改、删节和内容修改、删节的区分性规定。

"报社、期刊社可以对作品作文字性修改、删节"，明确了报社、期刊社可以对作品作文字性修改、删节，其适用要点在于：第一，本规定只限于文字性修改、删节。第二，报社、期刊社可以对作品进行文字性修改、删节，而无须经作者许可。之所以如此规定，一方面基于报社、期刊社与作者之间涉及的作品篇幅有限，文字性修改一般为错别字、语法纠正等方面的修改，并不会涉及内容的变化，为了作品传播效率，报社、期刊社可以不经作者许可而直接进行修改。基于对作者表达真实性的尊重，对于关涉到作品内容而言,报社、期刊社需要与前款图书出版者一样,如果需要对内容进行修改、删节,需要经过作者的许可。其适用要点在于:对文字性修改、删节与对内容的修改、删节进行区分。文字性修改主要包括对作品中词语的增删、同义和近义词替换、语法或者修辞上的改动、对语句顺序的适当调整等;内容的修改,主要包括语句的增删、段落的调整,甚至可以设置或者删除一些违背作者本意的人物、对话、场景、情节、论述等。[1]

在我国《著作权法》第三次修改中,国家版权局版本及原国务院法制办版本将本规定删除,这引起了人们的担忧——图书出版者及报社、期刊社的编辑对作品是否还有修改的权利,并认为对之删除与实务需求将产生冲突。[2]删除的做法将导致实践中编辑丧失修改权,不利于作品传播中的编辑秩序。[3]但是也有人认为,对于图书出版者经许可对作品进行修改、删节,以及报刊、期刊社对作品内容的修改,本身就需要得到著作权人的许可,删除本条规定并不会对编辑权利造成削弱。[4]但需要注意的是,编辑对作品的修改,是一种积极正当的行为,其与《著作权法》中著作权规定的"修改权"还有一定的差异。[5]《著作权法》第三次修改最终将本条予以保留,确保了编辑在相关工作中对作品的文字处理权,但是也必须明确内容上的修改、删节仍然需要尊重作者的意见。

【以案说法】

案例1:认为他人修改、删节不当的,作者为适格原告

案外人昆明市官渡区矣六街道办事处子君社区居民委员会(以下简称子

---

[1] 张雪松:《论编辑出版中的侵犯修改权与保护作品完整权》,载《知识产权》2003年第2期。

[2] 瞿昊晖:《编辑修改权条款的废与存——兼论第三次著作权法修订》,载《版权之友》2014年第3期;任俊琳、王晓玲:《后现代主义对著作权法的冲击及理论新读》,载《知识产权》2014年第1期。

[3] 徐丽:《关于完善对编辑修改权立法保护的思考》,载《出版参考》2017年第6期。

[4] 《编辑与"著作权"有何关系 正确理解编辑的修改权》,载微信公众号"IPRdaily",2017年4月20日。

[5] 关晓海:《未经作者许可出版者的修改侵权吗?》,载人民网2015年8月21日,http://ip.people.com.cn/n/2015/0821/c136655-27498795.html。

君社区居民委员会）出具证明表示其委托编写组成员将子君彝族历史、风俗、语言等写出来。本案涉案的《昆明子君彝族语言汇集》系其中一项内容。原告李某作为编写组成员参与了《昆明子君彝族语言汇集》中子君语部分的编写，子君社区居民委员会按出勤每人每天50元付给编写组成员工资。原告李某认可其收到子君社区居民委员会支付的编写组成员工资，但拒绝明确收到的金额。《昆明子君彝族语言汇集》成书后，在封面标有"昆明子君社区居民委员会编，白某主编，云南民族出版社"等字样，在衬页上标有："主编：白某；编译：李某"等字样。在扉页上标有"书名：昆明子君彝族语言汇集；作者：子君社区居民委员会；责任编辑：张某；出版发行：云南民族出版社；ISBN978-7-5367-6412-5"等字样。子君社区居民委员会亦出具证明表示其委托编写组成员写作出来的成果属于子君社区居民委员会，每篇作品都由集体创作，不属于个人所有。直到2014年10月全部写作完成出版。书的一切版权都归属于子君社区居民委员会，并非个人所有。此外，子君社区居民委员会还出具证明表示其委托云南民族大学白某教授主编《昆明子君彝族语言汇集》一书，并负责出版。原告李某认为，其撰写了"子君语"，而《昆明子君彝族语言汇集》从书名到书的内容均侵犯了其撰写的"子君语"，原告李某应为《昆明子君彝族语言汇集》中第1—116页的作者，《昆明子君彝族语言汇集》主编白某及责任编辑张某擅自修改原告的"子君语"，侵犯了原告李某的著作权，遂诉至法院。此外，原告李某在庭审中表示，不论《昆明子君彝族语言汇集》的作者是谁，对该书承担责任的主体应为主编白某个人和云南民族出版社的工作人员，即《昆明子君彝族语言汇集》的责任编辑张某个人，而拒绝向子君社区居民委员会或云南民族出版社提起诉讼。

另查明，被告张某系云南民族出版社在职在编工作人员，其认可收到原告李某提供的"子君语"原稿，并依编辑职权对原告李某"子君语"的原稿进行了调整修改。

法院经过审理认为：本案诉争的作品为《昆明子君彝族语言汇集》，该书的作者为子君社区居民委员会，被告白某系该书的主编，被告张某系出版该书的云南民族出版社的编辑。被告张某作为云南民族出版社的工作人员，在担任《昆明子君彝族语言汇集》责任编辑期间所发生的行为系职务行为，原告李某如认为被告张某对《昆明子君彝族语言汇集》进行的修改、删节不当，也应由《昆明子君彝族语言汇集》的作者——子君社区居民委员会向出版该书的云南民族出版社来主张相关权利。因此，被告白某、张某均不是本案适格的诉讼主体。①

案例2：仅仅为文字性删减的，不构成侵权

案件一：涉案被告摘编的文字内容仅是文字上的删节，未改变作品所要表达的故事主题和情节，并未形成对作品内容的歪曲、篡改。根据《著作权法》的规定，报社、期刊社可以对作品进行文字性修改、删节，无须征得作者同意，但不能歪曲、篡改作品，故被告对涉案文章所作的文字删节不构成对作品修改权的侵犯。②

案件二：凤凰网刊载的《酒洒了》美术作品署名作者为朱某，朱某对《酒洒了》美术作品享有著作权。某报社未经许可在其主办的2009年第5期《非常关注·报刊荟萃》杂志上使用了朱某涉案美术作品，且未向朱某支付报酬，因而构成著作权侵权。在本案中，某报社虽然将涉案漫画作品的题目变动为《节约》，但没有改变涉案漫画作品的意思表达，仍属于文字性修改。根据《著作权法》的规定，报社、期刊社可以对作品作文字性修改、删节，因而某报社并未侵犯朱某的修改权。③

案例三：涉案陈某汇编《天》一书并出版该图书的行为取得了原告冯某的许可。经比对涉案文章与被控侵权文章在个别文字和语句上略有不同。依陈某于2012年7月18日博客中第4条的表述，原告冯某投稿之前对责编将错别字和病句、不通顺的句子进行修改的情况已事先知晓，并未提出异议，且被告某出版社在与陈某签订的《图书出版合同》中陈某已许可某出版社对涉案图书进行修改。④因此，并未侵犯原告的修改权，为适当范围内的文字修改。

（周贺微 撰写）

---

① 云南省昆明市中级人民法院（2016）云01民初1660号民事判决书。
② 湖北省武汉市中级人民法院（2013）鄂武汉中知初字第03419号民事判决书。
③ 河南省郑州市中级人民法院（2013）郑民初字第379号民事判决书，河南省高级人民法院（2014）豫法知民终字第58号民事判决书。
④ 北京市东城区人民法院（2015）东民（知）初字第01393号民事判决书。

第三十七条：图书、期刊的版式设计

(法条对比)

2010年著作权法	2020年著作权法
第三十六条　出版者有权许可或者禁止他人使用其出版的图书、期刊的版式设计。 前款规定的权利的保护期为十年，截止于使用该版式设计的图书、期刊首次出版后第十年的12月31日。	第三十七条　出版者有权许可或者禁止他人使用其出版的图书、期刊的版式设计。 前款规定的权利的保护期为十年，截止于使用该版式设计的图书、期刊首次出版后第十年的12月31日。

【条文主旨】

本条是关于出版者对其出版的图书、期刊的版式设计专有使用权及保护期限的规定。

【修改理由】

本条仅调整法条序号，内容未修改。

【条文释义】

【价值、功能与立法目的】

作品的利用具有间接性，主要是指著作权人不通过直接行使著作权来实现作品的社会价值。著作权人一般通过授权出版者、表演者或者播放者等作品的传播者传播、使用作品来实现作品的价值。作品在传播的过程中，产生了邻接权。邻接权的主体是作品的传播者，通过对作品的传播能够最大限度地追求社会效益，扩大社会影响力，能使社会公众了解作者的思想及其作品的价值。作品的传播者在向公众传播作品的时候付出自己的智慧，付出自己的创造性劳动，或者投入了大量的技术设备等，赋予作品新的生命，让公众更容易感知、欣赏作品。因此，传播者的创造性应该得到尊重，也应当赋予权利予以法律保护。版式设计权，指出版者在出版图书、报纸、杂志前，通过对文字作品的加工和排版，比如调整字体、字号、页眉等，添加插图，安排版面布局造型等一系列的排版设计，由此而享有的权利。在出版过程中，出版者进行了创造性的劳动，付出了时间和智力劳动，通过对文字、图片以及空间的合理布局，创造了既服务于内容，又可以独立于内容而存在的、具有审美价值的、体现个性化的设计，提升了图书和报刊的内容之美。通过内容和形式的完美结合，准确传达图书内容、吸引读者眼球、增加读者阅读快感、提升图书品质、彰显图书品位，因此版式设计不单单是一种形式，而是文字之眼。它赋予了内容生命力和扩张力，起到画龙点睛的作用，无法想象离开版式设计图书还能成其为图书、报刊还能成其为报刊。因此立法者鼓励出版者充分发挥创造力，加大对版面设计的投入和创新，创造出更好的版式设计，丰富和提升图书、报刊的品位，促进图书文化产业的繁荣发展。版式设计权作为邻接权，具有知识产权的一般属性，即具有专有性、地域性和时间性。在保护期限内出版者可以充分行使其版式设计权，而一旦超过法律规定的保护期限，版式设计就进入公共领域，任何人都可以不经许可而使用。本条款也体现了《著作权法》的立法目的。

【规范内涵】

关于第三十七条第一款规定"出版者有权许可或者禁止他人使用其出版的图书、期刊的版式设计"。主要是出版者的专有权，体现在禁止他人使用其出版的图书、期刊的版式设计。理论界和实务界认为，版式设计主要是为图书、报刊服务的，范围不宜太大，一般来说，对于版式设计很小的改动或者仅调整了比例尺的复制，或者直接原样复制，都会侵犯出版者的版式设计权。对于判断版式设计，要结合以下情况进行：

1.独创性的判断标准。任何图书和期刊均有版式设计，但只有具有独创性的版式设计才予以保护。根据现行《著作权法》第三条规定，《著作权法》所称作品，是指文学、艺术和科学领域内具有独创性并能以一定形式表现的智力成果。版式设计专用权作为邻接权的一种，也只有具有独创性才能受著作权法保护，才能禁止他人在图书和期刊上使用其版式设计。含有公有领域知识的版式设计部分，如行业惯常的版式设计、国家有关文件明确规定的版式设计等，不属于版式设计专用权部分，不受著作权法保护。公有领域内的知识是继续创作的重要基础，人类文明是建立在继承前人的基础上丰富和发展的，新创作的作品一般都包含了人类共有的文明财富，也包含着作者的独创性部分，二者紧密相联，不可分割。版式设计同样如此，一般的版式设计通常既包含着惯常的行业通用的版式设计，同时针对不同内容需要也有设计者独创的部分，只有独创的部分才受著作权法的保护。独创性决定了版式设计专用权的保护范围和边界，独创性越高，版式设计专用权的保护范围越宽；反之，则保护范围越窄。版式设计专用权保护范围是一个变量，并不是一成不变的，个案中其保护范围应结合具体图书或刊物的版式设计综合考量。在侵犯版式设计专用权诉讼中，由原告对版式设计是否具有独创性进行举证。在原告完成独创性的初步举证后，再由被告进行抗辩。如果被告抗辩时提交了相关证据能够证明原告主张的版式设计不具有独创性，则原告不享有版式设计专用权。这些证据可以是被告或者其他人出版的在原告版式设计之前相同或实质性相似的版式设计，也可以是行业惯常的通用版式设计或符合新闻出版主管单位有关版式设计规范的规定。

2.版式设计权指向的对象。版式设计专用权保护的是一种基于图书和期刊出版过程中出版者为实现美化等功能而就图书和期刊的文字、图片和空间进行安排和布局的设计，它并不保护图书和期刊的内容，图书和期刊的内容（如构成作品）属于著作权所保护的对象。因此，即便图书和期刊的内容相同或实质性相似，只要图书和期刊的版式设计不相同，并不侵犯出版者的版式设计专用权，而是侵犯了著作权人的著作权。具体案件中，如果出版者以内容和版式设计主张权利，法院应行使释明权，告知其可以以版式设计专用权主张权利，但内容的保护通常由作者行使权利，除非出版者已经买断作品的版权。如果出版者坚持以内容起诉，又没有证据证明其已经买断作品或以其他方式取得著作权，则法院可以判决驳回其诉讼请求。市面上绝大多数出版物，包括广告、产品或服务介绍册子，甚至电子出版物等，都存在版式设计的保护问题。正因为版式设计在图书、期刊中的功能和作用，为了保护出版者在版式设计过程中付出的创造性的智力劳动成果，防止他人擅自使用版式设计，《著作权法》对版式设计专用权进行了规定。

关于第三十七条第二款规定"前款规定的权利保护期为十年，截止于使用该版式设计的图书、期刊首次出版后第十年的12月31日"。这款规定的是版式设计的保护期限。出版者的版式设计权期限与著作权保护期限规定不一致，是考虑到版式设计的目的在于提升图书、报刊的美感和品位，同一内容的作品使用不同的版式设计，给读者以不同的视觉效果和体验。因此，对版式设计的保护期限不宜过长，《著作权法》参考商标的保护期将其规定为十年，截止于首次出版后第十年的12月31日。超过保护期限的版式设计，公众就可以自由使用。

【以案说法】

案例1：数据格式不属于版式设计权保护的范围[①]

原告自1999年起编辑《中国优秀博硕士学位论文全文数据库》电子杂志，通过中国知网（www.cnki.net）以CAJ格式出版发行，以包库、镜像站点和发行阅读卡（包括面额较大的机构卡和面额较小的个人卡）的方式向用户提供该数据库的检索和全文内容服务。题录摘要和论文全文是《中国优秀博硕士学位论文全文数据库》的主要组成部分，其中，题录摘要部分设置有中英文题名、中英文的论文摘要、作者、作者的学校、专业、学位年度、论文级别、网络出版时间等条目。题录摘要供免费检索、阅看；论文全文需付费下载，下载论文的费用为每页0.28元。被告赵某登记设立蜂朝网（www.steelbee.net、www.51lunwen.com），在网站公布了供检索的论文题录摘要并出售论文，题录摘要包括论文中英文题名、中英文摘要、作者、论文价格等条目。这些条目的顺序排列与原告不同，但摘要中的中英文题名、中英文论文摘要系从原告数据库中供免费检索的题录摘要页面复制而来。根据对原告提供的公证页面统计，经公证下载的被告网站上的题录摘要中，有10149篇题录摘要中的中英文题名和论文摘要是从原告数据库中供免费检索的题录摘要页面复制而来，每篇约400字，共计406万字左右。原告诉称，其对《中国学术期刊（光盘版）》

[①] 上海市第一中级人民法院（2006）沪一中民五（知）终字第16号民事判决书，本案例选自《人民司法案例》2009年第6期。

数据库享有著作权，对CAJ格式享有专有使用权。被告网站销售数据库论文全文，复制、传播论文题录摘要，既侵犯了原告对数据库享有的汇编作品著作权，也侵犯了原告的版式设计权。故请求法院判令被告停止侵权、公开赔礼道歉，并赔偿经济损失30万元。

法院裁判认为：CAJ格式是不是版式设计，是确定被告是否侵犯版式设计权的前提。版式设计权主要是保护出版者为出版物的排版格式和版面布局的设计和安排作出的劳动成果，而CAJ格式是一种文件的数据格式，并不涉及文字排版和版面布局。原告使用CAJ格式的目的是防止他人任意复制文件，因此，CAJ格式是原告为保护其汇编作品而采取的一种技术措施，并不是对汇编作品文字排版和版面布局的设计。从被告的行为看，被告赵某通过付费购买的方式从原告处合法取得论文全文，该论文全文使用CAJ数据格式是原告的行为，被告并没有对论文进行电子数据格式的转换。被告从原告网站下载CAJ viewer，既是原告网站免费提供给用户予以下载的，也是使用、阅看付费取得论文的必要工具，因此，被告并没有实施故意避开或破坏该技术措施的行为。故原告将数据格式认为是一种版式设计，缺乏法律依据。原告主张被告侵犯了原告论文全文的版式设计权和CAJ格式专用权的主张，缺乏依据。

案例2：版式设计专用权禁止他人未经许可的复制[1]

《学前三百字》《儿童学画大全》《儿童描红大全》《儿童剪纸大全》系J出版社于2001年、2005年、2006年出版的幼儿读物。四本书采用了J出版社的版式设计。H出版社有限公司未经J出版社许可，于2010年出版了《学画大全》《描红大全》《剪纸大全》《学前三百字》，其采用的版式设计与J出版社上述相对应图书的版式设计基本相同或仅有很小的变动。2010年8月，J出版社在欧亚商都处购得H出版社有限公司出版的四本涉案图书。J出版社诉称：H出版社有限公司的行为已构成对其版式设计专用权的侵犯，欧亚商都销售了侵权产品，构成了共同侵权，请求法院确认两被告侵犯了上述四书的版式设计专用权，并判令两被告立即停止侵权、销毁侵权产品，在《法制日报》等媒体赔礼道歉、消除影响，并赔偿经济损失人民币120万元。[2]

---

[1] 钱小红：《版式设计专用权的司法认定》，载《人民司法案例》2013年第20期。
[2] 最高人民法院（2012）民申字第1150号民事裁定书。

H出版社有限公司辩称：J出版社上述图书的版式设计仅遵循公知领域的简单排版方式，无创造性亦无显著性，不具有版式设计专用权。即便构成侵权，索赔数额也过高。此外本案系著作权的财产权纠纷，而非著作权的人身权纠纷，故J出版社要求赔礼道歉的诉求于法无据。

一、二审法院认为：J出版社对《儿童剪纸大全》《儿童学画大全》《儿童描红大全》《学前三百字》四书的版式设计体现了独创性，享有版式设计专用权。H出版社有限公司出版的《剪纸大全》《描红大全》《学画大全》《学前三百字》在版式设计方面与J出版社相对应书籍的版式设计除在个别版式设计元素上做微小变动外，基本一致，构成对版式设计的使用。H出版社有限公司未经许可，在其出版的涉案图书上使用原告的版式设计，侵犯了原告的版式设计专用权。欧亚商都销售了涉案图书，亦构成侵权。据此，判决：H出版社有限公司停止侵犯J出版社对上述四书享有的版式设计专用权的行为；欧亚商都停止销售H出版社有限公司出版的涉案图书的行为；H出版社有限公司在《法制日报》上刊登声明，为J出版社消除影响并赔偿J出版社人民币48万元；驳回J出版社其他诉讼请求。

最高人民法院认为：图书和期刊的出版者对其出版的图书、期刊独立进行智力创作的版式设计，应受《著作权法》第三十六条的保护，禁止其他人未经许可擅自原样复制，或者很简单的、改动很小的复制以及变化了比例尺寸的复制。版式设计专用权不保护图书和期刊的内容。人民法院在判断出版者是否享有版式设计专用权时，按照民事诉讼"谁主张谁举证"的举证规则，应由原告对版式设计是否系其独立创作进行举证，就版式设计的意图、特点、设计元素、布局及安排等独创部分进行说明。在原告完成独创部分的举证后，被告如认为原告不享有版式设计专用权，则应提交相应证据予以证明。此外，在判断版式设计专用权保护范围时，还应考虑版式设计专用权和设计空间的关系。对出版者独立完成的版式设计进行保护并非限制了其他出版者的设计空间，相反还促进了其他出版者的创作激情和创造力，有利于鼓励出版者加大创新投入，创作出更多更好的版式设计，也有利于促进出版行业的健康发展以及图书市场的繁荣。

本案中，J出版社在主张其享有涉案图书版式设计专用权时，提出了每本书所包含的6—10个版式设计的诸多元素。最高人民法院认为，尽管J出版社主张的版式设计中部分涉及图书内容和方法，但绝大部分是版式设计的内容，故J出版社已经初步完成了对涉案图书享有版式设计专用权的举证责任。H出版社有限公司虽主张J出版社涉案图书的版式设计仅仅是上下左右的简单的行业通用的排版方式，但其既未提交在涉案图书出版之前公开出版的相同或基本相同版式设计的其他图书，也未提交行业通用的排版方式的相关规定以及其他能证明其主张的证据。此外，版式设计的简单复杂或创造性的高低并不是判断出版者是否享有版式设计专用权的标准。且H出版社有限公司在上下左右的排版方式中对相关图书内容的布局和安排也有一定的设计空间，并不是没有其独创的空间，而必须与J出版社涉案图书的版式设计基本一致，否则无法实现其图书的版式设计。故H出版社有限公司主张J出版社的版式设计没有版式设计专用权和独创性的理由不能成立。

（江刘容　撰写）

第三十八条：表演者的义务

（法条对比）

2010年著作权法	2020年著作权法
第三十七条 使用他人作品演出，表演者（**演员、演出单位**）应当取得著作权人许可，并支付报酬。演出组织者组织演出，由该组织者取得著作权人许可，并支付报酬。 **使用改编、翻译、注释、整理已有作品而产生的作品进行演出，应当取得改编、翻译、注释、整理作品的著作权人和原作品的著作权人许可，并支付报酬。**	第三十八条 使用他人作品演出，**表演者**应当取得著作权人许可，并支付报酬。演出组织者组织演出，由该组织者取得著作权人许可，并支付报酬。

【条文主旨】

本条是关于表演者使用他人作品演出时对作品著作权人应尽义务的规定。

【修改理由】

在2010年《著作权法》中，"表演者"的概念包括演员和演出单位。这种特殊的立法构造，虽然有一定的历史因素，但随着经济社会发展更凸显出其在概念上的混乱和在法律适用上的困惑。当表演者的概念既指向演员，又指向作为法人或非法人组织的演出单位时，针对表演的表演者权却由演出单位所独享，演员的合法利益往往难以得到保障，演员和演出单位之间的利益冲突日益明显。同时，在与知识产权相关的国际条约中对表演者的概念也与我国有所不同，其主要强调表演者应当是指能够实施具体的行为或者动作的自然人，而不是法人或非法人组织。例如，在《罗马公约》中"表演者"的定义为"演员、歌唱家、音乐家、舞蹈家和表演、歌唱、演说、朗诵、演奏或以别的方式表演文学或艺术作品的其他人员"。又如,《视听表演北京条约》第二条将"表演者"定义为演员、歌唱家、音乐家、舞蹈家以及对文学或艺术作品或民间文学艺术表达进行表演、歌唱、演说、朗诵、演奏、表现或以其他方式进行表演的其他人员。将表演者限定为自然人,意味着其能够基于表演享有人身权利和经济权利,法人或非法人组织则不能享有表演者权中的人身权利,而只能行使经济权利。因此,我国此前将演出单位纳入"表演者"的概念范围与国际条约的规定不符,在概念上难以周延,导致演员对于其表演所享有的人身权利长期被忽视,需要适时做出一定的调整,加强对演员的权益保障。

《著作权法》第三次修改对第三十七条的调整主要集中在两处:第一处是对表演者概念的界定,将演出单位从"表演者"的概念中删去;第二处是删除了原来第三十七条的第二款,修改后整合为第十六条。对于演出单位是否应从"表演者"的概念中予以删除,在几次草案审议的过程之中存在一定的反复。2012年3月由国家版权局草拟的《著作权法》修改草案第一稿中第三十一条规定,"本法所称的表演者,是指以朗诵、歌唱、演奏以及其他方式表演文学艺术作品或民间文学艺术的人或者演出单位。"此时还是将自然人和演出单位并列为表演者,此后经过征求社会各界意见,国家版权局在2012年7月的修改草案第二稿中将演出单位从"表演者"的概念中予以删除,在第三十二条规定,"本法所称的表演者,是指以朗诵、歌唱、演奏以及其他方式表演文学艺术作品或者民间文学艺术表达的自然人。"并且新增第三十四条规定,"演出组织者组织表演的,由该演出组织者取得著作权人许可。"此时修改草案第二稿实际上是将原来的第三十七条拆分为第三十二条和第三十四条,之后原国务院法制办公布的2014年《著作权法(修订草案送审稿)》中亦基本保持了此种格局,在具体表述上亦没有变化。但在2020年4月全国人大常委会审议的《著作权法修正案(草案)》中仍保持了原来第三十七条第一款的规定,在修正案草案第三十六条规定,"使用他人作品演出,表演者(演员、演出单位)应当取得著作权人许可,并支付报酬。演出组织者组织演出,由该组织者取得著作权人许可,并支付报酬"。2020年8月全国人大常委会进一步审议的《著作权法修正案(草案二次审议稿)》仍延续了将演出单位和演员都规定为"表演者"的规定，2020年11月11日修正的《著作权法》第三十八条最终将演出单位从"表演者"的概念中删除。

《著作权法》第三次修改中针对"表演者"的界定的争议，实际上反映了演出单位和演员之间的利益平衡。一方面，演出单位作为演出活动的组织者和物质条件的提供者，需要从表演中获取经济利益的回报；另一方面，对于演员而言，作为表演活动的实际完成者，对于表演活动也应享有一定的人身权利和财产权利，尤其是针对表演的人身权利。

【条文释义】

【价值、功能与立法目的】

对于表演者概念的精准界定有利于确保法律的精准适用。演出单位虽然为演出提供了物质条件及一系列经济性投入，但对于其经济利益的回报或激励，可以通过意思自治的方法予以解决。将演出单位视为表演者不仅会带来概念上的混乱，还会导致法律适用的混乱，更会使演员的人身权利无法得到足够的保障。因此在进行制度设计的时候需要区分演出单位和演员，将表演者的范围仅限于自然人，演出单位的经济利益回报则通过另行的制度安排予以设定。

正如冯晓青教授所指出："知识产权法律制度发展到现在，利益平衡已成为其一个重要的基本原则，这不仅体现于知识产权立法，也体现于知识产权司法和政策中。"[1]调和演出单位和演员的利益，充分发挥制度的激励作用成为表演者界定中立法者所考量的重要因素。

【规范内涵】

本条关于表演者表演活动中使用他人作品如何取得许可区分了两种情形：一是表演者单独演出时如何取得许可；二是演出组织者组织表演时如何取得许可。

关于"使用他人作品演出，表演者应当取得著作权人许可，并支付报酬"。对于条文该部分的把握需要从两个方面来进行：第一个方面是适用的主体对

---

[1] 冯晓青：《知识产权法中专有权与公共领域的平衡机制研究》，载《政法论丛》2019年第3期。

象。第三十八条针对的对象是独立的表演者,在从事独立的表演活动时,需要取得使用作品的著作权人许可并支付相应的报酬。第二个方面是表演者使用他人作品进行演出时,才会涉及著作权人许可,换言之,如果表演者是利用公共领域内的素材进行表演活动,即便该素材出现在其他作品中亦无须支付相关费用,此时不涉及该条款的应用。

关于"演出组织者组织演出,由该组织者取得著作权人许可,并支付报酬"。 对于条文该部分的把握,需从以下几个方面考虑:一方面,该部分适用的对象为演出组织者。其理由在于,当演出组织者组织演出时,演出组织者和演员之间是组织与被组织的关系,所以交由组织者去进行活动安排和许可更能提高效率。另一方面,如果所使用的他人作品为演绎作品,就涉及双重许可的问题,不仅要获得演绎作品著作权人的许可,还需获得原作品著作权人的许可。

【以案说法】

案例1:在特定的政治、法律和社会环境下,著作权人提供的应允和帮助可视为对表演者使用作品的许可,但表演者仍需履行报酬支付、署名等义务

梁某是《红色娘子军》电影剧本的作者。1961年,上海某电影制片厂根据梁某创作的电影文学剧本,由谢某导演拍摄了电影《红色娘子军》并公映。该片描述了第一次国内革命战争时期,我国海南岛地区一支由劳苦妇女组成的红军队伍的战斗故事以及红军战士在战斗环境里锻炼成长的经过。该电影片头署名编剧为梁某。1964年初,某芭蕾舞团开始在有关部门的组织下,根据梁某编剧的电影文学剧本《红色娘子军》,进行芭蕾舞剧《红色娘子军》的改编。该芭蕾舞团称该剧改编过程中,在当时的解放军总政治部及中南军区的协调下,曾与梁某取得联系,改编工作得到了梁某的同意,梁某实际参加了改编工作。1964年9月,该剧改编成功并进行了公演。公演的芭蕾舞剧《红色娘子军》与电影《红色娘子军》相比,除情节、人物略有删减外,其时代背景、故事情节、主要人物基本一致。诉讼中,梁某、该芭蕾舞团双方亦均认同芭蕾舞剧《红色娘子军》改编自梁某的电影文学剧本《红色娘子军》。1964年之后,该芭蕾舞团继续公演该剧,后曾因故停演。20世纪90年代初,该剧被复排复演。1993年6月26日,梁某与该芭蕾舞团依据1991年6月实施的

《著作权法》订立了一份协议书，协议书中确认了芭蕾舞剧《红色娘子军》系根据梁某的电影文学剧本《红色娘子军》改编而成，并称"在当年改编创作过程中曾得到梁某同志的应允及帮助"。该协议签订之后，该芭蕾舞团支付了相应报酬，并继续公演上述剧目。梁某主张芭蕾舞团自2003年6月之后仍持续表演芭蕾舞剧《红色娘子军》，该行为侵犯其表演权及改编权。该芭蕾舞团对表演行为予以认可，但主张该表演行为无须经过梁某许可并支付报酬。

法院认为：第一，被告芭蕾舞团在1964年依据原告梁某的电影文学剧本改编《红色娘子军》时，得到了梁某的应允和帮助，在当时特定的政治、法律和社会环境下，原告的应允和帮助应作为作品使用的许可，被告从而获得了《红色娘子军》改编和表演的权利。第二，双方于1993年6月签订的协议是表演改编作品时给付原著作权人报酬的约定。第三，被告2003年6月以后的演出行为不构成侵权。1993年6月双方签订的协议书，目的是解决表演改编作品的付酬问题，性质应为表演者表演改编作品给付原作者的报酬的约定，故原告诉请被告在2003年6月以后，未经其许可继续演出芭蕾舞剧《红色娘子军》，侵犯了其著作权，要求停止侵权、赔礼道歉的主张，缺乏相应的事实及法律依据，本院不予支持。关于赔偿损失，虽然本院不支持原告诉请要求确认被告在2003年6月以后的演出行为未经许可，构成侵权并停止侵权的主张，但是我国《著作权法》，包括1991年6月实施的《著作权法》及2001年10月和2010年2月先后两次修改的《著作权法》均明文规定：不论是表演他人作品还是表演改编已有作品而产生的作品都应向原著作权人支付报酬。虽然本院认定被告改编及演出行为得到了原告的许可，有权继续进行演出，但其依《著作权法》相关规定，向原作品著作权人支付相应报酬的义务，亦应一并予以承担。第四，被告未给原告署名，侵犯了原告的署名权。我国《著作权法》规定表演者使用他人作品的，不得侵犯作者的署名权。根据查明的事实，电影《红色娘子军》文学剧本署名作者为梁某，故原告梁某的署名权应当受到保护，被告某芭蕾舞团在表演根据原告的电影文学剧本改编的芭蕾舞剧《红色娘子军》时应当予以署名。被告在其官方网站上介绍涉案芭蕾舞剧《红色娘子军》时未给原告署名，构成了对原告署名权的侵犯。[①]

[①] 北京知识产权法院（2015）京知民终字第1147号民事判决书。

案例2：在商业性表演中，演出组织者应当对表演者使用他人作品演出是否获得授权的事实履行相关的审查义务

A公司是演唱会的承办单位，系该演唱会的组织者，卢某在该演唱会上演唱涉案《2002年的第一场雪》和《情人》，是该两作品的表演者。A公司未就表演者卢某演出使用的涉案音乐作品取得原作品著作权人的许可并支付报酬，卢某作为表演者在其自身和演出组织者均未经著作权人许可并支付报酬的情况下，在涉案演唱会中演唱涉案音乐作品。

法院认为，A公司作为涉案演唱会的组织者，未就演唱会中卢某使用他人作品演出的行为取得著作权人许可并支付报酬，与卢某共同侵犯了原告涉案音乐作品的表演权。涉案演唱会并非既未向公众收取费用也未向表演者支付报酬的免费表演，A公司作为演出组织者应当对表演者使用他人作品演出是否获得授权履行审查义务，对未获授权的应提醒表演者不得演唱侵害他人著作权的作品或主动联系著作权人寻求许可。A公司虽辩称遭受卢某的欺骗，但并未提供证据证明；同时，其也无证据证明已经履行上述审查或寻求许可的义务，对涉案侵权行为的发生存在主观过错，应对卢某的侵权行为承担连带责任。①

案例3：歌厅未经许可利用机器设备对音乐作品予以公开播放构成机械表演，且具有营利性质，应当向著作权人支付报酬

本案原告为证明其是著作权人，提供了由国家版权局出具的其52首音乐作品的著作权登记证书，并经公证处予以公证。同时，原告陈某委托知点公司向公证处申请证据保全。2019年2月28日，该公证处派出公证员同知点公司的负责人李某及其授权委托人时某一行四人共同到被告西安市某KTV，以普通消费者身份进入该KTV观景222包间，并在包间内的点歌系统上点播了52首涉案歌曲，同时对全过程进行了录像。在庭后经查，经播放公证保全刻录的光盘，对涉案52首歌曲进行比对。现场公证保全并未对涉案被控侵权歌曲进行完整录制，从所保全的歌曲来看，所显示的词、曲、作者与原告主张权利的同名52首涉案歌曲基本一致。

法院认为，原告提供了证明其为著作权人的相关公证证据，在被告未提

---

① 江苏省泰州市中级人民法院（2020）苏12民终1765号民事判决书。

供相反证据的情况下应认定原告为著作权人。音乐作品著作权人享有表演权，能够控制机械表演行为。被告作为提供室内娱乐活动的商家，以营利为目的，通过播放设备在其经营场所内以卡拉OK形式放映涉案52首音乐作品以供消费者点播，且未向原告支付报酬，侵害了原告对涉案音乐作品享有的机械表演权，依法应当承担停止侵权、赔偿损失等民事责任。原告该项诉请，于法有据，本院予以支持。至于赔偿数额，原告未提供证据证明其因侵权所受损失，亦未提供被告因侵权的获利情况。根据法定赔偿原则，综合考虑涉案音乐作品的类型、数量、知名度，综合被告侵权行为的性质、主观过错程度、持续时间、经营模式及本地经济发展水平、消费水平等因素，确定其赔偿经济损失为人民币3000元（含合理开支费用）。①

案例4：即便卡拉OK营运场所的软件未储存歌曲，但提供允许用户导入了第三方歌单点播放映歌曲的平台，也属于卡拉OK提供用于侵权帮助，应承担相应著作权侵权责任

陈某是涉案音乐作品的著作权人，依法享有涉案音乐作品包含表演权在内的著作权。陈某依法向法院提交的公证书表明，某娱乐中心在未经陈某许可的情况下，以营利为目的，在经营场所通过专用点播设备对陈某拥有著作权的歌曲进行公开播放，侵犯了陈某作品的表演权。同时，针对该娱乐中心购买的音像点播设备，陈某主张，其仅购买了设备本身硬件及软件，并不包括设备中的涉案歌曲，也不包含涉案音乐作品的著作权。该娱乐中心主张，其作为普通的KTV经营者，只是点播VOD软件的购买者、使用者，根本不具备控制VOD系统的能力。还需特别强调的是，现在的VOD软件都已经是互联网化，完全不同于十几年前的单机版。现在的KTV在VOD软件本地没有储存歌曲的情况下，用户仍然可以通过网络点播、网络导入第三方歌单等方式点播放映歌曲，而此种点播过程KTV经营者既不知晓也不应承担任何版权责任。

二审法院认为，首先，著作权人的权利包括表演权。表演权，即公开表演作品，以及用各种手段公开播送作品的表演的权利。根据《中华人民共和国著作权法》第三十七条规定，"使用他人作品演出，表演者（演员、演出单

---

① 陕西省西安市中级人民法院（2020）陕01知民初1861号民事判决书。

位）应当取得著作权人许可，并支付报酬。演出组织者组织演出，由该组织者取得著作权人许可，并支付报酬"。音乐作品著作权人享有表演权，能够控制机械表演行为。陈某提供了由国家版权局出具的其94首音乐作品的著作权登记证书，该著作权登记证书经过公证证明陈某享有涉案音乐作品的著作权。该娱乐中心提出部分涉案歌曲经比对作词作曲有其他权利人署名，但不能否定陈某是涉案音乐作品的著作权人。某娱乐中心未经著作权人陈某许可，在其经营的娱乐场所内，以营利为目的，提供涉案音乐作品的点播服务，侵犯了陈某对涉案音乐作品享有的表演权，应承担停止侵害、赔偿损失的民事责任。即便该娱乐中心的VOD软件没有储存歌曲，是用户通过其导入了第三方歌单点播放映涉案歌曲，但这也属于该娱乐中心为点播者提供了专门用于侵权的平台，其仍应当承担本案的侵权责任。[1]

（邵红红 撰写）

---

[1] 河北省高级人民法院（2020）冀知民终173号民事判决书。

第三十九条：表演者的权利

【法条对比】

2010年著作权法	2020年著作权法
第三十八条　表演者对其表演享有下列权利： （一）表明表演者身份； （二）保护表演形象不受歪曲； （三）许可他人从现场直播和公开传送其现场表演，并获得报酬； （四）许可他人录音录像，并获得报酬； （五）许可他人复制、发行录有其表演的录音录像制品，并获得报酬； （六）许可他人通过信息网络向公众传播其表演，并获得报酬。 被许可人以前款第（三）项至第（六）项规定的方式使用作品，还应当取得著作权人许可，并支付报酬。	第三十九条　表演者对其表演享有下列权利： （一）表明表演者身份； （二）保护表演形象不受歪曲； （三）许可他人从现场直播和公开传送其现场表演，并获得报酬； （四）许可他人录音录像，并获得报酬； （五）许可他人复制、发行、<u>出租</u>录有其表演的录音录像制品，并获得报酬； （六）许可他人通过信息网络向公众传播其表演，并获得报酬。 被许可人以前款第三项至第六项规定的方式使用作品，还应当取得著作权人许可，并支付报酬。

【条文主旨】

本条主要规定了表演者的权利。

【修改理由】

本次《著作权法》的修改，就表演者对其表演享有的权利，增加了"许可他人出租录有其表演的录音录像制品，并获得报酬"的权利。

表演者权是邻接权（或者称之为相关权）中的重要制度，体现了对表演者权利的保护。有关表演者权在国际公约中均有规定，《罗马公约》、TRIPs协定、《世界知识产权组织表演和录音制品条约》、《视听表演北京条约》均规定了表演者权。在国际公约中，表演者权制度不断发展与完善，《罗马公约》将表演者权纳入著作权法保护体系；《世界知识产权组织表演和录音制品条约》将表演者的精神权利与财产权利进行结合，扩大了表演者的权利内容；《视听表演北京条约》对声音表演与视听表演提供同等保护，进一步明确了表演者的权利内容。[1]

我国《著作权法》有关表演者权的规定也在不断完善，1990年《著作权法》针对表演者权主要规定了表明身份、保护表演形象不受歪曲、许可他人现场直播、许可他人为营利目的录音录像并获取报酬的权利。2001年《著作权法》修改中，增加了许可他人现场直播和公开传送现场表演并获取报酬的权利，许可他人复制、发行录音录像制品并获得报酬的权利，以及许可他人通过信息网络向公众传播并获取报酬的权利。此次修改主要增加了控制表演传播的内容。这与TRIPs协定以及《世界知识产权组织表演和录音制品条约》相关规定有关。TRIPs协定规定了表演者有权控制以无线方式向公众广播其现场表演、向公众传播其现场表演的权利。[2]《世界知识产权组织表演和录音制品条约》规定了"向公众传播权"。[3] 2001年《著作权法》修改时增加了相关权利内容。2010年《著作权法》修改并未对表演者权相关内容进行调整。此次《著作权法》修改增加了"许可他人出租录有其表演的录音录像制品，并获得报酬"的权利，是基于录音录像制品的特点进行的修改，在录音录像制作者权中同样增加了该内容。

【条文释义】

【价值、功能与立法目的】

邻接权是作品的传播者所享有的权利，邻接权与著作权有相似之处。我

---

[1] 张今：《著作权法（第三版）》，北京大学出版社2020年版，第176—177页。
[2] Agreement on Trade-Related Aspects of Intellectual Property Rights, Article 14.
[3] WIPO Performances and Phonograms Treaty, Article 2.

国《著作权法》规定的邻接权包括出版者权、表演者权、录音录像制作者权、广播组织权。国际公约中规定的邻接权主要是后三者，我国加入出版者权有其历史原因。著作权人创作作品，最终目的在于传播，作品的价值在使用与传播中才能得到最大发挥。我国《著作权法》在立法目的中也指出，"鼓励作品的创作与传播"。邻接权就是对作品传播者权利的保护。

表演者权是邻接权中的重要内容，也是对作品的传播者之一——表演者权利的保护。表演者通过动作、声音或者其组合等方式将作品进行再现，是对作品的再现与传播。表演的种类极其丰富，演唱、演奏、朗诵、舞蹈、戏剧等都是具体表演形式，这些表演将作品以视听方式呈现。将表演进行录音录制，会产生录音录像制品。随着传播技术的发展，视听表演得以实现迅速传播，表演者的权利也容易被侵犯，此时需要对表演者进行保护。表演者不仅仅是作品的传播者，"表演是一项艺术活动，是富有创造性的表现作品"，"表演又被称为再度创作"[1]。对表演者权利进行保护不仅是保护作品的传播，在一定程度上也是保护作品的再创作，促进文化繁荣发展。

【规范内涵】

关于第三十九条第一款第一项、第二项"表演者对其表演享有表明表演者身份、保护表演形象不受歪曲的权利"，这两项权利是表演者的人身权利，可以分别类比著作权人的署名权、保护作品完整权。有关表演者的人身权利在《罗马公约》中并没有规定，《世界知识产权组织表演和录音制品条约》首次对表演者的精神权利进行了明确。[2]在探讨表演者的权利内容时，首先需要对表演者及表演进行确定，即表演者权的主体及客体，而后再具体分析表演者权的具体内容。表演者的界定在《著作权法》第三十八条有所涉及，在此不作赘述，有关该两项适用要点如下。

第一，表明表演者身份。表演是表演者对于作品的个性化表达，不同表演者对同一作品会有不同的演绎方式和呈现效果。表明表演者身份，是表演者的身份权，将表演者与其表演建立联系。表明表演者身份可以有多种方式，如演出节目单中表明身份、录音录像制品中载明表演者姓名等。

---

[1] 张今：《著作权法（第三版）》，北京大学出版社2020年版，第178—179页。
[2] WIPO Performances and Phonograms Treaty, Article 5.

第二，保护表演形象不受歪曲。表演不仅仅是对作品的再现，其中有表演者艺术性"重构"的部分。保护表演者的表演形象不受歪曲，是表演者维护其表演完整性的权利。表演形象是表演者通过形体、动作、声音等予以呈现，对表演形象的歪曲有可能影响表演者的声誉，这需要法律予以防范和救济。

关于第三十九条第一款第三项"表演者对其表演享有许可他人从现场直播和公开传送其现场表演，并获得报酬的权利"，该项规定了表演者对其表演享有现场直播权。主要涉及表演者对其现场表演的权利，其控制表演的传播问题。之所以要控制表演的传播，主要是考虑表演者的利益。早期表演者收入主要依靠演出现场的观众购票，随着传播技术的发展，观众不进入演出现场也可以观看演出，基于此，需要对表演的传播问题进行规制，以更好地保护表演者的利益。

第一，表演者对其表演享有许可他人从现场直播，公开传送其现场表演并获得报酬的权利。TRIPs协定第十四条第一项中规定，"表演者还应有可能阻止下列未经其授权的行为：以无线广播方式播出和向大众传播其现场表演"。这里的现场直播主要指的是通过广播组织向公众播放表演者现场表演的行为。

第二，表演者对其表演享有许可他人公开传送其现场表演的权利。公开传送主要指通过广播以外的手段向公众播放其现场表演，如扩音器、大屏幕等方式。《世界知识产权组织表演和录音制品条约》第二条对"向公众传播"进行了定义，即"向公众传播"表演或录音制品系指通过除广播以外的任何媒体向公众播送表演的声音或以录音制品录制的声音或声音表现物。

关于第三十九条第一款第四项"表演者对其表演享有许可他人录音录像，并获得报酬的权利"，该项主要规定了表演者对其表演享有首次录制权。对表演的固定直接影响表演的传播与使用，将表演者的表演以录音录像形式进行固定，可以保存，也可以再次使用，如复制、发行、出租等。基于此，需要对表演者的首次录制行为进行控制，以维护表演者的权益。TRIPs协定第十四条第一项中规定，"就将其表演固定在录音制品上而言，表演者应有可能防止下列未经其授权的行为：固定其未曾固定的表演和复制该录制品"。

关于第三十九条第一款第五项"表演者对其表演享有许可他人复制、发行、出租录有其表演的录音录像制品，并获得报酬的权利"，该项规定了表演者的复制、发行、出租权,该项权利与表演者的首次录制权密切相关,在对表演者的表演进行固定的前提下,才有复制、发行与出租行为。载有其表演的录音录像制品的传播势必会影响表演者本身的表演和收益,因此需要对相关行为进行控制。录制、复制、发行、出租是相互独立的权利,表演者可以将其分别许可给不同的主体,也可以许可给同一主体。关于该项的适用要点如下。

第一,表演者对于表演享有许可他人复制、发行录有其表演的录音录像制品的权利。对已经固定的表演进行复制、发行是录音录像制作行业的主要盈利方式,表演者有权对录音录像制品的复制、发行进行许可,也可以维护其自身利益。《视听表演北京条约》第七条、第八条较为详细地解释了表演者的复制权和发行权。复制权是指"表演者享有授权以任何方式或形式对其以视听录制品录制的表演直接或间接地进行复制的专有权"。发行权是指"表演者应享有授权通过销售或其他所有权转让形式向公众提供其以视听录制品录制的表演的原件或复制品的专有权"。

第二,表演者对于表演享有许可他人出租录有其表演的录音录像制品的权利。有关表演者的出租权是此次《著作权法》修改新加入的内容。《视听表演北京条约》第九条规定,"表演者应享有授权按缔约各方国内法中的规定将其以视听录制品录制的表演的原件和复制品向公众进行商业性出租的专有权,即使该原件或复制品已由表演者发行或经表演者授权发行"。此次《著作权法》修改加入出租权也是对《视听表演北京条约》的回应。当然,由于现实中录音录像制品的出租市场已经萎缩,新设表演者的出租权对产业发展没有太大影响。

关于第三十九条第一款第六项"表演者对其表演享有许可他人通过信息网络向公众传播其表演,并获得报酬的权利",该项规定了表演者的信息网络传播权,随着互联网技术的发展,通过信息网络向公众传播表演成为一种重要的传播方式,表演者对其表演享有许可他人通过信息网络向公众传播其表演的权利。

上述第三项至第六项规定的权利内容属于表演者的财产权利,主要表现在表演者对其表演有许可他人使用、传播并获取一定报酬的权利。在《著作权法》的历次修改中,随着传播技术的发展,表演者的财产权利内容不断增加,以更好地维护表演者的合法权益。

关于第三十九条第二款"被许可人以前款第三项至第六项规定的方式使用作品，还应当取得著作权人许可，并支付报酬"，被许可人直播、录制、通过信息网络向公众传播表演，复制、发行、出租录有表演的录音录像制品时，还需要取得著作权人的许可并支付报酬。

【以案说法】

案例1：电影演员为完成电影拍摄进行的表演是否享有表演权？

1955年，上海电影制片厂拍摄了黄梅戏电影《天仙配》，严凤英为七仙女唱腔的表演做出了巨大贡献。1999年，安徽某出版社出版了黄梅戏电影《天仙配》VCD光盘，严凤英继承人认为严凤英享有黄梅戏电影《天仙配》中的唱腔设计（曲调和表演动作）著作权以及表演者权，安徽某出版社的行为未经严凤英之著作权法定继承人的许可并支付报酬，构成侵权。本案的焦点有两个，一是严凤英的唱腔设计是否构成作品，二是安徽某出版社的行为是否侵犯了严凤英的表演者权。第一个焦点涉及作品独创性的判断以及独创性举证责任的承担，一审、二审法院均认为无相关证据证明该唱腔设计的戏剧作品构成新的演绎作品。一审法院经审理认为，"电影作品中可以独立使用的作品的作者享有署名权并有权按照与制片者签订的合同获得报酬，除此以外，该作者不能就其作品在电影作品中的使用主张其他财产性权利。表演者权是指表演者依法对其表演所享有的权利。我国《著作权法》规定的表演者权所涉及的表演主要是指现场表演即活表演。黄梅戏电影《天仙配》属于电影作品，严凤英在电影作品《天仙配》中并非固定在舞台上表演，而是场景多变，并运用了大量电影专有的拍摄及演出方法，专为拍摄电影作品而进行表演，电影演员对为完成电影拍摄所进行的表演，除享有获得报酬的权利以外不再享有其他经济权利"。二审法院进一步指出，"安徽某出版社发行黄梅戏电影VCD光盘的行为，是对黄梅戏电影《天仙配》整体作品的使用，而不是脱离黄梅戏电影《天仙配》而单独使用《天仙配》的唱腔设计，所以无论严凤英是否享有《天仙配》唱腔设计著作权，安徽某出版社均未侵犯严凤英继承人所主张的唱腔设计著作权"。[①]

---

① 广东省深圳市南山区人民法院（2006）深南法知初字第10号民事判决书，广东省深圳市中级人民法院（2009）深中法民三终字第86号民事判决书。

案例2：主持人的主持行为是否构成表演，并享有表演者权？作为主持人的表演者如何行使其署名权？

耿某受某公司邀请担任《健康伴你行》栏目主持人进行了四期节目录制，后该节目播出，其中一期节目片头字幕显示"主持人子涵（实习）"，其他各集节目没有上述字幕。耿某起诉，某公司未经其许可，擅自将试镜的样片制作成播出带，侵犯了其表演权、署名权、广播权、保护作品完整权和获得报酬权。一审法院认为，《健康伴你行》节目属于以类似摄制电影的方法创作的作品。原告耿某作为涉案节目的主持人，其作为表演者的相关权利应受法律保护。根据我国法律的相关规定，表演者享有表明其身份的权利。涉案节目播出时，仅在《2002我们一同走过》上集的片头字幕中列明了原告的名字，表明了原告作为表演者的身份，其他各集节目均未表明原告作为表演者的身份，某公司作为节目制作者，侵犯了耿某作为表演者享有的表明身份的权利。二审法院经审理认为，涉案节目是忠实地录制现存的音像，并不具有创作的成分，不构成作品，耿某作为涉案节目的主持人，其作为表演者的相关权利受法律保护，表演者对其表演享有表明表演者身份的权利。表明表演者身份的目的在于使表演者与其表演之间建立联系，使他人知悉实施表演行为的表演者的身份。因此，只要以他人能够得知的适当形式让他人知悉实施表演的表演者为谁即达到了表明表演者身份的要求。在某公司制作的涉案每一集节目开头，耿某对自己身份向听众、观众所作的介绍，是一种表明其主持人身份的形式。耿某的表明表演者身份的权利已得到实现。[1]

（郝明英 撰写）

---

[1] 北京市第二中级人民法院（2003）二中民初字第6279号民事判决书，北京市高级人民法院（2004）高民终字第153号民事判决书。

第四十条：职务表演的权利归属

（法条对比）

2010年著作权法	2020年著作权法
	第四十条　演员为完成本演出单位的演出任务进行的表演为职务表演，演员享有表明身份和保护表演形象不受歪曲的权利，其他权利归属由当事人约定。当事人没有约定或者约定不明确的，职务表演的权利由演出单位享有。 职务表演的权利由演员享有的，演出单位可以在其业务范围内免费使用该表演。

【条文主旨】

本条是关于职务表演权利归属的规定。

【修改理由】

本条为2020年修法新增的条文。2010年《著作权法》虽然规定了职务作品，但却没有对职务表演作出规定。《著作权法实施条例》第五条将表演者定义为"演员、演出单位或者其他表演文学、艺术作品的人"，将演员与演出单位并列为"表演者"带来的问题是，演出单位往往独占表演之利益，忽视了对演员的激励和保障。演出任务虽然由演出单位组织，但实际的表演活动只能由作为自然人的演员完成，演出单位并不能完成实际的表演行为，将演出单位也视为表演者往往导致演员所享有的表明身份和保护表演形象不受歪曲等人身权利被忽视，实际上不当架空了表演演员的合法权益。

在修改过程中，不同版本草案对职务表演的概念、权利归属都进行了规定。2012年7月国家版权局公布的草案征求意见稿第三十五条新增了职务表演的规定："表演者为完成工作任务进行的表演为职务表演，其权利归属由当事人约定。当事人没有约定或者约定不明的，职务表演的权利由表演者享有，但集体性职务表演的权利由演出单位享有，表演者享有署名权。"此后，2014年原国务院法制办公布的草案中第三十六条将职务表演的时间限定于演员的"在职期间"，此外还新增了两款内容，规定职务表演的权利由表演者享有的，演出单位可以在其业务范围内免费使用该表演；职务表演的权利由演出单位享有的，单位应当根据表演的数量和质量对表演者予以奖励。

此草案条款仍存在一定的问题：一是对于约定不明的情况，职务表演的权利由表演者享有不利于表演的传播，因为相较于表演者，演出单位能够更好地实现表演的价值，且演出单位为表演者提供了演出服装、设备等物质条件，在约定不明时将权利归属于表演者将不利于激励演出单位继续提供相关的物质条件。二是对于"集体性职务表演"的概念并没有进一步界定，使得条文在适用时演出单位很容易通过该条而获得相关权利，尤其是对于戏剧、舞台剧等演出通常由集体完成，此时很容易造成对表演者权利的架空，不符合加强表演者激励和保障的立法初衷。三是规定在演出单位享有职务表演的权利时，仍科以演出单位给予表演者奖励的义务，有矫枉过正之嫌。因此，2020年4月的草案第三十八条进行了进一步的调整，当事人没有约定或者约定不明的，职务表演的权利由演出单位享有，删去了给予奖励的条款。此外，立法对于表演者的人身权利保护也存在纠结，将此前规定的"表演者享有署名权"改为"演员享有表明身份的权利"。2020年8月的草案二审稿第四十条中，进一步扩大了演员所享有的人身权利保护范围，规定"演员享有表明身份和保护表演形象不受歪曲的权利"，最终修改通过的2020年《著作权法》第四十条即是保留了草案二审稿的内容。

最终修改通过的2020年《著作权法》第四十条的制度设计与特殊职务作品（《著作权法》第十八条第二款）的规则设计有类似之处。即人身权和财产权二分设置，一般情况下个人仅享有署名权、保护形象等人身权益，而单位享有其他财产权利。就该条款的改进而言，有学者主张，相较于职务作品的制度设计基于"是否主要利用单位物质技术条件创作"等因素划分了一般职务作品和特殊职务作品，并区分了二者不同的权属规则，职务表演并未作出这样的制度设计。对于仅为完成单位任务但并未利用单位物质条件的职务表演，是否有必要赋予表演者更多的权利亦值得考量，推动职务表演与职务作品的权属规则在体系上的协调仍需进一步研究。[①]

【条文释义】

【价值、功能与立法目的】

就该条文立法时的考量，有文章指出，本次修法新增职务表演主要是为将表演者的概念界定与表演者权利的归属两个问题区分开来，以契合《视听表演北京条约》等国际条约的规则。[②]因此，职务表演的规定，既需要与表演者理应限定为自然人的立法例相吻合，又需要切实保障演出单位的经济利益，从而实现双方间的利益平衡，调动表演者表演的积极性和演出单位资金、技术、场地投入的积极性。

事实上，从实践来看职务表演的情形大量存在，法律规范层面的制度缺失使得演员和演出单位之间的权利义务关系并不明确。若将表演的相关权利全部归属于单位，则会严重忽视演员的利益，不利于激励演员高质量地完成单位交付的表演任务。[③]加上相对于演出单位而言，演员处于弱势地位，难以与演出单位进行协商、谈判，因此需要从立法层面强化对演员的保障和激励。首先，需要明确立法中的"表演者"概念，将演出单位从"表演者"的概念中删除；其次，需要明确职务表演的定义；最后，需划定演员和演出单位之间的权利义务范围，实现二者之间的利益平衡。

其中，对于"表演者"概念的厘清而言，若将演员和演出单位都视为"表演者"将带来法律适用上的困惑以及对演员合法权益保护的疏漏，因此

[①] 刘承题：《论著作权法的重要修改与积极影响》，载《电子知识产权》2021年第1期。
[②] 石宏：《〈著作权法〉第三次修改的重要内容及价值考量》，载《知识产权》2021年第2期。
[③] 罗娇、冯晓青：《〈著作权法〉第三次修改中的相关权评析》，载《法学杂志》2014年第10期。

引入职务表演制度的前提是将"演出单位"从"表演者"的概念中删去，这也符合国际条约的规定。根据《罗马公约》，"表演者"的定义为"演员、歌唱家、音乐家、舞蹈家和表演、歌唱、演说、朗诵、演奏或以别的方式表演文学或艺术作品的其他人员"，《世界知识产权组织表演和录音制品条约》与《视听表演北京条约》也都将"表演者"定义为"演员、歌唱家、音乐家、舞蹈家以及对文学或艺术作品或民间文学艺术表达进行表演、歌唱、演说、朗诵、演奏、表现或以其他方式进行表演的其他人员"。因此，"表演者"之概念范畴应限于自然人，而非法人或非法人组织。修改后的《著作权法》第四十条和第三十八条的规定形成呼应，将演出单位从表演者的概念中删除：修改之前的第三十七条规定"表演者（演员、演出单位）应当取得著作权人许可"，修改之后的第三十八条规定"表演者应当取得著作权人许可"，即是说明在职务表演情形下表演者仅限于作为自然人的演员。

【规范内涵】

关于**"演员为完成本演出单位的演出任务进行的表演为职务表演"**，这是关于职务表演概念的规定。职务表演指演出单位的工作人员为了完成本单位的演出任务而进行的表演，主要包括两个要件：一是为完成法人或非法人组织的演出任务。若演员虽然与单位之间具有隶属关系，但是其演出并非为了完成单位演出任务，而是通过自身与其他单位签订演出合同进行表演，此时便不能认为构成职务表演。二是演员与单位之间存在劳动或雇佣关系。一般而言，演员应为演出单位的工作人员，但单位因为演出需要而临时招聘或借调的工作人员也可以视为与单位之间具有临时的隶属关系，此时进行的表演也可以构成职务表演。

关于**"演员享有表明身份和保护表演形象不受歪曲的权利，其他权利归属由当事人约定"**，这是对职务表演中演员和演出单位的权利划分的规定。一般而言，表演者对于其表演享有人身权利和财产权利。在职务表演的情况下，考虑到对演员和演出单位之间的利益平衡，将财产权利的归属交由演员和演出单位进行约定，是对意思自治原则的遵守，演员和演出单位可以根据自身对演出的利用需求进行协商、谈判，最大限度地实现表演的经济利益。但同时表演者权具有很强的人身属性，《世界知识产权组织表演和录音制品条约》（WPPT）第五条规定："表演者人身权利（精神权利）不依赖于表者的经济权利,甚至在这些权利转让之后,表演者仍应对于其现场有声表演或以录音制品录制的表演有权要求承认其系表演的表演者,除非使用表演的方式决定可省略不提其系表演者;并有权反对任何对其表演进行将有损其名声的歪曲、篡改或其他修改。"由此可知,演员对表演的人身权利和经济权利可以分开行使,其中,对于经济权利可以自由约定,但是对于演员的人身权利则不能予以转让,演员仍享受表明表演身份和保护表演形象不受歪曲的权利。

关于"**当事人没有约定或者约定不明确的,职务表演的权利由演出单位享有**",这是对当事人之间没有约定或约定不明时对于著作权权利归属所作出的规定。首先,从条文表述来看,此句所适用之范围仍限于"其他权利",即表演者的财产权利。对于表演者的人身权利,则不可转让,在没有约定或约定不明之时表演者仍享有表明身份和保护表演形象不受歪曲的权利。根据前文分析,演员和演出单位之间可以就职务表演的财产权利归属进行约定,但是在没有约定或约定不明确之时,职务表演的财产权利由演出单位享有。之所以将没有约定或约定不明时的财产权利归属于演出单位而非演员,主要是因为:若只明确约定财产权利归属于单位时单位才可以享有相关的财产权利,则过于强化对演员权利的保护,不利于实现对演出单位的激励、推动表演的传播和利用。一方面,对于演出单位来说,其对于演出任务进行了巨大的经济性投入,需要从表演的传播中获得相应的经济收益来维持其继续投资表演的经济激励。另一方面,对于表演的传播和利用来说,演出单位具有雄厚的人力和财力进行表演的宣传与传播,其相对于演员个人而言能更好地实现对表演的传播,使社会公众有更多机会和途径接近优质表演。

关于"**职务表演的权利由演员享有的,演出单位可以在其业务范围内免费使用该表演**",这是对职务表演权利归属于演员时演出单位免费使用表演的规定。职务表演的财产权利可以由演员和演出单位之间进行约定,在约定职务表演的权利由演员享有之后,下一步需要解决的问题是如何对演出单位的利益进行合理保障,以实现演员和演出单位之间的利益平衡。若规定职务表演的权利完全交由演员行使,而不对演出单位做出任何利益保障,则会使演出单位难以从演出的使用中获得收益,长此以往将挫伤其投资演出的积极性。

而演员的表演往往离不开演出单位所提供的物质条件和保障，因此合理的做法是由演出单位在其业务范围内免费使用该表演。但是，对于"业务范围内"的内涵，还需要通过后续出台的实施细则和司法解释予以明确化，以清晰地界定演出单位可免费使用的空间。对此，有学者提出建议，可将演出单位可免费使用的"业务范围内"解读为"允许演出单位对现场表演或已录制的表演向他人发放非专有使用许可"。①

【以案说法】

案例1：职务表演者依单位组织要求在现场假唱，由该单位承担相关著作权侵权责任

某县人民政府等单位承办的乡村文化旅游节开幕式在该地举行。开幕式中关于文艺表演的相关事宜均由文化馆具体组织、策划和实施。在开幕式上，周某受文化馆的邀请和安排，参与了此次开幕式的文艺表演，并演唱了歌曲《江口水乡》，屏幕注明的演唱者是周某本人，但在表演过程中，播放的是芦某演唱的歌曲小样，周某在舞台上进行表演。2014年4月底，芦某向四川省旅游局反映周某假唱侵权之事，要求予以赔偿。文化馆得知后，组织人员对芦某反映的歌曲被假唱的事件进行协调处理。芦某认为，文化馆、县人民政府、周某存在侵权行为，请求其停止侵害，在侵权范围内消除影响，恢复名誉，公开赔礼道歉，并支付使用费和赔偿经济损失。

一审法院认为，芦某是《江口水乡》歌曲小样的演唱者，享有表演者权。文化馆在制作MTV，向相关网站提供歌曲视频，具体组织旅游节开幕式文艺演出活动中，使用了芦某演唱的《江口水乡》歌曲小样，而未表明芦某就是该歌曲的演唱者，侵犯了其作为表演者应当享有的表明表演者身份的权利，以及许可他人通过信息网络向公众传播其表演，并获得报酬的权利。周某在拍摄《江口水乡》MTV时系文化馆的职工，履行的是职务行为，拍摄后MTV的制作、演唱者的署名以及向县人民政府网站提供视频等均是文化馆的行为，故周某实施的行为后果，应当由文化馆承担。二审法院驳回上诉，维

---

① 王迁：《〈著作权法〉修改：关键条款的解读与分析（下）》，载《知识产权》2021年第2期。

持原判。①

案例2：组织演出者应区别于组织职务表演的单位，未经原创作品著作权人许可演出其作品，组织演出者和演出者应共同承担著作权侵权责任

罗某曾向国家版权局申请办理了关于涉案音乐作品的作品登记证书，该证书载明，创作完成时间：2002年12月31日，首次发表时间：2004年1月6日，著作权人：罗某。2019年，卢某在参加组织演出者A公司举办的群星演唱会时，演唱了涉案音乐作品。A公司是该场群星演唱会的承办单位，系该演唱会的组织者。罗某主张卢某与A公司未经许可使用涉案作品构成共同侵权，应承担连带赔偿责任。

法院认为，首先，卢某未经许可演唱案涉歌曲的行为侵犯了罗某对该作品的表演权。从卢某与A公司法定代表人的微信聊天记录可以看出，卢某在涉案演唱会上表演的上述歌曲系其与A公司共同选定，并非简单接受指定或安排，且双方均明知上述作品的作者系罗某。根据《中华人民共和国著作权法》第三十七条第一款"使用他人作品演出，表演者（演员、演出单位）应当取得著作权人许可，并支付报酬"的规定，卢某在未经案涉作品著作权人许可的情况下，演唱上述作品，侵犯了罗某对涉案音乐作品享有的表演权。其次，A公司作为涉案演唱会的组织者，未就演唱会中卢某使用他人作品演出的行为取得著作权人许可并支付报酬，与卢某共同侵犯了罗某对涉案音乐作品的表演权。涉案演唱会并非既未向公众收取费用也未向表演者支付报酬的免费表演，A公司作为演出组织者应当对表演者使用他人作品演出是否获得授权履行审查义务，对未获授权的应提醒表演者不得演唱侵害他人著作权的作品或主动联系著作权人寻求许可。A公司虽辩称遭受卢某的欺骗，但并未提供证据证明；同时，其也无证据证明已经履行上述审查或寻求许可的义务，对涉案侵权行为的发生存在主观过错，应对卢某的侵权行为承担连带责任。关于卢某所持其在有组织者组织的演出中进行表演，无须自行获得著作权人许可并支付报酬的上诉理由，本院认为，我国《著作权法》明确规定表演者使用他人作品进行表演，应当取得著作权人的许可并支付报酬；在有组织者组织的演出中，为了避免表演者个体分别寻求许可带来的不经济和便利

---

① 四川省高级人民法院（2016）川民终900号民事判决书。

著作权人主张权利，法律规定由演出组织者寻求许可并支付报酬，但该项规定并未免除表演者对自身演出作品是否获得授权的注意义务。①

案例3：单位组织职务表演、录制作品前应取得原创作品著作权人的许可

丁某等人创作并演唱了包括《十把穿金扇》在内的二十多部曲艺作品，在苏、鲁、豫、皖接壤地区颇有影响，上述曲艺作品已经相关版权部门颁证确认。淮海某公司在丁某等人演唱的曲艺作品《十把穿金扇》的基础上，聘请专门的戏曲演员和导演，配合丁某和王某的演唱进行扮相和表演，并辅之以专业的灯光、服饰、道具、摄像等设备，对戏曲演员难以表演的部分则直接拍摄丁某和王某的现场说唱。某电视台未经其许可，自2007年起长期播放电视琴书《十把穿金扇》进行商业广告。后淮海某公司与其交涉未果，故诉至法院。本案争议焦点之一在于淮海某公司是否依法对电视琴书《十把穿金扇》享有著作权。

法院认为，就电视琴书《十把穿金扇》而言，由于该电视琴书是淮海某公司在使用琴书《十把穿金扇》作品的基础上摄制完成，依照我国《著作权法》的规定，应当取得琴书作品著作权人的许可。本案判断淮海某公司是否享有合法著作权的关键在于认定淮海某公司拍摄电视琴书是否取得琴书作品著作权人丁某和王某的许可。②

（邵红红 撰写）

---

① 江苏省泰州市中级人民法院（2020）苏12民终1765号民事判决书。
② 江苏省高级人民法院（2009）苏民三终字第0250号民事判决书。

第四十一条：表演者权利的保护期限

【法条对比】

2010年著作权法	2020年著作权法
第三十九条 本法第三十八条第一款第（一）项、第（二）项规定的权利的保护期不受限制。 本法第三十八条第一款第（三）项至第（六）项规定的权利的保护期为五十年，截止于该表演发生后第五十年的12月31日。	第四十一条 本法第三十九条第一款第一项、第二项规定的权利的保护期不受限制。 本法第三十九条第一款第三项至第六项规定的权利的保护期为五十年，截止于该表演发生后第五十年的12月31日。

【条文主旨】

本条是关于表演者权利的保护期的规定。

【修改理由】

本条仅调整法条序号，内容未修改。

【条文释义】

【价值、功能与立法目的】

表演起源于仪式，与古代的战争和祭祀密不可分。[①]在文化领域中，表演可以被认为是向社会公众展示情感、情绪等方面的行为，使人可以不借助任何设备，实现与他人的交流，从而达到娱乐或者仪式的目的。两大法系均将

---

① 马利：《表演者制度研究》，中国人民大学2013年博士学位论文。

表演活动纳入保护范围，主要是基于表演是作品的传播、利用方式之一。著作权法的逻辑起点是作品，根本目标在于促进作品的创作与传播。表演者通过表演作品，将小说、剧本、诗歌、戏剧活灵活现地展示在公众面前，有效地传播作者在作品中的思想、情感等丰富的内容，推动了文学艺术的传播和发展。表演者成为公众熟悉、喜欢作品的第一媒介，作者或者著作权人反倒隐身"幕后"，表演者之所以进入著作权法领域，主要是基于其对作品进行的"艺术再现"。《罗马公约》第三条规定，表演者是指演员、歌唱家、音乐家、舞蹈家和表演、歌唱、传达、朗诵、演奏或以其他方式表演文学或艺术作品的其他人员。《视听表演北京条约》对表演者也有类似规定。表演者权利是指表演者在表演作品、传播作品的过程中所享有的权利，传播和表演的作品不限于文学、戏剧、音乐等作品，它是邻接权中的一项重要权利。如著作权利保护期限一样，对于邻接权不能给予无限期的保护，否则将不利于作品的传播和维护社会公众利益。知识产权制度的立法宗旨不仅限于保护知识产权人的私权，而且承载着在保护私权基础上更好地促进知识创造以及创新性成果有效传播和利用的目标，从而更好地促进经济社会发展和创新能力提升。[1]因此，本条款对表演者权利的保护期限作出规定，对维护公共利益具有重要意义。

【规范内涵】

关于第四十一条第一项"本法第三十九条第一款第一项、第二项规定的权利的保护期不受限制"。本条款规定的是表演者人身权永久性受到保护，这与著作人身权中的署名权、修改权、保护作品完整权相同，保护期限都不受到限制，这种权利与表演者人身密切相关，不可分离、不可继承、不可转让，也不能被剥夺。表演者人身权包括表明表演者身份、保护表演形象不受歪曲的权利。第一，表明表演者身份的权利。和作者署名权一样，表明表演者身份的权利是表演者权利的基础，表演者有权要求在其现场表演及载有其表演的影片、唱片等音像制品上公开自己的姓名，署表演者的真实姓名、艺名表明其身份。只有表明表演者身份，才可提升表演者知名度、提高表演者在公众心中的形象。通过行使这一权利，表演者能够获得一定的人格利益和价值。当然，表演者也可以要求不署自己的名字。第二，保护表演形象不受歪曲的

---

[1] 冯晓青：《知识产权的私权属性及其制度完善》，载《甘肃政法大学学报》2020年第5期。

权利,这是表演者维护其表演完整性的权利。表演形象是表演者通过表演而在观众或者听众中所展示的艺术魅力。保护表演者形象不受歪曲的权利,实际上是一种禁止权,禁止他人对现场演出时表现出来的表演形象进行歪曲、篡改等有损于艺术表演欣赏价值和表演者人格、名誉的权利的行为。这一权利可以拆分为两项具体权能,一是保护表演完整权,二是禁止歪曲、丑化表演形象权。需要注意的是对演员演技的攻击、诬陷或者是歪曲使用表演者在日常生活中的肖像与歪曲、丑化表演形象之间的区别。前者是侵犯公民的名誉权、肖像权的行为,只有歪曲在特定表演中创造的表演形象才构成对表演形象的歪曲。

关于第四十一条第二项"本法第三十九条第一款第三项至第六项规定的权利的保护期为五十年,截止于该表演发生后第五十年的12月31日"。主要指《著作权法》第三十九条第一款规定的第三项至第六项权利。即许可他人从现场直播和公开传送其现场表演,并获得报酬的权利;许可他人录音录像,并获得报酬的权利;许可他人复制、发行、出租录有其表演的录音录像制品,并获得报酬的权利;以及许可他人通过信息网络向公众传播其表演,并获得报酬的权利。[1]关于表演者财产权的规定,表演者财产权利的保护期限为五十年,截止于该表演发生后第五十年的12月31日。

【以案说法】

案例1:未经授权将他人演唱的歌曲小样制作成MTV,并在公开的文艺表演上播放,还将歌曲演唱者署名错误,侵犯了演唱者的表明表演者身份权[2]

2012年6月,文化馆邀请聂某等人到平昌采风创作歌唱平昌的歌曲。同年10月,聂某将歌词、曲谱、音乐伴奏及芦某演唱的歌曲小样通过网络传给了文化馆。之后,文化馆根据聂某提供的歌曲小样组织制作了MTV,并将该歌曲的演唱者署名为周某。文化馆将该MTV提供给该县政府网、文化网、旅游网、县电视台进行播放。2014年4月25日,由人民政府等单位承办的旅游节开幕式在平昌举行。开幕式中关于文艺表演的相关事宜均由文化馆具体

---

[1] 《著作权法》(2020年修正)第三十九条。
[2] 四川省高级人民法院(2016)川民终900号民事判决书。

组织、策划和实施。在开幕式上，周某受文化馆的邀请和安排，参与了此次开幕式的文艺表演，并演唱了歌曲《江口水乡》，屏幕注明的演唱者是周某，但在表演过程中，播放的是芦某演唱的歌曲小样，周某在舞台上进行表演。2014年4月底，芦某向省旅游局反映周某假唱侵权之事，要求予以赔偿。文化馆得知后，组织人员对芦某反映的歌曲《江口水乡》被假唱的事件进行协调处理。2014年5月13日，芦某与文化馆达成调解协议，芦某领取了15万元赔偿费用。后芦某诉至法院。法院裁判认为：芦某是《江口水乡》歌曲小样的演唱者，享有表演者权。文化馆在制作MTV、向相关网站提供歌曲视频、具体组织旅游节开幕式文艺演出活动中，使用了芦某演唱的《江口水乡》歌曲小样，而未表明芦某就是该歌曲的演唱者，侵犯了芦某作为表演者应当享有的表明表演者身份的权利，以及许可他人通过信息网络向公众传播其表演，并获得报酬的权利。

案例2：使用已逝者的表演应征得其继承人许可并支付报酬[①]

刘某1等四原告诉称：我们的母亲马某是中国著名的西河大鼓表演艺术家，曾于20世纪50年代录制了西河大鼓唱段《懒汉和鸡蛋》。2005年1月，我们发现40集电视连续剧《宰相刘罗锅》VCD中，未经我们继承人的许可使用了马某演唱的上述西河大鼓唱段，且没有指明马某的表演者身份。同时，由于该唱段被用于第27集和第28集中表现妓院场景的特征音乐，因此严重地歪曲了马某的表演者形象。现原告作为马某的继承人起诉要求四被告停止侵权，公开赔礼道歉，连带赔偿经济损失及合理费用共计人民币10万元。

被告1辩称：40集电视连续剧《宰相刘罗锅》1994年就已经在电视台播出，刘某等四原告现在主张权利已经超出了法定诉讼时效期间。马某演唱的西河大鼓唱段应属于民族作品，我们即使使用也没有歪曲马某的表演者形象，没有给刘某等四原告造成物质和精神损害。而且，我社不能确认涉案VCD中使用的西河大鼓是否为马某所演唱。不同意刘某等四原告的诉讼请求。

被告2辩称：现有证据不能证明涉案VCD《宰相刘罗锅》中的唱段为马某所演唱。刘某等四原告不能证明马某是《懒汉和鸡蛋》的权利人，其表演者形象被严重歪曲，也不能证明其据以主张权利的《懒汉和鸡蛋》仍在权利

[①] 北京市朝阳区人民法院（2007）朝民初字第01138号民事判决书。

保护期内。因此，我社不同意刘某等四原告的诉讼请求。

经审理查明，1955年11月4日，中央人民广播电台录制了马某演唱的西河大鼓唱段《懒汉和鸡蛋》，全长6分20秒，共67句唱词。1987年12月，马某去世，其配偶已先于马某去世。刘某等四原告及刘某2均系马某的子女，刘某3系马某丈夫与前妻所生之子。法院认定，表演者对其表演享有的表演人身权保护期不受限制，表演财产权的保护期为50年，截止于该表演发生后第50年的12月31日。电视连续剧《宰相刘罗锅》的摄制时间为1994年，距离马某录制该唱段的时间1955年11月4日，尚未超过50年。因此，电视连续剧《宰相刘罗锅》摄制时，刘某等四原告据以主张权利的西河大鼓《懒汉和鸡蛋》仍在著作权保护期限内。该剧的摄制方如使用该唱段，不得侵犯权利人对该唱段享有的表演者权。根据我国著作权法律法规的规定，表演者死亡的，其表演者财产权由继承人继承。虽然在被告1和被告2摄制电视连续剧《宰相刘罗锅》时马某已经去世，但其应当依法征得马某继承人的许可，并向马某的继承人支付报酬。现被告1和被告2使用涉案马某的表演未征得马某继承人的许可，也未支付报酬，故应承担赔偿经济损失的责任。

（江刘容　撰写）

第四十二条：录音录像制作者的义务

【法条对比】

2010年著作权法	2020年著作权法
第四十条　录音录像制作者使用他人作品制作录音录像制品，应当取得著作权人许可，并支付报酬。 **录音录像制作者使用改编、翻译、注释、整理已有作品而产生的作品，应当取得改编、翻译、注释、整理作品的著作权人和原作品著作权人许可，并支付报酬。** 录音制作者使用他人已经合法录制为录音制品的音乐作品制作录音制品，可以不经著作权人许可，但应当按照规定支付报酬；著作权人声明不许使用的不得使用。	第四十二条　录音录像制作者使用他人作品制作录音录像制品，应当取得著作权人许可，并支付报酬。 录音制作者使用他人已经合法录制为录音制品的音乐作品制作录音制品，可以不经著作权人许可，但应当按照规定支付报酬；著作权人声明不许使用的不得使用。

【条文主旨】

本条规定了录音录像制作者的义务。

【修改理由】

2010年《著作权法》第四十条第一款规定，录音录像制作者使用他人作品制作录音录像制品，应当取得著作权人许可，并支付报酬。第二款规定，录音录像制作者使用改编、翻译、注释、整理已有作品而产生的作品，应当取得改编、翻译、注释、整理作品的著作权人和原作品著作权人许可，并支付报酬。第三款规定，录音制作者使用他人已经合法录制为录音制品的音乐作品制作录音制品，可以不经著作权人许可，但应当按照规定支付报酬；著作权人声明不许使用的不得使用。本次《著作权法》修改，将2010年《著作权法》第四十条的条文序号变更为第四十二条，并删除2010年《著作权法》第四十条第二款的规定。

其中，被删除的2010年《著作权法》第四十条第二款，是关于录音录像制作者使用演绎作品的双重授权原则的规定，即使用演绎作品的，应获得演绎作品著作权人和原作品著作权人的许可。事实上，对演绎作品的使用需要获得演绎作品权利人以及原作品权利人的双重授权，在理论与实践中均已得到普遍认可。除了本款录音录像制作者使用演绎作品的规定外，2010年《著作权法》第三十五条关于出版者出版演绎作品、第三十七条关于表演者对演绎作品进行表演的规定，均体现了使用演绎作品的双重授权原则，但这样分散式的立法模式不免过于零散，稍显欠缺体系性，也会带来除法条列举情况之外，其他使用演绎作品的情形是否需要双重授权的疑问。为了使立法更加简洁、更加体系化，2020年《著作权法》通过新增一条作为第十六条的方式，将使用演绎作品需要双重授权的原则进行统一规定，同时删除了分散于第四章邻接权的各条关于使用演绎作品的双重授权原则的规定。

【条文释义】

【价值、功能与立法目的】

2020年《著作权法》第四十二条第一款是关于录音录像制作者使用他人作品制作录音录像制品时著作权人许可事宜的规定。录音录像制作者使用他人作品制作录音录像制品，相当于在保持原有作品基本表达的基础上，增加了录音录像制作者新的表达从而形成了录音录像制品，只是所增加的新的表达尚不能达到作品所要求的独创性，因此对录音录像制作者的成果以制品的形式赋以其邻接权。但是，由于原作品的著作权人享有复制权、改编权等著作权，以他人的作品制作录音录像制品的，应当获得原作品著作权人的许可，否则会构成对原作品著作权的侵权。

2020年《著作权法》第四十二条第二款是关于制作录音制品法定许可

的规定。在国际上，该项法定许可最初的立法目的在于防止大型唱片公司通过大量购买音乐版权或大量获取音乐专有许可的方式，垄断唱片录制市场，并借助市场垄断地位提升唱片售价。通过这项法定许可，只要音乐作品被合法录制为唱片并发行，其他唱片公司在依法支付报酬的前提下，便可将相关的音乐作品录制在其唱片上并销售，而不需要获得音乐著作权人的许可，这使得针对同一音乐作品，会出现不同唱片公司制作的不同唱片，垄断问题因此得以消解。在我国，该项法定许可的立法最初是为了对我国加入的著作权法国际条约《伯尔尼公约》中"权利限制"的相关条款进行回应，其主要目的在于促进我国新闻、媒体行业的发展，以及促进国家文化宣传。

【规范内涵】

关于2020年《著作权法》第四十条二第一款，**录音录像制作者使用他人作品制作录音录像制品，应当取得著作权人许可，并支付报酬**。根据现行《著作权法实施条例》第五条的规定，所谓录音录像制作者，是指录音录像制品的首次制作人。所谓录音制品，是指任何对表演的声音和其他声音的录制品。所谓录像制品，是指电影作品和以类似摄制电影的方法创作的作品以外的任何有伴音或者无伴音的连续相关形象、图像的录制品。换言之，现行《著作权法实施条例》将任何有伴音或者无伴音的连续相关形象、图像分为两类，独创性达到作品要求的，作为视听作品予以著作权法保护；未达到作品要求的，属于本条所称的录像制品，作为制品予以邻接权保护。本款规定理解与适用的要点有二：其一，录音录像制作者使用他人作品制作录音录像制品，应当取得著作权人许可，否则会构成对原作品的著作权人享有复制权、改编权等著作权的侵权。从文义上看，本条仅规定录音录像制作者使用他人作品制作录音录像制品应当取得著作权人许可，那么录音录像制作者使用他人作品制作录音录像制品后，要进行发行、信息网络传播等使用行为的，是否应当取得著作权人许可？答案是肯定的，否则会对原作品的发行权、信息网络传播权等著作权构成侵权。其二，录音录像制作者使用他人作品制作录音录像制品的报酬支付方式、标准，由录音录像制作者与相关作品著作权人协商确定。从文义上看，本条仅规定录音录像制作者使用他人作品制作录音录像制品应当支付报酬，那么录音录像制作者获得了许可但不支付报酬是否可以？答案也是肯定的，此时应当尊重录音录像制作者与相关作品著作权人意思自治，支付报酬并非强制性规定。

关于2020年《著作权法》第四十二条第二款，录音制作者使用他人已经合法录制为录音制品的音乐作品制作录音制品，可以不经著作权人许可，但应当按照规定支付报酬；著作权人声明不许使用的不得使用。其一，本款仅适用于已经合法录制为录音制品的音乐作品，如果相关音乐作品仅仅在信息网络中传播，未作为录音制品发行，则不得适用该款规定。其二，本款是针对以录音制品的形式出版的音乐作品的法定许可，并不涉及对该音乐作品上的录制者或表演者的法定许可，因此该款仅适用于已经合法录制为录音制品的音乐作品，不得依据该款直接"翻录"他人的录音制品，否则构成对相应录音制品录制者权的侵权。同时，也不得直接"翻录"由他人表演的音乐作品，否则将构成对他人表演者权的侵权。其三，从文义上看，本款法定许可仅涉及录音制作者的"制作"行为，录音制作者是否可依据该款规定进行"制作"之外的其他行为，例如是否可以发行依据该法定许可制作的录音制品？我国法院多个判决认为，此处应当进行扩大解释，允许在符合法定条件的情况下依据该项法定许可制作并发行录音制品，否则，只允许制作而不允许发行，则制作将失去经济意义。[①]其四，本款规定了该项法定许可的例外情况，即著作权人声明不许使用的，不得使用。著作权人声明不得对其作品制作录音制品的，应当在该作品合法录制为录音制品时声明。其五，依据本项法定许可使用他人已经合法录制为录音制品的音乐作品制作录音制品，应当支付报酬。付酬时限为自使用该作品之日起2个月内；付酬标准，由国务院著作权行政管理部门会同国务院价格主管部门制定、公布。我国有关部门制定的《使用文字作品支付报酬办法》《广播电台电视台播放录音制品支付报酬暂行办法（2011修订）》《教科书法定许可使用作品支付报酬办法》《录音法定许可付酬标准暂行规定》等，规定了不同情形之下的付酬标准。

---

① 最高人民法院（2008）民提字第51号民事判决书。

【以案说法】

案例1：制作录音制品的法定许可是否可类推适用于录像制品的伴奏？

2010年，国家体育总局委托北京体育大学创编了第九套广播体操，著作权属于国家体育总局。2011年完成后，国家体育总局将第九套广播体操系列产品复制、出版、发行和网络信息传播权独家授予了某体育报业总社；后者经国家体育总局审定批准出版了《第九套广播体操图解、手册、DVD、CD》。被告某音像出版社另请示范讲解员李某和若干名儿童与其一同演示了第九套广播体操的动作，并录制为《第九套广播体操》DVD进行出版，被诉侵权。本案的焦点问题之一是，被告使用《第九套广播体操》的伴奏音乐是否符合《著作权法》关于法定许可的规定，不需要征得原告的同意，仅需支付报酬？

法院经审理认为，《著作权法》规定的制作录音制品的法定许可，仅适用于他人已经合法录制为录音制品的音乐作品，而被控侵权DVD是录像制品，并不适用该法定许可。依据该法定许可，只能是使用相关的音乐作品（即乐曲），使用人不能将他人已经录制好的录音制品直接复制到自己的录制品上，而只能另请表演者重新演奏音乐作品并重新制作相应的录音制品。本案中，被控侵权DVD中直接复制录像制品中的伴奏音乐不符合前述法定许可的规定，构成对音乐作品著作权和伴奏音乐录音制作者权的侵犯。[1]

案例2：制作录音制品不仅应取得表演者的许可，还应取得著作权人的许可

菲利普创作了歌曲《2008年，永远的骄傲》。阿曼是菲利普的学生，菲利普同意阿曼在法国电视台M6频道的《66分钟》节目中对该歌曲的一小段进行演唱，但菲利普从未授权阿曼在其他节目或场合表演该歌曲，并通过与阿曼法定代理人东方熠的电子邮件、手机短信明确拒绝阿曼使用该歌曲。同时，菲利普也曾明确告知某电视台《大风车》栏目组并未授权阿曼演唱该歌曲。但阿曼、某电视台在《大风车》节目中使用了该歌曲，并署名"词曲：付游 Alex Fouquet（加拿大）"。菲利普将阿曼、某电视台诉至法院。某电视台认为，其经阿曼许可将阿曼的表演制作成录音录像制品，因此有权自行或许可他人

---

[1] 北京市西城区人民法院（2012）西民初字第14070号民事判决书。

通过电视台播放该录音录像制品,无须另行取得任何第三方的许可。法院经审理认为,根据《中华人民共和国著作权法》第四十条的规定,录音录像制作者使用他人作品制作录音录像制品,应当取得著作权人许可,并支付报酬。某电视台录制阿曼的涉案演唱,不仅应取得表演者阿曼的许可,还应取得涉案歌曲词曲著作权人的许可。某电视台不能证明使用涉案歌曲征得了菲利普的许可,构成侵权。[1]

(罗娇 撰写)

---

[1] 北京市高级人民法院(2011)高民终字第2888号民事判决书。

第四十三条：录音录像合同

【法条对比】

2010年著作权法	2020年著作权法
第四十一条　录音录像制作者制作录音录像制品，应当同表演者订立合同，并支付报酬。	第四十三条　录音录像制作者制作录音录像制品，应当同表演者订立合同，并支付报酬。

【条文主旨】

本条规定了录音录像制作者的义务。

【修改理由】

本次《著作权法》修改并未修改条文内容，仅将条文序号由2010年《著作权法》第四十一条变更为2020年《著作权法》第四十三条。

【条文释义】

【价值、功能与立法目的】

以录音录像的形式呈现音乐、戏剧、曲艺、舞蹈、杂技艺术等类型的作品时，需要通过表演者的表演，这类作品才得以生动、形象地向人们呈现，录音录像也因此需要依赖表演者的表演，才得以制作完成。根据2020年《著作权法》第三十九条第四项、第五项的规定，表演者享有许可他人录音录像并获得报酬的权利，以及许可他人复制、发行录有其表演的录音录像制品，并获得报酬的权利。因此，录音录像制作者制作录音录像制品，应当同表演者订立合同，并支付报酬，否则将构成对表演者权的侵犯。

【规范内涵】

根据本条规定，录音录像制作者制作录音录像制品，应当同表演者订立合同，并支付报酬。根据《音像制品制作管理规定》第二条的规定，所谓音像制品制作，是指通过录音、录像等技术手段，将声音、图像、文字等内容整理加工成音像制品节目源的活动。制作录音录像制品应当同表演者订立合同，此处订立的合同是表演者对录音录像制作者有关其表演者权授权的合同，具体包括以下内容：一是表演者授权录音录像制作者使用的权利种类，例如许可将其表演制作录音录像制品、许可复制发行录有其表演的录音录像制品等权利。二是许可使用的性质，例如表演者是授予录音录像制作者专有使用权还是非专有使用权。三是许可使用的地域范围、期间，例如制作、发行的周期是多长；制作发行的范围是世界范围内，还是在中国范围内，抑或仅可以在某省、自治区、直辖市发行等。四是支付报酬的标准和方式，例如是按发行的录音录像制品的数量计算报酬，还是按照一次性版税支付报酬等。五是违约责任，包括承担责任的方式和违约金、损害赔偿金的计算标准等。六是争议解决方式、管辖与准据法等，例如约定发生纠纷是通过仲裁机构仲裁还是向人民法院提起诉讼解决，由哪个国家或地区的法院管辖，适用哪个国家或地区的法律等。

实践中，适用本条规定时还需注意两个问题。一是录音录像制作者制作录音录像制品时，制作者应当逐一核实是否获得相关主体的合法授权。根据《最高人民法院关于审理著作权民事纠纷案件适用法律若干问题的解释》第十九条的规定，"出版者、制作者应当对其出版、制作有合法授权承担举证责任，发行者、出租者应当对其发行或者出租的复制品有合法来源承担举证责任。举证不能的，依据著作权法第四十七条、第四十八条[1]的相应规定承担法律责任"。因此，录音录像制作者制作录音录像制品时，制作者负有核实其是否获得合法授权的义务。除了表演者外，当录音录像制作者所制作的录音录像制品中涉及音乐、剧本、表演等多个权利时，制作者需审慎核实是否逐一取得了相关主体的合法授权。二是录音录像制作者应当按照相关行政管理部门的规章制度，进行录音录像制品的制作。例如《音像制品管理条例》第

---

[1] 即现行《著作权法》第五十二条、第五十三条。

十九条第一款、第二款规定:"音像出版单位不得委托未取得《音像制品制作许可证》的单位制作音像制品。音像制作单位接受委托制作音像制品的,应当按照国家有关规定,与委托的出版单位订立制作委托合同;验证委托的出版单位的《音像制品出版许可证》或者本版出版物的证明及由委托的出版单位盖章的音像制品制作委托书。"

【以案说法】

案例1:音像复制单位对其受委托复制音像制品的合法来源负有注意义务

唱金公司自2000年起分别从河北省河北梆子剧院、衡水市河北梆子剧团、石家庄市河北梆子剧团、保定市河北梆子剧团处获得授权,独家出版、发行《蝴蝶杯》(上、下部)、《陈三两》、《三打陶三春》、《双错遗恨》、《打金砖》、《春草闯堂》、《清风亭》和《血染双梅》等八个河北梆子演出剧目的音像制品。2004年末,唱金公司发现由文联音像出版社出版、天宝光碟公司复制、天宝文化公司发行及音像人公司销售的上述音像制品,侵犯了唱金公司的合法权益,遂诉至法院。其中,天宝光碟公司认为,其接受文联音像出版社的委托复制涉案光盘,尽到了《音像制品管理条例》第二十三条规定的义务,验证了全部手续,主观上不存在过错,不应承担任何法律责任。法院经审理认为,《音像制品管理条例》第二十三条规定,音像复制单位接受委托复制音像制品的,应当按照国家有关规定,验证音像制品复制委托书及著作权人的授权书。音像复制单位未能充分履行该验证义务,复制了侵犯他人合法权利的音像制品的,应当与侵权音像制品的制作者、出版者等承担共同侵权责任。天宝光碟公司仅验证了涉案剧目主要演员的授权,未满足上述条例规定的注意义务,应与文联音像出版社、承担共同侵权责任。[1]

案例2:录音录像制作者未经许可复制表演者的表演,侵犯表演者权

容某为《神奇的九寨》等涉案歌曲的表演者。上述歌曲分别收录于深圳音像公司、成都音像出版社、中国唱片成都公司出版的《雄鹰在飞翔》《高原红》《藏乡情》VCD光盘,所附曲目表的相关歌曲印制有容某的名字。佳和公司未经容某许可,擅自复制录有其演唱的歌曲和所著词曲的涉案光盘,被

---

[1] 最高人民法院(2008)民三终字第5号民事判决书。

诉侵权。佳和公司在案件上诉过程中认为，容某为涉案歌曲录制所作的演出已取得了报酬，就已通过收取报酬实现了其权利，此时其权利已用尽，佳和公司并不构成对容某表演者权的侵犯。法院经审理认为，《中华人民共和国著作权法》有关"录音录像制作者制作录音录像制品，应当同表演者订立合同，并支付报酬"的规定，是针对录音录像制作者对表演者的义务的规定，佳和公司作为涉案侵权光盘的复制者，其与容某之间形成的是表演者与复制录音录像制品的复制者之间的法律关系，并非表演者与录音录像制作者之间的权利义务关系，佳和公司的理由不能成立。[1]

（罗娇 撰写）

---

[1] 四川省高级人民法院（2006）川民终字第404号民事判决书。

第四十四条：录音录像制作者的权利

（法条对比）

2010年著作权法	2020年著作权法
第四十二条 录音录像制作者对其制作的录音录像制品，享有许可他人复制、发行、出租、通过信息网络向公众传播并获得报酬的权利；权利的保护期为五十年，截止于该制品首次制作完成后第五十年的12月31日。 被许可人复制、发行、通过信息网络向公众传播录音录像制品，<u>还应当</u>取得著作权人、表演者许可，并支付报酬。	第四十四条 录音录像制作者对其制作的录音录像制品，享有许可他人复制、发行、出租、通过信息网络向公众传播并获得报酬的权利；权利的保护期为五十年，截止于该制品首次制作完成后第五十年的12月31日。 被许可人复制、发行、通过信息网络向公众传播录音录像制品，<u>应当同时</u>取得著作权人、表演者许可，并支付报酬；<u>被许可人出租录音录像制品，还应当取得表演者许可，并支付报酬。</u>

【条文主旨】

本条规定了录音录像制作者权利。

【修改理由】

2010年《著作权法》第四十二条规定了录音录像制作者权利，与2010年《著作权法》的规定相比，2020年《著作权法》第四十四条增加了"被许可人出租录音录像制品，还应当取得表演者许可，并支付报酬"的规定，即增加了表演者许可他人出租录有其表演的录音录像制品并获得报酬的权利，强化了录音录像制作者对表演者的尊重。

2010年《著作权法》仅规定了被许可人复制、发行、通过信息网络向公众传播录音录像制品时，应当保护著作权人、表演者、录音录像制作者的权利，获得其许可并支付报酬。2010年《著作权法》对于被许可出租录音录像制品的被许可人，除了获得录音录像制作者的授权外，并没有特殊的其他限制。这就造成现实中，被许可复制、发行、出租、通过信息网络向公众传播录音录像制品的"歧视性"对待的现象，表演者对其表演的录音录像制品的出租缺乏控制，并可能无法从中获得利益。出租行业固然日渐衰落，但是规范录音录像制品的出租也是加强著作权保护的内涵之一。这也与《著作权法》第三十九条表演者权的禁止性规定之"许可他人复制、发行、出租录有其表演的录音录像制品，并获得报酬"中"出租"的增加相吻合，保证了规范的内在逻辑一致。故此，对录音录像制品的出租增加了获得表演者的许可并支付报酬的条件。

【条文释义】

【价值、功能与立法目的】

录音录像制作者是作品供给产业链中的一环，录音录像制作者权为我国与著作权有关的权利中的重要构成部分，是我国《著作权法》中与著作权相关的权利的重要构成。录音录像制作者作为作品传播的主体，其在录音录像制品的形成中付出一定的劳动，对作品的传播相当重要。录音录像制作者对录音录像制品具有一定的权利，但是这种权利又与著作权有一定的区别。本条为录音录像制作者权提供了依据，规定了其排他权、保护期限、被许可人应当取得双重甚至三重的许可等，为录音录像制作者权利提供了基础保障，是我国《著作权法》平衡作品创作者与作品传播者、作品使用者之间利益的体现，为录音录像制品制作者提供利益保障。

【规范内涵】

"录音录像制作者对其制作的录音录像制品，享有许可他人复制、发行、出租、通过信息网络向公众传播并获得报酬的权利"，这是对录音录像制作者权的直接规定，这也意味着录音录像制作者享有的权限局限于许可他人复制、发行、出租、通过信息网络向公众传播其录音录像制品，这些权利伴随着获酬权的保障。录音录像制品权项在我国1990年《著作权法》中，只有许可他人复制、发行并获得报酬，在2001年《著作权法》修改时增加了许可他人出租、通过信息网络向公众传播，形成目前的四个权项加获酬权。本规定适用要点在于：第一，录音录像制作者权是一项与著作权有关的权利，其权利范围与著作权有明显的区别。第二，录音录像制作者对录音制品享有许可他人的权项包括复制、发行、出租、通过信息网络向公众传播其录音录像制品，其他著作权人享有的权利要与之作区分。第三，录音录像制作者为有权作出许可的主体。根据我国《著作权法实施条例》第五条的规定，录音制作者是指录音制品的首次制作人，录像制作者是指录像制品的首次制作人。根据我国《著作权法实施条例》第三十四条的规定，外国人、无国籍人在中国境内制作、发行的录音制品受著作权法保护，外国人、无国籍人根据中国参加的国际条约对其制作、发行的录音制品享有的权利受著作权法保护。第四，录音录像制作者以上许可他人使用的权利所针对的对象是其制作的录音录像制品。根据我国《著作权法实施条例》第五条的规定，录音制品是指任何对表演的声音和其他声音的录制品，录像制品是指电影作品和以类似摄制电影的方法创作的作品以外的任何有伴音或者无伴音的连续相关形象、图像的录制品。第五，因以上几种录音录像制作者权许可给他人使用，可以获得报酬。获酬权的规定与之前的权利许可直接挂钩。之所以要给录音录像制作者以上权利，是因为录音录像制作者在作品传播中有一定的贡献，如据统计，唱片业将30%的投资成本用于培养新的演唱者，这远超其他行业，唱片业承担了一定的作品传播风险。[①]对之予以与著作权有关的权利有利于促进作品的传播。

"**权利的保护期为五十年，截止于该制品首次制作完成后第五十年的12月31日**"，本规定表明，录音录像制作者权是有保护期限的，超过保护期限该录音录像制品进入公共领域。但是也必须明确，录音录像制作者权的保护期限主要适用于经济性的权利。本规定适用要点在于：第一，录音录像制品的保护期限为五十年。保护期限与著作权保护期限基本相同。第二，保护期限的起始点为录音录像制品首次制作完成之日，截止时间为该制品首次制作

---

① 肖虹:《再次呼吁赋予录音录像制作者广播权和表演权——"广播权和公开表演权研讨会"在京召开》，载《中国版权》2016年第6期。

完成后第五十年的 12 月 31 日。因此，保护期为五十年并不是精确的五十年，这样规定便于保护期限届满的计算，不需要去求证五十年结束的具体时间，相对便捷。

"**被许可人复制、发行、通过信息网络向公众传播录音录像制品，应当同时取得著作权人、表演者许可，并支付报酬；被许可人出租录音录像制品，还应当取得表演者许可，并支付报酬**"，本规定适用要点在于：第一，录音录像制品被许可复制、发行、通过信息网络向公众传播该录音录像制品的，被许可人不仅应当获得录音录像制作者的许可，还需要获得著作权人、表演者的许可。第二，被许可人经过录音录像制作者许可而出租录音录像制品的，还应当取得表演者许可。这也是本次《著作权法》修改中对录音录像制作者权限条款增加的规定，这意味着表演者许可他人出租录有其表演的录音录像制品，出租者方可出租相关的录音录像制品。第三，被许可人行使相关录音录像制品有关的权利时，应当付酬，确保获酬权的实现。第四，录音录像制品中的出租权尤其要与著作权中的出租权相区别。

【以案说法】

案例 1：未经录音制品制作人许可复制录音制品侵犯录音制品制作者的复制权

天中文化公司在案中提供其与悦之声公司签订的两份《合作协议》及表演者孙悦的担保证明，还提供了合法出版物《孙悦－百合花》专辑等证据证明了其对孙悦演唱的涉案 9 首曲目的录音制作者权。天中文化公司主张金帝购物广场销售了被诉侵权光盘，提交了涉案被诉侵权光盘实物一盒及金帝购物广场开具的销售发票一张，发票上载明"VCD 光盘"。根据被诉侵权光盘上的版权管理信息，可以认定该光盘由辽宁音像出版社出版、发行，佳和科技公司复制。天中文化公司主张该光盘中含有的孙悦演唱的 9 首曲目与天中文化公司制作的《孙悦－百合花》CD 专辑中的相同曲目出自同一音源，佳和科技公司、辽宁音像出版社未经许可复制、出版发行被诉侵权光盘，侵犯了天中文化公司的录音制品制作者权。佳和科技公司、辽宁音像出版社仅以其复制、发行的被诉侵权光盘中孙悦演唱的 9 首曲目系从网上下载，并非复制于天中文化公司制作的录音制品提出抗辩，但未提供相关证据予以证明，故法院以同一音源可以在不同格式之间相互转换，认定被诉侵权光盘中孙悦演唱的9首曲目与天中文化公司制作的《孙悦－百合花》CD专辑中的相同曲目系出自同一音源，并认定辽宁音像出版社对于出版物是否经著作权人合法授权负有严格审查义务；佳和科技公司作为专业的光盘复制单位，未能提供证据证明其在接受委托时已经履行了相关的法定义务，即可以免责的事由等，故而判决佳和科技公司应与辽宁音像出版社承担共同侵权的民事责任。[①]

案例2：侵犯他人录音录像制作者权的帮助侵权

《蒙面歌王》综艺节目由"江苏卫视"及"灿星制作"联合制作，江苏省广播电视集团有限公司出具的《版权确认书》载明，该节目的完整版权归灿星公司所有，灿星公司享有上述综艺节目的录音、录像制作者权。灿星公司将《蒙面歌王》第一季的录音制品的信息网络传播权独家授予梦响公司，梦响公司将上述录音制品的信息网络传播权独家授予腾讯公司，因此腾讯公司享有上述录音制品的信息网络传播权。某网络科技公司是"echo回声"手机客户端的运营商。腾讯公司对"echo回声"中涉案的14首歌曲进行了公证，除了《富士山下》，法院确认其余13首歌源自《蒙面歌王》的录音制品。腾讯公司主张，公众可以从"echo回声"在线播放及下载歌曲，某网络科技公司向公众提供了涉案录音制品。某网络科技公司主张，涉案录音制品由网络用户上传，某网络科技公司是信息储存空间服务提供商。某网络科技公司为网络用户提供信息储存空间服务，涉案歌曲由网络用户上传。被上诉人提供了与上诉人提交的公证书中内容相对应的通过"echo回声"平台上传涉案歌曲的部分用户注册信息，例如昵称为"纯兜兜""努力努力再努力WMX""brandy柠檬薄荷"等用户的注册时间、注册IP地址以及上次登陆IP地址、注册方式、回声数等信息，其中部分用户还预留了电话。某网络科技公司运营的"echo回声"中有大量的歌曲，某网络科技公司也曾与一些歌手签订合作协议。某网络科技公司作为专业的音乐平台运营商，其应当知道，音乐作品或者录音制品的权利人一般不会免费向公众提供音乐作品或录音制品。涉案的录音制品明显不同于网络用户业余制作的录音制品。网络用户将涉案录音制品上传至"echo回声"时，蒙面歌王尚处于热播期，腾讯公司也多次向某

---

① 最高人民法院（2008）民申字第453号裁定书。

网络科技公司发送侵权告知函,但某网络科技公司除了删除涉案录音制品外,并未采取其他制止侵权的必要措施。某网络科技公司未尽合理注意义务,放任网络用户上传侵权录音制品,主观上具有过错,其行为构成帮助侵权。[①]

(周贺微 撰写)

[①] 上海知识产权法院(2017)沪73民终2号判决书。

第四十五条：录音制品广播和公播的获酬权

（法条对比）

2010年著作权法	2020年著作权法
	第四十五条　将录音制品用于有线或者无线公开传播，或者通过传送声音的技术设备向公众公开播送的，应当向录音制作者支付报酬。

【条文主旨】

本条规定了录音制品广播和公播的获酬权。

【修改理由】

2010年《著作权法》并没有赋予录音制品广播和公播的获酬权，录音制作者仅享有"复制、发行、出租、信息网络传播获酬权"。针对这一立法空白，音乐行业协会代表行业多年来坚持呼吁赋予录音制作者公开表演权和广播权。行业的呼吁，终于在此次修改中得到立法机关全国人民代表大会常务委员会的回应，[1]在2020年《著作权法》中增加了录音制作者（如唱片公司）获得录音制品广播和公播的获酬权。这意味着在现行法实施后，在公播音乐版税的支付、现场演出版税的支付、广播以及网络直播对于音乐使用的版权

---

[1] 《全国人民代表大会常务委员会关于修改〈中华人民共和国著作权法〉的决定》，载中华人民共和国中央人民政府网2020年11月11日，http://www.gov.cn/xinwen/2020-11/11/content_5560583.htm。

规范上,在法律方面进行了落实。[①]它有利于促进音乐行业的长久有序发展。更重要的是,根据国际对等原则的要求,只有中国录音制品依法享有广播和公播的获酬权,中国录音制品才能在域外获得双边保护和互惠互利,新规势必有利于中国音乐等录音作品的国际交流,有利于中国文化出海和文化自信。

【条文释义】

【价值、功能与立法目的】

现行法第四十五条的规定具有划时代的意义,是我国《著作权法》颁布三十多年来,关于录音制作者权利的重大突破,它意味着广播电台、电视台和经营场所免费播放录音制品的时代宣告终结,录音制作者享有广播和公播的获酬权。

对该修改的目的和考量主要有以下几个方面:第一,立法与实际的脱节导致录音制作者的权利难以保障。自2010年《著作权法》中对于录音制作者赋予的报酬权的范围已经无法满足网络技术时代的发展,复制、发行、出租三项权利对于录音制作者网络权利的保护极为有限,实际的使用价值并不高。[②]国际唱片业协会(IFPI)的数据显示,2000年至今,全球唱片产业相关收入构成中,唱片销售的收入缩水幅度超过50%,与此同时,授权许可的收入逐年上升,部分缓和了唱片销售的下滑趋势。而广播权和表演权的授权许可是授权许可收入的主要来源之一。仅就录音制作者的收入构成而言,广播权和表演权的授权许可收入所占的比重更为突出,IFPI的数据显示,2013年,全球录音制作者的收入中有近10%来自广播权和表演权的授权许可。广播作为公众消费录音制品的另一重要方式,应当得到相应的保障。[③]第二,保障录音制作者的广播权,有利于促进音乐行业的发展。行业一直在不断呼吁赋予录音制作者公开表演权和广播权。广播电台、电视台能够从录音作品中获取

[①] 《录音制作者将拥有获酬权,全新修订版〈著作权法〉通过》,载搜狐网2020年11月12日,https://www.sohu.com/a/431431831_109401。

[②] 《呼吁两权、行业透明度与利益分配》,载搜狐网2019年11月10日,https://www.sohu.com/a/352890904_109401。

[③] 张今、冯艳:《再议录音制作者广播权和表演权》,载《中国版权》2015年第1期。

收益，却无须向录音制作者支付报酬，是否应当赋予广播电台如此特权一直是业界讨论的热点问题。现行法出台后，相关争议尘埃落定。

【规范内涵】

现行法出台后，标志着广播电台、电视台和经营场所免费使用录音作品时代的结束。录音制作者依据现行《著作权法》第四十五条的规定将依法从大量商业使用中获取报酬，行业利益分配格局将被改写和重塑，新规将极大地激发录音制作者的制作热情。

一是录音制作者可以从广播电台、电视台获取报酬。广播电台、电视台是否应该按照广告收入或者按照使用录音的时间长度向录音制作者支付报酬都是后续值得探讨的议题。

二是我国数以万计的饭店、商场、酒吧、餐厅、咖啡厅等经营场所，还有民航、铁路等交通工具如果使用录音制品，按照现行法规定都应该向录音制作者支付报酬。按照营业面积、座位数或者播放音乐的音响数量计算报酬，国际上已有先例，我国是否遵照执行，也是后续可以继续探讨的问题。

三是现行法中还包含了网络直播行为，在网络直播中使用音乐等录音也应该向录音制作人支付报酬。例如，抖音、快手、美拍、斗鱼TV、虎牙直播、战旗TV、企鹅电竞、淘宝、京东、聚美优品等网络平台经营过程中，对音乐等录音的使用带动了平台内容的繁荣，根据新规，这些获取商业利益的直播平台，也应依规向录音制作人支付报酬。[①]

【以案说法】

本条无案例。

（易镁金　撰写）

[①] 《新版著作权法赋予录音制作者广播和表演获酬权，给音乐产业带来哪些变化？》，载中国音像著作权集体管理协会网2020年11月17日，https://www.cavca.org/newsDetail/1405。

第四十六条：广播电台、电视台对作品的使用

【法条对比】

2010年著作权法	2020年著作权法
第四十三条　广播电台、电视台播放他人未发表的作品，应当取得著作权人许可，并支付报酬。 　　广播电台、电视台播放他人已发表的作品，可以不经著作权人许可，但应当支付报酬。	第四十六条　广播电台、电视台播放他人未发表的作品，应当取得著作权人许可，并支付报酬。 　　广播电台、电视台播放他人已发表的作品，可以不经著作权人许可，但应当按照规定支付报酬。

【条文主旨】

本条规定了广播电台、电视台对作品的使用。

【修改理由】

本条为2010年《著作权法》第四十三条，并吸纳了2010年《著作权法》第四十四条。2010年《著作权法》第四十三条："广播电台、电视台播放他人未发表的作品，应当取得著作权人许可，并支付报酬。广播电台、电视台播放他人已发表的作品，可以不经著作权人许可，但应当支付报酬"。第四十四条："广播电台、电视台播放已经出版的录音制品，可以不经著作权人许可，但应当支付报酬。当事人另有约定的除外。具体办法由国务院规定"。由于第四十三条和第四十四条涵盖的作品范围存在重叠，立法保护存在冲突，长久以来，这两条规定一直存在争议并在修改稿中被多次修改。最终，2020年《著作权法》中删除了第四十四条关于"录音制品"的法定许可规定，并将第四十三条第二款中的"但应当支付报酬"修改为"但应当按照

规定支付报酬",形成2020年《著作权法》第四十六条:"广播电台、电视台播放他人未发表的作品,应当取得著作权人许可,并支付报酬。广播电台、电视台播放他人已发表的作品,可以不经著作权人许可,但应当按照规定支付报酬"。

在我国2010年《著作权法》中,广播电台、电视台在两种情况下可以不经著作权人许可即可使用作品。一种是指"广播电台、电视台播放他人已发表的作品,可以不经著作权人许可,但应当支付报酬"中规定的播放他人已发表的作品的法定许可;另一种是指"播放已经出版的录音制品,可以不经著作权人许可,但应当支付报酬"中规定的播放已经出版的录音制品的法定许可。实践中一直存在的争议是,"播放已经出版的录音制品"是否可以被"播放他人已发表的作品"所涵盖。大部分学者认为,已经出版的录音制品也属于已发表的作品,[1]那么问题就在于两个法条的权利主体是否相同。回顾我国《著作权法》的修改历史,可以发现,《著作权法》中并没有将播放录音制品的广播权给予表演者和录音制作者,[2]只有作为著作权人的作者才享有广播权。例如,作者甲创作了曲目后,表演者乙对曲目进行了表演,录音制作者将乙的表演录制为影像并出版,此时只有作者甲作为著作权人享有广播权。因此,此处的法定许可针对的权利人仍是著作权人,和已发表作品的法定许可中所针对的权利人相同。那么,在权利主体相同、权利客体又重叠的情况下,其实无须再特意规定播放已经出版的录音制品的法定许可,因此,2010年《著作权法》第四十四条便在本次修改中被删除了。这不代表着我国《著作权法》不再承认录音制品的法定许可,只是适用法条有所改变,原条款被合并在"他人已发表作品"的法定许可中。

尽管根据实践合并了两个法条,但还存在的问题是,2010年《著作权法》对"录制作品"的法定许可还授权了"具体办法由国务院规定"的付酬办法制定权限,但对于"已发表作品"的法定许可没有此项规定。国务院颁布的《广播电台电视台播放录音制品支付报酬暂行办法》作为具体办法依据

---

[1] 管育鹰:《我国著作权法定许可制度的反思与重构》,载《华东政法大学学报》2015年第2期。

[2] 胡康生主编:《中华人民共和国著作权法释义》,法律出版社2001年版,第185页。

可以解决录制作品法定许可的报酬支付问题。但在删除2010年《著作权法》第四十四条后，若不对第四十三条进行相应修改，则《广播电台电视台播放录音制品支付报酬暂行办法》可能会落入无法可依的境地。结合《伯尔尼公约》规定"报酬在双方当事人没有协议的情形下应由成员国主管当局决定"[1]，本次修改将2010年《著作权法》第四十三条第二款中的"但应当支付报酬"修改为"但应当按照规定支付报酬"，以期解决这一矛盾。但必须承认的是，《广播电台电视台播放录音制品支付报酬暂行办法》仍需要进一步修改以适应2020年《著作权法》。

【条文释义】

【价值、功能与立法目的】

著作权是一种由著作权人专享的私权。《著作权法》的立法目的之一便是保护作者的著作权以及与著作权有关的权益。但还要理解的是，著作权价值更体现在作品的广泛传播上，对私有权利过于绝对的保护是不利于社会文化的进步和繁荣的。因此，著作权法会兼顾私有权利和公共利益，保护私权的同时也对个人权利做出一些限制，协调平衡个人利益与公共利益的关系，鼓励和促进作品的传播与使用。广播权的法定许可便是这种背景下诞生的一种对作者播放权的限制。《伯尔尼公约》在赋予作者"享有授权通过广播向公众传播其作品的独占权利"之后随即规定了限制条款，即各国关于上述权利的法律规定仅限于该国。[2] 在《伯尔尼公约》的谈判缔结中，努马·德罗茨（Numa Droz）也提到，在考虑绝对权利的限制时，应该以公共利益作为衡量的尺度。[3]

---

[1] Berne Convention, Article 11bis（2）: "They shall not in any circumstances be prejudicial to the moral rights of the author, nor to his right to obtain equitable remuneration which, in the absence of agreement, shall be fixed by competent authority".

[2] Berne Convention, Article 11bis（2）: "They shall not in any circumstances be prejudicial to the moral rights of the author, nor to his right to obtain equitable remuneration which, in the absence of agreement, shall be fixed by competent authority".

[3] ［澳］山姆·里基森、［美］简·金斯伯格：《国际版权与邻接权：伯尔尼公约及公约以外的新发展》，郭寿康、刘波林等译，中国人民大学出版社2016年版，第728—729页。

为了平衡使用者、权利人、公众三方的利益，为了保证广播传播的繁荣发展，也为了避免集体管理组织权利的垄断，我国《著作权法》将广播作品纳入调整范围并对广播权作出一些限制。本条首先规定了广播电台、电视台播放他人未发表的作品，应当取得著作权人许可，并支付报酬。其次，限制了著作权的过度垄断，规定了一定情况下可以不经著作权人许可，也即广播权的法定许可。最后，保证了著作权人获得合理报酬的法律基础。本条侧重权利人利益和社会公共利益的平衡，体现了《著作权法》第一条有关"鼓励有益于社会主义精神文明、物质文明建设的作品的创作和传播，促进社会主义文化和科学事业的发展与繁荣"之立法目的。

【规范内涵】

关于第四十六条第一款"**广播电台、电视台播放他人未发表的作品，应当取得著作权人许可，并支付报酬**"。本款涉及广播权的使用许可。著作权人可以许可他人行使广播权，作为一种贸易方式，著作权人可以从这种许可中获得报酬，而约定报酬的方式可以是按照双方当事人合意的约定，也可以是按照《著作权法》的有关规定。根据《著作权法》第十条第一款第一项规定，"发表权，即决定作品是否公之于众的权利"；第十一项规定，"广播权，即以有线或者无线方式公开传播或者转播作品，以及通过扩音器或者其他传送符号、声音、图像的类似工具向公众传播广播的作品的权利"。因此对于他人未发表的作品，若擅自将其发表或者公之于众，即使声明了真实的著作权人或作者，也属于侵犯了他人的发表权。同样，在不能认为是法定许可和合理使用的情况下，未经许可将他人作品通过广播电台、电视台播放，即使声明了真实的著作权人或作者，也属于侵犯了他人的广播权。因此本款规定了"广播电台、电视台播放著作权人未发表的作品，应当取得著作权人许可"。

同时，本款规定还赋予了著作权人广播获酬权。因此，即便广播电台、电视台取得了著作权人许可，根据本款规定，广播电台、电视台还应当向著作权人支付报酬。

关于第四十六条第二款"**广播电台、电视台播放他人已发表的作品，可以不经著作权人许可，但应当按照规定支付报酬**"。本款是法定许可的规定，其目的是将已发表的作品更广泛地传播，同时兼顾著作权人的利益赋予其广播获酬权。该款的适用要点如下：

第一，我国《著作权法》没有对广播电台、电视台的营利性作出限制。一些国家会在法定许可中区分营利性广播和非营利性广播，如《美国著作权法》第一百一十八条，会将作品播放的法定许可限定在非商业广播中使用。但我国法律规定还没有对其进行区分。这是因为根据我国《广播电视管理条例》第三条的规定，"广播电视事业应当坚持为人民服务、为社会主义服务的方向，坚持正确的舆论导向"，可以看出，我国的广播组织具有明显的公共性，其传播目的是公益、教育、服务等。因此基于我国国情，立法暂时没有将非营利性作为法定许可的限制条件。但是，随着广播电台、电视台商业性程度的增强，逐渐出现了一些更偏向于娱乐、营利的节目，如综艺节目。2015年，《北京市高级人民法院关于审理涉及综艺节目著作权纠纷案件若干问题的解答》中明确规定"除法律另有规定外，摄制综艺节目使用音乐、舞蹈、演说、戏剧、杂技等作品的，应当取得该作品著作权人的许可"，将一般情况下的综艺节目排除在广播权法定许可之外。但这一规定仍然存在一定争议，在司法实践中法院对综艺节目是否可以适用法定许可还是有所疑问。

第二，播放已发表作品可以不经著作权人许可，但应当按照规定支付报酬。2020年《著作权法》第三十条规定："使用作品的付酬标准可以由当事人约定，也可以按照国家著作权主管部门会同有关部门制定的付酬标准支付报酬。当事人约定不明确的，按照国家著作权主管部门会同有关部门制定的付酬标准支付报酬。"在付酬标准上，既可以适用双方协商，亦可以根据国家标准制定。目前我国出台了《使用文字作品支付报酬办法》《广播电台电视台播放录音制品支付报酬暂行办法》《教科书法定许可使用作品支付报酬办法》等，就播放"录制作品""文字作品""教科书中的作品"等部分特定作品类型制定了付酬办法。在付酬标准的具体制定上，《著作权法》将标准制定权赋予国家著作权主管部门，可以更大程度上统一播放作品法定许可付酬标准。

第三，法定许可暗含署名要件。作者的署名权是著作权法赋予作者的最基本的著作权之一，在任何情况下使用他人的作品都应表明他人的作者身份。即使在法定许可情况下也不应剥夺作者的署名权。参照《著作权法》第二十五条关于教科书法定许可的规定,"为实施义务教育和国家教育规划而编写出版教科书,可以不经著作权人许可,……但应当按照规定向著作权人支付报酬,指明作者姓名或者名称、作品名称,并且不得侵犯著作权人依照本法享有的其他权利"。在使用他人作品时指明作者身份是对他人智力劳动成果最起码的尊重,也是《著作权法》的基本目的之一。因此,司法实践中通常认为,虽然本款没有对署名做出明确的强制要求,但"法定许可本身蕴含了署名的要求,署名是构成法定许可的要件之一"[①]。

【以案说法】

案例1:法定许可与合理使用的区分不在于是否盈利

原告中国音乐著作权协会系音乐著作权集体管理组织。林汝为(乙方)、蕾蕾(乙方)分别与音著协(甲方)签订《音乐著作权合同》,合同约定:乙方是依法取得《少年壮志不言愁》著作权的著作权人,双方就乙方所享有的著作权授权甲方进行管理事宜。涉案节目由某市委宣传部和某广播电视台主办,选手王少平自选自送自演自唱歌曲《少年壮志不言愁》,某广播电视台将其录制后在节目中播放,该节目面向电视节目受众,没有向公众收取任何费用,也未向参赛的表演者支付费用。

一审法院认为被告某广播电视台将展现这一群众性活动过程的录制节目在电视频道中向公众予以播出,就涉案作品的使用已经超出了《著作权法》所规定的合理使用的范围,且该使用涉案作品的方式也不属于播放他人已发表的作品。被告某广播电视台侵犯了原告音著协对该作品所享有的广播权,应当承担停止侵权和赔偿损失的法律责任,判决某广播电视台立即停止播放音乐作品《少年壮志不言愁》并向音著协赔偿经济损失12000元。

二审法院支持了一审中认为被告某广播电视台不是合理使用的观点,认为"即使播放过程未收费并且未植入广告,优秀作品的播放对某广播电视台仍然是有益的,至少会增加其对受众的吸引力。单个作品的播放效果当然难以察觉,但从较长时期、较大范围来看,持续播放数目众多的优秀作品,显然有助于增加某广播电视台的收视率和影响力,从而提升其竞争力"。但二审

---

① 北京知识产权法院(2015)京知民终字第122号民事判决书。

法院将涉案作品视为已发表的作品，最终只判决被告支付报酬，而无须停止使用。①

案例2：对作品改编后形成新的作品播放不属于法定许可

原告贾某为《贾某说春秋》的著作权人，被告某广播电台未经其许可，在"FM94.6""FM92.4"两个频道播放了主要内容来源于《贾某说春秋》的节目《听世界春秋》。且《听世界春秋》在使用原作《贾某说春秋》的主要内容时，在保留原作基本表达的情况下，对原作的表现形式进行了改变，将原作的书面语言转换成适于演播的口头语言表达形式，并进行了再度创作。原告贾某认为被告某广播电台的播放行为构成对其著作权的侵犯，故诉至法院。

本案的争议焦点之一在于，关于某广播电台播放《听世界春秋》节目的行为是否符合法定许可的规定。法院认为"为了避免损害著作权人的根本利益，让著作权人利益不致受到过大损害，广播电台对于作品的使用应当尽量尊重原作。即便有改动，也应该是为了满足广播电台播放要求、适应播放特点的适当改动，而且改动不应增加已有作品中没有的内容而产生新的作品"。本案中，被告某广播电台播放《听世界春秋》节目，在《贾某说春秋》基础上增加了新的内容，产生了新的作品。这种改动已不仅仅是出于播放的需要，已经构成对原告贾某作品的改编。故被告某广播电台播放《听世界春秋》节目的行为不符合法定许可的规定，构成对原告贾某著作权的侵犯。②

案例3：法定许可中即使未支付报酬也无须停止播放

原告中国音乐著作权协会与涉案音乐作品作者签订了《音乐著作权合同》，从而对涉案音乐作品《精忠报国》行使著作权（包括提起诉讼）。被告某电视台在未支付相关著作权使用费的情况下，在其综艺频道播出的《快乐星挑战》电视节目中使用原告管理的上述音乐作品，故原告为了维护音乐著作权人的合法权益，向法院提起诉讼，要求判令被告立即停止播放涉案音乐作品并支付涉案音乐作品著作权使用费和合理费用。

法院将被告对涉案音乐作品的使用行为视为播放作品的法定许可，认为

---

① 安徽省合肥市中级人民法院（2017）皖01民终6895号民事判决书。
② 北京知识产权法院（2015）京知民终字第122号民事判决书。

被告作为电视台,播放涉案音乐作品可不经原告许可。因此,法院最终没有支持原告要求被告停止播放音乐作品的诉请,仅要求被告支付涉案音乐作品使用费及赔偿合理开支费用。[①]

（闻馨 撰写）

[①] 南宁市青秀区人民法院（2017）桂0103民初4624号民事判决书。

第四十七条：广播电台、电视台的权利

【法条对比】

2010年著作权法	2020年著作权法
第四十四条 广播电台、电视台播放已经出版的录音制品，可以不经著作权人许可，但应当支付报酬。当事人另有约定的除外。具体办法由国务院规定。 第四十五条 广播电台、电视台有权禁止未经其许可的下列行为： （一）将其播放的广播、电视转播； （二）将其播放的广播、电视录制在音像载体上以及复制音像载体。 前款规定的权利的保护期为五十年，截止于该广播、电视首次播放后第五十年的12月31日。	第四十七条 广播电台、电视台有权禁止未经其许可的下列行为： （一）将其播放的广播、电视以有线或者无线方式转播； （二）将其播放的广播、电视录制以及复制； （三）将其播放的广播、电视通过信息网络向公众传播。 广播电台、电视台行使前款规定的权利，不得影响、限制或者侵害他人行使著作权或者与著作权有关的权利。 本条第一款规定的权利的保护期为五十年，截止于该广播、电视首次播放后第五十年的12月31日。

【条文主旨】

本条是有关广播组织权的规定。

【修改理由】

此次《著作权法》对广播组织权的修改主要有三点：一是对广播电台、电视台控制转播的行为增加了"以有线或者无线方式"的限定；二是增加广播电台、电视台的信息网络传播权；三是在广播组织权规范的条款下增加广播电台、电视台行使权利不得影响、限制、侵害他人行使著作权或者相关权利。

有关广播组织权条款的修改主要与当下信息技术发展导致的网络盗播问题密切相关。随着信息技术与传播技术的发展突飞猛进，广播电台、电视台也在不断适应技术发展情况，进行相应变革，在新技术环境下开展市场化运作，传统的广播电台、电视台也开始建立网络传播平台。但2010年《著作权法》有关广播组织权的规定主要来源于《保护表演者、音像制品制作者和广播组织罗马公约》《与贸易有关的知识产权协定》等国际公约，这些规定产生的历史背景及技术发展情况决定了2010年《著作权法》有关广播组织权的规定并不能适用于互联网环境。这也导致广播电台、电视台在网络环境下的传播遭遇侵权情况严重，而法律制度无法给予相应的保障。在此背景之下，为适应互联网时代广播电台、电视台的发展需求，《著作权法》修改对此予以回应。当然，有关广播组织权的上述修改内容在具体适用中也会产生新的问题，需要进一步修改完善与解释，我们将在"规范内涵"中详述。

【条文释义】

【价值、功能与立法目的】

广播组织权属于邻接权/相关权的一种类型，广播电台、电视台等广播组织在广播、电视的传播过程中发挥着重要作用。早期的广播组织大多为提供公共服务的企事业单位，仅将其看作作品的使用者，获得著作权人授权后对作品进行使用与传播。[1]但随着信息技术的发展，针对广播信号的盗播情况越来越严重，而广播节目信号的产生与传播凝聚了广播组织的投资、技术与劳动，"广播组织主张通过立法来保护其利益"。[2]早在1948年修订《保护文学和艺术作品伯尔尼公约》的布鲁塞尔外交会议召开前，国际社会便开始"试图为表演者、录音制品制作者和广播组织提供国际保护"，[3]并起草了有关"表

---

[1] 胡开忠、陈娜、相靖：《广播组织权保护研究》，华中科技大学出版社2011年版，第14页。
[2] 《罗马公约和录音制品公约指南》，刘波林译，中国人民大学出版社2002年版，第8页。
[3] ［澳］姆·里基森、［美］简·金斯伯格：《国际版权与邻接权——伯尔尼公约及公约以外的新发展》，郭寿康等译，中国人民大学出版社2016年版，第1071页。

演者和录音制品制作者、广播组织、新闻信息、追叙权"相关四个附件推动《保护文学和艺术作品伯尔尼公约》的修改。但最终布鲁塞尔会议召开时并未讨论上述附件，会后，国际社会开始就制定一个单独处理表演者、录音制品以及广播组织事项的公约展开工作。[①]经过多次讨论，1961年，来自44个国家、3个国际组织和15个非政府国际组织的代表讨论确定了《保护表演者、录音制品制作者和广播组织罗马公约》的最终文本，该公约于1964年生效，正式对表演者、录音制品录制者、广播组织的权利进行保护。

广播组织在制作广播节目，形成广播节目信号进行传播的过程中，付出了巨大的时间、资金、劳动和技术，因此有必要对其权利进行保护，防止他人随意地转播、录制和复制。广播组织权的基本功能是"通过法律赋予广播组织对他人转播其广播、电视，以及录制其广播、电视的控制权，以保障广播组织的投入获得正当利益回报"[②]。对广播组织的权利进行保护，同时也有助于保护广播节目涉及的著作权人、表演者、录音录像制作者的权益。随着信息技术发展，针对广播组织节目信号的盗播、侵权情况愈加严重，方式也越来越多样，为更好地保护广播组织的合法利益，此次《著作权法》修改扩大了广播组织权的范畴。

【规范内涵】

在具体分析广播组织权的权利内容之前，首先需要明确广播组织权的客体和权利性质。

第一，关于广播组织权的客体。有关广播组织权的客体是"信号"还是"节目"，一直存在争议。1990年《著作权法》第四十二条规定，"广播电台、电视台对其制作的广播、电视节目，享有下列权利……"由此可见，1990年《著作权法》认为广播组织权的客体为"节目"，2001年《著作权法》修改时，第四十四条规定："广播电台、电视台有权禁止未经其许可的下列行为：（一）将其播放的广播、电视转播……"此时，2001年之后的《著作权法》采用的是较为模糊的"广播、电视"的概念。而《著作权法实施条例》第

[①] ［澳］姆·里基森、［美］简·金斯伯格：《国际版权与邻接权——伯尔尼公约及公约以外的新发展》，郭寿康等译，中国人民大学出版社2016年版，第1072页。

[②] 管育鹰：《我国著作权法中广播组织权内容的综合解读》，载《知识产权》2021年第9期。

二十六条则指出，与著作权法有关的权益，是指广播电台、电视台对其播放的广播、电视节目享有的权利。可见，在立法上我国一直采用"节目说"。理论界和司法界一直存在不同观点，"广播组织对节目的每一次播放都将形成载有节目的信号，这才是广播组织在传播作品过程中做出的贡献"，"广播组织权可以对未经许可利用信号的行为进行规制"。[1] "信号说最能反映广播组织权的本质"，"以立法明确广播组织有权对节目信号进行控制，……即可实现广播组织的核心利益"[2]。在具体司法审判中，"广播组织权保护的是在广播组织传播作品或其他素材的活动中产生的权利，其客体是广播组织通过广播设备发射的载有声音、图像或者其结合的信号"[3]。在此次《著作权法》修改中，2020年4月的《著作权法修正案（草案）》明确广播组织权的客体为"载有节目的信号"，而后草案均为"广播、电视"之说。有关广播组织权的客体在国际条约的制定中也是争议不断，《保护表演者、录音制品制作者和广播组织罗马公约》《与贸易有关的知识产权协定》《世界知识产权组织保护广播组织条约》等关于广播组织权的客体及权利内容也一直存在不同规定，广播组织权相关理论与实践有待进一步研究。

第二，广播组织权为禁止权。我国《著作权法》对广播组织权的规定为禁止权，这与其他邻接权的规定有所区别。从《著作权法》的修改进程来看，有关广播组织权的规定由1990年的授权性规范变为2001年至今的禁止权。主要原因是为加入WTO，《与贸易有关的知识产权协定》第十四条第三款规定广播组织权为禁止权，即"广播组织有权禁止下列未经其授权的行为……"，我国著作权法进行了相应的调整与修改。在《著作权法》的修改进程中，有关将广播组织权修改为"授权性规范"的呼声也一直存在。

关于第四十七条第一款第一项"广播电台、电视台有权禁止未经其许可将其播放的广播、电视以有线或者无线方式转播的行为"。该项规定了广播组织有权禁止未经许可的转播行为，包括以有线或者无线方式，关于该款的适

---

[1] 王迁：《对〈著作权法修正案（草案）（二次审议稿）〉的四点意见》，载《知识产权》2020年第9期。
[2] 管育鹰：《我国著作权法中广播组织权内容的综合解读》，载《知识产权》2021年第9期。
[3] 天津市第一中级人民法院（2017）津01民初181号民事判决书。

用要点如下。

第一，广播电台、电视台对于其播放的广播、电视有权禁止他人未经许可的转播行为。广播电台、电视台播放的广播、电视既包括其自身创作的作品，也包括播放他人享有著作权的作品。当然，广播电台、电视台播放他人享有著作权的作品需要经过著作权人的许可。

第二，此次《著作权法》修改增加"以有线或者无线方式"。该项修改内容进一步明确了广播电台、电视台的转播权可以规制有线或者无线等技术手段。依据《著作权法》的立法背景以及相关国际公约的规定，一般认为2010年《著作权法》中广播组织的转播权仅能够禁止以无线方式进行的转播行为。此次修改将其扩展到禁止通过互联网对播放的广播、电视进行转播的行为。

关于第四十七条第一款第二项"广播电台、电视台有权禁止未经其许可将其播放的广播、电视录制以及复制的行为"。该项规定了广播组织有权禁止未经许可的录制、复制行为。这里的录制、复制是指将广播组织播放的广播、电视节目录制在音像载体，进行复制的行为，广播组织的录制、复制仅仅是为了播放的需要。

关于第四十七条第一款第三项"广播电台、电视台有权禁止未经其许可将其播放的广播、电视通过信息网络向公众传播的行为"。该项规定了广播电台、电视台享有信息网络传播权，该项规定的权利是此次《著作权法》修改新增加的内容，也引起了广泛的争议，有关该项的适用还需要司法进一步的解释与实践。关于该项的适用要点如下。

广播电台、电视台有权禁止未经许可通过信息网络向公众传播广播、电视的行为。根据修改后《著作权法》第十条第一款第十一项、第十二项有关"广播权"和"信息网络传播权"的规定，这里的通过信息网络向公众传播主要指"以有线或者无线方式向公众提供，使公众可以在其选定的时间和地点获得作品"的交互式传播行为。

关于第四十七条第二款"广播电台、电视台行使前款规定的权利，不得影响、限制或者侵害他人行使著作权或者与著作权有关的权利"。关于该款的适用要点如下。

第一，广播电台、电视台行使权利，不得侵害他人著作权。广播电台、电视台在制作广播电视节目中需要大量使用他人作品。根据《著作权法》第四十六条规定,"广播电台、电视台播放他人未发表的作品,应当取得著作权人许可,并支付报酬。广播电台、电视台播放他人已发表的作品,可以不经著作权人许可,但应当按照规定支付报酬"。

第二,广播电台、电视台行使权利,不得侵害与著作权有关的权利。这里主要指表演者权和音像制作者权。根据《著作权法》第三十一条规定,"出版者、表演者、录音录像制作者、广播电台、电视台等依照本法有关规定使用他人作品的,不得侵犯作者的署名权、修改权、保护作品完整权和获得报酬的权利"。

关于第四十七条第三款"本条第一款规定的权利的保护期为五十年,截止于该广播、电视首次播放后第五十年的12月31日"。该款规定了广播组织权的保护期,即广播、电视首次播放后的五十年。《与贸易有关的知识产权协定》第十四条第五款规定,广播组织权的保护期限,自广播播出的日历年年底计算,应至少持续二十年。我国《著作权法》规定的广播组织权保护期限长于《与贸易有关的知识产权协定》要求。在保护期限内,广播组织有权禁止未经许可的转播、录制、复制、向公众传播行为。超过保护期,上述权利不再受到保护。

【以案说法】

案例1:网络广播组织是否享有广播组织权?

A为网络广播组织,经天津广播电视台授权,对天津广播电视台拍摄、制作或者广播的节目享有著作权或与著作权有关的权利。A公司开发了视频播放软件,应用于移动端播放上述授权中涵盖的全部天津广播电视台的直播和回放节目。后发现六名被告通过"VST全聚合"(现为CIBN微视听)、"小微直播"等播放了天津广播电视台享有著作权的71个节目,A公司认为,其经天津广播电视台授权享有广播组织权,被告行为侵害了其广播组织权并构成不正当竞争。就A公司是否享有广播组织权,法院经审理认为:"A公司利用能为公众基本同时获取载有节目的信号,播放天津广播电视台的11个频道,属于提供网络广播的网络广播组织。""从现行法(2010年《著作权法》)的规定看,我国《著作权法》规定的广播组织权保护的是传统广播电台、电视台的广播信号,不涵盖网络广播组织和网络广播行为,网络广播组织不属于著作权法规定的广播组织。"①在《著作权法》修改之后,广播组织权可以涵盖网络广播行为,网络广播组织相关权利的确定与保护有待司法的进一步实践。

案例2:广播组织权是否可以控制互联网领域广播电视作品的转播?

经过授权,A公司获得通过电视网络以及互联网传输黑龙江卫视频道电视节目信号的权利,后发现B公司通过IPTV宽带业务转播黑龙江卫视频道电视节目信号,认为B公司侵犯了其广播组织权。B公司辩称,A公司没有取得广播电台、电视台许可证,不属于广播电台、电视台,不是广播组织权人,非本案适格原告;将广播组织权的保护范围扩大到互联网领域没有依据。本案争议焦点为"B公司利用IP网络把来源于黑龙江电视台的广播节目通过IPTV宽带业务应用平台传送到用户机顶盒和电视机的终端,是否侵犯A公司自黑龙江电视台授权而来的转播权"。法院经审理认为:"广播组织不能控制互联网领域的广播电视作品的传播。""在立法没有明确赋予广播组织在互联网领域控制传播权利的法律现状下,如果将广播组织权扩大至互联网领域,可能缩减著作权人网络传播权的范围,改变著作权人与邻接权人的权利分配。""虽然广播组织权的权利人不能对转播予以控制,但著作权人或者著作权的被许可人、录音录像制作者或录音录像制作者权的被许可人,仍可以信息网络传播权受到侵害为由获得司法救济。"②该案是在2010年《著作权法》就广播组织权的规定之下审理的案件,在《著作权法》修改之后,广播组织可以控制互联网领域广播电视作品的传播,由此也可以看出《著作权法》修改的意义。

(郝明英 撰写)

---

① 天津市第一中级人民法院(2017)津01民初181号民事判决书,天津市高级人民法院(2018)津民终315号民事判决书。
② 浙江省嘉兴市南湖区人民法院(2011)嘉南知初字第24号民事判决书;浙江省嘉兴市中级人民法院(2012)浙嘉知终字第7号民事判决书。

第四十八条：电视台播放他人作品的义务

【法条对比】

2010年著作权法	2020年著作权法
第四十六条　电视台播放他人的**电影作品和以类似摄制电影的方法创作的**作品、录像制品，应当取得**制片者**或者录像制作者许可，并支付报酬；播放他人的录像制品，还应当取得著作权人许可，并支付报酬。	第四十八条　电视台播放他人的**视听作品**、录像制品，应当取得**视听作品著作权人**或者录像制作者许可，并支付报酬；播放他人的录像制品，还应当取得著作权人许可，并支付报酬。

【条文主旨】

本条规定了视听作品、录像制品的许可使用及报酬支付。

【修改理由】

2010年《著作权法》第四十六条规定："电视台播放他人的电影作品和以类似摄制电影的方法创作的作品、录像制品，应当取得制片者或者录像制作者许可，并支付报酬；播放他人的录像制品，还应当取得著作权人许可，并支付报酬。"

2020年《著作权法》将电影和类电影作品修改为"视听作品"。虽然没有给出视听作品的定义，但2020年《著作权法》在第十七条中明确，视听作品包括"电影、电视剧作品"及"其他视听作品"两种类型。

究其修改的原因，随着"微电影""短视频""体育赛事节目"等新业态的发展，相关案件涌入司法机关寻求救济的案例与日俱增，但2010年《著作权法》中"电影作品和以类似摄制电影的方法创作的作品、录像制品"的规定已经无法满足实践的需求，导致2010年《著作权法》第四十六条的适用争议不断，亟须对其进行拓展，定义重构势在必行。修法后，网络环境下形形色色的视频都可以包括在"视听作品"中。[①]法律的实用性得到明显增强。

【条文释义】

【价值、功能与立法目的】

现行《著作权法》第四十八条使用视听作品的概念，使得著作权的保护范围更加明晰。

我国是成文法国家，法院受理案件和法官审判案件需要按照法定作品类型区分案由，其法律适用过程需要高度依赖成文法的现有规定，也就是需要遵从最高人民法院颁布的"案由规定"。对于没有列入《著作权法》的作品类型，法院难以给予有效的法律保护，造成司法程序启动的障碍和难度，法官也不希望受到"法官自由裁量权过大""法官造法"的质疑。此外，"知识产权法定"也限定了法院审判的手脚。

近年来，"微电影""短视频""体育赛事节目"等新作品类型一直无法纳入《著作权法》的保护范畴，给行业发展和司法审判带来困扰。有些案件中对电影和类电影作品进行扩大化解释，法官也备受外界压力。从作品演进角度看，电影是历史上当之无愧的传统类视听作品的类型，此后电视走进千家万户，客厅文化盛极一时，随着电脑和移动设备的普及，长视频和短视频孕育而生，作品创作主体也从单人创作逐渐发展到单人创作和多人创作并行的局面。[②]现行法顺应时代需求扩大了作品的范畴，使得作品的定义和分类更为合理化，为法官裁判案件提供了科学合理的法律依据和标准。

【规范内涵】

关于第四十八条中"视听作品"的认定。2014年原国务院法制办公布的《著作权法（修订草案送审稿）》第五条第二款第十二项将"电影作品"改为

[①] 陈虎：《论〈著作权法〉修改中"电影作品"的概念重构》，载《中国版权》2019年第4期。

[②] 陈虎：《论〈著作权法〉修改中"电影作品"的概念重构》，载《中国版权》2019年第4期。

"视听作品",且给出了视听作品的定义。现行法中虽然保留了"视听作品"的名称,但没有给出明确的定义,从立法角度看,有利于立法的弹性和张力,因为随着技术的快速发展,衍生出更多的视听作品类型是无法阻挡的潮流趋势,需要保持立法的适度弹性和前瞻性。

《保护文学和艺术作品伯尔尼公约》(以下简称《伯尔尼公约》)第二条第一项将电影和类电影作品作为保护客体,《伯尔尼公约》没有对电影作品进行定义。我国立法中吸纳了《伯尔尼公约》的概念。《著作权法实施条例》第四条第十一项对电影作品进行了定义。但是,上述定义还停留在有形介质存储(如胶片)环境下的电影作品的概念,与利用数字技术的无形介质情形下的新型视听类作品大相径庭。此外,作品的创作方式、传播方式也发生了翻天覆地的变化,此次修正顺应了时代的发展与需要。[1] 对于如何判断"网络音乐""微电影""短视频""体育赛事节目"是否具有独创性的问题,不能完全参照电影的创作性高度和水平,需要保留与其形式和内容相匹配的创造能力,给予合理的独创性认定安排。[2]

【以案说法】

案例1:电视台播放他人的电视剧作品应当取得制片者或者录像制作者许可并支付报酬

在"北京某影视传媒有限责任公司、某广播电视台著作权权属、侵权纠纷案"[3]中,原告北京某影视传媒有限责任公司投资拍摄的电视剧《淬火成钢》取得国家新闻出版广电总局的(广剧)剧审字(2016)第21号《国产电视剧发行许可证》,原告为电视剧唯一授权发行机构并全权负责该剧的发行。此剧在央视首播期间,被告某广播电视台在未与原告达成任何协议未经授权的情况下,被告下属的某党建先锋频道就擅自公开播放。2017年4月5日,原

---

[1] 杨幸芳、李伟民:《视听作品的定义与分类研究——兼评我国〈著作权法〉第三次修订中"视听作品"的修改》,载《中国政法大学学报》2020年第3期。

[2] 马李文博、乔燕冰:《"视听作品"概念为何重要?短视频著作权如何认定和保护?——两会代表委员谈〈著作权法修正案(草案)〉》,载微信公众号"中国艺术报",2020年5月27日。

[3] 湖南省高级人民法院(2018)湘民终176号民事判决书。

告委托律师向被告发出律师函,被告未给予回应,在本剧全国各地方台开始二轮播放前,被告又擅自在其下属党建先锋频道进行了二次播放,为此原告委托律师前往被告处与被告协商,被告称该剧是被告从其他节目公司购得,该节目公司在向被告出售电视剧时称自己享有版权,并拒绝透露该公司名称。原告认为,被告未经原告许可播放原告享有版权的电视剧,业已构成侵权,严重损害了原告的合法权益,故诉至法院要求判令被告赔偿原告因此造成的经济损失。

法院经审理查明,八一电影制片厂与原告北京某影视传媒有限责任公司签订授权书,授权原告对外签署许可发行、整体转让等涉及《淬火成钢》电视剧著作权处分的合同,故原告依法享有录音录像制作者权,有权提起诉讼。本案中,法院根据《中华人民共和国著作权法》第四十六条规定认为被告未能提供证据证实其播放原告享有录音、录像制作者权的电视剧经过了原告的授权并支付了相关报酬,依法应当承担相应的民事责任。

案例2:游戏的整体运行画面是否可以认定为类似摄制电影的方法创作的作品?

蜗牛公司开发的手机游戏《太极熊猫》最早版本于2014年10月31日上线;A科技公司、B科技公司开发的手机游戏《花千骨》最早版本于2015年6月19日上线。2015年8月5日,蜗牛公司向一审法院提起诉讼,认为《花千骨》手机游戏"换皮"抄袭了《太极熊猫》游戏,即仅更换了《花千骨》游戏中的角色图片形象、配音配乐等,而在游戏的玩法规则、数值策划、技能体系、操作界面等方面与《太极熊猫》游戏完全相同或者实质性相似。蜗牛公司要求A科技公司、B科技公司立即停止侵权行为,在公开媒体上赔礼道歉、消除影响,并赔偿经济损失3000万元。

法院认为,涉案《太极熊猫》游戏运行动态画面整体构成以类似摄制电影的方法创作的作品。网络游戏的整体运行画面是其整体作品的表现形态。网络游戏最终显示在屏幕中的整体画面,是以其计算机程序为驱动,将其文字、音乐、图片、音频、视频等多种可版权元素,以体现和服务游戏玩法和游戏规则为目的形成的有机、连续、动态组合的呈现。其整体运行画面才是网络游戏作品完整的呈现方式,也是玩家所认知和感知的整体作品形态。《太极熊猫》整体画面从其表现效果来看,是随着玩家的不断操作,呈现在屏幕上的"连续动态的图像",符合类电影作品的定义。进一步地,ARPG类游戏的玩法设置本身具有剧情性,即其主要构筑了一个具有丰富内涵的虚拟世界,在该世界里玩家可以体验角色选择、养成宠物、历经成长、开展对战等一系列游戏事件和剧情,获得沉浸式的视听体验,与电影作品的欣赏体验类似。此外,作为手机游戏《太极熊猫》还设置了强制玩家操作的新手引导部分、战斗过程中的自动战斗、自动寻路等游戏强制设定或自动设定,玩家在这些设定中对于游戏的操作度很低,使游戏呈现的画面性质上,更具有类似电影作品特质。故《太极熊猫》游戏运行动态画面整体构成《著作权法》第三条第(六)项规定的类电影作品。①

案例3: 游戏连续动态画面是否构成作品及类电作品?游戏直播行为是否属于我国《著作权法》规定的著作权利调整范围?

某计算机系统有限公司与上诉人某网络科技有限公司侵害著作权及不正当竞争纠纷二审民事案件中,某网络科技有限公司认为游戏直播画面不具有固定性,不符合法律对作品的定义,游戏直播画面不具有独创性。

法院经过审理认为,涉案游戏是一款在线的、多人参与互动的网络游戏,用户登入后可按照游戏规则支配其中的角色参与互动,游戏过程具有互动性,可有对抗性。经审查,这种游戏的核心内容可分为游戏引擎和游戏资源库,前者是由指令序列组成的计算机软件程序,后者是各种素材片段组成的资料库,含有各种音频、视频、图片、文字等文件,可以视为程序、音频、视频、图片、文档等的综合体。涉案游戏由用户在终端设备上被登入、操作后,游戏引擎系统自动或应用户请求,调用资源库的素材在终端设备上呈现,产生了一系列有伴音或无伴音的连续动态画面。就其整体而言,这些画面以文学作品《西游记》中的情节梗概和角色为引,展示天地间芸芸众生"人""仙""魔"三大种族之间发生的"门派学艺""斩妖除魔"等情节、角色和场景,具有丰富的故事情节、鲜明的人物形象和独特的作品风格,表达了创作者独特的思想个性,且能以有形形式复制,与电影作品的表现形式相同。考察这种游戏的创作过程,是在游戏策划人员进行故事情节、游戏规则等进行整体设计,以及美工对游戏原画、场景、角色等素材进行设计后,程

---

① 江苏省高级人民法院(2018)苏民终1054号民事判决书。

序员根据需要实现的功能进行具体代码编写后形成的。此创作过程综合了角色、剧本、美工、音乐、服装设计、道具等多种手段，与"摄制电影"的方法类似。因此，涉案游戏在终端设备上运行呈现的连续动态画面可认定为类电作品。

同时法院还指出，涉案游戏在用户登入运行过程中呈现的连续动态画面，与传统电影作品或者类电作品的明显差异是，前者具有双向互动性，不同玩家（用户）操控涉案游戏或者同一玩家以不同玩法操控游戏，会呈现不同的动态画面，尤其是多人参与的情况下，呈现结果往往难以穷尽。然而，著作权法中对类电作品的认定要件并未限定连续动态画面的单向性。而且，游戏系统的开发者已预设了游戏的角色、场景、人物、音乐及其不同组合，包括人物之间的关系、情节推演关系，不同的动态画面只是不同用户在预设系统中的不同操作或选择之呈现结果，用户在动态画面的形成过程中无著作权法意义上的创作劳动。另外，在预设的游戏系统中，通过视觉感受机械对比后得出的画面不同，如具体的场景或人物动作的变化等，并不妨碍游戏任务主线和整体画面呈现的一致性。因此，尽管游戏连续动态画面是用户参与互动的呈现结果，但仍可将其整体画面认定为类电作品，属于我国《著作权法》规定的著作权利调整范围。[①]

案例4：未经合作方允许，在第三方平台发布短视频是否构成著作权侵权行为？

2018年8月2日，时代公司（原告）与天下公司签订了《百家号与Zoomin.TV合作协议》，就《Amazing中国故事》短视频系列节目的版权获取及共同打造节目IP事宜约定：由天下公司原创、制作的144集《Amazing中国故事》短视频系列节目的版权全权归时代公司所有，时代公司享有全球范围内的一切相关权利。后原告发现，未经任何许可，被告张某以"追影狂人记"为名的账号在"阳光宽屏网""西瓜视频"网页（PC）端及手机客户端上，发布的视频《一个法国老外，35年只拍中国，用60万张照片见证中国巨变》，内容与涉案作品完全相同。原告认为，被告的行为已构成著作权侵权，必须立即停止侵害、消除影响、向原告赔礼道歉，并对原告赔偿全部损失。

[①] 广东省高级人民法院（2018）粤民终137号民事判决书。

法院经审理认为，如无相反证明，在作品上署名的为作者，作者享有著作权。电影作品和以类似摄制电影的方法创作的作品的著作权由制片者享有，著作权人有权许可他人行使其享有的权利。根据原告提交的涉案作品片头片尾画面截图、合作协议、权利声明等证据，法院确认原告经合法授权，取得涉案作品涉案期间独占专有信息网络传播权，并受我国法律保护。被告在头条号上传涉案作品，但根据头条号设置，同时在西瓜视频APP、西瓜视频PC端和阳光宽频网发布该作品，客观上导致公众能够在其个人选定的时间和地点登陆西瓜视频APP、西瓜视频PC端和阳光宽频网获得该作品，且被告未就其合法授权或合理使用进行举证，故应认定被告行为侵犯了原告就涉案作品享有的信息网络传播权。[1]

（易镁金　撰写）

---

[1]　北京互联网法院（2019）京0491民初29789号民事判决书。

第五章
著作权和与著作权有关的权利的保护

第四十九条：技术措施

【法条对比】

2010年著作权法	2020年著作权法
	第四十九条　为保护著作权和与著作权有关的权利，权利人可以采取技术措施。 未经权利人许可，任何组织或者个人不得故意避开或者破坏技术措施，不得以避开或者破坏技术措施为目的制造、进口或者向公众提供有关装置或者部件，不得故意为他人避开或者破坏技术措施提供技术服务。但是，法律、行政法规规定可以避开的情形除外。 本法所称的技术措施，是指用于防止、限制未经权利人许可浏览、欣赏作品、表演、录音录像制品或者通过信息网络向公众提供作品、表演、录音录像制品的有效技术、装置或者部件。

【条文主旨】

本条规定了技术措施的保护及其定义。

【修改理由】

本章由原来的"法律责任和执法措施"修改为"著作权和与著作权有关的权利的保护"，而且在本章节增加了技术措施和权利管理信息的规定，以解决技术措施和权利管理信息线上线下一起保护的问题，主要体现为本章的第四十九条、第五十条、第五十一条的增加以及部分修改后的第五十三条第（六）项和第（七）项。基于对技术措施和权利管理信息的重视，在国家版权局版本及原国务院法制办送审稿版本中，均将技术措施和权利管理信息单列一章。但基于技术措施与权利管理本质上还是对著作权及与著作权有关的权利的保护，因此将相关章节调整后，两者最终纳入权利保护的章节。

　　技术措施也是《世界知识产权组织版权条约》和《世界知识产权组织表演和录音制品条约》予以规定的内容。《世界知识产权组织版权条约》对技术措施的规定体现于其第十一条规定的缔约方技术措施的保护义务，"缔约各方应规定适当的法律保护和有效的法律补救办法，制止规避由作者为行使本条约《伯尔尼公约》所规定的权利而使用的、对就其作品进行未经该有关作者许可或未由法律准许的行为加以约束的有效技术措施"。《世界知识产权组织表演和录音制品条约》第十八条也对缔约方的技术措施的义务进行了规定，"缔约各方应规定适当的法律保护和有效的法律救济办法，制止规避由表演者或录音制品制作者为行使本条约所规定的权利而使用的、对就其表演或录音制品进行未经该有关表演者或录音制品制作者许可、或未由法律准许的行为加以约束的有效技术措施"。此外，在《视听表演北京条约》中也明确对技术措施的保护义务进行了规定。在2010年《著作权法》中主要体现为第四十八条第（六）项法律责任条款的规定，但是该规定既不明确也不完善。根据2010年《著作权法》第五十九条的规定，"计算机软件、信息网络传播权的保护办法由国务院另行规定"，我国《信息网络传播权保护条例》[①]《计算机软件保护条例》[②]为对技术措施另行规定的主要条例。尤其是《信息网络传播权保护条例》第二十六条第二款还专门规定了技术措施的定义，即"技术措施，是指用于防止、限制未经权利人许可浏览、欣赏作品、表演、录音录像制品的或者通过信息网络向公众提供作品、表演、录音录像制品的有效技术、装置或者部件"。我国2010年《著作权法》中既没有对何为技术措施进行明

[①] 《信息网络传播权保护条例》第十条第（四）项、第十二条、第十八条第（二）项及第（五）项、第十九条、第二十六条第二款。

[②] 《计算机软件保护条例》第二十四条第一款第（三）项。

确规定，也没有明确的技术措施的义务性规定，因此很不完善。其他"条例"位阶较低、规定较为零散。《信息网络传播权保护条例》仅适用于网络环境，对于非网络环境的技术措施并无规定。因此，在实践中不足以为相关问题的解决提供足够的支撑，也与相关的国际公约有一些差距，故本次《著作权法》修改对之予以补充规定。

修改后的本条第一款、第二款，主要来源于《信息网络传播权保护条例》第四条的规定，[①]并对之做了一定的修改。第一，将原来《信息网络传播权保护条例》第四条第一款中的"为了保护信息网络传播权"改为"为保护著作权和与著作权有关的权利"，将原来仅适用于网络环境下的技术措施保护规定，扩大到了所有著作权和与著作权有关的权利场合，扩大了技术措施保护规定的适用范围。第二，明确了权利人有权利采取技术措施。在本次《著作权法》修改之前，有些法院在司法审判中对权利人享有采取技术措施的权利表示质疑并认为，"著作权法规定著作权人享有的专有权中没有包括采取技术措施的权利，因此，采取技术措施不是权利人的专有权"[②]。第三，关于破坏技术措施的规定，修改主要体现为：（1）增加了"未经权利人许可"，使得该规定更加严谨。（2）将原来的"不得故意制造、进口或者向公众提供主要用于避开或者破坏技术措施的装置或者部件"修改为"不得以避开或者破坏技术措施为目的制造、进口或者向公众提供有关装置或者部件"。这一方面将主观由"故意"改为"以避开或者破坏技术措施为目的"，另一方面将行为对象"主要用于避开或者破坏技术措施的装置或者部件"修改为"有关装置或者部件"，扩大了适用的范围。

修改后本条的第三款对技术措施的定义性规定来源于《信息网络传播权保护条例》第二十六条第二款，表达方面未作修改。

[①] 《信息网络传播权保护条例》第四条第一款规定："为了保护信息网络传播权，权利人可以采取技术措施。"《信息网络传播权保护条例》第四条第二款规定："任何组织或者个人不得故意避开或者破坏技术措施，不得故意制造、进口或者向公众提供主要用于避开或者破坏技术措施的装置或者部件，不得故意为他人避开或者破坏技术措施提供技术服务。但是，法律、行政法规规定可以避开的除外。"

[②] 北京知识产权法院（2016）京73民终143号民事判决书。

【条文释义】

【价值、功能与立法目的】

技术措施是著作权人或与著作权有关的权利人为了保护其著作权或与著作权有关的权利而采用的有效技术、装置或者部件。之所以要予以规定，主要是基于网络环境下著作权侵权人避开或破坏其技术措施而侵犯著作权人的权利。本规定也主要是为了维护著作权人及与著作权有关的权利人对作品的控制权，为其采取技术措施提供明确的维权依据。

本条不仅规定权利人有权采取技术措施，还列举了与技术措施有关的侵权行为，并且对技术措施予以明确的定义性规定，为著作权人及与著作权有关的权利人适用技术措施提供了较为基础的依据。

从国际公约来看，技术措施的规定在《世界知识产权组织版权条约》《世界知识产权组织表演和录音制品条约》中均有体现。我国予以规定，不仅是对著作权以及与著作权有关权利人利益的保护，也符合相关国际公约的精神。

【规范内涵】

"为保护著作权和与著作权有关的权利，权利人可以采取技术措施。"本规定是著作权人及与著作权有关的权利人采取技术措施的明确法律依据。理解本规定，主要注意两点：第一，著作权人和与著作权有关的权利人均可以采取技术措施。第二，采取技术措施的目的为保护著作权和与著作权有关的权利，而非其他。此规定对于解释技术措施、界定技术措施的范围、违反技术措施规定的行为判定等具有非常大的帮助，有助于将著作权法中的技术措施与其他内容区分。

"未经权利人许可，任何组织或者个人不得故意避开或者破坏技术措施，不得以避开或者破坏技术措施为目的制造、进口或者向公众提供有关装置或者部件，不得故意为他人避开或者破坏技术措施提供技术服务。但是，法律、行政法规规定可以避开的情形除外。"本规定是权利人禁止他人破坏或避开其技术措施的规定，主要适用要点可以总结为：第一，禁止他人的行为主要包括三种，且行为认定为事实认定。[①]（1）任何组织或者个人不得故意避开或

---

① 北京知识产权法院（2016）京73民终143号民事判决书。

者破坏技术措施。也即侵权人的行为包括故意避开或破坏两种行为，为直接侵权行为。（2）不得以避开或者破坏技术措施为目的制造、进口或者向公众提供有关装置或者部件。此禁止性规定中的行为目的是避开或破坏技术措施，行为是制造、进口或向公众提供有关装置或部件。（3）不得故意为他人避开或者破坏技术措施提供技术服务。这是帮助侵权的行为，不得为他人侵犯技术措施的行为提供技术服务，这里的主观状态为故意。第二，所有以上禁止侵犯技术措施的行为，均以未经权利人许可为侵权前提。这也就意味着，如果经过权利人许可，采取了以上损害权利人的技术措施的行为，不为侵权而为经授权的合法行为。第三，法定例外，也即法律、行政法规规定可以避开的情形除外。著作权法及相关规定，不仅保护权利人的利益，而且兼顾其他方利益，实现利益平衡，尤其是为了实现著作权法的立法宗旨而对公共利益有所关注。比如个人为了欣赏他人作品而为的避开技术措施的行为，是一种典型的合理使用，这作为一种对权利人利益几乎没有影响的行为，但对满足个人合理使用作品的需求而言却非常重要，因此予以例外规定，是一种必要的利益平衡，即不为本条规定的违法行为。

本条第三款是技术措施的定义条款，即"本法所称的技术措施，是指用于防止、限制未经权利人许可浏览、欣赏作品、表演、录音录像制品或者通过信息网络向公众提供作品、表演、录音录像制品的有效技术、装置或者部件"。本规定直接明确了著作权法中技术措施所指内涵，是其他技术措施条款规定的元条款，能够为是否是技术措施提供判断依据。技术措施是数字权利管理系统的下位概念。[①]本条适用要点在于：第一，技术措施包括两种。一种为接触控制的技术措施，也即防止和限制未经许可浏览、欣赏作品、表演、录音录像制品；另一种为版权保护的技术措施，也即防止、限制未经权利人许可通过信息网络向公众提供作品、表演、录音录像制品。第二，技术措施采取主体宜作广义理解，比如在《视听表演北京条约》中关于第十五条的议定声明就明确："表演者使用的技术措施"一语，与《世界知识产权组织表演和录音制品条约》的情况一样，表演者应作广义的理解，亦指代表表演者实施行为的人，包括其代理人、被许可人或受让人，包括制作者、服务提供者

---

① 王迁：《"技术措施"概念四辨》，载《华东政法大学学报》2015年第2期。

和经适当许可使用表演进行传播或广播的人。第三，著作权法语境下，技术措施必须是能够保护作品、表演、录音录像制品权利的技术措施，区别于权利管理信息①及其他目的的技术措施。例如，为了捆绑销售而对作品采取的技术措施，就不是著作权法意义上的技术措施，不适用著作权法来解决相关问题。②但是也不排除有些技术措施兼具保护著作权及与著作权有关的权利和其他目的。③例如，购买的软件一般都设有加密设施，以防止他人对享有著作权的软件接触。第四，技术措施不仅包括有效的技术，还包括装置或者部件。

【以案说法】

案例1：技术措施的认定

技术措施是否为著作权法意义上的技术措施，是判断违法行为的前提，直接关系到被告是否实施了违反技术措施行为的认定。

在北京某科技有限公司诉上海某电子科技有限公司侵害计算机软件著作权纠纷案中，法院认为，计算机软件著作权人为实现软件与机器的捆绑销售，将软件运行的输出数据设定为特定文件格式，以限制其他竞争者的机器读取以该特定文件格式保存的数据，从而将其在软件上的竞争优势扩展到机器，不属于著作权法所规定的著作权人为保护其软件著作权而采取的技术措施。他人研发软件读取其设定的特定文件格式的，不构成侵害计算机软件著作权。④

在湖南某传媒有限公司诉深圳某科技股份有限公司侵害作品信息网络传播权纠纷案中，原告湖南某传媒有限公司认为，其对移动端访问芒果TV网站（××）上涉案节目的行为设置了技术保护措施（参见《芒果TV手机M站视频试看机制相关技术说明》），涉案的技术措施保护的是所有时长超过30分钟的视频，该技术保护措施的效果为视频源只有前15分钟可以播放，技术措施

---

① 王迁：《"技术措施"概念四辨》，载《华东政法大学学报》2015年第2期。
② 张鹏：《"恶意规避技术措施"类软件著作权侵权的认定》，载《中国知识产权报》2018年12月21日。
③ 曹丽萍：《侵害著作权案件中保护技术措施的理解》，载《中国知识产权》总第128期。
④ 上海市第一中级人民法院（2006）沪一中民五（知）初字第134号民事判决书，上海市高级人民法院（2006）沪高民三（知）终字第110号民事判决书。该案为指导案例48号。

针对的行为为手机浏览器访问芒果TV网站的行为。而且，原告湖南某传媒有限公司称，该项技术保护措施设置的目的在于推广"芒果TV"手机APP，所以正常情况下，通过手机浏览器访问芒果TV网站，移动端用户如欲浏览网站内时长超过30分钟的所有视频，播放完毕会提示用户"下载APP观看全片"。法院经审理认为，原告主张的对芒果TV网站视频的播放时间限制技术应当是客观存在的，该技术具有阻止用户在未经许可的情况下获取完整视频内容的作用，相关证据也证明该技术措施的普适性及有效性。法院进而认为，在2015年3月至2016年1月期间，原告对其经营的芒果TV网站（××）上的综艺节目和电视剧集等视频设置了技术保护措施，使上述视频无法通过除了原告经营的"芒果TV APP"软件以外的其他途径完整播放。[①]本案中相关技术措施，不仅仅在于保护相关视频形式的作品著作权，还在于推广其手机APP，因此涉案技术措施兼具保护著作权及商业推广的目的。但是从根本上看，是设置技术措施实现接触控制，因此是著作权法意义上的技术措施。

案例2：破坏技术措施的法律适用

案例一：

本次《著作权法》修改之前，技术措施主要适用的法律依据为《信息网络传播权保护条例》，但是基于《著作权法》对技术措施法律规定得不完善，在司法实践中也存在一定的困难，尤其是在网络环境下链接行为的认定中，更是复杂。比如在北京某科技有限公司与深圳市某计算机系统有限公司侵害作品信息网络传播权纠纷案中，二审法院认为，《著作权法》规定著作权人享有的专有权中没有包括采取技术措施的权利，因此，采取技术措施不是权利人的专有权，但是上述法律法规将故意避开或者破坏技术措施的行为规定为侵权行为，据此，破坏或避开技术措施的行为属于《著作权法》及《信息网络传播权保护条例》所禁止的行为。深层链接提供者如欲获得被链接网站内容，除了与被链网站达成协议获得许可外，通常需要采取破坏或避开技术措施的行为。因破坏或避开技术措施的行为是设置深层链接的前提，对于该行为的禁止亦能客观上达到禁止深层链接行为的后果。因此，适用有关技术措施的相关规定禁止深层链接行为亦是有效救济途径之一，且亦

[①] 湖南省长沙市中级人民法院（2016）湘01民初480号民事判决书。

可获得相应赔偿。①

《著作权法》本次修改后的第四十九条为权利人采取技术措施提供了明确的法律依据，在以后的法律适用中将更为有效。

不仅如此，破坏技术措施的行为还应当被独立评价。通常来讲，破坏技术措施的行为应当会产生侵犯著作权或与著作权相关的权利的后果，但是在整个行为过程的法律判断中，破坏技术措施的行为是独立存在的，而不应当被侵犯他人的信息网络传播权等吸收或混为一体。②

案例二：

原告腾讯公司是涉案电视剧作品《北京爱情故事》的独家信息网络传播权人，在"腾讯视频"软件上向公众提供《北京爱情故事》的在线播放服务。在《北京爱情故事》在线播放服务中，"腾讯视频"采取了针对其视频剧集的播放地址加密，并通过密钥鉴真获取视频密钥的技术措施以保护其视频剧集的播放地址。后腾讯公司发现"电视猫视频"提供了《北京爱情故事》的在线播放和下载，该视频系通过技术手段解析了应该只由腾讯公司专有的视频播放服务程序才能生产的特定密钥ckey值，获取了其服务器中存储的视频数据。法院经过审理认为，被告通过破坏腾讯公司的技术措施获取涉案作品，进而在"电视猫视频"上进行播放，违反了"故意避开或者破坏权利人为其作品、录音录像制品等采取的保护著作权或者与著作权有关的权利的技术措施"的规定，因此构成破坏技术措施。③

（周贺微 撰写）

---

① 北京知识产权法院（2016）京73民终143号民事判决书。
② 上海知识产权法院（2018）沪73民终319号民事判决书。
③ 广东省深圳市南山区人民法院（2016）粤0305民初3636号民事判决书，广东省深圳市中级人民法院（2018）粤03民终8807号民事判决书。

第五十条：技术措施的规避

（法条对比）

2010年著作权法	2020年著作权法
	第五十条　下列情形可以避开技术措施，但不得向他人提供避开技术措施的技术、装置或者部件，不得侵犯权利人依法享有的其他权利： （一）为学校课堂教学或者科学研究，提供少量已经发表的作品，供教学或者科研人员使用，而该作品无法通过正常途径获取； （二）不以营利为目的，以阅读障碍者能够感知的无障碍方式向其提供已经发表的作品，而该作品无法通过正常途径获取； （三）国家机关依照行政、监察、司法程序执行公务； （四）对计算机及其系统或者网络的安全性能进行测试； （五）进行加密研究或者计算机软件反向工程研究。 前款规定适用于对与著作权有关的权利的限制。

【条文主旨】

本条规定了规避技术措施而免予承担侵权责任的例外情形。

【修改理由】

此条为2020年修正的《著作权法》中新增加的条文。

之前2010年的《著作权法》中已经建立起权利保护和限制的体系，以实现著作权人和社会公众之间的利益平衡。对于规避技术措施行为，《著作权法》中却并没有相应的限制或免责情形。技术措施在法律层面的规范缺乏，会筑起社会公众合理接近作品的壁垒，打破著作权人与社会公众通过权利保护和限制而建立的利益平衡关系。

2006年实施的《信息网络传播权保护条例》第十二条中对网络空间内的规避技术措施的免责情形作出了规定，但具有一定的局限性：一是仅仅限于适用于信息网络空间内发生的规避技术措施行为，对部分其他领域规避技术措施的行为范围上有所限制；二是对作品类型的限制，例如对于盲人仅限于提供文字作品，作品类型的限制不能满足实践需求。2020年修正的《著作权法》中新增的第五十条在《信息网络传播权保护条例》第十二条的基础上进一步扩大了技术措施的限制范围，例如将"进行加密研究或者计算机软件反向工程研究"纳入其中，亦是立法回应现实需求的体现。

技术措施的限制问题是《著作权法》第三次修改工作的重点内容之一。在几次草案中关于此条文的变化中，争议主要体现为课堂教学或科学研究中对技术保护措施的限制程度。2014年《著作权法（修订草案送审稿）》第七十一条在《信息网络传播权保护条例》的基础上进一步扩大了限制范围：一是将适用范围从网络空间内的技术保护措施扩张到所有的技术保护措施；二是在课堂教学或科学研究中新增了"广播电视节目"，将"录音录像制品"改为"录音制品"；三是取消了向盲人提供作品的类型限制，从"文字作品"扩张为所有的作品类型；四是对计算机及其系统或者网络的安全性能进行测试的主体仅限于具有安全测试资质的机构；五是新增一项"进行加密研究或者计算机软件反向工程研究"。

而后在2020年4月的草案第四十八条中，又针对2014年的草案进行了细微的调整，具体表现为：一是将课堂教学或科学研究中技术保护措施限制的范围扩张为"作品、版式设计、表演、录音录像制品或者广播电台、电视台播放的载有节目的信号"；二是对计算机及其系统或者网络的安全性能进行测试,删去了"具有安全测试资质的机构"的主体要求。2020年8月的草案第五十条主要进行了语言表述上的修改,将课堂教学或科学研究中规避技术保护措施的范围限定为"作品、版式设计、表演、录音录像制品或者广播、电视"。但在最后通过的2020年《著作权法》第五十条中对于因课堂教学或科学研究而对规避技术保护措施进行免责的范围仅限于"作品",删去了"版式设计、表演、录音录像制品或者广播、电视",并且新增加第二款"前款规定适用于对与著作权有关的权利的限制"。从该条新增加的第二款可以反推出课堂教学和科学研究规避技术保护措施的范围仅限于"作品",理由如下:《著作权法》第二十四条第一款第六项的课堂教学或科学研究合理使用的范围限于"作品",而不包括版式设计、表演、录音录像制品等,因此2020年修正后《著作权法》第五十条选择了与前面合理使用的规定保持一致,因此合理规避技术保护措施也仅限于"作品"。

【条文释义】

【价值、功能与立法目的】

与有形财产权具有天然的物理边界不同,著作权的客体具有无形性和使用上的非竞争性,著作权人对作品的控制力相对较低,对著作权的保护更多依赖于法律规范的强制性保护。在网络环境下,著作权人对作品的控制力进一步降低、侵权成本降低、侵权行为的隐蔽性增强、著作权人的维权难度提升,著作权人的利益极易遭受损害。技术保护措施的出现在很大程度上解决了这一问题。作为一种技术手段,技术保护措施加强了著作权人对作品的控制,有效地保护了其著作权,尤其是信息网络传播权。为此,包括《世界知识产权组织表演和录音制品条约》在内的多个国际条约规定了技术措施的国际义务。[①]然而,在加强著作权保护的同时,技术保护措施也给传统的著作权

---

① 《世界知识产权组织表演和录音制品条约》第十八条规定:"缔约各方应规定适当的法律保护和有效的法律补救办法,制止规避由表演者或录音制品制作者为行使本条约所规定的权利而使用的、对就其表演或录音制品进行未经该有关表演者或录音制品制作者许可、或未由法律准许的行为加以约束的有效技术措施。"

法体系带来了冲击与挑战，技术保护措施与合理使用制度之间的平衡问题即是典型。技术保护措施保护的是个人利益，合理使用制度则关注对社会公共利益的实现。技术保护措施无法进行价值判断，难以精确区分合理使用与侵权行为，对于合理使用行为也一并拦截，不利于社会公众正当接近作品，客观上会产生对限制社会公众合理接近作品的不利影响。我们既需要肯定技术保护措施的运用，又需要防范权利人滥用技术保护措施而不合理地妨碍公众以正当方法接近作品的权利，因此本条款类似于合理使用制度对著作权人权利的限制，对技术保护措施的运用亦进行了相关限制，以实现技术保护措施实施者和社会公众之间的利益平衡。

【规范内涵】

关于《著作权法》第五十条第一款中的"**下列情形可以避开技术措施，但不得向他人提供避开技术措施的技术、装置或者部件，不得侵犯权利人依法享有的其他权利**"。本条的适用范围仅限于行为人自身出于使用作品的需要对技术措施进行直接规避，而不包括向他人提供避开技术措施的技术、装置或部件，其中"他人"的范围既包括不特定社会公众，也包括特定第三人。若允许行为人向他人提供规避技术措施的技术、装置或部件，则规避行为和后续的合理使用行为之间可能存在分离，且受众范围也存在扩大的可能，将不合理地损害著作权人的利益。此外，行为人避开技术措施行为不得侵犯权利人依法享有的其他权利，例如署名权、保护作品完整权、改编权等。

关于《著作权法》第五十条第一款第一项"**为学校课堂教学或者科学研究，提供少量已经发表的作品，供教学或者科研人员使用，而该作品无法通过正常途径获取**"。对于课堂教学或科学研究情形而言，可以避开技术措施有三个要求：一是量的要求，即提供的是"少量已经发表的作品"；二是主体的限制，为"教学或科研人员"；三是作品"无法通过正常途径获得"，若行为人可从其他正当、合理的途径获取作品而选择使用破坏权利人的技术保护措施，则不能适用该条之规定。

关于《著作权法》第五十条第一款第二项"**不以营利为目的，以阅读障碍者能够感知的无障碍方式向其提供已经发表的作品，而该作品无法通过正常途径获取**"。为了向阅读障碍者提供已经发表的作品而避开技术措施，有助于实现《著作权法》第二十四条第一款第十二项之合理使用规定。在适用此条时，要求避开技术措施的行为具有非营利性，且该作品无法通过正常途径获取。

关于《著作权法》第五十条第一款第三项"**国家机关依照行政、监察、司法程序执行公务**"。国家机关依照法定程序执行公务是行使国家公权力的体现，在执行公务中避开技术措施虽然对权利人造成了一定的损害，但却是对国家利益和社会公众利益的有力保障，赋予此种行为以正当性是对著作权人、国家利益及社会公众利益进行利益平衡的结果。

关于《著作权法》第五十条第一款第四项"**对计算机及其系统或者网络的安全性能进行测试**"。计算机软件及系统安全性测试是指验证系统的安全性等级、识别潜在安全性漏洞或缺陷的过程，主要需测试软件安全性、安全保密性措施、潜在软件安全性缺陷。[1]出于安全性测试目的而规避技术措施，其正当性来源更多是基于公共利益的考量。对于计算机及其系统或网络安全进行测试，是为了进一步排查开发与设计过程的错误与缺陷，确保其投入使用后能够安全、稳定地运行。在计算机及其系统或网络附加了技术措施时，避开技术措施是实施测试行为的前提，赋予此种行为以正当性有利于促进公共利益的实现。

关于《著作权法》第五十条第一款第五项"**进行加密研究或者计算机软件反向工程研究**"。赋予加密研究避开技术措施的正当性是出于公共利益考量，而计算机反向工程研究则是出于合理使用的需要。加密研究是指运用加密算法研究如何对相应传输过程中的数据信息进行保护。[2]部分加密研究可能涉及军事应用，考虑到国家利益、公共利益，应为之留下权利限制的必要空间。另外，计算机软件反向工程则是指通过对他人软件的目标程序进行逆向解剖、分析，通过反汇编方式找到程序源代码，以推导出他人软件产品的功能、算法等要素。[3]对于反向工程研究，其系学习、研究软件内含原理的重要

---

[1] 庞红彪、李之博、高小雅：《远程多管火箭炮火控系统的软件安全性测试分析》，载《计算机科学》2013年第6A期。

[2] 秦彦波：《分布式计算机网络数据加密研究》，载《火力与指挥控制》1992年第3期。

[3] 杨婵：《论计算机软件反向工程的合法性问题》，载《法律科学（西北政法学院学报）》2004年第1期。

方面。只要其反向工程研究的软件来源合法，一般应认定其属于合法行为。[1]

【以案说法】

案例1：计算机软件著作权人为实现软件、机器的捆绑销售，实施相应技术加密措施不属于合法的技术措施而属于滥用著作权行为，行为人避开相应技术措施不成立侵权

原告精雕公司持有软件名称为JDPaint精雕雕刻软件V4.0（以下简称JDPaint）的著作权，该证书推定原告自2001年7月16日起，在法定的期限内享有上述软件的著作权。2004年5月21日，国家版权局向被告奈凯公司颁发软著登字第023060号《计算机软件著作权登记证书》，登记号为2004SR04659，软件名称为奈凯数控系统V5.0（以下简称Ncstudio）。该证书载明：权利取得方式：原始取得；权利范围：全部权利；首次发表日期：2004年3月29日。原告精雕公司的JDPaint软件输出的Eng文件是数据文件，采用Eng格式。被告奈凯公司的Ncstudio软件能够读取JDPaint软件输出的Eng文件，即Ncstudio软件与JDPaint软件所输出的Eng文件兼容。原告精雕公司诉称，被告非法破译Eng格式的加密措施，开发、销售能够读取Eng格式数据文件的数控系统，属于故意避开或者破坏原告为保护软件著作权而采取的技术措施的行为，构成对原告软件著作权的侵犯。被告辩称其开发的Ncstudio软件是机械工业的控制软件，与原告软件在界面、功能设置、应用环境等方面均完全不同。Ncstudio软件能够读取JDPaint软件输出的Eng格式数据文件属实，但Eng数据文件及该文件所使用的Eng格式不属于计算机软件著作权的保护范围。

法院认为，根据《计算机软件保护条例》第二十四条第一款第（三）项的规定，故意避开或者破坏著作权人为保护其软件著作权而采取的技术措施的行为，是侵犯软件著作权的行为。上述规定体现了对恶意技术规避的限制，对计算机软件著作权的保护。著作权人可以依法采取保护其软件著作权的技术措施，维护自己的合法权益。行为人故意避开或者破坏上述技术措施的，构成对软件著作权的侵犯，依法应当承担相应的法律责任。但是，上述限制

---

[1] 杨婵：《论计算机软件反向工程的合法性问题》，载《法律科学（西北政法学院学报）》2004年第1期。

"恶意规避技术措施"的规定不能被滥用。上述规定主要限制的是针对受保护的软件著作权实施的恶意技术规避行为。著作权人为输出的数据设定特定文件格式，并对该文件格式采取加密措施，限制其他品牌的机器读取以该文件格式保存的数据，从而保证捆绑自己计算机软件的机器拥有市场竞争优势的行为，不属于上述规定所指的著作权人为保护其软件著作权而采取技术措施的行为。他人研发能够读取著作权人设定的特定文件格式的软件的行为，不构成对软件著作权的侵犯。[①]

案例2：审查侵害技术措施行为是否侵犯著作权人的信息网络传播权时，应采用服务器标准进行认定

甲公司依法享有《宫锁连城》的独家信息网络传播权。甲公司表示其曾将涉案作品非独家授权乐视网信息技术（北京）股份有限公司（以下简称乐视网）使用，但播出范围仅限于在乐视自有平台播放，乐视网不得超出范围传播作品，未经书面许可不得转授权作品。乐视网在官网上有明确的版权声明，禁止任何第三方对其进行视频盗链。法院查明，乙公司在其经营的"快看影视"手机端，通过信息网络非法向公众提供涉案作品的在线播放。乙公司在快看影视中对大量影视作品进行了编辑分类，至今仍在进行播放，在播放时无显示来源，直接进入播放页面；乙公司在播放涉案作品时无任何前置广告及暂停播放时的广告，未显示乐视网水印，显示的版本、布局与乐视APP不同。

法院认为，针对信息网络传播行为的认定标准问题，服务器标准是信息网络传播行为认定的合理标准，用户感知标准和实质性替代标准均非认定信息网络传播行为的合理标准。首先，《最高人民法院关于审理侵害信息网络传播权民事纠纷案件适用法律若干问题的规定》第三条中将信息网络传播行为限定为"置于信息网络中"的行为，从而确定了信息网络传播行为认定的法律标准。服务器标准则是对这一事实的认定标准，服务器标准更能反映该法律标准。其次，用户感知标准不应作为信息网络传播行为的认定标准。用户感知标准天然缺乏客观性，无法确保客观事实认定的确定性，从而与信息网

---

① 上海市高级人民法院（2006）沪高民三（知）终字第110号民事判决书，系最高人民法院指导案例第48号。

络传播行为所具有的客观事实特性并不契合。最后，实质性替代标准同样不应作为信息网络传播行为的认定标准。在侵犯著作权案件中，判断被诉行为是否落入权利范围应以该权利所控制行为的法定要件为依据。实质性替代标准在对信息网络传播行为的认定中考虑损失及获益因素，系在侵犯著作权案件中采用了竞争案件的审理思路。

此外，针对乙公司破坏技术措施的行为，法院认为，即便在采取服务器标准认定信息网络传播行为的情况下，仍可运用技术措施保护相关条款对甲公司利益予以救济。法院指出，本案中乙公司明确认可其在设置链接时，存在破坏被上诉人网站技术措施的行为，因此，甲公司通过适用有关技术措施的相关规定，便可在禁止上述行为的同时使得深层链接行为得以禁止，同时亦可使其损失得到相应赔偿。[①]

案例3：权利人采取合理必要技术措施时，行为人对其规避技术措施未提供合理解释则应承担侵权责任

甲公司是作品《硬骨头》在中国大陆地区的独占性信息网络传播权的权利人，并享有对侵权行为依法维权的权利。乙公司未经甲公司合法授权，通过其所经营的"云图手机电视"安卓客户端提供上述作品的在线播放服务。根据甲公司的公证书，分别将涉案来源网页地址链接复制粘贴至浏览器地址栏中，进入乐视视频网站对应剧集的播放页面，片头有75秒的广告。点击视频播放窗口上方空白处查看属性，显示的地址与涉案来源网页地址相同，连接显示未加密。点击视频播放窗口右方剧集列表中的相应剧集数字查看属性，显示"协议：未知协议；类型：不可用；地址：javascript"。点击播放窗口下方的页面广告查看属性，显示地址与涉案来源网页地址不相同。点击视频播放窗口查看视频信息，无法查看到视频播放地址。上述剧集在播放过程中均显示了"乐视视频"水印。另外，乐视视频网站发布了权利声明，其中第5条关于反盗版和防盗链等技术措施的声明中明确载明：本网站主办方已经对本网站内全部正版授权的视频内容，采取了必要的反盗版和防盗链等技术措施。

法院认为，在甲公司提交了初步证据证明乙公司通过信息网络提供涉案作品的情况下，乙公司如认为自己仅提供了搜索链接等网络服务，其应当对

[①] 北京知识产权法院（2016）京73民终143号民事判决书。

此承担举证责任。具体而言，虽然涉案公证保全的在线播放过程中显示了视频来源地址的字样，但不能仅因页面上出现了上述字样和网址就认为乙公司仅提供了转链接服务。再者，在涉案作品的播放过程中，既没有发生页面的跳转，也未显示乐视视频网站的片头广告和水印。即涉案电视剧播放过程中未离开"云图手机电视"安卓移动客户端，加之乐视视频网站对其网站内全部正版授权的视频内容，采取了必要的反盗版和防盗链等技术措施，故作为"云图手机电视"安卓移动客户端经营管理的主体，乙公司未对其行为仅构成提供链接服务提交证据或给予合理解释，故应承担举证不能的后果。在此基础上，乙公司通过涉案软件提供了涉案作品，使公众可以在其个人选定的时间和地点获得作品，侵害了甲公司对涉案作品享有的信息网络传播权。[1]

（邵红红 撰写）

---

[1] 北京知识产权法院（2019）京73民终1960号民事判决书。

第五十一条：权利管理信息保护

（法条对比）

2010年著作权法	2020年著作权法
	第五十一条　未经权利人许可，不得进行下列行为： （一）故意删除或者改变作品、版式设计、表演、录音录像制品或者广播、电视上的权利管理信息，但由于技术上的原因无法避免的除外； （二）知道或者应当知道作品、版式设计、表演、录音录像制品或者广播、电视上的权利管理信息未经许可被删除或者改变，仍然向公众提供。

【条文主旨】

本条是关于保护权利管理信息的规定。

【修改理由】

本条款是2020年《著作权法》新增的内容，主要采纳了《信息网络传播权保护条例》第五条的内容："未经权利人许可，任何组织或者个人不得进行下列行为：（一）故意删除或者改变通过信息网络向公众提供的作品、表演、录音录像制品的权利管理电子信息，但由于技术上的原因无法避免删除或者改变的除外；（二）通过信息网络向公众提供明知或者应知未经权利人许可被删除或者改变权利管理电子信息的作品、表演、录音录像制品。"从效力上看，《信息网络传播权保护条例》是行政法规，而《著作权法》是法律，本次修改，从法律层级效力方面加大了对著作权权利管理信息的保护力度。第一款主要修改的部分为，在《信息网络传播权保护条例》的基础上增加了"版式设计"以及"或者广播、电视上"，将"但由于技术上的原因无法避免删除或者改变的除外"文字调整为"但由于技术上的原因无法避免的除外"，删除了"通过信息网络"。第二款变化较大，主要是增加了"版式设计或者广播、电视""仍然向公众提供"，删除了"通过信息网络向公众提供、未经权利人许可"，将文字由"明知或者应知"调整为"知道或者应当知道"，"权利管理电子信息"调整为"权利管理信息"。

【条文释义】

【价值、功能与立法目的】

经过二十多年的发展，互联网经济迅速腾飞、智能终端更新迭代，在很大程度上扩大了作品的传播和利用范围。但伴随而来的是愈演愈烈、屡禁不止的著作权侵权，而且技术的发展使得侵权手段更加隐蔽、难以被察觉。这对于权利人而言，一方面改变了作品的创作和传播方式，另一方面使维权更加困难。为了在传播中，让社会公众知晓作品的作者、权利人信息、许可费用等基本信息，以此提高著作权人的收益，通常会在如照片、音频、视频等文件的属性选项中标明作者的信息、出版社的名称、许可证费用和许可条件等。这些信息就是权利管理信息。《世界知识产权组织版权条约》第十二条、《信息网络传播权保护条例》第二十六条亦对权利管理电子信息进行了规定。[①]虽然权利管理信息本身并非著作权法保护客体，但它对促进作品的合法使用至关重要。通过彰显作者的身份和著作权的归属的权利管理信息，在传播过程中使公众获知重要信息，以此增加著作权与相关权的"防御性"，提高著作权人的收益（财产和精神利益），这对于保护著作权意义重大。因此，立法者把《信息网络传播权保护条例》中的相关内容引入《著作权法》，是对互联网

[①] 《世界知识产权组织版权条约》第十二条规定，权利管理信息是指识别作品、作品的作者、作品的任何权利人的电子信息，或者有关作品使用的条款和条件的信息，和代表此种信息的任何数字或代码。《信息网络传播权保护条例》第二十六条规定，权利管理电子信息，是指说明作品及其作者、表演及其表演者、录音录像制品及其制作者的信息，作品、表演、录音录像制品权利人的信息和使用条件的信息，以及表示上述信息的数字或者代码。

环境下著作权侵权的新情况和新问题的回应，是顺势而为、呼应时代发展。

【规范内涵】

关于第五十一条第一项"未经权利人许可，不得进行下列行为：故意删除或者改变作品、版式设计、表演、录音录像制品或者广播、电视上的权利管理信息，但由于技术上的原因无法避免的除外"，本次修法通过禁止故意删除或者改变权利管理电子信息的行为来保护权利管理信息。此条款规定了权利管理信息的两种禁止行为，分别是删除和改变。未经权利人许可，是侵犯权利管理信息的构成要件，这与著作权侵权的构成要件保持一致，指行为人既未获得书面的授权，也没有获得口头授权。此处的权利人应当囊括著作权人或者与著作权有关的权利人。实施了侵犯权利管理信息的行为，是一种侵权行为。删除是指不论以何种方式彻底删除管理信息，删除之后，没有任何权利管理信息留存于作品或作品复制件上；改变则是对于权利管理信息构成要素的变动，包括信息部分删除、增加部分信息等。对于删除和改变行为，主观上要求行为人明知，侵权构成要件上以"过错"为要件，这体现了民法一般侵权和著作权侵权在构成要件方面的一致性。同时，通过"但书"条款赋予行为人因为技术上无法避免的原因而免于承担责任，即行为人虽然客观上存在删除或者改变权利管理信息的行为，但是删除或者改变权利管理信息的行为主要是技术原因不可避免，此种情况下行为人并不构成侵权。这种"但书条款"，是基于技术上的原因无法避免，按照免责事由类型的划分属于法定的免责事由，由法律明确规定，在适用时应当由主张存在免责事由的一方当事人承担举证责任；如果不能充分举证存在免责事由，则应当承担侵权责任。立法者之所以规定技术上的原因无法避免这样的免责事由，是因为技术问题在客观上无法避免，为鼓励技术服务提供者敢于技术创新勇于创新，需要进行利益平衡。

关于第五十一条第二项"知道或者应当知道作品、版式设计、表演、录音录像制品或者广播、电视上的权利管理信息未经许可被删除或者改变，仍然向公众提供"，此项是禁止提供明知或者应知未经权利人许可被删除或者改变权利管理电子信息的作品的规定。在作品权利管理信息被删除或者改变后，行为人仍然将作品向社会公众进行传播方面的主观状态是"知道或者应当知道"，即本项是以故意和过失共同作为侵权行为的主观构成要件，属于一种过错推定。"知道"显然就是故意。结合刑法过失的分类，可以认为"应当知道"属于"疏忽大意的过失"。相较于第一项，本项体现了更严格的归责原则，要求行为人承担更高的注意义务。一般情况下，行为人对自己传播的作品负有审核、管理权利管理信息的义务，法律会推定对传播的作品已进行了审核。作为传播者的行为人，在传播的作品被删除或者改变的权利管理信息，行为人未充分尽到审核的义务，就需要承担相应的侵权责任。对于权利人而言，在举证方面，只需要提供证据证明行为人存在互联网传播行为（侵权行为），导致权利人经济遭受损失，包括经济损失和作品声誉等，以及两者之间的因果关系。而行为人为了反驳权利人的主张，需要提供证据证明自己对作品的权利管理信息尽到了审核义务。当然，从侵权的构成要件上讲以"未经权利人许可"为前提，如果权利人许可，则可以删除或者改变权利管理信息，就不构成侵权。第一项和第二项中列举的行为在被实施过程中存在前后衔接的情况，可能涉及多个不同主体的侵权责任承担的问题，有可能构成共同侵权。这需要结合不同主体之间是否存在共同侵权的意思联络，如果不存在则不承担责任，如果存在，就需要承担责任。至于共同侵权的责任分担问题，按照一般共同侵权责任分担即可。

【以案释法】

案例1：删除网站上的发帖内容并不属于删除著作权权利管理信息[①]

原告在被告经营的网站上注册账号，包括"江表""江表梁"的账号，并且发表相关帖子，帖子内容都是原告在外投诉或诉讼时的所见所闻，包括原告的亲身经历和心得。但被告未经原告同意就将帖子恶意删除或者屏蔽。原告认为其撰写的帖子、回帖或是跟帖都属于原告的著作权作品，被告在无正当理由的情况下直接把原告的回帖和发帖完全删除，已经侵害了原告的著作权和相关合法权益。因此原告根据相关法律及《信息网络传播权保护条例》第五条起诉，要求法院判决被告恢复所有原告所拥有的"江表"账号中被被告删除和屏蔽的帖子及回帖并判决被告解除被告已封号并且由原告所拥有的"江表梁"账号。法院认为，著作权系基于著作权法所创设的权利，具有完全的法定性，故对于原告主张被告作为网站开办单位删除原告在该网站上发帖

[①] 广东省佛山市禅城区人民法院（2017）粤0604民初15861号民事判决书。

内容的行为，侵害原告所述的包含信息网络传播权、财产权、发帖权等在内的著作权进行判定前，须明确著作权法对于著作权的保护范围。本案中，被告在其开办的网站中删除原告发帖的行为，实质上并非被告以特定方式利用原告所主张的作品，而是被告作为网站的开办主体对于原告自行利用其所主张作品的行为拒绝提供协助，即被告以删帖的行为拒绝为原告所主张的作品提供网络信息存储空间。由于要求他人为著作权人提供信息网络存储空间并不属于著作权法对于著作权所设定的权利范围，即原告基于对其所述作品所享有的著作权中并不包含强制要求他人为其实现对作品的利用予以协助的权利。换言之，被告不负有为原告利用其所述的作品提供网络信息存储空间的法定义务，因此原告以被告删除原告发帖，主张侵害其所述的信息网络传播权、发贴权、财产权等在内的著作权的主张，均缺乏法律依据，法院不予支持。对于原告认为被告删除其帖子违反《信息网络传播权保护条例》第五条①规定的意见，法院认为上述条例第五条所禁止的行为系故意删除或者改变、录音录像制品等的权利管理电子信息的行为，对于相应的权利管理电子信息在该条例第二十六条中亦明确界定，②而本案中被删除的发帖系原告所述的作品本身，并不属于上述条例所规定的权利管理电子信息，因此原告基于上述规定，主张被告删帖构成侵权，亦缺乏法律依据。法院不予支持，最终判决驳回原告的诉讼请求。

案例2：消除短视频上的"水印"不构成侵犯信息网络传播权③

"黑脸V"是原告经营的互联网平台上知名的大"V"用户。2018年5月12日，原告上传发布"我想对你说"短视频，系由"黑脸V"独立创作完成并上传，该短视频是在13秒的时长内，通过设计、编排、剪辑、表演等手法综合形成的作品，充分表达了对汶川地震十周年的缅怀。作品一经发布就受到了网民的广泛赞誉，点赞量达到280多万。经"黑脸V"合法授权，原告依法对"我

---

① 《信息网络传播权保护条例》第五条规定，"未经权利人许可，任何组织或者个人不得进行下列行为：（一）故意删除或者改变通过信息网络向公众提供的作品、表演、录音录像制品的权利管理电子信息，但由于技术上的原因无法避免删除或者改变的除外……"

② 《信息网络传播权保护条例》第二十六条规定的权利管理电子信息含义，是指说明作品及其作者、表演及其表演者、录音录像制品及其制作者的信息，作品、表演、录音录像制品权利人的信息和使用条件的信息，以及表示上述信息的数字或者代码。

③ 北京互联网法院（2018）京0491民初1号民事判决书。

想对你说"短视频在全球范围内享有独家排他的信息网络传播权及以原告名义进行独家维权的权利。二被告未经原告许可，擅自将"我想对你说"短视频在伙拍小视频上传播并提供下载、分享服务，从而吸引大量的网络用户在伙拍小视频上浏览观看。被控侵权短视频上未显示抖音和用户ID的水印，原告主张二被告实施了消除上述水印的行为，存在破坏原告相关技术措施的故意，构成对原告信息网络传播权的侵犯。法院认为，按照双方认可的行业惯例和技术呈现，"我想对你说"短视频从原告平台上下载后应当加载有原告和用户ID的水印，而在伙拍小视频手机软件上传播的被控侵权短视频上未显示有上述水印，可以推定上述水印已被消除。但水印的性质并不是原告主张的技术措施。技术措施[①]分为接触控制措施和版权保护措施，是防止未经许可接触、利用作品的措施。著作权法意义上的"技术措施"与纯技术意义上的"技术措施"的差异主要有两点：一是著作权法意义上的"技术措施"用于作品、表演和录音制品等著作权法中的特定客体；二是著作权法意义上的"技术措施"具有阻止对上述特定客体实施特定行为的功能。只有阻止他人实施特定行为的技术性手段，才能实现《著作权法》的立法目的。本案中的水印显然不能实现上述功能。从公众的视角看，水印更具备表明某种身份的属性，符合《信息网络传播权保护条例》第二十六条关于权利管理电子信息的规定，是指说明作品及其作者、表演及其表演者、录音录像制品及其制作者的信息，作品、表演、录音录像制品权利人的信息和使用条件的信息，以及表示上述信息的数字或者代码。本案中的水印包含有"我想对你说"短视频的制作者用户ID号，表示了制作者的信息，更宜认定为权利管理信息。另外，水印中标注的"抖音"字样，表示了传播者的信息。再者，被控侵权短视频系案外人上传，消除水印的行为人不是二被告。因水印并非著作权法意义上的技术措施，消除水印的行为人亦非二被告，原告关于二被告因破坏技术措施，进而侵害其信息网络传播权的主张不能成立。

（江刘容 撰写）

[①] 《信息网络传播权保护条例》第二十六条规定的技术措施的含义，是指用于防止、限制未经权利人许可浏览、欣赏作品、表演、录音录像制品的或者通过信息网络向公众提供作品、表演、录音录像制品的有效技术、装置或者部件。

第五十二条：侵犯著作权的民事责任

（法条对比）

2010年著作权法	2020年著作权法
第四十七条　有下列侵权行为的，应当根据情况，承担停止侵害、消除影响、赔礼道歉、赔偿损失等民事责任： （一）未经著作权人许可，发表其作品的； （二）未经合作作者许可，将与他人合作创作的作品当作自己单独创作的作品发表的； （三）没有参加创作，为谋取个人名利，在他人作品上署名的； （四）歪曲、篡改他人作品的； （五）剽窃他人作品的； （六）未经著作权人许可，以展览、摄制**电影和以类似摄制电影**的方法使用作品，或者以改编、翻译、注释等方式使用作品的，本法另有规定的除外； （七）使用他人作品，应当支付报酬而未支付的； （八）未经**电影作品和以类似摄制电影的方法创作**的作品、计算机软件、录音录像制品的著作权人**或者与著作权有关的权利人**许可，出租其作品或者录音录像制品的，本法另有规定的除外；	第五十二条　有下列侵权行为的，应当根据情况，承担停止侵害、消除影响、赔礼道歉、赔偿损失等民事责任： （一）未经著作权人许可，发表其作品的； （二）未经合作作者许可，将与他人合作创作的作品当作自己单独创作的作品发表的； （三）没有参加创作，为谋取个人名利，在他人作品上署名的； （四）歪曲、篡改他人作品的； （五）剽窃他人作品的； （六）未经著作权人许可，以展览、摄制**视听作品**的方法使用作品，或者以改编、翻译、注释等方式使用作品的，本法另有规定的除外； （七）使用他人作品，应当支付报酬而未支付的； （八）未经**视听**作品、计算机软件、录音录像制品的著作权人、**表演者或者录音录像制作者**许可，出租其作品或者录音录像制品**的原件或者复制件**的，本法另有规定的除外；

（九）未经出版者许可，使用其出版的图书、期刊的版式设计的； （十）未经表演者许可，从现场直播或者公开传送其现场表演，或者录制其表演的； （十一）其他侵犯著作权以及与著作权有关的**权益**的行为。	（九）未经出版者许可，使用其出版的图书、期刊的版式设计的； （十）未经表演者许可，从现场直播或者公开传送其现场表演，或者录制其表演的； （十一）其他侵犯著作权以及与著作权有关的**权利**的行为。

【条文主旨】

本条规定了侵犯著作权和与著作权有关的权利的行为类型以及行为人应当承担的民事责任。

【修改理由】

2010年《著作权法》第四十七条第（八）项规定"未经电影作品和以类似摄制电影的方法创作的作品、计算机软件、录音录像制品的著作权人或者与著作权有关的权利人许可，出租其作品或者录音录像制品的，本法另有规定的除外"。在适用过程中，该项中的"电影作品和以类似摄制电影的方法创作的作品"涵摄范围狭窄，已经不适应科技及产业发展的需要，加之2020年《著作权法》第三条第（六）项用"视听作品"代替了"电影作品和以类似摄制电影的方法创作的作品"。为了保持表达上的一致，并适应社会的发展需要，《著作权法》对此处内容进行了相应的修改。

2010年《著作权法》第四十七条第（八）项中的"与著作权有关的权利人"表达过于笼统模糊。根据2010年《著作权法》第四十二条的规定，作为有关权利人的录音录像制作者对其制作的录音录像制品享有出租权，但未规定表演者的出租权。由于《世界知识产权组织表演和录音制品条约》第九条规定了表演者的出租权，我国已于2007年加入该条约，为了履行国际条约规定的义务，同时保护表演者的出租权，平衡表演者与录音录像制作者的利益，2020年《著作权法》增加了表演者的出租权，并且用"表演者或者录音录像制作者"替代"与著作权有关的权利人"，使立法内容更加明确和科学。

2010年《著作权法》第四十七条第（十一）项规定"其他侵犯著作权以

及与著作权有关的权益的行为",其中的"权益"指的是受法律保护的"权利"和"利益"。而权利是被法律规范明确的被类型化的利益。可见,权益的内涵及外延比"权利"相对宽广。由于著作权是具有排他性的权利,对他人构成限制,因此著作权采取法定原则,外延较宽的"权益"概念将导致被保护的著作权外延过于宽广,构成对公众获取和使用的限制,也使得著作权的利益边界更加模糊,有害于公共利益,不符合著作权法的立法目标。因此,2020年《著作权法》将"权益"修改为"权利",一方面有利于更好地贯彻著作权法定原则,防止著作权的扩张;另一方面使著作权法保护的内容更加科学、明确和具体。

【条文释义】

【价值、功能与立法目的】

《著作权法》的立法目的是鼓励有益于社会文明建设的作品的创作和传播,促进文化及科学事业的发展。实现这一目的的手段之一是赋予创作者以一定时期的著作权。著作权是消极性权利,是禁止他人从事某种行为的权利。著作权是对世权、绝对权,权利人之外的其他人都是义务主体。义务主体需要履行法律规定的不侵犯他人著作权的义务,如果义务主体不履行或者不完全履行义务,就需要承担否定性的法律后果——民事责任。无救济则无权利。侵犯著作权及与著作权有关的权利一般会对权利人的人身权或财产权造成损害,民事责任就是通过处罚侵权人的方式对著作权进行救济的制度保障。

本条款规定的民事责任方式为对侵权行为人追究民事责任提供了法律依据,具有保障民事权利实现、使民事权利得到救济的功能,是确保《著作权法》得以有效实施的制度保障。民事责任的存在使侵权人产生忌惮,从而预防和约束了侵权行为。民事责任以国家强制力为后盾,使创作者因为有恒产而有创作的恒心。因此,民事责任是著作权制度不可或缺的重要组成部分。

不同的法域对著作权侵权行为界定的立法模式不同,有的通过界定著作权侵权概念的方式进行概括式立法,有的通过逐一列举侵权行为方式进行列举式立法,有的通过排除合理使用等具体违法阻却事由,将其他非法行为都视为侵权的排除式立法。我国《著作权法》采用了列举式。本条规定详细地列举了具体的侵权行为类型,为法律适用提供了具体、明确的侵权样态和规格，提供了明确的侵权事实认定标准，直观的法律依据，有利于司法机构进行程式性的司法，减轻了其表述、归纳和指引的困难，实现了侵权认定的便捷和高效，也能够帮助公众直观明确地判断某种行为是否具有违法性，从而对公众行为提出了明确的指引。

【规范内涵】

该条规定了侵权行为可能面临的民事责任类型，即停止侵害、消除影响、赔礼道歉、赔偿损失等。

停止侵害指的是侵权行为人立即停止正在实施的侵害他人著作权及与著作权有关的权利的行为，是非财产责任，能够最直接地救济权利人，是首要的著作权侵权责任方式。其与排除妨碍和消除危险责任方式具有不同的功能，不能混淆。"正在实施"一般指的是在法院下达判决时仍在实施。如果在法院下达判决时被诉侵权人已经停止被诉行为，就不需要被诉侵权人继续承担这种责任。原告在提出该项责任请求时常同时提出召回、清除及销毁侵权品的责任请求，往往涉及公共利益。法院是否支持该请求，需要依据著作权的特性认识到存在侵权就当然判令停止侵权行为的局限性，考虑是否需要判定"不停止使用"，即在符合特定条件的情况下，即使行为人构成侵权，也不必然停止使用，可以考虑通过其他方式救济权利。在司法实践中，判定不停止使用的条件或理由一般为公共利益、履行不能、著作权存在瑕疵等。判定不停止使用时是否需要采取替代措施或者采取何种类型的替代措施，目前法律没有明确规定，由法院自由裁量。[①] 停止侵害责任履行存在不同的效果，如果侵权人形式上停止了侵权行为，但是保留了制作侵权复制品的材料、工具、设备等，这容易导致侵权人继续从事侵权行为，未达到实质上停止侵权的效果。因此，应当进一步明确停止侵权责任的内涵不仅仅是停止侵权行为，而应包括销毁侵权工具、材料及设备等，或者禁止前述物品再次进入商业渠道，尽量消除后续侵权的可能性。

消除影响指的是侵权人在给权利人造成损害的影响范围内，采用适当的补救手段，消除对权利人的不良影响，修复权利人应有的社会评价水平。消

---

① 喻玲、汤鑫：《知识产权侵权不停止的司法适用模式——基于138份裁判文书的文本分析》，载《知识产权》2020年第1期。

除影响是一种具有效果意义而非手段意义的责任承担方式,是非财产责任方式。但是,立法和司法没有明确消除影响的具体适用方式,在司法实践中多由法官自由裁量。对于适用方式,一般需要侵权人以与侵权行为对等的方式、范围,以一定的频率、篇幅或者内容通过口头、报刊、网络等方式进行。如果侵权人拒绝履行该判决,应当强制执行,并由被执行人负担相关费用。法律没有明确消除影响的请求权人除了自然人外是否还包括法人,适用条件是否必须是人身利益遭受侵害,财产利益遭受侵害是否可以适用。《民法典》第一百七十九条第(十)项规定"消除影响、恢复名誉"。如果将"恢复名誉"看作"消除影响"的结果,那么消除影响的请求主体应包括法人,因为《民法典》第一百一十条第二款规定,法人或者非法人组织享有名誉权。相应地,消除影响的使用条件应限于人身利益遭受侵害的情况。如果"消除影响"与"恢复名誉"之间不存在因果逻辑关系,而是不同的责任方式,将不能推导出以上结果。

赔礼道歉指的是侵权人以真诚的、发自内心的公开的或者不公开的礼节或者行为向受害的权利人表示歉意,以消除其愤慨和不平之感。该责任方式具有弥补受害人精神创伤、修复侵权人的负罪感的功能,在某种程度上,该种责任方式比财产性赔偿的效果更直接和明显。将本属于道德范畴的赔礼道歉纳入法律范畴是道德法律化的结果。一般情况下,只要权利人有证据证明其人身权利遭受侵害,法院通常判决侵权人承担赔礼道歉的责任。如果权利人只能证明其财产权利的侵害,则不能适用该责任。另外,赔礼道歉的适用边界和限制方式需要考察赔礼道歉的诚恳状态是否达到获得权利人谅解的程度。该责任通常的适用对象是自然人因其人身权利遭受损害的情况。

在司法实践中,对于消除影响和赔礼道歉的适用存在混乱的情形,或者认为消除影响是赔礼道歉的结果,只支持消除影响的请求。实际上,《民法典》第一百七十九条及本条款内容,二者规定的是相互独立、功能各异的不同责任。就救济功能而言,赔礼道歉旨在消除受害人的愤怒和伤感,救济权利人的尊严和自我评价,达到谅解的目的,消除影响旨在消除第三人的错误认知,形成对权利人的正确认知。

赔偿损失指的是行为人的行为侵害了他人的著作权或与著作权有关的权利,并获得利益或者对权利人造成损失时,应当将其违法所得赔偿给权利人,或者给予权利人一定的财产以弥补权利人遭受的损失的一种责任方式。该种责任是一种被普遍适用的财产性责任，既可适用于侵权行为，也可适用于违约行为；既可适用于财产性损害，也可适用于精神性损害。相较于其他三种责任形式，关于该责任的法律规定较为具体。2020年《著作权法》第五十四条专门就赔偿损失责任的赔偿额的确定、故意情形下的加重责任、法定赔偿、赔偿范围、举证责任等问题给予了较为明确的规定，此处不再详述。①

由于赔礼道歉、消除影响及停止侵害责任方式本质上是非金钱责任，不能填补权利人遭受的财产性损害后果，甚至也不能抚慰权利人因侵害行为遭受的精神损害后果，因此，损害赔偿常与以上责任方式配合使用。本条款仅仅列举了四种民事责任承担方式，除此之外，还可以适用《民法典》第一百七十九条规定的民事责任承担方式。在司法实践中，应根据案件的具体情况，确定合适的承担民事责任的方式。

该条第（一）项规定的"未经著作权人许可，发表其作品的"行为侵犯的是《著作权法》第十条第（一）项确认的是否将作品公之于众，以何种形式公之于众的发表权。依据《最高人民法院关于审理著作权民事纠纷案件适用法律若干问题的解释》第九条规定，"公之于众"指的是著作权人自行或者经著作权人许可将作品向不特定的人公开的行为。公开的状态应当达到不特定的人能够通过正常途径接触或者知悉的状态。作品公开的对象应当是不特定的人，如果仅仅是特定范围，例如参加项目评审的人员，将不构成公之于众。公开的内容应当是作品的主要内容，对作品题目，例如申报项目名称的公开不属于将作品公之于众的范畴。②另外，无论公众是否知晓公开的行为及内容，均不影响公之于众的事实，均产生公开的效果。由于发表权的内涵还包括公之于众的形式，如果行为人未依权利人意思表示决定的形式发表其作品，亦侵害了权利人的发表权。由于发表权是一种一次性权利，如果相关作品在未经著作权人同意的情况下被公之于众，该作品的发表权就发生穷竭，他人的类似行为不能构成对发表权的侵害。③

---

① 冯晓青：《著作权法（第二版）》，法律出版社2022年版，第278—281页。
② 广东省高级人民法院（2019）粤民终1586号民事判决书。
③ 北京市西城区人民法院（2019）京0102民初8608号民事判决书。

该条第（二）项规定的"未经合作作者许可，将与他人合作创作的作品当作自己单独创作的作品发表的"行为侵犯了其他合作作者的发表权。由于发表权与著作财产权联系密切，因此对该权利的侵害也会导致对作者署名权和著作财产权的侵害。根据《著作权法》第十四条第二款的规定，对于不可分割的合作作品，在没有协商一致的情况下，任何一方有权行使除转让、许可他人专有使用、出质以外的其他权利。因此，该项内容的适用仅限于发表行为，不涉及其他使用行为。需要说明的是，无论任何一位合作作者以何种方式使用合作作品，均不能侵害其他合作作者的署名权。

该条第（三）项规定的侵权行为是"没有参加创作，为谋取个人名利，在他人作品上署名的"行为。这种行为包含两种情况，一是没有参加创作的人在作品上只署自己的名字，这种行为侵犯的是《著作权法》第十条第一款第（二）项确认的表明作者身份，在作品上署名的权利。二是在保留真实作者署名的条件下，在真实作者前后签署自己姓名的行为，这种行为一方面侵犯了作者表明自己是独立创作者的权利，另一方面违反了《著作权法》第十四条第一款的规定，即没有参加创作的人，不能成为合作作者，不能在作品上署名。因此，这种侵权行为既侵害了真实作者的权利，也侵害了公共利益。关于"参加创作"，其判断条件应当是主观上有参加创作或者共同创作的合意，客观上有参加创作的行为，二者缺一不可，否则即为没有参加创作。

该条第（四）项规定"歪曲、篡改他人作品的"侵权行为侵犯的是《著作权法》第十条第一款第（四）项规定的保护作品完整权，还可能包括第十条第一款第（二）项的署名权，或第（三）项的修改权。歪曲指的是行为人故意改变他人作品的本来内容或对作品作出不正确的反映。篡改指的是故意用虚假的手段对作品内容等进行改动或曲解。保护作品完整权的本质是为了尊重作者体现在作品中的人格而保护作品不受歪曲和篡改。同时，为了防止权利人因作品的微小并无碍权利人声誉及其他人格利益的改动而过于频繁地发起诉讼，实践中要求该篡改或者歪曲行为达到实质性地改变了权利人表达的感情或思想的程度，以至于其声誉等人格遭受损害。作者声誉遭受损害的表现并不要求所有观众对原作品的评价都降低，只要有公众对原作品的评价降低，就可以认定作者声誉遭受到损害。①另外，在法律适用过程中还要区分歪曲、篡改的实质对象。如果歪曲、篡改的是处于公有领域的历史事实，而不是涉案作品本身独有的表达和思想，不能判定侵权成立。

该条第（五）项规定的"剽窃他人作品的"侵权行为侵犯的权利可能包括复制权、署名权、修改权等。剽窃他人作品指的是抄袭别人的思想或者表达，采用他人作品而不说明来源，把别人的作品据为己有的行为。剽窃行为一般仅对他人作品做出个别部分改动，或者仅对个别词句进行改动，然后主张其为自己的作品，其中不存在创造性劳动。剽窃他人作品一般是为了谋取财产利益或者社会名誉。在抄袭认定的问题上，"应坚持整体认定和综合判断，即结合涉嫌抄袭内容在图书中所占比例、结构内容协调性等方面判断该部分内容究竟属于被诉侵权人独立创作形成还是生搬硬套抄袭剽窃权利图书的结果"②。

该条第（六）项规定的"未经著作权人许可，以展览、摄制视听作品的方法使用作品，或者以改编、翻译、注释等方式使用作品的，本法另有规定的除外"的行为侵犯的是《著作权法》第十条规定的复制权、展览权、摄制权、改编权、翻译权、注释权等。作者有权自己行使上述权利，也可以许可他人以上述方式使用相关作品，并由此获得报酬。如果他人未经许可擅自以上述方式使用作品，则为侵权，应当承担相应的民事责任，但是构成合理使用著作权人的作品的行为除外。

其中，未经许可展览作品的行为指的是在未取得权利人许可的情况下，公开陈列美术作品、摄影作品的原件或者复制件的行为。例如，未经权利人许可在经营场所摆放《熊大》的卡通动漫形象的行为，虽然不是直接以该作品展出为主，但是摆放行为有助于招徕客户，扩大影响，也属于商业性展览行为，③构成侵权行为。

未经许可摄制视听作品的行为指的是在未取得权利人许可的情况下，以摄制视听作品的方法将作品固定在载体上。实质上，该行为属于未经许可的

---

① 上海知识产权法院（2019）沪73民终391号民事判决书。
② 重庆市高级人民法院（2020）渝民终529号民事判决书。
③ 河南省高级人民法院（2020）豫知民终470号民事判决书。

特定形式的改编行为。在适用方面应依据改编行为等的认定规则和理念。

未经许可改编作品的行为指的是在未取得权利人许可的情况下，改变作品并创作出具有独创性的新作品的行为。改编行为本身是一种通过对原有作品进行重组、加工、再合成的一种再创作行为，或者演绎行为，具有一定的独创性。"改编作品"的对象和程度是区分是否侵权以及侵犯何种权利的关键。一般而言，"改编作品"包括：改变作品的类型，或改变作品的构成要素，或改变作品构成要素的组合排列的逻辑顺序，或改变作品构成内容的表达方式。无论改变以上哪部分内容，都不能对相关作品的思想、理念做出过大的改变，否则会构成歪曲、篡改或者剽窃他人作品的行为，从而侵害权利人的修改权或保护作品完整权。[①]判断某作品是否为改编作品需要采取科学的程序。第一步，需要确定被诉侵权作品与原告作品的相似部分是否属于作品的表达，如果相似部分为思想则应当予以排除。第二步，需要确定相似的表达是原告作品的独创性表达还是惯常性表达，将惯常性表达部分予以排除。第三步，比较该独创性表达在需要对比的作品中是否构成实质性相似。通过该三步检验法，如果确定被诉侵权作品与原告作品构成实质性相似，则该被诉作品可被认为是基于权利作品的改编作品。

该条第（七）项规定的"使用他人作品，应当支付报酬而未支付的"侵权行为侵犯的是《著作权法》第十条第二款规定的获得报酬请求权。这里的"使用"包括"复制、发行、出租、展览、表演、放映、广播、信息网络传播、摄制、改编、翻译、汇编"等方式。该项规定的使用行为应当定性为依照约定或者法律规定的有权使用。法律只有赋予著作权人通过控制他人使用的行为获得财产收入才可以达到鼓励其投入创作的目的。如果获取授权使用的行为人不支付报酬，将使该目的落空。因此，除法律规定的可以不付报酬的使用行为以外，或权利人明确放弃获得报酬权，使用人应当依照合同约定或者本法的有关规定给付报酬。适用该项的侵权行为应当包括，未依照约定的数额或标准支付报酬的行为，未依照约定的期间逾期或者延期支付报酬的行为，以及不付报酬的行为等。

---

① 吴汉东主编：《知识产权法（第五版）》，法律出版社2014年版，第121—122页。

该条第（八）项规定的"未经视听作品、计算机软件、录音录像制品的著作权人、表演者或者录音录像制作者许可，出租其作品或者录音录像制品的原件或者复制件"的侵权行为侵害的是《著作权法》第十条第一款第（七）项规定的出租权，即有偿许可他人临时使用视听作品、计算机软件的原件或者复制件的权利（计算机软件不是出租的主要标的的除外）。在法律适用过程中应当注意，由于出租权不是传统的著作权内容，是因技术进步产生了新的作品利用方式而产生的新的权利类型，因此，不是所有的作者都享有出租权，只有"著作权人、表演者、录音录像制作者"及其继承人享有出租权，也不是所有的作品都可以衍生出租权，只有"视听作品、计算机软件、录音录像制品"才可以衍生出租权。而图书等作为传统的、普遍的作品形式承载着重要的文化传播功能，出租权形成的控制会影响该功能的发挥，因此图书不存在出租权。

该条第（九）项规定的"未经出版者许可，使用其出版的图书、期刊的版式设计的"侵权行为侵犯的是《著作权法》第三十七条规定的版式设计专用权，即"出版者对其出版的图书和期刊的版面格式，即版心、排式、用字、行距、标点等版面布局因素的安排，表现为文字、图片和空间布局中具有独创性的设计部分享有的专有权利，该权利不同于原创性作品享有的著作权，其保护的是出版者在传播作品的过程中付出的附加性智力劳动，属邻接权范畴，因此，法律对于版式设计专用权的权利主体、客体和保护范围有相应的限定"[①]。该专有权的主体限于"出版者"，未经出版者许可，任何人不能擅自使用相关版式设计。该权利的客体限于"图书、期刊的版式设计"，该权利的内容限于对复制性使用行为的控制权。基于此，既非图书，也非期刊的固定形式的广告册不属于《著作权法》保护的版式设计。为了保护公共利益，避免专有权的扩张，践行权利法定，法律适用过程中也不能将对图书、期刊的版式设计保护范围扩大解释为包括广告、产品和服务介绍册子等在内的所有发行物。[②]

该条第（十）项规定的"未经表演者许可，从现场直播或者公开传送其

[①] 云南省高级人民法院（2015）云高民三终字第30号民事判决书。
[②] 云南省高级人民法院（2015）云高民三终字第30号民事判决书。

现场表演,或者录制其表演的"的侵权行为侵犯的是《著作权法》第三十九条规定的表演者的现场直播权、公开传送权、首次固定权、获得报酬权等。该项中的"现场直播是广播电台、电视台等组织以无线方式传送表演活动的信号,使远端的观众能接受并欣赏表演活动中的声音或图像,公开传送指的是通过除广播之外的任何媒体向公众播送现场表演的声音或图像"[1]。需要注意的是,该项中的"许可"必须以明确的意思表示而为之,只有在法律有规定或者当事人双方有约定的情况下"不作为的默示"才可以构成意思表示,否则不能构成有效的许可。[2]

该条第(十一)项规定的侵权行为是"其他侵犯著作权以及与著作权有关的权利的行为"。为了提供标准化的、直观的侵权行为判断程式,我国《著作权法》不遗余力地对侵害著作权的行为进行了类型化列举。但是,这种列举式规定存在其固有的缺陷。例如,侵权种类繁多但缺乏一般条款的概括,不符合我国用一般条款统领特别条款的立法传统,导致司法裁判的不统一;将侵权行为和侵权责任同时捆绑在一个法条之中,导致公众对二者关系产生错误理解,认为存在某类型的侵权行为一定产生侵权责任;列举时难以避免遗漏某些侵权样态,遇到列举之外的侵权样态时,或者产生新类型的侵权样态,司法不断遭遇困难。[3]为此,本项属于兜底性规定,能够涵盖其他侵害著作权及与著作权有关权益的行为,旨在避免挂一漏万,加强对权利人合法权益的保护。

【以案说法】

案例1:作品《福禄·篇》是否侵害了《葫芦兄弟》作品的权利人的保护作品完整权?

在该案中,法院认为:被告的作品《福禄·篇》动画片中有六个福禄娃以及蛤蟆精等7个动漫形象。中国版权保护中心对被告作品与原告作品《葫芦兄弟》作品相似性的鉴定结论是:两作品的故事脉络中的开端、发展相似,

---

[1] 王迁:《著作权法》,中国人民大学出版社2015年版,第280页。
[2] 四川省成都市中级人民法院(2017)川01民初3806号民事判决书。
[3] 李文、杨涛:《我国著作权侵权行为立法模式重构》,载《理论月刊》2010年第10期。

但结尾不同；人物设置相似比例为75%，人物关系相似比例为50%，人物技能相似比例为100%；在桥段设计的相似比例为26.7%。可以判断，《福禄·篇》与《葫芦兄弟》具有高度的相似性，前者是以后者的基本故事框架进行再创作形成的演绎作品，其对后者中关键人物及关键情节上的改动改变了著作权人通过后者所要表达的思想和感情，改变了《葫芦兄弟》作品对邪恶的道德批判。以滑稽、趣搞的方式创作的《福禄·篇》也改变了著作权人的严谨、庄重的艺术风格。依据公众对《福禄·篇》的点评来看，不少观众认为《福禄·篇》"毁三观""毁童年"，可以判断《福禄·篇》会导致原作声誉的降低。因此，《福禄·篇》的改编已经达到了歪曲、篡改《葫芦兄弟》动画片的程度，实质性地改变了权利人在《葫芦兄弟》动画片中原本要表达的思想和感情，侵害了权利人的保护作品完整权。[1]

案例2：被控作品是否与原告作品构成实质近似？

原告主张被控侵权图书对其图书构成抄袭，并提供了相应比对表格予以指明。经对比被控侵权图书及原告图书，基于以下理由判断，二者在整体表达方式上已构成实质性相似。第一，二者章节名称、编排体例、文字内容甚至大部分图表和公式基本相同，被控侵权图书中绝大多数内容在原告图书相应部分均可找到出处，基本是原告图书的精简压缩版。第二，原告图书中的考试大纲知识点、法律法规、行业规范等公有领域素材数量有限，经过原告加工、整理、解释后已和原告图书其他内容融为一体，不是对现有素材的简单堆积，也不是孤立的知识点。应当作为抄袭比对范围中的内容。第三，经整体认定和综合判断，根据比对表格展示的结果，构成相同或者近似的文字表达在整体图书内容中占比极高，属于其独创而在原告图书中无法找到出处的内容很少。因此，被控侵权图书与原告图书在整体表达方式上已构成著作权法意义上的实质性相似，系侵权图书，侵权情节严重。[2]

案例3：非出版者是否享有图书版式设计专有权？

某出版社等与某文化有限公司（非出版者）等侵害出版者权一案中，出

---

[1] 上海知识产权法院（2019）沪73民终390号民事判决书。
[2] 重庆市高级人民法院（2020）渝民终529号民事判决书。

版时间较晚的某出版社等出版的《福尔摩斯探案集》版式设计与汕大版《福尔摩斯探案集》的版式设计存在实质相似。前者对后者构成侵权。依双方形成的真实意思约定，汕大版《福尔摩斯探案集》一书的版式设计由某文化有限公司提供且版式设计专用权归某文化有限公司所有。虽然2010年《著作权法》第三十六条规定，出版者有权许可或者禁止他人使用其出版的图书、期刊的版式设计，但随着出版行业的产业化及行业分工的发展，版式设计可能有专门的设计人，当出版者与版式设计人出现不一致的情形时，应当根据具体事实，认定实际的版式设计人对其设计的版式设计享有专用权。在无相反证据的情况下可以认定某文化有限公司依约定取得了汕大版《福尔摩斯探案集》版式设计的专用权，可以作为原告要求侵权人承担民事责任。①

案例4：侵害作品改编权的认定

在北京某文化传播有限公司（以下简称北京某文化公司）、某影视传媒有限公司侵害作品改编权纠纷再审审查案中，再审天津市高级人民法院认定：涉案作品《牡丹之歌》是由词曲共同组成的歌曲，属于能够演唱的带词的音乐作品。其系1980年长春电影制片厂出品的电影《红牡丹》的插曲，乔羽应邀完成该歌曲的作词工作，唐诃、吕远在乔羽创作歌词的基础上经多次修改完成曲谱的创作。乔羽与唐诃、吕远客观上均实施了参与创作《牡丹之歌》的行为，三人共同创作了《牡丹之歌》，涉案作品构成合作作品，其著作权由乔羽、唐诃、吕远共同享有。北京某文化公司虽主张其享有《牡丹之歌》的整体改编权，但其仅从词作者乔羽处获得相应授权，未获得曲作者的授权，故其不能就该歌曲包括词曲的整体内容主张权利。

法院认为，北京某文化公司从词作者乔羽处获得相应授权，而《五环之歌》未使用《牡丹之歌》的歌词部分，而是创作了新的内容，不构成对《牡丹之歌》歌词部分著作权的侵害。北京某文化公司主张《五环之歌》中岳某演唱的部分侵害了《牡丹之歌》的改编权。本院认为，《著作权法》规定的改编权是指改变作品，创作出具有独创性的新作品的权利。著作权法意义上的改编行为是指在原作品基本表达基础上创作、加工形成新作品的行为。本案中，将《五环之歌》歌词内容与《牡丹之歌》歌词内容进行比对，两者既不

---

① 北京知识产权法院（2015）京知民终字第913号民事判决书。

相同也不相似，《五环之歌》的歌词内容未使用《牡丹之歌》歌词部分具有独创性的基本表达，同时《五环之歌》表达的思想主题、表达方式与《牡丹之歌》亦不相同，故某影视传媒有限公司等、岳某并未侵害北京某文化公司享有的著作权。

关于本案是否遗漏必要共同诉讼当事人，法院认为：鉴于涉案作品包括词曲两部分，具有可分性，词曲作者可以分别对其享有的著作权部分主张权利。本案中，曲作者唐诃、吕远并未提出诉讼主张，且如上所述，《五环之歌》未侵害北京某文化公司享有歌词部分的著作权，因此，北京某文化公司提出原审判决遗漏其他权利人作为必要共同诉讼当事人的理由不能成立，本院不予支持。天津市高级人民法院遂裁定驳回北京某文化公司的再审申请。[1]

案例5：未经许可公众号转载他人作品构成侵害信息网络传播权

在长沙某科技有限公司（以下简称某科技公司）沙依巴克区某书店（以下简称某书店）侵害作品信息网络传播权纠纷案中，案外人林某涉案美术作品的原始著作权人，曾获得中国平面设计协会《国际标识》设计奖。林某历经两年时间通过把城市建筑与文化特色和中国传统"福"字相结合创作了中国城市百福字体logo系列经典美术作品。2020年4月13日，林某将其创作完成的享有著作权的涉案美术作品的信息网络传播权独占性地授予原告行使，并授予原告有权以自己的名义对侵犯授权美术作品信息网络传播权的行为采取法律维权措施并有权获得相应赔偿。原告发现被告某书店在微信平台上注册的微信公众号上发表题为《还差一个"敬业福"？全国各地的福字都在这了，随便扫》一文中擅自使用了原告享有独占性信息网络传播权的美术作品共计31张。被告作为该微信公众号的所有者，应当对该公众号上出现的侵权行为承担直接的侵权责任，故起诉至乌鲁木齐市中级人民法院。

被告辩称：1.被告微信转载时间为2018年2月11日，某科技公司获得原作者作品信息网络传播权的时间为2021年4月13日，转载时某科技公司并未实际获得林某作品信息网络传播权。被告2018年转发时标注了设计师的姓名，是按照法律规定，为介绍作者林某而为之，不构成侵权，书店也是在传播设计师的作品，也是对各省市形象及设计师的作品的一种宣传与颂扬，没有任

---

[1] 天津市高级人民法院（2020）津民申351号民事裁定书。

何商业目的与行为,也没有给设计师造成任何损失,截至法院通知即删除了此条微信,在4年间仅有64个浏览数,原告提出的侵权与损失无事实依据。被告是从其他公众号上原文转发的,因为此条微信内容并没有标"原创",且内容是设计师为各城市设计的"福"字图形,也具备传播城市文化的公益性质。3.著作权许可的目的在于使用,是为了促进文化的繁荣和发展,而不仅仅为了维权。原告从林某处获得案涉作品的信息网络传播权,并未包含著作权其他权利,原告就此作品信息网络传播权在全国各地提起大量的诉讼攫取利益,有违诚实信用原则,更是违背"艺术"服务与人类与社会的初衷。

乌鲁木齐市中级人民法院经审理认为:林某将涉案作品的信息网络传播权、复制权、发行权等权利授权给原告某科技公司,并授权某科技公司可以自己名义维权并获得经济赔偿,在原告某科技公司所主张的侵权事实发生时该授权仍在有效期内,故某科技公司对案涉作品享有的作品信息网络传播权依法应受到法律保护。某书店未经权利人许可,在其管理、经营的公众号上将涉案作品全部发布的行为,侵犯了作品的信息网络传播权,依法应承担停止侵害、赔偿损失的民事责任。本案中,原告某科技公司已实际行使了著作权相关权利,并不存在被告某书店所述的原告某科技公司仅以著作权维权作为牟利手段而并不实际使用案涉作品的情形,故某书店的上述抗辩理由不能成立,本院不予采纳。对于某书店辩称其转发作品时标注了设计师的姓名,其目的在于传播设计师的作品,没有任何商业目的与行为,不构成侵权的抗辩理由,本院认为标注设计师姓名的行为是对作者署名权的保护,是否将作品用于经营性活动亦不影响某书店侵犯作品信息网络传播权的认定,故对上述抗辩理由,本院不予采纳。基于上述,法院判决被告某书店于本判决生效之日起十日内向原告某科技有限公司赔偿经济损失及合理维权费用共计3500元。[①]

该案涉及侵害信息网络传播权的认定及其法律责任。在该案中,法院确认了未经许可公众号转载他人作品构成侵害信息网络传播权。需要指出的是,这种转载行为构成侵害信息网络传播权并不以被告以营利为目的作为前提条件。只要满足未经许可实施信息网络传播行为即可。

---

① 乌鲁木齐市中级人民法院(2022)新01民初103号民事判决书。

案例6：被控侵权标志已经作为商标注册使用不影响著作权侵权认定

在再审申请人青岛某电子有限公司（以下简称青岛某电子公司）与被申请人郑某、湛江市某电器有限公司（以下简称湛江某电器公司）著作权权属、侵权纠纷案中，著作权侵权案中，最高人民法院明确了被控侵权标志已经作为商标注册使用的不影响著作权侵权认定。其再审认为，二审法院仅依据《商标法》第四十五条第一款的规定，以青岛某电子公司起诉超出涉案商标核准注册五年为由，对青岛某电子公司的诉讼请求不予支持，适用法律存在明显错误。郑某、湛江某电器公司主张著作权与商标权保护范围不同，同一标志如已作为商标使用，就不宜再给予其著作权保护，而青岛某电子公司是将"一品石"美术作品作为商标使用的，因此不应再给予其著作权保护，但是，《最高人民法院关于审理注册商标、企业名称与在先权利冲突的民事纠纷案件若干问题的规定》第一条第一款规定："原告以他人注册商标使用的文字、图形等侵犯其著作权、外观设计专利权、企业名称权等在先权利为由提起诉讼，符合民事诉讼法第一百一十九条规定的，人民法院应当受理。"因此，被控侵权标志是否已作为商标注册、郑某是否享有注册商标专用权，并不能成为其侵害他人著作权的合法抗辩事由。据此，最高人民法院在纠正二审法院相关错误的基础上，对本案作出了改判。[①]

在该案中，最高人民法院"裁判要旨"明确："虽然被控侵权人使用的标志已作为商标注册且已经超过了法律规定的提出无效宣告请求的时限，但只要其构成对他人在先著作权的侵害，就应依法承担侵害著作权的民事责任。著作权人是否已将其作品作为商标使用，并不影响对其著作权的保护。"该案体现了在著作权侵权纠纷案件中对作为在先权利的著作权保护的裁判法理。

案例7：国学经典类题材作品实质性相似的判定

在再审申请人秦某、沈阳某国学教育研究中心（以下简称沈阳某国学中心）与被申请人李某、抚顺市某文化艺术学校（以下简称抚顺某文艺学校）等侵害著作权及不正当竞争纠纷案中，涉案作品为《儿童中华铭》（上、下编），该书由某文艺出版社于2010年第一次出版，2013年第二次出版，封面注明"秦野　编著"，秦野为秦某笔名。该书借鉴了《三字经》《千字文》等

---

① 最高人民法院（2021）最高法民再121号民事判决书。

经典作品,高度浓缩中华五千年历史文化,以历史为主线,融神话传说、天文地理、政治军事、文学艺术、历史故事、文人典故等多方面内容于一体。该书约包含350个历史事件、400位历史人物、140首诗词、100则文史常识、460幅图片。编写体例为四字一句,四句一章,共100章。从第一章"宇宙茫茫 乾坤朗朗 五大文明 七洲四洋"到第一百章"大浪淘沙 天下兴亡 爱我中华 再创辉煌",每一章分别用公开发表的图片、照片、古诗词等予以解释说明。被诉侵权的《东方童铭》(上、中、下三卷)系抚顺某文艺学校的少年儿童国学培训教材,其封面注明"策划:李某","主编:程某"。该书以历史为主线,涵盖中华五千年历史,涉及历史、文化、哲学、神话、地理、科技、军事、艺术等多方面内容。该书约包含400个历史事件、500则文史知识、300位历史人物、150首诗词、200则典籍史料、680幅照片。编写体例为三字一句,四句一章,共75章。从第一章"望星空 茫茫宇 瞰大地 洲有七"到第七十五章"千古事 寸心知 能记诵 成功士",每一章亦分别引用公开发表的图片、照片、古诗词等予以解释说明。

辽宁省沈阳市中级人民法院一审认为,《弟子规》《三字经》《百家姓》等文学作品均系我国古代儿童启蒙的经典读本,是社会的共同财富,不能为个别人所垄断,任何人都有权以自己的方式对此类题材加以利用并创作作品。秦某、沈阳某国学中心基于此主张侵权,有独占垄断历史事实的嫌疑,不符合《著作权法》的立法本意。两部作品均以《中华童铭》《中华成语千句文》《弟子规》《三字经》《上下五千年》等国学经典为参考素材,以中华五千年文明发展为主线进行的独立创作,采用了不同的表达方式,属于《最高人民法院关于审理著作权民事纠纷案件适用法律若干问题的解释》第十五条规定由不同作者就同一题材创作的作品,两部作品都具有独创性,各自享有独立著作权。遂认定李某、抚顺某文艺学校未侵害《儿童中华铭》的著作权。秦某、沈阳某国学中心等不服,提起上诉。辽宁省高级人民法院二审判决驳回上诉、维持原判。秦某、沈阳某国学中心不服,向最高人民法院申请再审。

最高人民法院经审查认为,判断作品是否构成著作权侵权,需审查判断被诉侵权作品《东方童铭》是否与主张权利作品《儿童中华铭》之间构成实质性相似。首先,两部作品均借鉴了《弟子规》《三字经》《百家姓》等国学经典为参考素材,以中华文明历史为主线,融神话传说、天文地理、政治军事、文学艺术、历史故事、文人典故等内容于一体，高度浓缩和再现了中华五千年文明历史的发展轨迹。两部作品在思想内容上有一定的相似之处，但一方面，中华五千年文明历史系客观事实，任何人基于该历史事实进行的相关创作必然具有一定局限性；另一方面，《弟子规》《三字经》《百家姓》等国学经典，是我国古代儿童启蒙的经典读本，系人类社会共同的精神财富，为人类社会所共享，任何人均可以以不同表达方式对此类题材加以利用并进行创作。其次，《儿童中华铭》为四字一句，《东方童铭》为三字一句，历史事件和图片选择、文字表述、段落安排均不同。故《东方童铭》与《儿童中华铭》之间不构成实质性相似，原审判决认定李某、抚顺某文艺学校、张某、孟某未侵犯秦某、沈阳某国学中心《儿童中华铭》的著作权，并无不当。基于此，最高人民法院于2020年2月27日裁定驳回秦某、沈阳某国学中心的再审申请。①

最高人民法院在该案"裁判要旨"中指出："国学经典类题材作品实质性近似的判断应考虑以下因素：一方面，中华五千年文明历史是人类社会共同的精神财富，任何人均可以不同表达方式对此类题材加以利用并进行创作。另一方面，中华五千年文明历史系客观事实，基于该历史事实进行的相关创作具有一定局限性。若不同作品的表达均系独立完成且表达方式不同，应当认定各作品均享有独立著作权。"该案很好地体现了著作权侵权纠纷案件中如何合理划分著作权保护边界，明确不受著作权保护的、可以被任何人所自由利用的公共领域与独创性表达限定的专有领域的界限。

（冯晓青、杜爱霞 撰写）

---

① 选自《最高人民法院知识产权案件年度报告（2020）》，第132—135页；最高人民法院（2019）最高法民申6219号民事裁定书。

第五十三条：民事、行政、刑事责任

（法条对比）

2010年著作权法	2020年著作权法
第四十八条 有下列侵权行为的，应当根据情况，承担**停止侵害、消除影响、赔礼道歉、赔偿损失等**民事责任；同时损害公共利益的，<u>可以由著作权**行政管理**部门责令停止侵权行为</u>，没收违法所得，没收、销毁侵权复制品，**并可处以罚款；情节严重的，著作权行政管理部门还可以没收**主要用于制作侵权复制品的材料、工具、设备等；构成犯罪的，依法追究刑事责任： （一）未经著作权人许可，复制、发行、表演、放映、广播、汇编、通过信息网络向公众传播其作品的，本法另有规定的除外； （二）出版他人享有专有出版权的图书的； （三）未经表演者许可，复制、发行录有其表演的录音录像制品，或者通过信息网络向公众传播其表演的，本法另有规定的除外；	第五十三条 有下列侵权行为的，应当根据情况，承担<u>本法第五十二条规定的</u>民事责任；**侵权行为**同时损害公共利益的，由<u>主管</u>著作权<u>的</u>部门责令停止侵权行为，**予以警告**，没收违法所得，没收、**无害化销毁处理**侵权复制品**以及**主要用于制作侵权复制品的材料、工具、设备等，**违法经营额五万元以上的，可以并处违法经营额一倍以上五倍以下的罚款；没有违法经营额、违法经营额难以计算或者不足五万元的，可以并处二十五万元以下的罚款**；构成犯罪的，依法追究刑事责任： （一）未经著作权人许可，复制、发行、表演、放映、广播、汇编、通过信息网络向公众传播其作品的，本法另有规定的除外； （二）出版他人享有专有出版权的图书的； （三）未经表演者许可，复制、发行录有其表演的录音录像制品，或者通过信息网络向公众传播其表演的，本法另有规定的除外；

（四）未经录音录像制作者许可，复制、发行、通过信息网络向公众传播其制作的录音录像制品的，本法另有规定的除外； （五）未经许可，播放**或者**复制广播、电视的，本法另有规定的除外； （六）未经著作权人或者与著作权有关的权利人许可，故意避开或者破坏**权利人为其作品、录音录像制品等采取的保护著作权或者与著作权有关的权利的**技术措施的，法律、行政法规另有规定的除外； （七）未经著作权人或者与著作权有关的权利人许可，故意删除或者改变作品、录音录像制品**等**的权利管理**电子**信息的，法律、行政法规另有规定的除外； （八）制作、出售假冒他人署名的作品的。	（四）未经录音录像制作者许可，复制、发行、通过信息网络向公众传播其制作的录音录像制品的，本法另有规定的除外； （五）未经许可，播放、复制**或者通过信息网络向公众传播**广播、电视的，本法另有规定的除外； （六）未经著作权人或者与著作权有关的权利人许可，故意避开或者破坏技术措施的，**故意制造、进口或者向他人提供主要用于避开、破坏技术措施的装置或者部件的，或者故意为他人避开或者破坏技术措施提供技术服务的**，法律、行政法规另有规定的除外； （七）未经著作权人或者与著作权有关的权利人许可，故意删除或者改变作品、**版式设计、表演**、录音录像制品**或者广播、电视上**的权利管理信息**的，知道或者应当知道作品、版式设计、表演、录音录像制品或者广播、电视上的权利管理信息未经许可被删除或者改变，仍然向公众提供**的，法律、行政法规另有规定的除外； （八）制作、出售假冒他人署名的作品的。

【条文主旨】

本条是有关侵犯著作权及与著作权有关权利应当承担民事责任、行政责任、刑事责任的规定。

【修改理由】

《著作权法》第五十三条修改内容主要有三点：一是将侵犯著作权同时损害公共利益行为的处罚权，由原来的"可以由"改为了"由"主管著作权的部门处罚；二是增加行政执法措施，除2010年《著作权法》规定的责令停止侵权行为、没收违法所得、没收、销毁侵权复制品及工具、罚款外，增加了"予以警告"，并具体规定了罚款金额的计算方法及标准，同时对于销毁侵权假冒复制品，删除了"情节严重"，增加了"无害化"销毁的限定，即"无害化销毁处理侵权复制品以及主要用于制作侵权复制品的材料、工具、设备等"；三是在具体侵权行为规定上与《著作权法》修改条文保持一致，增加未经许可通过信息网络向公众传播广播、电视的行为；未经许可，故意制造、进口或者向他人提供主要用于避开、破坏技术措施的装置或者部件的，或者故意为他人避开或者破坏技术措施提供技术服务的间接规避行为；未经许可，故意删除或者改变作品、版式设计、表演、录音录像制品或者广播、电视上的权利管理信息的，知道或者应当知道作品、版式设计、表演、录音录像制品或者广播、电视上的权利管理信息未经许可被删除或者改变，仍然向公众提供的行为。

关于上述第三点修改的主要原因是与已经修改的条款保持一致，主要分析有关上述第一、二点，即行政执法措施修改的理由。我国著作权的保护实行"双轨制"，即行政保护与司法保护并行的制度，行政保护在制止侵权盗版行为方面可以发挥其快速、高效的优势，但2010年《著作权法》未规定行政强制手段，"影响和制约了著作权行政保护的有效性和威慑力，不利于打击侵权盗版行为"。[①]"为解决著作权主管部门执法手段偏少、偏软的问题"，[②] 对著作权行政保护相关问题进行了修改。

【条文释义】

【价值、功能与立法目的】

本条是对侵犯著作权及与著作权相关权利民事责任、行政责任和刑事责任的规定，与《著作权法》第五十二条仅规定民事责任相比，处罚力度更大。

[①] 石宏：《〈著作权法〉第三次修改的重要内容及价值考量》，载《知识产权》2021年第2期。

[②] 石宏：《〈著作权法〉第三次修改的重要内容及价值考量》，载《知识产权》2021年第2期。

本条规定了，针对侵犯著作权同时损害公共利益的，需承担行政责任；构成犯罪的，需承担刑事责任。规定侵犯著作权的民事、行政、刑事责任，可以全方位加强对著作权人和相关权利人的保护，维护社会公共利益。有关著作权民事侵权责任问题主要规定在第五十二条，有关著作权犯罪的问题主要规定在《刑法》中，因此本条对于行政责任的规定较为详细。

我国著作权保护采取司法和行政并行的"双轨制"保护模式。在2008年国务院颁布的《国家知识产权战略纲要》中指出，要"发挥司法保护知识产权的主导作用"，从国家战略角度对知识产权保护体系作出了新的定位，但行政保护的作用不可忽视。在信息技术发展迅猛，网络侵权盗版情况比较严峻的形势之下，有必要加强知识产权的行政保护。本条修改增加了行政执法的手段、加大了行政处罚的力度，对于打击侵权盗版行为，维护权利人的合法权益，维护社会公共利益具有重大意义。

【规范内涵】

第五十三条主要规定了侵犯著作权及与著作权有关权利应承担民事、行政、刑事责任的情形，对其具体分析可以从侵权行为和侵权责任两个方面进行。

有关第五十三条规定的侵权行为。 本条共规定了八种侵权行为。

第一，未经著作权人许可，复制、发行、表演、放映、广播、汇编、通过信息网络向公众传播其作品的行为。该项规定主要是保护著作权人的合法权利，也是《著作权法》的立法目的之一。对侵害著作权人合法权利行为予以规范，有助于保护著作权人的创作积极性，从而促进社会文化艺术的繁荣。该项规定中"本法另有规定的除外"，主要指《著作权法》规定的合理使用、法定许可等情况。

第二，出版他人享有专有出版权的图书的行为。该项规定主要是保护出版者的专有出版权。根据《著作权法》第三十三条规定，"图书出版者对著作权人交付出版的作品，按照合同约定享有的专有出版权受法律保护，他人不得出版该作品"。出版他人享有专有出版权的图书的行为属于侵权行为。

第三，未经表演者许可，复制、发行录有其表演的录音录像制品，或者通过信息网络向公众传播其表演的行为。根据《著作权法》第三十九条规定，表演者享有许可他人复制、发行、出租录有其表演的录音录像制品，并获得报酬；许可他人通过信息网络向公众传播其表演，并获得报酬的权利。未经表演者许可的上述行为是对表演者权利的侵犯，应承担相应法律责任。该项规定中"本法另有规定的除外"，主要指《著作权法》规定的合理使用、法定许可等情况。

第四，未经录音录像制作者许可，复制、发行、通过信息网络向公众传播其制作的录音录像制品的行为。根据《著作权法》第四十四条的规定，"录音录像制作者对其制作的录音录像制品，享有许可他人复制、发行、出租、通过信息网络向公众传播并获得报酬的权利"。未经录音录像制作者许可的上述行为，是对其权利的侵犯，应承担相应法律责任。该项规定中"本法另有规定的除外"，主要指《著作权法》规定的合理使用、法定许可等情况。

第五，未经许可，播放、复制或者通过信息网络向公众传播广播、电视的行为。根据《著作权法》第四十七条第一款的规定，"广播电台、电视台有权禁止未经其许可的下列行为：（一）将其播放的广播、电视以有线或者无线方式转播；（二）将其播放的广播、电视录制以及复制；（三）将其播放的广播、电视通过信息网络向公众传播。""以有线或者无线方式转播"和"通过信息网络向公众传播"是此次《著作权法》修改中新增的广播电台、电视台可控制的行为。在侵权责任条款中也进行补充。未经广播电台、电视台许可的上述行为，是对其权利的侵犯，应承担相应法律责任。该项规定中"本法另有规定的除外"，主要指《著作权法》规定的合理使用、法定许可等情况。

第六，未经著作权人或者与著作权有关的权利人许可，故意避开或者破坏技术措施的，故意制造、进口或者向他人提供主要用于避开、破坏技术措施的装置或者部件的，或者故意为他人避开或者破坏技术措施提供技术服务的行为。根据《著作权法》第四十九条的规定，采取技术措施是著作权人和相关权人为维护合法权益可采取的措施，对技术措施的破坏也是对著作权人权利的侵犯。此次《著作权法》修改扩大了技术规避的范围，增加了间接技术规避行为。"法律、行政法规另有规定的除外"指的是本法和本法以外的其他法律及行政法规另有规定的情形。如《著作权法》第五十条规定的情形、《信息网络传播权保护条例》第十二条规定的情形。

第七，未经著作权人或者与著作权有关的权利人许可，故意删除或者改变作品、版式设计、表演、录音录像制品或者广播、电视上的权利管理信息的，知道或者应当知道作品、版式设计、表演、录音录像制品或者广播、电视上的权利管理信息未经许可被删除或者改变，仍然向公众提供的行为。根据《著作权法》第五十一条的规定，"未经权利人许可，不得进行下列行为：（一）故意删除或者改变作品、版式设计、表演、录音录像制品或者广播、电视上的权利管理信息，但由于技术上的原因无法避免的除外；（二）知道或者应当知道作品、版式设计、表演、录音录像制品或者广播、电视上的权利管理信息未经许可被删除或者改变，仍然向公众提供"。此次《著作权法》修改，扩大了权利管理信息的范围，在侵权责任部分进行相应修改。故意删除或者改变权利管理信息，以及知道或者应当知道权利管理信息未经许可被删除或者改变，仍然向公众提供的行为，均属于侵权行为。"法律、行政法规另有规定的除外"指的是本法和本法以外的其他法律及行政法规另有规定的。如《著作权法》规定的合理使用情形，《信息网络传播权保护条例》第五条规定的"由于技术上的原因无法避免删除或者改变的除外"等。

第八，制作、出售假冒他人署名的作品的行为。这种行为会直接损害被署名人的个人声誉，同时进一步损害其经济利益，对该行为不加以控制，容易扰乱文化市场秩序。

有关第五十三条规定的侵权责任。针对本条规定的侵权行为，根据其违法情况，可判决侵权行为人承担民事、行政、刑事责任。

第一，民事责任。民事责任是民事主体违反民事法律义务应当承担的法律后果。结合《著作权法》第五十二条的规定，具有本条规定的八种侵权行为，应当承担民事责任的，侵权行为人需承担"停止侵害、消除影响、赔礼道歉、赔偿损失"等责任。

第二，行政责任。本条规定的行政责任主要是行政处罚，当事人存在上述八种侵权行为，同时损害公共利益时，主管著作权的部门可以予以处罚，具体处罚措施包括警告，没收违法所得，没收、无害化销毁处理侵权复制品以及主要用于制作侵权复制品的材料、工具、设备，处以罚款等。此次《著作权法》修改增加了行政处罚的措施、加大了行政处罚力度。

一方面，增加了行政处罚的措施，主要是增加了"予以警告"的行政处罚措施，对一些"轻微的侵权行为"可以实施，"有利于达到惩戒与教育相结合的目的"。①另一方面，加大了行政处罚的力度。一是将侵犯著作权同时损害公共利益行为的处罚权，由原来的"可以由"改为了"由"主管著作权的部门处罚，这一修改将侵犯著作权同时损害公共利益的行政责任修改为必选责任，即出现上述情况，仅可由主管著作权的部门进行处罚，而非可选项。二是对于"没收、无害化销毁处理侵权复制品以及主要用于制作侵权复制品的材料、工具、设备"，删除了"情节严重"的限定，进一步加强了对侵权行为的处罚力度。三是进一步明确了行政罚款的计算方法和标准，行政机关的行政处罚权更加具体、可执行，进一步加大了行政处罚力度。

第三，刑事责任。根据本条规定，具有上述侵权行为，同时构成犯罪的，需要承担刑事责任。有关著作权犯罪主要规定在《刑法》第二百一十七条，即："以营利为目的，有下列侵犯著作权或者与著作权有关的权利的情形之一，违法所得数额较大或者有其他严重情节的，处三年以下有期徒刑，并处或者单处罚金；违法所得数额巨大或者有其他特别严重情节的，处三年以上十年以下有期徒刑，并处罚金：（一）未经著作权人许可，复制发行、通过信息网络向公众传播其文字作品、音乐、美术、视听作品、计算机软件及法律、行政法规规定的其他作品的；（二）出版他人享有专有出版权的图书的；（三）未经录音录像制作者许可，复制发行、通过信息网络向公众传播其制作的录音录像的；（四）未经表演者许可，复制发行录有其表演的录音录像制品，或者通过信息网络向公众传播其表演的；（五）制作、出售假冒他人署名的美术作品的；（六）未经著作权人或者与著作权有关的权利人许可，故意避开或者破坏权利人为其作品、录音录像制品等采取的保护著作权或者与著作权有关的权利的技术措施的。"

【以案说法】

案例1：如何判定侵犯著作权并损害公共利益的行为？

A公司享有涉案24部作品的信息网络传播权独家许可。2014年，A公司向深圳市市场监督管理局投诉，B公司侵害其涉案作品的信息网络传播权，

---

① 石宏：《〈著作权法〉第三次修改的重要内容及价值考量》，载《知识产权》2021年第2期。

请求予以查处。深圳市市场监督管理局申请证据保全公证后，作出《行政处罚决定书》，责令B公司停止侵权，并处以非法经营额3倍的罚款。B公司申请行政复议，广东省版权局维持决定后，B公司提起诉讼。法院经审理认为，"B公司在侵犯A公司信息网络传播权的同时亦损害了公共利益"，"B公司经A公司多次举报或者投诉，仍不改正"，"B公司的侵权行为不仅损害了A公司的民事权利，还扰乱了整个网络视频版权市场秩序，损害了公共利益，应受行政处罚。""市场监管局以地方性法规为依据，在无法直接查明快播公司非法获利情况和实际经营数额的情况下，以涉案13部影视作品的市场中间价为依据计算出非法经营额为8671.6万元。以此为基础，综合考虑快播公司的主观过错程度、侵权情节、违法行为后果等，依法处以非法经营额的3倍罚款，符合相关法律的规定，并无明显不当。"[1]

案例2：对于被行政查处后继续扩大侵权规模的行为应如何处理？

A公司享有计算机软件CATIAV5R20的著作权，因B公司使用侵权软件于2017年2月向行政机关投诉，行政执法过程中查获B公司侵权软件若干套，随后B公司与A公司和解，并签订正版软件采购合同。同年8月，行政机关对B公司做出减轻处罚的决定。B公司与A公司签订软件采购合同后并未按约定支付采购款项，同年11月，A公司向法院申请诉前证据保全，经清点，B公司仍存在大量计算机安装了A公司的软件，A公司提起诉讼。法院经审理认为，B公司未经A公司许可，在经营场所安装了涉案软件，侵犯了A公司对软件享有的复制权，应承担相应民事责任。"鉴于A公司的实际损失及B公司的违法所得均难以确定，而现有证据已经可以证明A公司因侵权所受到的损失超过了著作权法规定的法定赔偿数额的上限50万元"，"同时考虑B公司在被行政机关查获使用侵权软件后仍扩大侵权规模的主观恶意等因素，在法定赔偿最高限额之上酌定赔偿数额，判令B公司赔偿A公司经济损失及律师费共计900万元"。[2]

（郝明英 撰写）

---

[1] 广东省高级人民法院（2016）粤行终492号行政判决书。
[2] 上海知识产权法院（2018）沪73民初81号民事判决书；上海市高级人民法院（2018）沪民终429号民事判决书。

第五十四条：侵犯著作权赔偿数额确定方法

（法条对比）

2010年著作权法	2020年著作权法
第四十九条　侵犯著作权或者与著作权有关的权利的，侵权人应当按照权利人的实际损失给予赔偿；实际损失难以计算的，可以按照侵权人的违法所得给予赔偿。赔偿数额还应当包括权利人为制止侵权行为所支付的合理开支。 　　权利人的实际损失或者侵权人的违法所得不能确定的，由人民法院根据侵权行为的情节，判决给予五十万元以下的赔偿。	第五十四条　侵犯著作权或者与著作权有关的权利的，侵权人应当按照权利人因此受到的实际损失或者侵权人的违法所得给予赔偿；权利人的实际损失或者侵权人的违法所得难以计算的，可以参照该权利使用费给予赔偿。对故意侵犯著作权或者与著作权有关的权利，情节严重的，可以在按照上述方法确定数额的一倍以上五倍以下给予赔偿。 　　权利人的实际损失、侵权人的违法所得、权利使用费难以计算的，由人民法院根据侵权行为的情节，判决给予五百元以上五百万元以下的赔偿。 　　赔偿数额还应当包括权利人为制止侵权行为所支付的合理开支。 　　人民法院为确定赔偿数额，在权利人已经尽了必要举证责任，而与侵权行为相关的账簿、资料等主要由侵权人掌握的，可以责令侵权人提供与侵权行为相关的账簿、资料等；侵权人不提供，或者提供虚假的账簿、资料等的，人民法院可以参考权利人的主张和提供的证据确定赔偿数额。

	人民法院审理著作权纠纷案件，应权利人请求，对侵权复制品，除特殊情况外，责令销毁；对主要用于制造侵权复制品的材料、工具、设备等，责令销毁，且不予补偿；或者在特殊情况下，责令禁止前述材料、工具、设备等进入商业渠道，且不予补偿。

【条文主旨】

本条是关于侵犯著作权赔偿数额确定方法的规定。

【修改理由】

一是调整侵权损害赔偿基础的计算方法适用顺序。修改前的著作权法，对于损害赔偿的计算方法有顺序要求，这给法院查明赔偿依据带来了困难，因此本次修改取消权利人的损失和侵权人所获得利益的适用顺序，当事人可以自行选择更有利于自身权利保护的赔偿数额计算方法。[1]

二是把权利许可使用费增设为确定侵权赔偿额的一种参考方式。[2] 修改前的《著作权法》未有此规定，修改后的《著作权法》与《商标法》《专利法》保持一致。

三是增加了惩罚性赔偿制度。"对故意侵犯著作权或者与著作权有关的权利，情节严重的，可以在按照上述方法确定数额的一倍以上五倍以下给予赔偿。"其目的在于与民法典和其他法律的规定相衔接。[3] 此次修改，完善了我国知识产权侵权惩罚性赔偿制度。

四是进一步完善了法定赔偿制度。修改前的《著作权法》"以一般赔偿为

---

[1] 曹新明：《我国知识产权侵权损害赔偿计算标准新设计》，载《现代法学》2019年第1期。

[2] 曹新明：《我国知识产权侵权损害赔偿计算标准新设计》，载《现代法学》2019年第1期。

[3] 《民法典》第一千一百八十五条规定，故意侵害他人的知识产权，情节严重的，被侵权人有权请求相应的惩罚性赔偿。

主、法定赔偿为辅"的法定赔偿原则。随着人们生活水平的提高，2010年《著作权法》规定的法定赔偿额50万元数额过低，尤其是法院大量按照法定赔偿额标准作出判决，很难起到赔偿权利人实际损失的效果，不利于惩罚著作权侵权行为。因此将法定赔偿额的上限从50万元提高到500万元，并增加了法定赔偿的下限为500元的规定。

五是新增举证妨碍制度。这次修法增加规定"人民法院为确定赔偿数额，在权利人已经尽了必要举证责任，而与侵权行为相关的账簿、资料等主要由侵权人掌握的，可以责令侵权人提供与侵权行为相关的账簿、资料等；侵权人不提供，或者提供虚假的账簿、资料等的，人民法院可以参考权利人的主张和提供的证据确定赔偿数额"。这与修改后的《商标法》和《专利法》保持了一致。

六是增加了对侵权制品的销毁处置机制。增加"人民法院审理著作权纠纷案件，应权利人请求，对侵权复制品，除特殊情况外，责令销毁；对主要用于制造侵权复制品的材料、工具、设备等，责令销毁，且不予补偿；或者在特殊情况下，责令禁止前述材料、工具、设备等进入商业渠道，且不予补偿"。

【条文释义】

【价值、功能与立法目的】

民事侵权赔偿一般以弥补权利人损失为原则，就知识产权领域而言，因知识产权的"非物质性"特点，侵权行为发生后实际损失总是难以查明，传统的侵权救济体系难以应用至知识产权领域。大陆法系国家中关于损害赔偿主要采取"统一的损害概念""统一概念的分解"，而英美法系国家采取"一般损害"或者"特殊损害"构筑损害赔偿制度。[1]我国民事侵权损害赔偿制度与知识产权侵权损害赔偿制度的核心在于"救济功能"，基于救济权利的正义立场，知识产权法必须通过设计某种制度查明损害或者达到与查明损害相当的目的性，以对权利人受到侵害的利益进行救济。德国学者认为损害赔偿法应当兼具多元功能，特别是"预防功能"，预防侵权人因违法成本过小而继续

---

[1] 徐银波：《侵权损害赔偿论》，西南政法大学2013年博士学位论文，第26页。

实施侵权行为。因此，立法者借助立法技术，旨在在实际损失之外寻求其他方法计算损失，以期弥合权利人所遭受的经济损失，同时遏制侵权行为的继续。因此，该条款的设计兼具了"救济功能"与"预防功能"，更加有利于实现知识产权制度激励创新的目标。此次修法，主要是为落实党中央决策部署和实现知识产权强国战略的目标，通过完善著作权侵权赔偿制度，健全损害赔偿机制，加大了著作权侵权惩罚赔偿的力度。一方面，通过提高权利人获赔数额以充分维护其合法权益，弥补著作权人寻求救济所付出的人力、物力等高额成本，从而鼓励著作权人的维权行动；另一方面，增加了侵权行为人的侵权成本，使侵权人得不偿失，从而防止了侵权行为人的机会主义，加大了著作权侵权违法成本，对打击重复侵权、大规模侵权等严重侵害著作权的行为具有强大的威慑作用，彰显了党中央和国家加快推进知识产权强国战略目标的决心和力度，对强化知识产权保护具有重要意义。

【规范内涵】

关于第五十四条第一款，"侵犯著作权或者与著作权有关的权利的，侵权人应当按照权利人因此受到的实际损失或者侵权人的违法所得给予赔偿；权利人的实际损失或者侵权人的违法所得难以计算的，可以参照该权利使用费给予赔偿。对故意侵犯著作权或者与著作权有关的权利，情节严重的，可以在按照上述方法确定数额的一倍以上五倍以下给予赔偿"。因此，关于赔偿数额应按照以下顺序和方式确定：

首先，按"实际损失"或者"违法所得"确定赔偿数额。按照《最高人民法院关于审理著作权民事纠纷案件适用法律若干问题的解释》第二十四条、[①]第二十五条[②]规定。违法所得，是指违反本法规定而获得的"利润"数额。从

[①] 《最高人民法院关于审理著作权民事纠纷案件适用法律若干问题的解释》第二十四条规定，权利人的实际损失，可以根据权利人因侵权所造成复制品发行减少量或者侵权复制品销售量与权利人发行该复制品单位利润乘积计算。发行减少量难以确定的，按照侵权复制品市场销售量确定。

[②] 《最高人民法院关于审理著作权民事纠纷案件适用法律若干问题的解释》第二十五条规定，权利人的实际损失或者侵权人的违法所得无法确定的，人民法院根据当事人的请求或者依职权适用《著作权法》第四十九条（《著作权法》（2020）第五十四条）第二款的规定确定赔偿数额。

字面解释,"本法"是指《著作权法》及其司法解释。"所得"是指侵权人的销售收入,"违法所得"是指违反《著作权法》规定而获得的"利润",即扣除必要成本之后的合理利润,包括产品销售利润、营业利润、净利润。一般认为,使用"违法所得"作为损害赔偿具有复合功能,不仅强调救济补偿,还体现了预防功能,即适用违法所得赔偿既是为了让权利人就自己那部分权利获得合理赔偿,也是为了防止侵权人因不当行为而获得额外利益,是对进一步继续侵权的威慑。[1]当然,司法实践中,应当按照"谁主张谁举证"的原则进行,由权利人初步举证证明自己实际损失、被告侵权所得,或者阐述合理理由后,由侵权人举证反驳;侵权人没有证据,或者证据不足以证明其事实主张的,可以支持权利人的主张。

其次,参照该权利使用费给予赔偿数额。即在权利人的实际损失或者侵权人违法获得的利益难以确定的情况下,参照该权利使用费进行合理确定。此次修法把权利使用费作为赔偿额计算的一种标准,立法者主要是为了弥补权利人因侵权行为遭受的不利损失,而规定单纯由侵权人支付许可费用。对于许可费用,可以根据许可合同中约定的款项、许可费用发票等证据加以证明。本条规定也有利于简化权利人举证,防止法定赔偿的滥用。

最后,如果侵犯著作权存在故意、情节严重的,可以在按照上述方法确定数额的一倍以上五倍以下确定赔偿数额。上述方法,指的是"实际损失"或者"违法所得""参照该权利使用费",以前述三者任一为基数的一倍以上五倍的金额。对于"故意""情节严重"的标准,则应当与民事领域中关于侵权人方面规定的后果相一致,主要是对于侵权人主观过错方面要求为故意侵权、严重故意侵权。此款也是著作权损害赔偿制度的惩罚性赔偿条款,主要对情节严重的侵权进行惩罚,我国《消费者权益保护法》《商标法》《专利法》《反不正当竞争法》都规定了惩罚性赔偿制度。对侵权人主观方面存在过错的侵权行为进行惩罚,从而使侵权人在承担高额赔偿的压力下放弃侵权,并以此警示和震慑其他潜在的侵权人。

关于第二款"权利人的实际损失、侵权人的违法所得、权利使用费难以计算的,由人民法院根据侵权行为的情节,判决给予五百元以上五百万元以

---

[1] 李明德:《美国知识产权法(第二版)》,法律出版社2014年版,第405页、第613页。

下的赔偿"。此条是"法定赔偿确定赔偿数额"。当第一款中规定的情况都难以查清时,由法官结合双方证据情况、侵权行为的情节,行使自由裁量权,判决给予五百元以上五百万元以下的赔偿。实践中,当事人及法院对于法定赔偿的依赖已成诟病,使得损害赔偿制度形同虚设,大部分法院会直接在法定赔偿额范围以内作出判决,该条款能否在今后发挥实际作用,能否达到立法者预期,还需要法官积极引导权利人适用以上三种赔偿方式。对于采取前面三种赔偿方式作出判决的数额,可以低于五百元,也可高于五百万元,不受法定赔偿数额的限制。特别强调此点,是不希望诉讼双方和法院过度依赖法定赔偿制度,对法定赔偿形成过高的期待,而要通过各种方法尽量查明三种赔偿方式,以切实有效地保护权利人的合法权益。[1]

关于第三款"赔偿数额还应当包括权利人为制止侵权行为所支付的合理开支"。此条款指的是无论按"实际损失"或者"违法所得"确定赔偿数额、参照该权利使用费给予赔偿数额,还是按照法定赔偿额确定赔偿数额,这些费用中均不包含为了制止侵权而产生的合理费用,比如律师费、保全费、差旅费等,主要涉及费用的必要性和合理性。

关于第四款"人民法院为确定赔偿数额,在权利人已经尽了必要举证责任,而与侵权行为相关的账簿、资料等主要由侵权人掌握的,可以责令侵权人提供与侵权行为相关的账簿、资料等;侵权人不提供,或者提供虚假的账簿、资料等的,人民法院可以参考权利人的主张和提供的证据确定赔偿数额"。此条款举证妨碍制度为新增内容,主要是为了减轻权利人的举证责任。实践中,绝大部分的侵权证据均由侵权人掌握,如反映侵权获利相关的买卖记录、账簿、发票等,权利人由于技术原因或者客观原因确实无法搜集,因此通过法律规定,以此减轻权利人的举证责任。毕竟对侵权人而言,其天然地具有举证的便利性和低成本性,且能利用信息优势进行积极抗辩,寻求更为有利的诉讼地位,从而损及赔偿的公平性和效率性。需要注意,举证妨碍制度并非免除权利人的举证责任,在损害赔偿事实的证明责任方面,权利人仍应遵循"谁主张谁举证"原则。在对侵权事实举证完毕后,权利人应当积

---

[1] 朱玛:《侵害知识产权损害赔偿问题研究——以损害为中心》,西南政法大学2015年博士学位论文。

极、主动地对侵权人因为侵权行为获利、侵权人违法所得进行举证，如被诉侵权人网站上宣传的产品销量、营业额、被诉侵权网店显示的产品单价、销量、库存、累计评价数等。如果权利人不积极举证，或者怠于举证，就要承担举证不能的法律后果。如果积极举证后，对于实际损失、违法所得、许可费用等仍然无法查清的，法院可根据情况要求被告提供相关材料。要注意的是，适用本条款的前提是，被妨碍的证据在损害赔偿认定中具有不可替代性。如果具有可替代性，则不适用。在法院责令被诉侵权人提供销售账簿、凭证等有关侵权获利证据的情况下，被诉侵权人拒绝履行义务，即应认定其实施了妨碍行为。作为和不作为都可能构成妨碍行为。同时，举证妨碍制度仅适用于确定侵权损害赔偿数额相关的证据，对于查明侵权事实中需要的证据，是不能适用要求侵权人提供的。[①]

关于第五款"人民法院审理著作权纠纷案件，应权利人请求，对侵权复制品，除特殊情况外，责令销毁；对主要用于制造侵权复制品的材料、工具、设备等，责令销毁，且不予补偿；或者在特殊情况下，责令禁止前述材料、工具、设备等进入商业渠道，且不予补偿"。此条款主要是为了避免侵权产品进一步生产和销售，影响权利人的市场份额，导致权利人的损失扩大，因此对侵权复制品及生产工具等进行销毁。

【以案释法】

案例1：被诉侵权商品网络销售信息作为确定侵权赔偿数额的重要参考因素[②]

原告朱某系手绘明信片"夫子庙"作品的作者，该手绘明信片是其"我的南京"手绘明信片套系中的12张明信片之一。原告发现被告在其生产、销售的经典肉粽大礼包和蛋黄肉粽大礼包两款产品包装袋上使用了"夫子庙"作品，并通过天猫公司运行的网络平台宣传推广该商品。原告对被告网上销

[①] 朱刚：《民事证明妨碍制度的比较考察及完善进路》，载《长春理工大学学报（社会科学版）》2020年第1期。

[②] 南京铁路运输法院（2016）苏8602民初669号民事判决书；南京市中级人民法院（2017）苏01民终8298号民事判决书。

售被诉侵权商品的行为进行了证据保全公证,在与被告协商未果的情况下诉至法院,请求判令:被告立即停止生产、销售侵犯原告著作权的被诉侵权商品,并销毁所有侵权商品库存;赔偿原告经济损失及为制止侵权支付的律师费、公证费、差旅费等合理开支共计50万元。被告辩称,其商品包装上使用的图案虽与原告主张著作权的作品雷同,但并不构成实质性相似。即使侵权成立,原告主张的50万元赔偿也没有法律依据。

一审法院查明:2016年4月15日,朱某的代理人在被告开设于天猫公司网络平台的旗舰店分别以39元的价格公证购买了鲜肉粽1件和蛋黄肉粽1件。2016年5月25日,朱某的代理人在被告天猫旗舰店分别以48元的价格公证购买了鲜肉粽1件及4小包两只装的蛋黄肉粽。此次购买时,网上展示的商品图片已经过更换与实物不一致。2016年5月27日,朱某的代理人在天猫公司网络平台上的"被告专卖店"以54元的价格公证购买了蛋黄肉粽1件。该网店系案外人某商贸公司经营,但所售商品来源于被告,且商品包装与被告同款商品包装相同。上述三次公证购买,共购得2件鲜肉粽、2件蛋黄肉粽以及4件小包装蛋黄肉粽。其中,鲜肉粽及蛋黄肉粽两款商品系被诉使用侵权作品的商品。

朱某的代理人第一次购买被诉侵权商品时,被告天猫旗舰店显示鲜肉粽已累计销售50万袋;第二次购买时,该网店宣传鲜肉粽已销售110万只(鲜肉粽为10只装,即11万袋),蛋黄肉粽已销售20万只(蛋黄肉粽为8只装,即2.5万袋)。被告以上述销售数据不真实为由不予认可,但未提交经审计的被诉侵权商品销售数据。朱某为本案诉讼支付律师费2万元、公证费5000元,共计合理维权费用2.5万元。

一审法院裁判认为:被诉侵权外包装图案侵犯了原告"夫子庙"作品的著作权。关于赔偿损失的数额,鉴于原告未能提供其因被侵权所受损失的证据,被告因侵权所获利益也未能精确计算,且原告明确主张适用法定赔偿,故在确定赔偿数额时综合考虑了涉案作品的审美价值、侵权后果等情况,并将被告在天猫旗舰店上自我宣传的销售情况作为确定赔偿数额的参考因素。本案中,被告使用侵权图案的两款商品蛋黄肉粽大礼包和经典肉粽大礼包均仅在网络销售,未在线下流转。根据被告在其天猫旗舰店的自我宣传,仅估算朱某两次公证取证期间(2016年4月15日至2016年5月25日)被告宣传的销量，涉案经典鲜肉粽已销售110万只，换算成10只装的经典肉粽大礼包，即为11万袋；涉案蛋黄肉粽已销售20万只，换算成8只装的蛋黄肉粽大礼包，即为2.5万袋。按最低售价39元/袋计算，两款侵权商品的销售金额已达500余万元。被告作为一个商业主体，在其天猫旗舰店上的自我宣传应实事求是，实际反映相关商品的销售情况，合理引导消费者的消费行为。故一审法院全额支持了原告50万元的赔偿诉请。

一审宣判后，被告提起上诉。二审法院认为，原告无法举证证明因被告的侵权行为给其造成的实际损失，被告在否认自身网上宣传"累计销量50万袋""已爆售110万只"等信息真实性的同时，未提供与涉案侵权行为相关商品的网上销售数量情况，且在有条件对侵权包装使用数量进行举证从而为认定其违法所得提供计算依据的条件下，未及时提供相关证据，导致侵权人的违法所得难以计算。在此情况下，一审法院综合考虑涉案权利作品的审美价值较高、被告侵权行为的后果较为严重、侵权包装对涉案商品的销售具有促进作用、原告为制止侵权行为支付的合理开支等因素确定赔偿50万元，并无不当，遂判决驳回上诉，维持原判。

案例2：裁量性赔偿的适用[①]

原告D公司，经营范围包括软件、数码内容和/或计算机设备的设计、开发、销售等，为美国版权局登记的CATIA系列软件的开发者和著作权人。被告Z公司，成立于2015年2月，从事电动车技术、新能源汽车技术、汽车零部件技术领域内的技术开发、转让、服务及产品设计等经营活动。2016年8月，原告发现被告未经授权许可，擅自在其位于上海市嘉定区某经营场所内的计算机上，非法复制、安装和商业使用原告CATIA软件，遂向被告发送律师函，希望就侵权事宜进行沟通，但未果。2017年2月，原告向文化执法总队投诉，称被告未经原告许可，在其位于嘉定区经营场所的计算机内复制安装使用CATIA软件，请求责令其停止侵权行为，追究侵权责任。经文化执法总队现场检查，发现该经营场所内有8台工作使用的计算机复制、安装了CATIA V5软件（每台计算机中安装有1套软件）。2018年1月，原告D公司一

---

① 上海知识产权法院（2018）沪73民初81号民事判决书；上海高级人民法院（2018）沪民终429号民事判决书。

审起诉称：被告存在侵犯原告计算机软件著作权的行为，后经文化执法总队查处，与原告达成和解协议，却未按约履行。原告向法院申请诉前证据保全，发现被告经营场所内共有计算机73台，均安装未经原告授权许可的CATIA侵权软件。涉案软件市场价格为252770元/套，以此单价计算，被告的侵权行为造成原告高达1845万余元的经济损失和15万元的维权开支。若法院不认可上述经济损失的计算方式，鉴于被告侵权主观恶意大，请求法院对被告适用惩罚性赔偿。故请求法院判令被告Z公司：1.立即停止对原告著作权的侵害行为；2.赔偿原告经济损失18452210元；3.承担原告为本案支付的律师费15万元。

被告Z公司辩称：原告在文化执法总队查处阶段确认涉案软件货值单价为81755元，现原告主张以252770元/套计算涉案软件单价，明显过高，且因内部管理不善导致未履行和解协议，无侵权恶意，故不同意原告有关经济损失的计算方式。

一审法院认为，关于原告主张的经济损失计算方式。本案中，原告提交了2013年10月其授权销售代理商与西巴克斯公司签订的销售合同，欲证明涉案软件的市场价格为252770元/套。被告与原告授权销售代理商2017年7月曾签订的销售合同亦约定5套软件的总价为140万元。但被告提交的相关销售合同可以证明2015年7月山东新大洋公司购买8套软件的总价为150万元，而文化执法总队2017年作出行政处罚时确定的软件单价仅为81755元，故现有证据显示的涉案软件销售价格差异明显，且无法确定上述销售合同所涉软件包含的模块是否一致。因此，原告提交的销售合同不能直接作为赔偿数额确定的依据，原告关于以252770元/套的销售单价计算赔偿损失数额的主张，不予采纳。虽然原告的实际损失和被告的违法所得均难以确定，但结合原告提供的现有证据，已经可以证明原告因侵权所受到的损失超过了《著作权法》规定的法定赔偿数额的上限50万元，故结合全案的证据情况，以双方提交的销售合同约定的软件销售价格作为参考，综合考虑下列因素，在法定赔偿最高限额之上酌情合理确定赔偿数额：1.被告安装侵权软件的数量为73套；2.被告的侵权期间；3.被文化执法总队查获使用侵权软件后，被告虽与原告的授权销售代理商签订销售合同，但并未实际履行，也未停止侵权行为，还进一步扩大了侵权规模，侵权主观恶意明显。关于原告主张的律师费，根据相关律师费收费标准，结合本案的难易程度、原告律师在本案中的工作量等予以全额支持。据此判决被告Z公司立即停止侵害原告D公司CATIA V5 R20计算机软件著作权的行为；赔偿原告D公司经济损失及律师费共计900万元。一审宣判后，Z公司提起上诉，认为原判赔偿金额过高，请求二审法院依法改判。二审法院经审理认为，上诉人存在重复侵权行为，侵权主观恶意明显，且被上诉人的实际损失已经明显超过法定赔偿50万元的最高限额，故本案应当综合具体的证据情况，在法定赔偿最高限额之上酌情确定赔偿金额。原审法院根据上诉人安装侵权软件的数量、侵权期间、主观恶意及权利人为维权所支出的合理开支等因素，酌定上诉人赔偿被上诉人经济损失及律师费900万元并无不当，据此判决驳回上诉，维持原判。

（江刘容 撰写）

第五十五条：著作权侵权的行政执法

【法条对比】

2010年著作权法	2020年著作权法
	第五十五条 主管著作权的部门对涉嫌侵犯著作权和与著作权有关的权利的行为进行查处时，可以询问有关当事人，调查与涉嫌违法行为有关的情况；对当事人涉嫌违法行为的场所和物品实施现场检查；查阅、复制与涉嫌违法行为有关的合同、发票、账簿以及其他有关资料；对于涉嫌违法行为的场所和物品，可以查封或者扣押。 主管著作权的部门依法行使前款规定的职权时，当事人应当予以协助、配合，不得拒绝、阻挠。

【条文主旨】

本条规定了著作权侵权的行政执法手段。

【修改理由】

我国著作权保护有着行政保护和司法保护"双轨制"的传统，著作权的行政保护在快速有效制止著作权侵权方面有着独特优势。但是，由于2010年《著作权法》未规定著作权行政管理机构在著作权行政保护制度中可采用的行政强制手段，使得著作权行政执法的手段与能力不足，影响和制约了著作权行政保护的有效性和威慑力。对此，2020年《著作权法》新增一条作为第五十五条，规定了著作权行政执法的具体手段，以期增强著作权行政保护制度的有效性，实现通过行政力量打击侵权盗版行为，从而完善具有中国特色的著作权行政保护制度。

【条文释义】

【价值、功能与立法目的】

由于包括著作权在内的知识产权本质上是私权，而国家行政权力是以纳税人的纳税支撑运转的国家公器，以国家行政权力维护权利人的私利在法理上难以自洽，因此世界上多个国家对著作权侵权只规定了民事责任和刑事责任。**在本次《著作权法》修改过程中，也有意见认为公权力不应干涉私权利、著作权侵权行为应通过司法救济而不应纳入行政执法**。但是，在最终通过的立法中，仍保留了著作权的行政保护制度，其原因或出于以下两个方面。一是对著作权提供司法保护与行政保护"双轨制"是我国著作权保护体制的传统，我国也有依靠行政力量解决社会问题的传统。本次修改保留著作权的行政保护，是对这一传统的尊重与承认，也维系了我国著作权保护体系的稳定性。二是著作权的行政保护有其特有的优势，例如对于大规模的侵权盗版行为，行政保护模式相较于仅依靠司法救济手段，可以更加迅速、及时地制止大范围侵权行为，遏制侵权行为的扩散和侵权损害进一步严重。因此，现阶段仍有必要保留著作权的行政保护机制。当然，由于2010年《著作权法》未就著作权行政保护规定任何行政强制手段，这一立法空白严重制约了著作权行政保护发挥应有的作用，弱化了著作权行政保护机制的威慑力，因此本次修法增加规定了著作权行政管理部门的执法手段，支持著作权行政管理部门开展行政执法工作、提高侵权案件的处理效率，进而实现有效打击著作权侵权行为，使我国的著作权行政保护制度更加完善。

【规范内涵】

2020年《著作权法》第五十五条第一款规定了著作权行政管理部门在查处著作权侵权行为的执法手段；第二款规定了当事人对著作权行政管理部门进行行政执法时的配合义务，即"主管著作权的部门依法行使前款规定的职权时，当事人应当予以协助、配合，不得拒绝、阻挠"。著作权行政管理部门在查处著作权侵权行为时具体可采用四种执法手段：一是可以询问有关当事人，调查与涉嫌违法行为有关的情况；二是可以对当事人涉嫌违法行为的场所和物品实施现场检查；三是可以查阅、复制与涉嫌违法行为有关的合同、发票、账簿以及其他有关资料；四是对于涉嫌违法行为的场所和物品，可以查封或者扣押。结合2020年《著作权法》第七条的规定，有权实施第五十五条行政执法手段的主体为县级以上主管著作权的部门，这意味着上述行政权力下放到了管理著作权的基层部门。

需要注意的是，前述执法手段的启动与实施应当有一定的权限和程序的限制，否则行政执法手段将面临被滥用的可能。例如，我国《专利法》第六十九条第一款有关专利行政执法手段的规定，对专利行政执法手段的启动规定了"负责专利执法的部分根据已经取得的证据"的限制条件；我国《商标法》第六十二条关于商标行政执法手段的规定，也规定了"在查处商标侵权案件过程中，对商标权属存在争议或者权利人同时向人民法院提起商标侵权诉讼的，工商行政管理部门可以中止案件的查处"的限制性程序，2020年《著作权法》第五十五条未进行类似规定。

此外，关于著作权行政执法与司法程序的衔接问题，根据《最高人民法院关于审理著作权民事纠纷案件适用法律若干问题的解释》第三条的规定，"对著作权行政管理部门查处的侵害著作权行为，当事人向人民法院提起诉讼追究该行为人民事责任的，人民法院应当受理。人民法院审理已经过著作权行政管理部门处理的侵害著作权行为的民事纠纷案件，应当对案件事实进行全面审查"。

【以案说法】

案例1：在现场检查中对涉嫌侵权的产品进行扣押

2022年11月16日，某市市场监督管理局依法对该市某玩具厂进行现场检查，发现其印有小马宝莉图案的拼图及纸张涉嫌生产侵犯他人著作权的拼图，某玩具厂亦无法提供上述产品的授权资料。某市市场监督管理局当即根据《著作权法》第五十五条第一款规定，依法对印有小马宝莉图案的拼图及纸张采取了扣押行政强制措施并进行立案调查。经查，某市某玩具厂由吴某和其妻子刘某共同经营，其从江西某处（无法联系）购入已印有小马宝莉图案的纸张，在未取得授权的情况下生产印有与国作登字F-00144854作品登记证书图案相近似的小马宝莉图案的拼图3000张，成本价0.13元/张，预销售价0.15元/张；纸张10400张，成本价0.1元/张。至案发之日，上述拼图产品未被售出。某市市场监督管理局认为，该玩具厂的生产行为构成未经著作权人许可向公众传播其作品的违法行为①，生产侵犯他人著作权的拼图的违法经营额是1490元，无违法所得。据此，某市市场监督管理局依据《著作权法》第五十三条第一款第（一）项的规定，责令当事人停止侵权行为，予以警告，没收侵权物品，并处罚款2240元。②

案例2：依据举报线索对涉嫌侵权的产品进行扣押

2022年6月24日，某市市场监督管理局根据举报，到某市某街道某围巾商行进行检查，发现该商铺货架上的围巾图案和"黔作登字F-00380988"作品登记证书及"黔作登字F-00391413"作品登记证书上的美术图案相同。某市市场监督管理局执法人员以商铺货架所展示的围巾涉嫌侵犯他人著作权为由，根据《著作权法》第五十五条第一款规定，当即采取扣押的行政强制措施。数日后，某市市场监督管理局案调查，查明该围巾商行从一上门推销的人处购进与涉案美术作品图案相同的围巾50余条用于销售，但尚未售出；违法经营额为229.5元，无违法所得。某市市场监督管理局对当事人黄某处以停止侵权行为，没收、无害化销毁处理侵权复制品，并处罚款500元的行政处罚措施。③

（罗娇 撰写）

---

① 笔者认为此观点值得商榷，玩具厂应构成未经著作权人许可复制其作品的行为，是对涉案作品复制权而非传播权的侵权。
② 某市市场监督管理局行政处罚决定书，义市监处罚〔2023〕14048号。
③ 某市市场监督管理局行政处罚决定书，义市监处罚〔2022〕03084号。

第五十六条：诉前财产保全措施和禁令

【法条对比】

2010年著作权法	2020年著作权法
第五十条　著作权人或者与著作权有关的权利人有证据证明他人正在实施或者即将实施侵犯其权利的行为，如不及时制止将会使其合法权益受到难以弥补的损害的，可以在起诉前向人民法院申请采取责令停止有关行为和财产保全的措施。人民法院处理前款申请，适用《中华人民共和国民事诉讼法》第九十三条至第九十六条和第九十九条的规定。	第五十六条　著作权人或者与著作权有关的权利人有证据证明他人正在实施或者即将实施侵犯其权利、妨碍其实现权利的行为，如不及时制止将会使其合法权益受到难以弥补的损害的，可以在起诉前依法向人民法院申请采取财产保全、责令作出一定行为或者禁止作出一定行为等措施。

【条文主旨】

本条是关于诉前财产保全措施和禁令的规定。

【修改理由】

2010年《著作权法》第五十条规定："著作权人或者与著作权有关的权利人有证据证明他人正在实施或者即将实施侵犯其权利的行为，如不及时制止将会使其合法权益受到难以弥补的损害的，可以在起诉前向人民法院申请采取责令停止有关行为和财产保全的措施。人民法院处理前款申请，适用《中华人民共和国民事诉讼法》第九十三条至第九十六条和第九十九条的规定。"2020年《著作权法》删除了人民法院适用《中华人民共和国民事诉讼法》

（以下简称《民诉法》）第九十三条至第九十六条和第九十九条的规定。因为2007年修正的《民诉法》第九十三条至第九十六条和第九十九条是关于财产保全和先予执行规定，但《民诉法》此后经历了2012年、2017年多次修正，在2020年《著作权法》颁布之后，2021年《民诉法》又进行了修正，从2012年开始《民诉法》第九十三条至第九十六条和第九十九条内容已经不再是财产保全和先予执行规定。2020年《著作权法》同时增加了"禁止作出一定行为"的规定。

2020年8月8日，全国人民代表大会宪法和法律委员会关于《中华人民共和国著作权法修正案（草案）》修改情况的汇报中指出：草案第二十九条删去现行著作权法第五十条、第五十一条关于诉前责令停止侵权行为、财产保全和证据保全的规定。有的常委委员和社会公众提出，现行著作权法的这两条规定对于及时制止侵害著作权行为、保存重要证据等都具有重要意义，建议恢复并做好与民事诉讼法的衔接。同时，为了更好地保护当事人的合法权益，建议增加规定，对于他人实施的妨碍著作权人以及与著作权有关的权利人实现权利的行为，权利人可以在起诉前申请采取保全措施。后经宪法和法律委员会研究，建议采纳这一意见，增加两条规定：一是规定"著作权人或者与著作权有关的权利人有证据证明他人正在实施或者即将实施侵犯其权利、妨碍其实现权利的行为，如不及时制止将会使其合法权益受到难以弥补的损害的，可以在起诉前依法向人民法院申请采取财产保全、责令作出一定行为或者禁止作出一定行为等措施"。二是规定"为制止侵权行为，在证据可能灭失或者以后难以取得的情况下，著作权人或者与著作权有关的权利人可以在起诉前依法向人民法院申请保全证据"。

【条文释义】

【价值、功能与立法目的】

随着时代的发展，新类型知识产权侵权案件层出不穷，侵权行为随着技术发展不断翻新。为了适应新类型著作权侵权行为的出现，立法者将诉前行为保全措施由"责令停止有关行为"扩展为"责令作出一定行为或者禁止作出一定行为"，来满足技术和社会发展的需要，体现了立法的张力，弥补了原规定中"责令停止"的单一性，有效地对原有规定进行"查缺补漏"。

"无形性"是知识产权客体的重要属性，它一方面不依赖于有形物质的思想或情感的表现形式，另一方面具有空间的无限可再现性和时间的永存性特点，这些特性使得知识产权客体被独占性的属性明显较弱，导致其极易受到不法侵害。作为一种具有时限性、地域性、专属性的智力成果，它的侵权行为具有即发性、持续性、易受侵害性的特点。例如，侵权视频在网盘中的复制速度和传播速度，是物权侵权难以比拟的。如果以正常诉讼周期审判，权利人仅能从形式结果上获得安慰，无法从程序实体上得到法律的救济。而诉前行为保全具有避免潜在损害、担保判决执行及加快诉讼进程的功能，而这种功能在知识产权侵权案件中的适用体现得更加全面。[1]例如，在热播节目、新品发布、展会等场景下，对于侵害或者即将侵害著作权人权利，如不及时制止侵权行为的发生会造成权利人难以弥补的损害时，诉前财产保全措施和禁令是行之有效的法律保护手段并在司法实践中获得广泛认可，也是多年来我国不断加大对知识产权侵权行为惩治力度的强有力的法律工具之一。

【规范内涵】

在知识产权领域，诉前财产保全措施和禁令已经成了诉讼中不可或缺的重要的维权工具，成为知识产权案件审理中的"新宠儿"。[2]例如，暴雪娱乐有限公司等与成都七游科技有限公司等著作权侵权及不正当竞争纠纷行为保全案，[3]上海映脉文化传播有限公司诉体娱（北京）文化传媒股份有限公司不正当竞争纠纷行为保全案，[4]浙江唐德影视股份有限公司诉上海灿星文化传播有限公司商标侵权纠纷行为保全案，[5]克里斯提·鲁布托与广州问叹贸易有限公司等外观专利侵权纠纷行为保全案，[6]高通股份有限公司与苹果电脑贸易（上海）有限公司等发明专利侵权纠纷行为保全案[7]等。

---

[1] 程玉明：《诉前行为保全在著作权案件中的适用研究》，兰州大学2015年硕士学位论文。
[2] 诉前财产保全措施和禁令在知识产权维权领域已经成为司法案件审理中的有效制度工具，是申请人在短时间内保护自身合法利益的利器。
[3] 广州知识产权法院（2015）粤知法著民初字第2-1号。
[4] 北京市海淀区人民法院（2018）京0108民初36806号。
[5] 北京知识产权法院（2016）京73行保1号。
[6] 广东省广州市中级人民法院（2016）粤73行保1、2、3号。
[7] 福建省福州市中级人民法院（2018）闽01民初1208号。

在对著作权纠纷案件的审判过程中，因为侵权无法得到及时有效遏制导致损害后果扩大的情形时有发生，如果等到诉讼结束，即便原告胜诉，相关侵权证据和财物已经转移或者灭失，诉讼结果不具有可执行性，权利人的合法权益得不到应有的保护。我国早在2001年《著作权法》的修改过程中，就结合法院和有关部门在实践中遇到的问题，按照《与贸易有关的知识产权协定》的要求，增加了诉前财产保全措施和禁止令的规定。此次修法是进一步完善了禁止令的规定，在"责任停止有关行为"基础上，增加了"责令作出一定行为"的规定，意图打击怠于履行法律义务的情形，并将"停止有关行为"优化修改为"禁止做出一定行为"，从立法表述上增加了法律的力度和威慑力，体现了国家强化著作权保护的决心，进一步完善了《著作权法》的规定。

【以案说法】

案例1：紧迫性和必要性的考量——禁止向公众提供中超联赛摄影作品案[①]

在北京市海淀区人民法院审理的"A公司与B公司侵害作品信息网络传播权纠纷案"中，原告A公司系2017-2019年度中超联赛唯一官方图片合作社，获得中超赛事图片官方拍摄权并对所拍摄的全部中超赛事摄影作品享有著作权。被告B公司未经A公司许可，擅自在其网站中使用A公司享有著作权的三张中超赛事图片（以下简称涉案图片），该行为侵害了A公司对该图片享有的信息网络传播权，故请求法院判令其承担侵权责任。北京市海淀区人民法院认为，本案中，结合A公司提交的其与中超公司签订的《2017-2019中国足球协会超级联赛官方图片合作协议》相关条款、中超公司出具的《确认书》以及《通知》第十一条内容，A公司系唯一有权在2018年中超赛场位置拍摄摄影作品的商业图片机构。在体娱（北京）文化传媒股份有限公司（以下简称体娱公司）认可其在全体育网上展示、提供下载和对外销售2018年中超联赛前十一轮赛事摄影作品的情形下，结合（2017）京0108民初第14964号判决认定的体娱公司在全体育网上展示、提供下载和对外销售2017年中超联赛赛事摄影作品系违反《反不正当竞争法》第二条之行为等事实，尽管该判决

---

① 北京市海淀区人民法院（2017）京0108民初53926号民事判决书。

尚未生效，但体娱公司在本案中将被判决认定构成不正当竞争的可能性仍较大。同时，体育赛事摄影作品具有时效强的特点，加之中超联赛系中国大陆地区受关注较高的足球赛事，2018年赛季仍有多轮比赛尚未进行，之后的赛事摄影作品也会得到体育赛事图片市场的较高关注，为防止损害的进一步扩大，责令体娱公司立即停止在全体育网中继续向相关公众提供2018年中超联赛赛事摄影作品，具有紧迫性和必要性。据此，法院对A公司提出的要求体娱公司立即停止在全体育网上展示、提供下载和对外销售2018年中超联赛赛事摄影作品的申请，依法予以支持。

案例2：网络环境下传播迅捷性与缩小损害的博弈[1]

在广东省深圳市前海合作区人民法院审理的腾讯音乐诉前申请停止喜马拉雅传播录音制品案中，申请人腾讯音乐娱乐科技（深圳）有限公司独家享有7首音乐作品的信息网络传播权，且授权性质为独占性授权。被申请人喜大（上海）网络科技有限公司、喜马拉雅科技有限公司，在其移动和其他平台上存在传播涉嫌侵犯涉案7首音乐作品的信息网络传播权的内容。故申请人申请诉前行为保全，请求裁定被申请人停止向公众传播申请人独家享有信息网络传播权的涉案录音制品。

法院认为，依照法律规定，著作权人或者与著作权有关的权利人有证据证明他人正在实施侵犯其权利的行为，如不及时制止将会使其合法权益受到难以弥补的损害的，可以在起诉前向人民法院申请采取责令停止有关行为的措施。基于网络传播的迅捷性，网络环境下的著作权侵权行为如不及时禁止，将会造成涉案音乐录音制品非法传播范围的进一步扩大，造成权利人损失的扩大，使申请人的合法权益受到难以弥补的损害，故要求被申请人立即停止传播涉嫌侵权内容具有紧迫性。因而法院裁定被申请人停止在其各平台上传播涉案7首音乐作品。

案例3：著作权侵权诉前禁令中难以弥补的损害的认定——丁某与某市石油化学工业集团总公司申请诉前停止侵权纠纷案[2]

在山东省某市中级人民法院审理的"丁某与某市石油化学工业集团总公司

---

[1] 深圳前海合作区人民法院（2020）粤0391行保2号民事裁定书。
[2] 山东省某市中级人民法院（2007）东法民三禁字第4号民事裁定书。

著作权侵权纠纷一案"中,申请人丁某主张被申请人石油公司未经申请人许可,擅自印制、使用申请人的摄影作品《油田之晨》,作为被申请人单位的宣传内容,并将宣传板摆放在被申请人一楼大厅内,其行为侵害了申请人的著作权。故向法院提出诉前禁令申请,请求法院依法裁定被申请人立即停止在其宣传板上使用申请人作品《油田之晨》的侵权行为,并提供了相应的担保。

法院经审查认为:被申请人某市石油化学工业集团总公司未经申请人丁某的许可,擅自印制、使用申请人的摄影作品并作为其单位的宣传内容,将宣传板摆放在被申请人一楼大厅内,如果不采取诉前禁令就会让申请人受到难以弥补的损害。故法院裁定被申请人立即停止在其宣传板上使用申请人的作品《油田之晨》。

案例4:杨季康(笔名杨绛)与中贸圣佳国际拍卖有限公司、李国强诉前禁令案[①]

在"杨季康(笔名杨绛)与中贸圣佳国际拍卖有限公司、李国强诉前禁令案"中,著名学者钱钟书、其妻杨季康、其女钱瑗与朋友李国强百封私人书信被中贸圣佳公司公开拍卖。杨季康认为,他们三人对于各自给李国强的书信享有著作权。其夫钱钟书还有女儿钱瑗已经去世,他们两人的著作权由她继承。钱钟书去世后,其著作权中的财产权利和精神权利由杨季康继承和保护,其所享有的权利包括发表权、修改权、署名权和保护作品完整权。杨季康认为,中贸圣佳公司即将公开举行的拍卖活动,以及相关的研讨会、预展活动等,会对杨季康的合法权益造成侵害,如果不采取诉前禁令措施,将会给杨季康带来难以弥补的损害,因此请求法院发出诉前禁令,责令中贸圣佳公司停止拍卖、展览、研讨其享有著作权的信件。

法院在结合全案审查了相关的证据后,根据2012年修正的《民事诉讼法》,做出了诉前禁令的裁定,裁定:"中贸圣佳国际拍卖有限公司在拍卖、预展及宣传等活动中不得以公开发表、展览、复制、发行、信息网络传播等方式实施侵害钱钟书、杨季康、钱瑗写给李国强的涉案书信手稿著作权的行为。"裁定送达后,被申请人中贸圣佳公司随即发表声明,"决定停止2013年6月21日'也是集——钱钟书书信手稿'的公开拍卖"。

[①] 北京市高级人民法院(2014)高民终字第1152号二审民事判决书。

案例5：著作权诉前禁令胜诉可能性的判断[①]

申请人北京鸟人艺术推广有限责任公司（以下简称鸟人公司）诉称：被申请人汤某是鸟人公司的专属签约艺人，北京鸟人艺术推广有限责任公司对其委托汤某创作的《爱大了受伤了》等13首歌曲享有著作财产权，原作者汤某无权行使这些权利。汤某在未通知鸟人公司、未经鸟人公司许可的情况下，擅自准备在北京展览馆剧场举办《狼行天下》个人演唱会，该演唱会由华夏弘扬公司主办，并已将大量演唱会门票通过网络等方式销售出去，此次演唱会表演曲目包括了涉案的13首歌曲。故申请人向法院申请诉前禁令，请求法院裁定：禁止汤某和华夏弘扬公司在《狼行天下》演唱会中使用、表演涉案的13首歌曲。

法院经审查认为：汤某虽然对《歌曲作品目录及权属确认书》上"汤某"的签字提出异议，但没有提供相应的反驳证据。在法院对双方当事人询问时，虽然汤某对《歌曲作品目录及权属确认书》上"汤某"的签字提出异议，要求进行笔迹鉴定，但是法院认为笔迹鉴定问题，应属于案件实体审理的内容，不宜在诉前禁令中进行。故法院在此种情况下，经过迅速、周密的审查后决定做出诉前临时禁令。在著作权诉前禁令中，因为诉前禁令的审查时间一般是48小时，时间比较短，在这个时间之内无法完成鉴定工作。从已有的证据来看，申请人确实不能达到百分之百的胜诉，但是其提交的证据形成了证据链，即使不做鉴定，法院判断后认为申请人胜诉的可能性仍然比较大，最终支持了原告的诉前禁令申请。

（易镁金　撰写）

[①] 北京市第二中级人民法院（2010）二中民保字第11235号民事裁定书。

第五十七条：诉前证据保全

【法条对比】

2010年著作权法	2020年著作权法
第五十一条 为制止侵权行为，在证据可能灭失或者以后难以取得的情况下，著作权人或者与著作权有关的权利人可以在起诉前向人民法院申请保全证据。 人民法院接受申请后，必须在四十八小时内作出裁定；裁定采取保全措施的，应当立即开始执行。 人民法院可以责令申请人提供担保，申请人不提供担保的，驳回申请。 申请人在人民法院采取保全措施后十五日内不起诉的，人民法院应当解除保全措施。	第五十七条 为制止侵权行为，在证据可能灭失或者以后难以取得的情况下，著作权人或者与著作权有关的权利人可以在起诉前**依法**向人民法院申请保全证据。

【条文主旨】

本条是关于诉前证据保全的规定。

【修改理由】

2020年《著作权法》修改时删除了"人民法院接受申请后，必须在四十八小时内作出裁定；裁定采取保全措施的，应当立即开始执行。人民法院可以责令申请人提供担保，申请人不提供担保的，驳回申请。申请人在人民法院采取保全措施后十五日内不起诉的，人民法院应当解除保全措施"。2020年4月26日关于《中华人民共和国著作权法修正案（草案）》的说明中指出："加强与其他法律的衔接，……删去违约责任、诉讼权利和保全等条款，……"因此，此条款主要是对著作权法的诉前证据保全制度进行概括性的规定，并与民事诉讼法进行衔接，从而确保知识产权的保全制度与民事诉讼中的保全制度相一致。

【条文释义】

【价值、功能与立法目的】

证据是诉讼的核心，证据保全本质上是一种特别的证据调查收集办法，通过固定证据为后续查明案情奠定基础。基于著作权侵权证据具有无形性、隐蔽性、复杂性、易逝性的特点，侵权诉讼涉及的证据种类繁多、内容复杂，由于高科技手段介入，权利人举证难度很大，而侵权人也千方百计地采取各种措施隐匿、转移、毁灭证据，以此逃避侵权的惩罚。按照"谁主张谁举证"的原则，在权利人无法搜集获得证据的情况下，侵权人极有可能逃避侵权惩罚，对于打击、惩治著作权侵权不利。因此，诉前证据保全制度弥补了这方面的缺陷，权利人通过采取证据保全的措施，保护可能破坏或灭失的证据，也便于人民法院在民事审判活动中更好地查明事实，公正、高效审理案件，也有可能因诉前保全促成庭外和解。诉前证据保全制度与诉前临时禁令、财产保全制度一起，共同构筑了著作权人维护自身合法权益的坚强盾牌。[①]

【规范内涵】

关于第五十七条"为制止侵权行为，在证据可能灭失或者以后难以取得的情况下，著作权人或者与著作权有关的权利人可以在起诉前依法向人民法院申请保全证据"。此条款是诉前证据保全的目的、前提条件及管辖规定。为便于理解，结合《民事诉讼法》第八十四条[②]、第一百零三条[③]、第一百零一条

[①] 冯晓青、杨利华，《我国〈著作权法〉与国际知识产权公约的接轨》，载《南京社会科学》2002年第7期。

[②] 《民事诉讼法》第八十一条规定，在证据可能灭失或者以后难以取得的情况下，当事人可以在诉讼过程中向人民法院申请保全证据，人民法院也可以主动采取保全措施。因情况紧急，在证据可能灭失或者以后难以取得的情况下，利害关系人可以在提起诉讼或者申请仲裁前向证据所在地、被申请人住所地或者对案件有管辖权的人民法院申请保全证据。证据保全的其他程序，参照适用本法第九章保全的有关规定。

[③] 《民事诉讼法》第一百条第二款、第三款规定，人民法院采取保全措施，可以责令申请人提供担保，申请人不提供担保的，裁定驳回申请。人民法院接受申请后，对情况紧急的，必须在四十八小时内作出裁定；裁定采取保全措施的，应当立即开始执行。

第二款、第三款①规定，一并详细阐述。

一、申请诉前证据保全的条件

1.前提条件：证据保全的紧迫性。

第一，必须是侵权行为。此条所称的侵权行为，是指《著作权法》第五十二条以及第五十三条规定的侵犯著作权或者与著作权有关的权利的行为，对于其他如合同违约行为等非侵权行为而言，则不能够申请证据保全。

第二，必须满足证据灭失或者以后难以取得的条件，这是判定是否采取证据保全的紧迫性标准。只有具有紧迫性，法院才会准许证据保全。涉及著作权侵权的纠纷，证据一般包括作品手稿、作品原件、创作素材、计算机软件、软件源程序、著作权证明文件、著作权许可合同、转让合同、合作作品的协议等。按照侵权纠纷案件中"谁主张、谁举证"的原则，如果某项证据位于侵权人生产、经营场所内，涉案侵权产品难以通过普通渠道购买，侵权人自己难以自行收集，如果不立即采取证据保全措施，相关证据可能被侵权人销毁使得权利人今后难以自行搜集，申请人就有可能在诉讼中处于不利的地位，甚至有可能面临败诉的风险。申请证据保全的，应当在申请书上写明保全证据的形式、内容、地点、申请保全的原因和理由等，人民法院据此情况决定是否准许。

2.申请主体：申请诉前证据保全的主体是著作权人或者与著作权有关的权利人。一般来说，申请诉前证据保全时，申请人会出具初步的证明材料，如权利登记簿、许可使用合同等，并以此判断其是否为著作权人或者与著作权有关的权利人。

3.申请时间：依据规定，可以在起诉前申请诉前证据保全。

4.受理主体：必须向有管辖权的人民法院提出申请。所谓有管辖权的人民法院，是指被保全证据所在地、被申请人住所地或者对案件有管辖权的人民法院。法院采取著作权的证据保全，一般会采取对作品、计算机软件进行查封、扣押、拍照、录音、录像、复制、鉴定、勘验、取样、制作笔录等方法。

---

① 《民事诉讼法》第一百零四条第二款、第三款规定，人民法院接受申请后，必须在四十八小时内作出裁定；裁定采取保全措施的，应当立即开始执行。申请人在人民法院采取保全措施后三十日内不依法提起诉讼或者申请仲裁的，人民法院应当解除保全。

5.必要条件：必须提供担保。诉前证据保全，必须提供担保，这是为了防止担保错误给被保全人造成财产损害，通过现金、保单、不动产等担保可以弥补被保全人受到的损害。这个"必须"是强制性规定，如果申请人不提供担保，法院就应当裁定驳回申请。担保可以是责任保险，也可以是不动产或动产。此规定包括两方面内容：一是法院是否责令申请人提供担保由人民法院根据案件的具体情况决定。二是当事人提出证据保全申请应当采用书面形式，提出时应说明申请证据保全的具体理由和所需保全的证据的种类、名称、特征、地点等情况。

二、诉前证据保全措施采取的时间

法院如果接受了权利人的保全申请，出于担忧证据灭失的紧迫性，必须在四十八小时内作出保全裁定，并将相关手续移交法院执行局执行。这是对受理保全申请的法院提出的要求，是一个强制性的规定，必须执行。另一点是执行时间的要求。即裁定采取保全措施的，应当立即开始执行。就是说，一旦在法定时间内作出了裁定，作出裁定的人民法院就应当"立即"，即在最短时间内执行裁定所确定的内容。

三、证据保全的解除

权利人在人民法院对证据采取保全措施后，未在规定时间内起诉的，法院应当解除保全措施。应当注意：一是规定时间，这个时间是法律规定的三十日，自保全作出之日起算。如果未在期限内提起诉讼，出于保护被申请人的权益，法院应当主动解除保全措施。此种情况，解除保全措施是人民法院的一项法定义务。二是法院解除诉前证据保全措施，主要包括：申请人未在规定内解除保全，或者是申请人与被申请人纠纷得到妥善处理，申请人主动撤回保全。前者是法院必须履行的义务，后者是依照当事人的申请。

【以案释法】

案例1：通过证据保全时明确的抽查比例及推算比例确定侵权软件数量[①]

原告是涉案软件CATIA的著作权人，被告系一家从事电动车技术研发与服务的创新企业。原告曾因被告使用侵权软件于2017年2月向行政执法总队

---

① 上海市高级人民法院（2018）沪民终429号民事判决书。

投诉，行政执法过程中查获被告使用侵权软件8套，其间原、被告双方达成和解，被告承诺不再非法使用原告软件，并与原告授权代理商签订了正版软件采购合同。但被告并未按软件采购合同支付合同款。同年11月，原告向上海知产法院申请证据保全。保全过程中，法院经被告同意，采取随机抽查的方式对计算机中安装涉案软件的情况进行证据保全，同时明确告知被告抽查比例以及将根据所抽查计算机中安装CATIA软件的比例推算经营场所内所有计算机中安装涉案软件的数量。经清点，被告经营场所内共有计算机73台，保全结果为抽查的15台计算机中100%安装了涉案软件。原告遂向上海知识产权法院起诉，请求判令被告停止侵权，并赔偿原告经济损失及律师费共计1800余万元。一审法院判决，被告立即停止侵害原告CATIA计算机软件的著作权行为，并赔偿经济损失及律师费共计900万元。二审法院维持该判决原判。

为进一步确定侵权行为及规模，权利人往往通过申请诉前证据保全方式固定侵权证据。保全过程中，法院经征询被申请人意见，确定对经营场所内所有计算机逐一检查，或以一定比例进行抽查；如采用抽查方式，将依据所抽查计算机中安装涉案软件的比例，推算至经营场所内所有计算机安装涉案软件的数量。

案例2：公证机构出具的证据保全公证书具有法律效力[①]

2017年5月18日音集协（原告）向辽宁诚信公证处提出申请对私人订制娱乐城（被告）涉嫌侵权行为进行保全证据公证。公证处工作人员张某1及音集协的代理人董某于2017年5月19日来到位于辽宁省营口市站前区的"私人订制主题量贩式KTV"，董某以普通消费者的身份进入该场所的112房间，董某使用房间内设置的歌曲点播设备进行查找、点击、播放，点播了《情人》等197部音像制品，播放过程由公证处人员张某1使用已清洁处理的摄像设备对上述197首音乐作品的播放过程进行了摄像。之后，在该场所董某依据消费金额开具了号码为×××"辽宁增值税普通发票"一张。辽宁诚信公证处于2017年5月22日出具（2017）辽诚证民字第1239号公证书。私人订制娱乐城上诉时认为本案证据保全违反《中华人民共和国著作权法》第五十一条（2010）的规定，认为证据保全只能由人民法院进行，音集协通过辽宁诚信公

[①] 辽宁省高级人民法院（2019）辽民终649号民事判决书。

证处进行证据保全,辽宁诚信公证处主体不适格。二审法院认为,依据《中华人民共和国公证法》第十一条第九项的规定,公证机构根据自然人、法人或者其他组织的申请,可以办理保全证据公证。故私人订制娱乐城上诉称案涉公证违反特别法规定,辽宁诚信公证处主体不适格的主张没有法律依据。现无相反证据否定案涉公证文书的证明力,程序合法,可以作为认定本案相关事实的依据。私人订制娱乐城上诉提出案涉保全证据公证书不具有法律效力的主张不成立。最终法院认定上诉人的请求不成立。

案例3:申请诉前证据保全,法院审查申请人是否为著作权人[①]

申请人徐某认为被申请人某研究所侵犯其美术作品《和谐》的著作权,为防止涉嫌侵权证据灭失或者以后难以取得,且其因客观原因不能自行收集,请求法院采取以下诉前证据保全措施。1.查封、扣押被申请人住所地涉嫌的被控侵权产品、半成品,并对涉嫌侵权成品或半成品进行清点、拍照、摄像;2.对被申请人的办公电脑涉及被控侵权产品的相关数据进行复制、拷贝保全;3.对被申请人生产、销售的相关账册进行保全,包括但不限于销售合同、会计凭证、报表、入库单、出库单、报价单、仓储纪录、销售收据及发票、客户名册等进行复制保全;4.提取被控侵权产品样品以及有关宣传资料、画册、产品目录等。法院经审查,美术作品《和谐》已进行版权登记,著作权人为徐某。因此认为申请人的诉前证据保全的申请符合有关法律规定,准许采取查封、扣押、拍照、勘验、复制、制作笔录、提取样品等方法,对被申请人某研究所处与本案有关的证据予以保全。

(江刘容 撰写)

---

① 福建省德化县人民法院(2014)德民保字第13号民事裁定书。

第五十八条：人民法院对侵权行为的民事制裁

【法条对比】

2010年著作权法	2020年著作权法
第五十二条　人民法院审理案件，对于侵犯著作权或者与著作权有关的权利的，可以没收违法所得、侵权复制品以及进行违法活动的财物。	第五十八条　人民法院审理案件，对于侵犯著作权或者与著作权有关的权利的，可以没收违法所得、侵权复制品以及进行违法活动的财物。

【条文主旨】

本条是对著作权违法行为可以给予民事制裁的规定。

【条文释义】

【价值、功能与立法目的】

本条未做修改，现行法只修改了条文序号。宪法赋予人民法院行使国家的审判权和对诉讼败诉一方的制裁权。依据宪法赋予的权力，人民法院有权判决违反《著作权法》法律义务的当事人承担相应的法律责任，还可以对损害公共利益的当事人给予法律制裁。根据法律适用和审理结果，人民法院发现侵权人有违法所得，可以裁定没收其违法所得、侵权复制品以及进行违法活动的财物，并将没收的前述财物上缴国库，防止侵权人继续从事侵权活动。没收的侵权复制品应当予以销毁；对没收的财物，要予以拍卖，将拍卖收入上缴国库。[①]这一制度旨在维护社会利益，通过赋予审判机关职权，使其代

---

① 《中华人民共和国著作权法注解与配套（第三版）》，中国法制出版社2014年版，第113页。

表国家意志对违法行为进行制裁，以达到规范和调整民事活动中民事主体行为的目的。这一制裁措施可以对违法行为人和潜在违法行为人产生威慑作用，有利于对违法行为人再次从事著作权侵权活动产生震慑效应，也可以一定程度上降低潜在违法行为人准备从事侵权活动的可行性，强化《著作权法》对著作权作品的法律保护力度。

【规范内涵】

本条规定的是针对侵犯著作权的行为人民法院法院可采取的民事制裁措施。近年来我国不断加强知识产权审判工作，其中依法加大民事制裁力度，有利于惩戒侵权人，形成民事制裁的威慑力度。[1]在适用本条需要注意的是：第一，法院"承担的职责是对民事诉讼中出现的具体违法行为的制裁，其拥有的权力并非行政管理机关的监督权和行政处罚权"[2]。适用过程中需要注意与行政机关之间的边界，对于民事案件中的行政违法行为，应转交相关行政机关处理。[3]第二，法院作出民事制裁的前提是当事人应当承担民事责任，亦即未经法院依法审判并作出侵权认定时，法院无权作出民事制裁。人民法院采取民事制裁针对的是违法行为比较严重、情节比较恶劣的情形。第三，在侵犯著作权的案件中采取民事制裁措施，既要注重实体合法，也要注重程序合法。即人民法院采取民事制裁措施必须有法可依，如本条授予人民法院"对于侵犯著作权或者与著作权有关的权利的"可以采取"没收违法所得、侵权复制品以及进行违法活动的财物"的民事制裁措施；同时，人民法院在采取民事制裁措施时应严格遵守民事诉讼法的规定，保证程序公开、公正，及时告知当事人复议等相关权利，让权力在阳光下运行。

【以案说法】

案例1：法院依法没收违法所得、侵权复制品以及进行违法活动财物

在"A市文博园房地产开发有限公司、B市中唱传媒有限公司著作权权属、

---

[1] 《最高人民法院印发〈最高人民法院关于全面加强知识产权审判工作为建设创新型国家提供司法保障的意见〉的通知》，法发〔2007〕1号，2007年1月11日发布。

[2] 刘红兵、殷源源：《民事制裁措施在知识产权侵权诉讼中的适用》，载《人民司法》2006年第5期。

[3] 孙常立：《浅谈民事制裁措施的适用问题》，载《法学杂志》1989年第3期。

侵权纠纷案"[1]中，2016年1月5日，中唱公司向中国版权保护中心申请作品著作权登记，作品名称为《3D版清明上河图》，作品类别为电影和类似摄制电影方法创作的作品，著作权人为中唱公司，作品创作性质为原创，创作完成日期为2013年3月20日，首次公映日期为2013年10月1日，地点在东莞。在作品说明书中，中唱公司对《3D版清明上河图》的描述为：1.创作灵感：增强清明上河图的视觉效益，如同亲身走进清明上河图画中体验壮观的景象。2.创作意图：宣扬中国文化，希望通过本作品向大众展现我们企业独特的创作理念、新颖的产品形象、积极进取的企业精神、品质第一的质量保证和服务至上的经营理念。3.创作过程：该作品采用视频编码为QuickTime、Photo-jpg，是应用3D软件绘制而成的作品，像素比为8000cm×670cm左右，具体大小随着像素比和时长而变化，视频场景为2D制作，其中人物、动物、湖水、小船、灯光等为3D制作。视频分为片头、白天景象、晚上景象三大部分，开篇采用一幅缓缓展开的卷轴字画，运用毛笔书法一一呈现，然后通过水墨变换及自然淡出过渡至动态版清明上河图，章法巧妙，疏密有致，3D效果让清明上河图整幅画形成一个动态的景象，栩栩如生，富有节奏感和韵律变化的画卷，仿佛身临其境，倍感壮观。4.作品的独创性：该作品展现的3D版清明上河图是一幅动态效果图，黎明时分春风吹拂着树枝，枝叶婀娜多姿，风度翩翩，将繁杂的景物纳入统一而富于变化的画卷中；街市行人，衣着不同，神情各异，往来于市集小巷之间，招揽生意，摩肩接踵，川流不息，显得非常繁华和热闹。虹桥码头区，河水清粼粼的，如丝绸般滑过，似乎有货船逆水而上，车水马龙，其间充满着戏剧性的情节冲突，饶有无穷回味。傍晚时分，另一边灯火阑珊，倒影在河水中，波光粼粼，楚楚动人，行走在虹桥上望向远处一座座灯火人家别有风味，该作品集科技、人文、自然于一身，象征着万物复苏，百姓丰衣足食。

2016年1月12日，国家版权局向中唱公司核发了作品登记证书，载明登记号为国作登字-2016-I-00244406，作品名称为3D版清明上河图，作品类型为电影和类似摄制电影方法创作的作品，著作权人为中唱公司，作品创作完成时间为2013年3月20日，首次公映时间为2013年10月1日。

---

[1] 广东省中山市中级人民法院（2017）粤20民终2371号民事判决书。

2015年12月26日至2016年1月3日，由中山市三乡古典家具行业协会举办、文博园公司承办的第四届中国（三乡）古典家具文化节在广东省中山市三乡镇巨龙古玩城举办，举办方在活动期间以大屏幕向公众展示了3D版《清明上河图》。中唱公司为此派员到活动现场向举办方提出交涉未果。2016年4月，信存公司应文博园公司、嘉睿公司要求向中唱公司发出律师函，称活动期间展出的3D版《清明上河图》由其提供，文博园公司作为活动主办方对片源的使用及产权均不知情，且全国多地均存在3D版《清明上河图》的展出案例，但展出服务机构并非中唱公司，故要求中唱公司在合理期间内与信存公司联系，妥善处理后续事宜。2016年7月5日，中唱公司提起本案诉讼。

法院经审理查明：被告信存公司擅自在活动中播放与原告中唱公司享有权利的作品相同的影片，侵犯了原告中唱公司对涉案3D版《清明上河图》享有的复制权和展览权，依法应当承担相应的侵权责任。根据《中华人民共和国著作权法》第五十二条"人民法院审理案件，对于侵犯著作权或者与著作权有关的权利的，可以没收违法所得、侵权复制品以及进行违法活动的财物"的规定，被告信存公司所持有的3D版《清明上河图》的片源应予没收。二审法院维持了原审判决。

案例2：没收违法所得及侵权复制品属人民法院依职权可采取的、体现国家意志的制裁措施

在上海知识产权法院审理的"上海晨光文具股份有限公司与晨光生活馆企业管理（上海）有限公司、贾某侵害作品署名权纠纷案①"中，原审被告晨光公司在其产品上擅自使用原审原告贾某所创作的图案，故原审原告贾某起诉请求判令晨光公司、晨光生活馆停止侵权，并诉请法院没收被告因侵权行为所取得的违法所得和侵权复制品，适用的法律依据为《著作权法》第五十二条。

法院经审理认为，没收违法所得及侵权复制品系《著作权法》第五十二条规定的人民法院依职权可对侵权主体采取的制裁措施，并非基于当事人的诉讼请求而采取，亦不属于民事侵权责任方式，故对该项诉讼请求不予支持。

在"株式会社万代与汕头市澄海区泓利电子玩具实业有限公司、黄某侵

---

① 上海知识产权法院（2015）沪知民终字第441号民事判决书。

犯著作权纠纷案"①中，原告株式会社万代诉称：原告完成美术作品"张飞 Gundam 外包装 package design of 张飞 Gundam"和汇编作品"张飞 Gundam 使用手册 user manual of 张飞 Gundam"（以下统称涉案作品），并在中国进行了作品著作权登记。2008年8月11日、2008年8月19日，原告分别在位于广州一德国际文具精品广场3楼3029铺的宏利玩具商铺和北京的被告黄某处公证购买了泓利公司生产制造的"三国 301 张飞 Zhang Fei"产品（以下简称被控侵权产品）。经比对，被控侵权产品与涉案作品构成实质性相似，故被告泓利公司生产、黄某销售被控侵权产品，侵犯了原告依法享有的涉案作品著作权，应当承担停止侵权、消除影响、公开赔礼道歉和赔偿损失等民事责任。请求人民法院判令：两被告立即停止侵犯原告涉案作品著作权的行为；没收两被告违法所得，收回并销毁全部侵权拼装玩具模型产品、外包装以及使用手册；没收并销毁被告泓利公司用于制作侵权产品的材料、工具、设备等，包括但不限于模具、电子数据、包装、未包装被控侵权产品等；被告黄某承担与其侵权行为相应的连带赔偿责任。

法院经审理认为，根据《中华人民共和国著作权法》第五十一条的规定，人民法院审理侵犯著作权或者与著作权有关的权利的案件，可以没收违法所得、侵权复制品以及进行违法活动的财物。但是，**没收违法所得、侵权复制品以及进行违法活动的财物是人民法院对侵犯著作权的民事主体采取的民事制裁方式**，故株式会社万代的诉讼请求第二项关于没收违法所得，收回并销毁侵权产品及模具等主张，不属于泓利公司向株式会社万代承担侵犯著作权的民事责任方式，故本院不予支持。

在北京知识产权法院审理的"某出版社等与汪某等著作权权属、侵权纠纷案"②中，原审原告李某系著名诗人汪国真的母亲，原告汪某系汪国真的儿子，是汪国真去世时仅有的两名第一顺位继承人，原告李某基于汪国真生前所立遗嘱继承了汪国真对于涉案受著作权保护作品享有的著作权。被告彭某未经二原告许可，以营利为目的，在其创作的《真个汪国真》（涉案侵权图书）一书附录一中使用了汪国真《热爱生命》等59首涉案受著作权保护作品，

---

① 北京市第一中级人民法院（2010）一中民初字第1084号民事判决书。
② 北京知识产权法院（2019）京73民终1263号民事判决书。

在该书附录二中使用了《风入松·运城》等4首涉案权利作品,且对部分作品擅自进行了改动;被告某出版社于2016年6月出版发行了该书,且该书发行后被国内众多图书馆收藏。二原告认为被告彭某的上述行为侵害了权利人对于涉案权利作品享有的复制权、发行权及保护作品完整权,应承担相应的侵权责任;被告某出版社作为我国著名的哲学社会科学综合性出版社,未尽到合理注意义务,与被告彭某构成共同侵权,亦应承担相应的侵权责任。故二原告根据《著作权法》第五十二条规定,要求被告彭某销毁此手稿,要求被告某出版社收回售出的部分图书馆馆藏涉案侵权图书并立即销毁。

法院经审理认为,原告要求适用的《著作权法》第五十二条系对于人民法院民事制裁措施的规定,并非民事责任承担的内容,并非基于当事人的诉讼请求而采取,故对该项诉讼请求不予支持。

在"某饭店有限公司与某健身有限公司侵害商标权纠纷案"[①]中,法院对于原告要求法院对被告的侵权行为作出罚款并收缴侵权物品的诉讼请求亦不予支持。同上述案例相似,法院认为,原告的该项诉讼请求属于民事制裁的范围,并非原告要求被告承担的民事责任。法院进一步指出:民事制裁的成立是基于国家的意志和行为,并通过司法机关来确定和实现。因此,原告将"对被告的侵权行为作出罚款并收缴侵权物品"作为其民事诉讼的请求,没有法律依据,本院不予支持。

案例3:人民法院依职权采取制裁措施时考量社会公共利益

在"中昊公司与月和公司著作权侵权纠纷一案"[②]中,原告中昊公司与殷某签订了版权转让合同一份,约定殷某将包括本案涉案插画在内的五幅插画的复制权、发行权、信息网络传播权等著作财产权,独家授予原告享有使用权,许可原告中昊公司使用作品作袜子等商品的包装使用,原告中昊公司应支付殷某五幅插画的版权费。被告月和公司在网店上销售,包装上印有涉案插画的袜子,故原告请求法院判令被告月和公司立即停止侵犯原告中昊公司著作权独占使用权的行为,并请求法院判令没收被告月和公司的违法所得、侵权复制品及涉及违法活动的财物。

---

① 上海市第一中级人民法院(2008)沪一中民五(知)初字第12号民事判决书。
② 浙江省诸暨市人民法院(2017)浙0681民初1447号民事判决书。

法院经审理认为，被告在既未取得著作权人许可，也未尽到合法来源审查义务的情况下，对侵权结果的发生，其主观上存在过错，构成对原告中昊公司作品信息网络传播权的侵害。被告月和公司在网店上销售，包装上印有涉案插画的袜子，同样侵害了原告中昊公司上述作品的复制权和发行权。被告月和公司依法应当承担侵权的民事责任。对于原告中昊公司要求判令没收被告月和公司的违法所得、侵权复制品及违法活动的财物，是否采取民事制裁措施，属于人民法院的职权行为，并不属于原告中昊公司可以享有的民事权利及诉讼权利。同时法院进一步指出：被告月和公司侵犯原告中昊公司著作权的行为，原告中昊公司可以通过要求被告月和公司承担民事责任的方式进行救济。本案并没有证据证明被告月和公司的行为，严重损害社会的公共利益，故对原告中昊公司要求法院"没收被告月和公司的违法所得、侵权复制品及违法活动的财物"的诉讼请求不予支持。

案例4：侵权复制品可否直接交由著作权人处置？

在"郭某与某房地产开发有限公司著作权侵权纠纷上诉案"中[1]，郭某系国内及国际知名雕塑家，并著有多部雕塑类专著。2015年12月，郭某发现某房地产开发有限公司未经许可在其经营的商场二楼走廊展览郭某享有著作权的《梦幻—10》铸铜雕塑，遂起诉至法院，原告郭某在起诉状及一审庭审中多次强调，希望法院能够以判决的形式将涉案侵权复制品交由上诉人处理，其目的在于杜绝被上诉人以后再次侵权。

法院经审理查明，本案中，被告在原告起诉后，已经停止侵权并将案涉侵权复制品撤出商场，该措施足以制止侵权行为的继续发生。故对于原告要求被告将侵权复制品交还给原告处理的诉讼请求，法院依法不予支持。二审法院更进一步说明：此次侵权行为已经停止，如将来再次发生侵权行为，上诉人（一审原告）郭某可以依据新的侵权行为再次起诉，其权利依然能够得到保障。综上，在侵犯著作权案件中，侵权复制品直接交由原著作权人处理的诉讼请求一般不会得到支持。

（易镁金 撰写）

---

[1] 重庆市第五中级人民法院（2016）渝05民终5252号民事判决书。

第五十九条：举证责任

（法条对比）

2010年著作权法	2020年著作权法
第五十三条　复制品的出版者、制作者不能证明其出版、制作有合法授权的，复制品的发行者或者<u>电影作品或者以类似摄制电影的方法创作的作品</u>、计算机软件、录音录像制品的复制品的出租者不能证明其发行、出租的复制品有合法来源的，应当承担法律责任。	第五十九条　复制品的出版者、制作者不能证明其出版、制作有合法授权的，复制品的发行者或者<u>视听作品</u>、计算机软件、录音录像制品的复制品的出租者不能证明其发行、出租的复制品有合法来源的，应当承担法律责任。 <u>在诉讼程序中，被诉侵权人主张其不承担侵权责任的，应当提供证据证明已经取得权利人的许可，或者具有本法规定的不经权利人许可而可以使用的情形。</u>

【条文主旨】

本条是有关过错推定需要承担法律责任以及举证责任的规定。

【修改理由】

2010年《著作权法》第五十三条规定："复制品的出版者、制作者不能证明其出版、制作有合法授权的，复制品的发行者或者电影作品或者以类似摄制电影的方法创作的作品、计算机软件、录音录像制品的复制品的出租者不能证明其发行、出租的复制品有合法来源的，应当承担法律责任。"2020年《著作权法》将2010年《著作权法》规定的"电影作品或者以类似摄制电影的方法创作的作品"修改为"视听作品"，同时增加第二款"在诉讼程序中，被诉侵权人主张其不承担侵权责任的，应当提供证据证明已经取得权利人的许可，或者具有本法规定的不经权利人许可而可以使用的情形"，并将2010年《著作权法》规定的第五十三条调整为2020年《著作权法》第五十九条，条款序号与条文内容均有所变化。

我国著作权制度是在《伯尔尼公约》的影响之下建立起来的，著作权法基本观念与法律术语深受《伯尔尼公约》影响。《伯尔尼公约》第二条第一项罗列的客体类型包括"电影作品和以类似摄制电影的方法表现的作品"，自2001年《著作权法》修正以来，我国《著作权法》借鉴《伯尔尼公约》而将"电影作品和以类似摄制电影的方法创作的作品"单列一类作品类型。根据《著作权法实施条例》的规定，电影作品和以类似摄制电影的方法创作的作品是指"摄制在一定介质上，由一系列有伴音或者无伴音的画面组成，并且借助适当装置放映或者以其他方式传播的作品"。但是《伯尔尼公约》与我国《著作权法》采用的上述术语是依托胶片时代与有形介质时代并以"电影"作为参照的客体类型，难以涵盖随着技术发展不断涌现的新型客体，如网络直播、网络游戏、短视频等，这些新型客体并非总是摄制在有形介质之上，因此2020年《著作权法》第三条采用一个外延更为广泛的术语——"视听作品"以期能够调整那些随着技术发展"不期而遇"的新型客体，促进我国视听产业的健康有序发展。为与2020年《著作权法》第三条及其相关条文保持表述上的一致，2020年《著作权法》第五十九条同样使用了"视听作品"措辞。

2020年《著作权法》在2010年《著作权法》第五十三条规定之外，增加一款有关举证责任的规定，即"在诉讼程序中，被诉侵权人主张其不承担侵权责任的，应当提供证据证明已经取得权利人的许可，或者具有本法规定的不经权利人许可而可以使用的情形"。根据相关学者的著述，新增一款有关举证责任的规定乃是为了履行《中美贸易协定》。[①]《中美贸易协定》第1.29条规定"在涉及版权或邻接权的民事、行政和刑事诉讼中，双方应：……规定被控侵权人有责任提供证据或举证责任，以酌情证明其使用受版权或邻接权保护

---

① 王迁：《〈著作权法〉修改：关键条款的解读与分析（下）》，载《知识产权》2021年第2期。

的作品是被授权的,包括在被控侵权人声称已经获得许可的情况下使用版权持有人的作品,例如通过许可。"

【条文释义】

【价值、功能与立法目的】

该条的价值在于实现权利人与善意第三人之间的利益平衡,保护合法权益的同时维护交易安全,促进作品的流通与传播。

著作权法旨在保护的客体是具有独创性的表达,独创性的表达具有无形性,并不像物权旨在保护的有体物一般具有通过感官可以感知的有形边界,因而作品流通过程当中,作品辗转多手,经常出现权利外观与权利本身之间并不一致的情形。如果要求相关主体严格审查权利外观之外的权利本身,势必会对相关主体施加过高的注意义务,导致相关主体因为注意义务过重必须事先承担较高的调查成本(信息成本)或者因为害怕事后承担侵权责任而不愿甚至不敢从事出版、制作、发行以及出租行为,制约相关产业的发展,影响作品的流通效率与交易安全。一般来说,只要善意第三人主观上尽到合理注意义务,客观上为实现市场交易支付了合理对价,善意第三人的合理信赖利益以及与之相关的交易安全应当受到著作权法的保护。

依照我国《民法典》的相关规定,侵权责任的承担以过错责任为归责原则,以无过错责任为例外。[①]过错责任是指行为人具有主观过错,其行为与损害结果之间具有因果关系,行为人方才承担民事责任。无过错责任是指无论行为人是否具有主观过错,依照法律规定应当承担民事责任的,行为人也应承担民事责任。过错推定是过错责任原则的发展,过错责任原则之下,根据"谁主张、谁举证"的举证规则,权利人主张损害赔偿的,应当证明行为人具有主观过错;但是过错推定是对举证责任的倒置,也即权利人无须证明行为人的主观过错,而是推定行为人具有主观过错,除非行为人能够提供相反的证据证明其没有过错,否则其应承担相应的法律责任。2020年《著作权法》

---

① 《民法典》第一千一百六十五条规定:"行为人因过错侵害他人民事权益造成损害的,应当承担侵权责任。依照法律规定推定行为人有过错,其不能证明自己没有过错的,应当承担侵权责任。"《民法典》第一千一百六十六条规定:"行为人造成他人民事权益损害,不论行为人有无过错,法律规定应当承担侵权责任的,依照其规定。"

第五十九条即是有关过错推定的规定。通常来说，行为人实施侵害权利人人身或者有体财产的行为，由于不得随意伤害他人人身与侵害他人财产乃是人所共知的常识，并且人身与有体财产的权利本身比较容易识别，权利人一般比较容易证明行为人具有主观过错，行为人辩解其不具有主观过错相对困难，因此权利人的人身权利或者有体财产权利能够得到较好的救济。但是由于作品属于无体财产，侵权行为相对隐蔽，权利人证明行为人具有主观过错相对困难，而行为人辩解自己没有过错相对容易，因此导致行为人虽然实施了侵权行为但是权利人无法证明其具有主观过错而免于承担损害赔偿责任，给权利人的利益造成巨大损害。采用过错推定，也即在出版者、制作者、发行者与出租者无法提供合法授权与合法来源的情况下推定其具有过错并使其承担相应的损害赔偿责任，有助于减轻权利人的证明负担，加强著作权保护。

因此，《著作权法》第五十九条的规定正是出于平衡权利人利益保护需求与善意第三人的合理信赖利益的需要，加强著作权保护的同时促进作品的交易效率。

【规范内涵】

2020年《著作权法》第五十九条第一款规定："复制品的出版者、制作者不能证明其出版、制作有合法授权的，复制品的发行者或者视听作品、计算机软件、录音录像制品的复制品的出租者不能证明其发行、出租的复制品有合法来源的，应当承担法律责任。"该款规定基本沿用了2010年《著作权法》第五十三条的规定，唯一的修改之处在于为了表述一致而将"电影作品或者以类似摄制电影的方法创作的作品"改为"视听作品"。根据该条规定，当复制品的出版者、制作者未能证明其从事出版或制作行为具有合法授权时，以及复制品的发行者或者视听作品、计算机软件、录音录像制品的复制品的出租者不能证明其从事发行或者出租行为具有合法来源时，法律推定上述主体具有主观过错，应当承担相应的法律责任。该款前半部分规定了复制品出版者与制作者的"合法授权"抗辩，后半部分规定复制品发行者与特殊类型作品复制品的出租者的"合法来源"抗辩。

所谓"合法授权"抗辩是指出版者、制作者从事出版、制作行为应当获得权利人许可并且支付合理对价，如果出版者、制作者未能获得权利人许可或者超出约定的许可范围从事出版、制作行为，构成著作权侵权，应当承担相应的法律责任。实践中，缺少"合法授权"主要包括两种情形：一种是既没有授权外观也没有任何权利基础，也即没有任何形式的授权；另一种是虽有授权外观但是没有任何权利基础。[①]对于前者，依据普通公众的一般认知，行为人的主观过错非常明显，而在后者当中，产生了行为人的合理信赖利益与权利人利益的冲突，行为人是否具有过错需要结合行为人是否对他人的授权行为履行了合理注意义务加以判断。合理注意义务既不能设定过高，避免让善意行为人承担侵权责任，也不能设定过低，以免行为人逃避本应承担的损害赔偿责任。根据《最高人民法院关于知识产权民事诉讼证据的若干规定》第四条第二款的规定，"被告的经营规模、专业程度、市场交易习惯等，可以作为确定其合理注意义务的证据"。根据《著作权法》第五十九条第二款与《最高人民法院关于审理著作权民事纠纷案件适用法律若干问题的解释》第二十条的规定，行为人应对其已经尽到合理注意义务承担举证责任。如果行为人未能举证证明其对他人的授权行为尽到合理的注意义务，那么行为人具有过错，其法律效果与行为人没有获得任何形式的授权相同。

具体而言，行为人如果没有获得任何形式的授权，其行为构成著作权侵权，需要同时承担停止侵权与损害赔偿两种法律责任。行为人如果获得具有授权外观但是没有任何权利基础的授权的，尽管行为人的行为构成著作权侵权并且需要承担停止侵害的法律责任，但是行为人是否需要承担损害赔偿责任则要看行为人是否举证证明其已经尽到合理注意义务（是否具有主观过错），如果行为人未能举证其尽到合理注意义务，那么其仍需承担损害赔偿责任。如同下文指出的"合法来源"抗辩未能成立的法律效果一般，上述两种缺少"合法授权"的情形均没有权利基础，构成著作权侵权，仍然需要承担权利人为制止侵权而发生的合理开支。

所谓"合法来源"抗辩，是指复制品的发行者或者视听作品、计算机软件、录音录像制品的复制品的出租者能够证明他们发行或者出租的复制品是经合法的进货渠道、正当的买卖合同以及合理的交易价格获得，如果未能证明他们发行或者出租的复制品具有合法来源，应当承担相应的法律责任。关

[①] 雷桂森：《侵害信息网络传播权纠纷中合法授权抗辩的审查》，载《人民司法（案例）》2019年第35期。

于"合法来源"抗辩，需要注意以下几个方面。

其一，"合法来源"抗辩的主体。"合法来源"抗辩的主体是复制品的发行者与视听作品、计算机软件与录音录像制品复制品的出租者。根据2020年《著作权法》规定，发行是指以出售或者赠予的方式向公众提供作品的原件或者复制件的行为；出租是指有偿许可他人临时使用视听作品、计算机软件以及录音录像制品原件或者复制件的行为。对照《商标法》第六十四条第二款[①]与《专利法》第七十七条[②]的规定，能够主张"合法来源"抗辩的主体均包括了"销售者"。但是，《著作权法》并未对销售者是否可以主张"合法来源"抗辩作出规定。问题的关键在于如何理解"出售"。如果严格依照《著作权法》对"发行权"的定义进行解释，发行权实际上是一次用尽的权利，据此这里的"出售"仅指"首次销售作品的行为"，而不包括"转售行为"，那么能够适用"合法来源"抗辩的主体也就仅指"首次销售者"。但从本条的立法目的以及《商标法》与《专利法》的规定来看，转售者恰恰是处于流通环节而非侵权源头的主体，如果处于流通环节的转售者的合理信赖利益无法得到保护，那么与之相关的交易安全与交易效率也就会落空。因此，基于立法目的，"销售者"理应可以依照本条规定主张"合法来源"抗辩。

其二，"合法来源"抗辩的主观方面。我国《专利法》与《商标法》中均规定了"合法来源"抗辩，根据《专利法》第七十七条与《商标法》第六十条的规定，主张"合法来源"抗辩的主体主观上应当"不知道"其所销售的客体侵犯专利权或者商标权。2020年《著作权法》未对发行者、出租者的主观状态进行规定，但这并不是说只要发行者、出租者能够提供合法的购货渠道、合理的价格和直接的供货方等，合法来源抗辩即可成立，其主观上还应尽到合理的注意义务，这也与本条保护善意第三人的立法目的相符。对此，《最高人民法院关于知识产权民事诉讼证据的若干规定》第四条规定："被告依法主张合法来源抗辩的，应当举证证明合法取得被诉侵权产品、复制品的事实，包括合法的购货渠道、合理的价格和直接的供货方等。被告提供的被

---

① 《商标法》第六十四条第二款规定："销售不知道是侵犯注册商标专用权的商品，能证明该商品是自己合法取得并说明提供者的，不承担赔偿责任。"

② 《专利法》第七十七条规定："为生产经营目的使用、许诺销售或者销售不知道是未经专利权人许可而制造并售出的专利侵权产品，能证明该产品合法来源的，不承担赔偿责任。"

诉侵权产品、复制品来源证据与其合理注意义务程度相当的，可以认定其完成前款所称举证，并推定其不知道被诉侵权产品、复制品侵害知识产权。被告的经营规模、专业程度、市场交易习惯等，可以作为确定其合理注意义务的证据。"

其三，"合法来源"抗辩的客观方面。2020年《最高人民法院关于知识产权民事诉讼证据的若干规定》第四条规定的上述证据应与复制者、发行者的合理注意义务相当。根据该条规定，"合法来源"抗辩的成立不仅需要发行者与出租者证明其系通过合法的进货渠道，且以正当的买卖合同以及合理的交易价格获得相关复制品，还要求他们能够说明其发行、出租的客体的提供者信息，这是因为发行者与出租者一般处于流通环节，要求其披露提供者信息，有助于权利人按图索骥找到侵权源头，从根本上遏制侵权。"合法来源"抗辩成立所要求的"提供者信息"并不是指商品的最初生产者信息，这是因为从最初生产者到最终消费者之间，涉及多个流通环节，要求复制品的发行者、出租者提供商品最初生产者的信息将对其施加过重的审查义务，制约市场交易效率。[1]因此这里的"提供者信息"一般是指与复制品的发行者、出租者直接交易的上家的相关信息。

其四，"合法来源"抗辩成立的法律效果。"合法来源"抗辩不能成立的，发行者、出租者应当承担法律责任，但是"合法来源"抗辩成立的，发行者、出租者并非不承担任何法律责任。需要指出的是，"合法来源"抗辩的成立并不改变发行、出租行为的侵权性质，因此并不影响发行者、出租者停止侵权责任的承担，只是免除发行者、出租者损害赔偿责任的承担。至于权利人为制止侵权而发生的合理开支，现行法律尚无明确规定，例如在"广州市速锐机械设备有限公司、深圳市和力泰科技有限公司侵害实用新型专利权纠纷"案中，最高人民法院指出"合法来源抗辩成立，并不改变销售侵权产品这一行为的侵权性质，而维权合理开支系基于侵权行为而发生，故在合法来源抗辩成立的情况下，权利人为获得停止侵权救济的合理开支仍应得到支持"。[2]

---

[1] 高翡：《知识产权诉讼中的合法来源认定——汪某京剧脸谱作品著作权权属、侵权纠纷案评析》，载《科技与法律》2013年第2期。

[2] 最高人民法院（2019）最高法知民终25号民事判决书。

同样，在《著作权法》中，即便"合法来源"抗辩成立，发行者、出租者仍应承担权利人为制止侵权而发生的合理开支。

2020年《著作权法》第五十九条新增第二款规定："在诉讼程序中，被诉侵权人主张其不承担侵权责任的，应当提供证据证明已经取得权利人的许可，或者具有本法规定的不经权利人许可而可以使用的情形。"该规定系新增规定。这一规定进一步明确了被诉侵权人不承担著作权侵权责任的条件是能够提供证据证明其行为获得了权利人许可或者根据《著作权法》之规定使用不需要获得权利人许可。当然，即使没有这一新增规定，也可以从著作权侵权原理得出同样的结论，因为作为侵害著作权的行为，应当是没有获得权利人许可的行为，而且是《著作权法》没有规定不需要获得许可的行为。当然，明确作出上述规定，更便于司法实践中认定被控侵权行为人是否构成侵害著作权。[1]

该款也涉及举证责任的规定。该款并未要求"举证责任倒置"。所谓"举证责任倒置"是指将原本根据"谁主张，谁举证"的基本规则应由一方当事人承担的举证责任，通过法律的明确规定将其转移给另一方当事人承担。根据该款，举证责任的承担仍然坚持"谁主张，谁举证"的基本规则，也即权利人仍然首先需要证明出版者、制作者、发行者与出租者等实施了受专有权利控制的行为，再由出版者、制作者、发行者与出租者证明其行为具有合法授权或者符合合理使用、法定许可等情形。

【以案说法】

案例1：销售商销售"三无产品"具有主观过错，不能适用"合法来源"抗辩免除责任[2]

Y公司为卡通片《喜羊羊和灰太狼》的著作权人，对其中的喜羊羊等卡通形象享有著作权，并于2008年8月29日对喜羊羊卡通形象进行了著作权登记，著作权登记证书载明作品的类型为美术作品，作者为罗某，著作权人为Y公司（受让取得）。某购物中心是W公司的分支机构，有营业执照，但无独

---

[1] 冯晓青：《著作权法（第二版）》，法律出版社2022年版，第317页。
[2] 北京市朝阳区人民法院（2011）朝民初字第32809号民事判决书。

立资金，某购物中心未经许可销售了带有"喜羊羊"卡通形象的"小米奇童"童装。涉案商品上的"喜羊羊"卡通形象与Y公司享有著作权的卡通形象在整体造型以及头部特征、眼睛、眉毛、鼻子、神态等方面相同。另外，该童装上无产品合格证以及生产厂家，只在吊牌上显示有"地址：佛山市禅城区朝安路环市镇童装城16座二楼"及电话和传真号码。为证明涉案童装系由世纪珠宝公司销售的，某购物中心提供了其与世纪宝珠公司签订的《专柜合同》，该合同有效期至2009年12月31日，并可在前一期限届满之时连续多次续展。该合同同时约定某购物中心对世纪宝珠公司统一收银，以抽成方式获取收益，并且负责世纪珠宝公司派驻人员的培训。

北京市朝阳区人民法院经审理认为，涉案商品上的卡通形象与Y公司享有著作权的卡通形象在整体造型、头部特征等方面相同，二者构成实质性相似。根据《著作权法》第五十三条（2020年《著作权法》第五十九条）的规定，复制品的发行者不能证明其发行的复制品有合法来源的，应当承担法律责任。尽管某购物中心提供《专柜合同》，但是合同已于2009年12月31日到期，明显早于Y公司公证购买涉案童装的时间——2010年11月16日，并且某购物中心也未提供证据证明双方合同有所续展。此外，由于某购物中心对世纪珠宝公司统一收银，以抽成方式获取收益，并且负责世纪珠宝公司派驻人员的培训，某购物中心不仅是场地出租者，也是实际销售者。某购物中心作为涉案商品的销售者，未能提供涉案商品的合法来源。此外，涉案童装上并无产品合格证以及生产厂家，某购物中心应当认识到涉案童装存在较大的侵权风险，主观上具有一定过错。由于某购物中心既无法说明合法来源，且具有主观过错，应当与W公司共同承担停止侵权、赔偿损失的法律责任。

案例2：被授权方未能举证证明其在授权许可范围内生产涉案侵权产品的，应当承担举证不能的法律后果；销售商应当对其合法来源承担举证责任，生产商确认涉案侵权产品来源于销售商，并不因此免除销售商的举证责任[1]。

艾贝戴公司、娱乐壹公司是"Peppa Pig"（"小猪佩奇"）和"Peppa Pig, George Pig, Daddy Pig, Mommy Pig"（"佩奇，乔治，猪爸爸，猪妈妈"）美术作品的著作权人。艾贝戴公司、娱乐壹公司发现聚凡公司在其淘宝网"聚

---

[1] 浙江省杭州市中级人民法院（2018）浙01民终7396号民事判决书。

凡优品1"店铺中销售印制有"佩奇,乔治,猪爸爸,猪妈妈"人物形象的"小猪佩奇厨房小天地"玩具,且显示生产商为嘉乐公司,该款涉案商品详情上使用了一张有"佩奇,乔治,猪爸爸,猪妈妈"人物形象的图片。艾贝戴公司、娱乐壹公司认为聚凡公司未经许可销售涉案被控侵权产品,嘉乐公司未经许可生产、销售涉案被控侵权产品,已经侵犯了其所享有的美术作品著作权。淘宝公司作为网络服务提供商,未对商家上架的侵权产品进行主动审查,应当承担停止侵权的法律责任。嘉乐公司认为其与娱乐壹公司、山成丰盈公司签订的《商品化许可协议》合法有效,根据该协议的约定,其有权生产、销售带有"佩奇,乔治,猪爸爸,猪妈妈"人物形象的"小猪佩奇厨房小天地"玩具。

该案的争议焦点之一在于嘉乐公司生产、销售涉案侵权产品是否具有合法授权。法院审理认为:其一,根据娱乐壹公司、山成丰盈公司(主要被许可人)和嘉乐公司(被许可人)签订的《商品化许可协议》,"授权产品"最终内容应当获得娱乐壹公司的事先书面审批,协议第9条"质量控制、授权产品和材料审批"条款进一步明确了未经娱乐壹公司书面批准,嘉乐公司不得生产或安排生产或推销"授权产品"。本案中,嘉乐公司未提交证据证明其生产、销售的"小猪佩奇厨房小天地"产品系经娱乐壹公司书面批准。其二,根据上述协议,授权产品的在线分销限于授权区域内网址链接为http://www.tmall.com,http://www.jd.com 以及http://www.amazon.cn的在线商店。嘉乐公司保证从其购买授权产品的任何第三方(不管直接还是间接)同样遵守该约定。本案被诉侵权行为发生在http://taobao.com,明显超出协议限定的销售渠道。因此,由于嘉乐公司超出授权许可的范围生产、销售涉案侵权产品,并且未能举证证明其生产、销售涉案侵权产品获得合法授权,侵犯了涉案美术作品的复制权、发行权,应当承担停止侵权、赔偿损失的民事责任。该案的争议焦点之二在于聚凡公司销售被控侵权产品是否具有合法来源。法院经审理认为,聚凡公司作为涉案侵权产品的销售者,应当对其销售的产品具有合法来源承担举证责任,此种举证责任乃是一种法定的积极责任,即便嘉乐公司确认涉案侵权产品来源于其,也不能因此当然免除聚凡公司的举证责任。本案中,聚凡公司未能提供销售合同、付款凭证、交付凭证等用以证明其系通过合法渠道获得涉案侵权产品,侵犯了涉案美术作品的发行权、信息网络传权，应当承担停止侵权、赔偿损失的民事责任。二审法院维持一审判决。

案例3：购买者不明知产品侵犯他人著作权且从合法渠道购得的，可以类推适用合法来源抗辩[①]

华冠公司是《嘻多猴卡通动漫形象》美术作品（2015年6月15日创作完成、2015年11月26日获得作品登记证书）、《嘻多猴卡通动漫形象四视图2.0版》美术作品（2015年9月15日创作完成、2016年1月22日获得作品登记证书）、《嘻多猴卡通动漫形象变装设计2.0版》美术作品（2015年9月15日创作完成、2016年1月22日获得作品登记证书）的著作权人。2016年1月14日，大唐公司与田浦公司签订采购合同，约定田浦公司向大唐公司提供46个嘻多猴卡通雕像，样式以报价单上的图案为准。大唐公司支付部分货款，田浦公司按约供货。2016年2月，大唐公司在其经营的购物中心以陈列数个立体卡通动漫形象雕塑的方式进行商业宣传。其陈列的卡通动漫形象雕塑与华冠公司美术作品《嘻多猴卡通动漫形象四视图2.0版》和《嘻多猴卡通动漫形象变装设计2.0版》中的蜘蛛侠、美国队长、功夫熊猫以及戴绿色眼罩的嘻多猴卡通动漫形象进行比对，两者头部与身体的比例、面部构图的基本美术元素、外观与着色相似，主要特征基本一致，整体观察视觉效果基本相同。华冠公司认为，大唐公司侵犯了其复制权，应当承担赔偿损失等相应的侵权责任。大唐公司认为，其使用涉案侵权物品具有合法来源，华冠公司的作品登记时间晚于其签订采购合同的时间，其无法得知所购涉案侵权物品的著作权人，主观并无过失，不应承担赔偿责任。

该案的争议焦点之一在于大唐公司可否适用合法来源抗辩从而不必承担损害赔偿责任。一审法院认为大唐公司在其经营场所陈列的卡通动漫形象雕塑与华冠公司享有著作权的美术作品构成实质性近似，大唐公司未经华冠公司许可，在其商业经营中使用以复制方式形成的涉案被控侵权物品，已构成对华冠公司美术作品复制权的侵害。大唐公司对于著作权人及其行为性质的主观认识并不影响涉案被控侵权行为的认定。同时，大唐公司并非《中华人民共和国著作权法》第五十三条"复制品的出版者、制作者不能证明其出版、制作有合法授权的，复制品的发行者或者电影作品或者以类似摄制电影的方

[①] 陕西省高级人民法院（2016）陕民终646号民事判决书。

法创作的作品、计算机软件、录音录像制品的复制品的出租者不能证明其发行、出租的复制品有合法来源的，应当承担法律责任"、《最高人民法院关于审理著作权民事纠纷案件适用法律若干问题的解释》第十九条"出版者、制作者应当对其出版、制作有合法授权承担举证责任，发行者、出租者应当对其发行或者出租的复制品有合法来源承担举证责任。举证不能的，依据著作权法第四十六条、第四十七条的相应规定承担法律责任"所规定的出版者、制作者，本案不存在适用该条款的情形，故其主张涉案侵权物品具有合法来源的辩称理由不能成立。

二审法院认为，本案中，大唐公司只是购买和使用涉案美术作品的复制件，并未有印刷、复印、拓印、录音、录像、翻录、翻拍涉案美术作品的行为。根据《著作权法》相关规定，发行人与出租人可以通过证明复制品的合法来源免除损害赔偿责任的承担。本案中，大唐公司既不是涉案作品复制件的出版者和制作者，也不是复制品的发行者和出租者，并且证明了涉案复制品有合法来源。由于购买者处于交易终端，而非交易流通环节，对于著作权人的潜在不利影响明显小于处于流通环节的发行人、出租人，举重明轻，因此华冠公司要求大唐公司承担法律责任没有法律依据。二审法院判决撤销一审判决，驳回华冠公司全部诉讼请求。

案例4：对于合法来源的认定，在审查进货渠道的同时，应当审查其对无合法授权的发生是否尽到了合理审查义务[①]

艺唐公司（原告）是作品名称为《火烈鸟》《灯笼》图案的著作权人，原告将作品使用于丝绸围巾。瑞蚨祥公司（被告一）与瑞蚨祥绸布店（被告二）分别在淘宝网与京东网销售的围巾产品上使用了艺唐公司享有著作权的作品。另查明菲尔玛公司（第三人）与艺唐公司签订了委托加工协议，接受艺唐公司委托加工涉案产品，并且认可其向两被告销售了涉案产品。

艺唐公司认为，两被告在未获得其授权的前提下，销售了其享有著作权的产品，侵犯了其合法权益。两被告认为其销售的涉案产品系从第三人处购买，并有发票、出货单、退货单、付款凭证等完整的证据链支持，并且履行了恰当的注意义务，其销售的涉案产品具有合法来源。

[①] 江苏省苏州市中级人民法院（2019）苏05民终2196号民事判决书。

法院经审理认为，根据《著作权法》第五十三条的规定（2020年《著作权法》第五十九条），复制品的发行者不能证明其发行的复制品有合法来源的，应当承担法律责任。本案中，两被告提供了进货清单、发票等证据予以证实，菲尔玛公司对此亦予以认可，故在形式上两被告所销售的涉案产品具备了正当的进货渠道。但是由于菲尔玛公司并非涉案产品的权利主体，而是受委托加工方，并且涉案产品为库存品或瑕疵品，艺唐公司对此亦应知晓，因此相较于其他正常产品，被告应对该批货物尽到更高的审查注意义务，包括是否有涉及库存品或瑕疵品的处理约定、是否可能存在知识产权侵权。从案涉情况来看，被告未能进行上述方面的审查注意，存在过失，因此不能认定被告所销售的复制品具有合法来源，其合法来源抗辩理由不能成立。

（刁佳星　撰写）

第六十条：著作权纠纷的解决

【法条对比】

2010年著作权法	2020年著作权法
第五十五条 著作权纠纷可以调解，也可以根据当事人达成的书面仲裁协议或者著作权合同中的仲裁条款，向仲裁机构申请仲裁。 当事人没有书面仲裁协议，也没有在著作权合同中订立仲裁条款的，可以直接向人民法院起诉。	第六十条 著作权纠纷可以调解，也可以根据当事人达成的书面仲裁协议或者著作权合同中的仲裁条款，向仲裁机构申请仲裁。 当事人没有书面仲裁协议，也没有在著作权合同中订立仲裁条款的，可以直接向人民法院起诉。

【条文主旨】

本条规定了著作权纠纷的解决途径。

【修改理由】

本条为2010年《著作权法》第五十五条规定，无文字修改。

【条文释义】

【价值、功能与立法目的】

近年来，随着我国市场经济的逐步确立和完善，随着科技水平的日益提高和发展，享有著作权的作品的传播与交流日益频繁。但是在作品的传播过程中，例如书籍作品的再版、文艺作品的展览和演出，甚至数字产品的商用过程中，难免会因为各种主观或者客观原因产生双方甚至多方利益的冲突，即各种事由引起的著作权纠纷。著作权纠纷最常见的解决办法是诉至法院。而随着著作权作品数量的急剧增多，传播途径的丰富和广泛，法院关于著作权纠纷的审判压力也急剧增加。并且，由于著作权作品覆盖的领域极多，著作权纠纷的技术性、专业性和复杂性也越来越高，法院往往需要在涉及著作权纠纷的案件上花费比其他案件更多的精力和人员。因此通过多元化的法律途径来合理分流著作权纠纷问题就显得十分必要。

本条对于著作权纠纷的解决途径，从法律层面给予了指导。确定了当著作权纠纷产生时，如何有针对性地通过不同途径解决不同情况下的著作权纠纷问题，也规范化了无协议起诉的具体流程。本条规定既给予了著作权人等权利人充分的尊重，也使得著作权作品的交流和传播得到了更好保护，体现了《著作权法》第一条之保护作者的著作权，以及与著作权有关的权益，鼓励作品的创作和传播的立法目的。

【规范内涵】

关于第六十条第一款"著作权纠纷可以调解，也可以根据当事人达成的书面仲裁协议或者著作权合同中的仲裁条款，向仲裁机构申请仲裁"。本款为著作权纠纷提供了两种非诉解决方式，即调解和仲裁。本款的适用要点如下：

第一，著作权纠纷可以通过调解来解决。调解组织既可以是法院和著作权行政管理部门这种官方部门，也可以是社会团体和群众组织这种民间组织。由于著作权纠纷的技术性、专业性和复杂性，我国还针对著作权纠纷特设了专门的调解机构，并对著作权纠纷调解进行了初步的探索。如北京市高级人民法院与中国作家协会合作成立的中国作家协会著作权纠纷调解委员会、中共北京市委宣传部（北京市版权局）及北京市司法局共同领导下的首都版权协会知识产权纠纷人民调解委员会等。与此同时，关于著作权纠纷的调解问题，各个地方和组织也在逐步探索和出台行之有效的规定制度。根据《人民调解法》第三十四条，"乡镇、街道以及社会团体或者其他组织根据需要可以参照本法有关规定设立人民调解委员会，调解民间纠纷"。虽然对于"民间纠纷"没有明确的界定和划分，但一般认为，在著作权领域中可以调解的是著作权权属纠纷案件、侵害著作权纠纷案件、侵害其他著作财产权纠纷案件、著作权合同纠纷案件。[1]需要说明的是，调解不具有法律上的强制性。若调解

---

[1] 镇江市中级人民法院、镇江市版权局《关于建立著作权类知识产权纠纷案件诉调对接机制的规定》。

过程中发生了一方或者多方当事人不同意或者反悔的情况时，也可以继续寻求其他途径解决著作权纠纷问题。

第二，著作权的仲裁由仲裁机构进行。除本条规定明确表明著作权纠纷可以申请仲裁外，《计算机软件保护条例》第三十一条规定："软件著作权侵权纠纷可以调解。软件著作权合同纠纷可以依据合同中的仲裁条款或者事后达成的书面仲裁协议，向仲裁机构申请仲裁。当事人没有在合同中订立仲裁条款，事后又没有书面仲裁协议的，可以直接向人民法院提起诉讼。"目前司法实践中明确可以进行仲裁的著作权纠纷仅有著作权合同纠纷以及与合同相关的著作权侵权纠纷。[1]如2012年最高人民法院在"汉王案"中明确："南开越洋对汉王科技、天津汉王提起计算机软件著作权侵权之诉，系法人之间的其他财产权益纠纷，属于仲裁法规定的可以仲裁的范畴。"但对于侵权内容和合同内容关联较小时，法院常认为合同约定的管辖条款可能不适用著作权侵权纠纷。[2]值得注意的是，由于作者在作品完成之时即自动取得著作权，故不存在著作权有效性仲裁的问题。

根据我国《仲裁法》和本款规定，著作权仲裁协议有两种。第一种是附载于一份完整的著作权合同中的仲裁条款；第二种是在著作权纠纷发生前或著作权纠纷发生后，另外单独达成的仲裁协议。无论是仲裁协议还是仲裁条款，都是要式法律行为，都应是记载当事人约定仲裁的书面材料。不同于调解，仲裁在法律上的强制力给予了法院强制执行的权力。此外，根据《仲裁法》第九条规定，我国"仲裁实行一裁终局的制度。裁决作出后，当事人就同一纠纷再申请仲裁或者向人民法院起诉的，仲裁委员会或者人民法院不予受理"。

关于第六十条第二项"当事人没有书面仲裁协议，也没有在著作权合同中订立仲裁条款的，可以直接向人民法院起诉"。本款规定了著作权纠纷最常见的解决方式，即向法院起诉。本条适用的要点如下：

首先，适用前提是当事人没有约定仲裁。我国《仲裁法》第五条规定："当事人达成仲裁协议，一方向人民法院起诉的，人民法院不予受理。"因此，

---

[1] 最高人民法院（2012）民申字第178号民事判决书。
[2] 海南省高级人民法院（2015）琼知民终字第6号民事判决书。

尽管当事人可以根据意思自治原则选择任一解决纠纷的方式，但一旦约定了仲裁，则不能再向法院起诉。但该项规定不意味着完全剥夺了当事人的诉权。我们知道，在法院诉讼时，当事人对一审结果不满可以提起上诉，进入二审。若仲裁后对结果不满又没有机会进行申诉，则相当于变相剥夺了当事人的权利。当事人将更倾向于选择法院起诉而非仅有一次机会的仲裁，那么仲裁制度将形同虚设。因此，当一方当事人对调解或者仲裁结果不满意、不服从，或者著作权纠纷没有完全解决的情况下，仍然可以通过起诉的方式来处理。

其次，不同于劳动仲裁，在著作权领域中，仲裁并不是诉讼的前置程序。当事人完全可以不约定仲裁协议或仲裁条款，而选择直接向法院起诉；即使约定了仲裁协议或仲裁条款，若该协议或条款无效，也可以直接向法院起诉。

【以案说法】

案例1：调解协议已经达成并实际履行后，权利人的重复权利要求不能得到支持

2012年10月，聂某作为词作者将《江口水乡》的歌词、曲谱、音乐伴奏及芦某演唱的歌曲小样传给了被告某县文化馆。被告某县文化馆据此制作了MTV并将演唱者署名为被告周某，在多家网站和电视台播放。2014年4月25日，由被告某县文化馆组织、被告某县人民政府等单位承办的文化旅游节开幕式中，被告周某演唱了歌曲《江口水乡》，屏幕注明的演唱者是周某，但在表演过程中，播放的是原告芦某演唱的歌曲小样，周某在舞台上进行表演。2014年4月底，原告芦某向四川省旅游局反映被告周某假唱侵权之事，要求予以赔偿。被告某县文化馆得知后，组织人员对芦某反映的歌曲《江口水乡》被假唱的事件进行协调处理。2014年5月12日，原告芦某申请某县江口镇人民调解委员会对某县文化馆与芦某侵犯著作权纠纷一案进行调解。同月13日，双方达成调解意见，原告芦某接受了赔偿损失15万元和赔礼道歉后，放弃侵权一事所有的民事赔偿的权利，不再追究。但芦某在之后再次以相同理由诉至人民法院，并不服一审判决上诉至二审法院。

一审、二审法院均认为，芦某与某县文化馆通过某县江口镇人民调解委员会于2014年5月13日达成的《协议书》，是双方当事人的真实意思表示，

该协议书首先明确了达成协议的背景，其次明确了侵权责任，包括赔偿损失15万元、恢复名誉、消除影响以及之后的合作和宣传等事宜，未违反法律的禁止性规定。芦某在协议中明确对文化馆及相关单位在《江口水乡》歌曲演唱、使用中的侵权行为表示谅解，不再追究。且在该协议达成后，文化馆已按照协议约定向其支付了赔偿金，并在某县官方网站上发表公开声明，为芦某重新制作视频并在网站、电视台播放等，该协议的履行，足以弥补上述侵权行为给芦某造成的损失。在文化馆已经履行协议书的前提下，芦某就同一事实向法院提起诉讼，不应予以支持。[①]

案例2：仲裁并不是诉讼的前置程序

北京易柏文化发展有限公司等20家公司均与音集协签订过《音像著作权授权合同》，约定将其依法拥有的音像节目的放映权、复制权（卡拉OK点播服务）信托原审原告音集协管理。原审被告楚雄开发区某娱乐会所（以下简称某会所）使用的点歌系统中使用了涉案284首音乐电视作品，均为上述20家公司享有著作权的音乐电视作品。某会所未支付涉案音乐电视作品使用费，音集协遂提起诉讼，请求法院判令赔偿。

一审法院认为某会所在未征得著作权人许可、未支付报酬的情况下，在其经营场所使用涉案音乐电视作品进行经营的行为已构成侵权，其依法应当承担停止侵权、赔偿损失的民事责任。[②]

原审判决宣判后，某会所不服提起上诉，其上诉理由之一是"被上诉人如果认为上诉人在经营中侵犯其著作权，应该向当地文化行政主管部门投诉处理，被上诉人未向当地文化行政主管部门投诉处理而直接起诉，属程序违法"。二审法院认为，根据《中华人民共和国著作权法》第五十五条"著作权纠纷可以调解，也可以根据当事人达成的书面仲裁协议或者著作权合同中的仲裁条款，向仲裁机构申请仲裁。当事人没有书面仲裁协议，也没有在著作权合同中订立仲裁条款的，可以直接向人民法院起诉"的规定，本案中双方当事人事先没有订立合同，事后也没有达成书面仲裁协议，权利人可以直接向人民法院提起诉讼，对上诉人主张被上诉人未向当地文化行政主管部门投

---

① 四川省高级人民法院（2016）川民终900号民事判决书。
② 云南省楚雄彝族自治州中级人民法院（2014）楚中民三初字第11号民事判决书。

诉处理而直接起诉，属程序违法的上诉理由不予支持。[1]

案例3：对调解结果有异议时，可以再次提起诉讼

本案被告谢某向浙江省版权局声明其于2013年5月19日单独创作完成《大象之旅》美术作品，申请作品登记。浙江省版权局于2013年10月14日向其颁发了美术作品《大象之旅》的作品登记证。2014年4月，谢某以本案原告魏某生产、销售其享有著作权的美术作品《大象之旅》的印花布为由起诉魏某，要求魏某停止销售该印花布，并支付赔偿款及承担相关诉讼费用。后双方达成《调解协议书》，魏某赔偿谢某12000元，后谢某撤诉。随后本案原告魏某发现，《大象之旅》花型在谢某进行作品登记前已在市场上流行，谢某并不享有该花型的著作权，并提供了网页证据。原告魏某认为谢某采取欺诈手段使魏某误以为谢某享有该花型的著作权，承担了赔偿责任，故诉请法院判令：一、依法撤销魏某、谢某签订的调解协议；二、谢某退还魏某支付的12000元，并赔偿魏某履行该协议后造成的损失暂计8000元，合计20000元。

一审法院首先对于谢某是否对《大象之旅》享有著作权从举证责任、客观事实和诉讼行为三个方面进行了评析。最终认为，虽然谢某对讼争美术作品持有作品登记证书，但在魏某提出异议并提供反证的情况，仅凭作品登记证无法证明谢某系权利人，且从客观事实、诉讼行为分析，可以认定谢某并不是讼争作品《大象之旅》的真正著作权人。

基于上述事实，法院继续分析了魏某起诉要求撤销调解协议书并退还12000元的理由。2014年6月10日，谢某与魏某签订的调解协议书系双方意思自治且已履行完毕的协议，应认为是已成立并生效合同。根据《中华人民共和国合同法》第五十四条第二款规定，一方以欺诈、胁迫的手段或者乘人之危，使对方在违背真实意思情况下订立的合同，受损方有权请求人民法院或者仲裁机构变更或者撤销。现魏某以受欺诈作出错误意思表示为由请求撤销双方已成立并生效的调解协议，属于我国合同法规定的法定撤销理由，具有法律依据。根据上述分析，谢某虚假陈述、虚构事实取得赔偿的客观情形真实存在，构成欺诈，故魏某请求撤销该调解协议具有事实依据。涉案调解协议于2014年6月10日签订，原告提起本案诉讼时，并未超过《中华人民共和

[1] 云南省高级人民法院（2015）云高民三终字第117号民事判决书。

国合同法》第五十五条第一款规定的行使撤销权的一年期间,故魏某关于撤销调解协议的请求应予以支持。调解协议被撤销后,根据《中华人民共和国合同法》第五十八条之规定,因该合同取得的财产应当予以返还。故谢某依据该协议取得的赔付款12000元应当归还魏某。[①]

案例4:著作权侵权纠纷并不必然包含在涉案合同仲裁条款中

一审原告美恩超导公司向一审法院起诉称:被告华锐风电公司与大连国通公司使用不正当手段非法获取了美恩超导公司享有专有使用权的软件代码并进行非法修改,并将修改后的软件在风机上复制、安装及使用的行为侵害了其计算机软件著作权。被告华锐风电公司以双方之间存在仲裁协议为由提出管辖权异议。华锐风电公司异议称:美恩超导公司与华锐风电公司签订《机电产品外部采购合同》(以下简称《采购合同》),其中约定因执行本合同所发生的或者与执行本合同有关的一切争议如双方不能协商一致,应将争议提交仲裁解决,法院不享有管辖权。原告美恩超导公司辩称:双方之间的争议系因计算机软件的修改权、复制权被侵犯而引起,并非因执行《采购合同》而发生,本案不应受仲裁条款的约束。

一审、二审法院均认为,美恩超导公司对华锐风电公司的侵权主张与《采购合同》存在必然的联系,为执行合同有关的争议。依据《采购合同》的约定,美恩超导公司与华锐风电公司之间存在仲裁条款,该仲裁条款未违反法律法规的禁止性规定,应为有效仲裁条款。美恩超导公司在本案中对华锐风电公司的起诉属于与执行合同有关的争议,依双方的仲裁条款,美恩超导公司应向北京仲裁委员会申请仲裁。

最高人民法院推翻了一审、二审的观点,并明确了仲裁范围的判断标准。最高人民法院的理由为:《采购合同》约定的是由美恩超导公司向华锐风电公司提供风力发电机组电控核心部件及其软件,只涉及对合同标的名称、质量、数量、交付时间和方式、价款及支付方式、修理、重作和更换以及争议解决的约定,属于典型的买卖合同,转移的是物的所有权。合同未将PLC或PM软件的任何著作权内容包括复制等权利授予给华锐风电公司。由于美恩超导公

[①] 2015年中国法院50件典型知识产权案例:浙江省绍兴市柯桥区人民法院(2015)绍柯知初字第65号民事判决书。

司主张的复制与修改软件的行为,并未包含在美恩超导公司与华锐风电公司签订的《采购合同》内容中,因此美恩超导公司对华锐风电公司提起的侵害计算机软件著作权主张并非为执行双方合同有关的争议,不应受到该合同第19条有关仲裁条款的约束。[①]

(闻馨 撰写)

[①] 最高人民法院(2013)民提字第54号民事判决书。

第六十一条：其他民事行为法律适用依据

（法条对比）

2010年著作权法	2020年著作权法
	第六十一条 当事人因不履行合同义务或者履行合同义务不符合约定而承担民事责任，以及当事人行使诉讼权利、申请保全等，适用有关法律的规定。

【条文主旨】

本条规定的是其他民事行为法律适用依据。

【修改理由】

本条文为2020年《著作权法》第三次修改新增加内容。这是为了与《民法典》《民事诉讼法》等相关内容保持一致，删除了《著作权法》中的违约责任、诉讼权利和保全等条款，统一为本条作为衔接性条款。著作权作为私权的构成部分，在相关民事行为中，《著作权法》未规定且其他法律已经有规定的，如合同、民事诉讼等，适用《民法典》《民事诉讼法》等规定。这本身并没有法律适用逻辑上的争议，而且著作权相关的民事行为与其他民事行为在本质上有较多的相同点，因此无特殊情况可以直接适用其他法律的相关规定来进行约束。这也是《著作权法》与其他法律衔接的法律依据。

【条文释义】

【价值、功能与立法目的】

本条规定主要是为《著作权法》与民事实体法、民事程序法之间的衔接提供依据，为实践中出现的著作权及与著作权相关的权利有关的合同不履行或不完全履行、著作权及与著作权相关的权利有关纠纷中诉讼权利、保全等事项，提供明确的指向性法律依据。

【规范内涵】

当事人因不履行合同义务或者履行合同义务不符合约定而承担民事责任，以及当事人行使诉讼权利、申请保全等，适用有关法律的规定。本条规定适用有关法律规定的对象是相对特定的，包括：其一，当事人因不履行合同义务或者履行合同义务不符合约定而承担民事责任；其二，当事人行使诉讼权利、申请保全等。在《著作权法》中对著作权及与著作权有关的权利相关的合同已经有一些规定，比如第十九条、第二十六条、第二十七条、第二十九条、第三十二条、第三十三条、第三十四条、第四十三条等。这些情形下合同的内容与普通非知识产权在有关合同内容和要求上有所不同，因此在《著作权法》中作出特殊规定。合同的不履行、不完全履行等违约行为，与其他普通合同性质相同，因此遵循《民法典》等有关法律的规定。关于《著作权法》场合下的当事人行使诉讼权利、申请保全等，为当事人程序性权利的基本内容。在当事人维权方面与普通的程序性行为并没有差异性对待的需求，在《著作权法》第五十六条、第五十七条中已经对诉前财产保全和诉前证据保全予以规定。这样规定有利于与其他程序性规定保持衔接，更有利于著作权相关纠纷处理中相关程序性权利的平等保障。

最高人民法院对此也做了进一步解释。《最高人民法院关于审理著作权民事纠纷案件适用法律若干问题的解释》第一条规定："人民法院受理以下著作权民事纠纷案件：……（二）申请诉前停止侵害著作权、与著作权有关权益行为，申请诉前财产保全、诉前证据保全案件；……"第二十八条规定："人民法院采取保全措施的，依据民事诉讼法及《最高人民法院关于审查知识产权纠纷行为保全案件适用法律若干问题的规定》的有关规定办理。"

【以案说法】

案例：当事人因不履行合同义务，适用有关法律的规定

虽然此规定是本次《著作权法》修改过程中新增加的条款，但在著作权保护中也有相关法律适用的实践。例如，在北京市海淀区人民法院发布的一

起案例中，原告与被告签订了《出版合同》，原告按照合同约定交了稿，但是被告出版公司迟迟未出版涉案作品。原告起诉要求出版社继续履行合同，后改变诉讼请求，要求解除合同并由图书出版公司赔偿其版税损失。法院经过审理认为，原告已依约交付涉案作品稿件，被告未履行合同义务，已经构成违约。在双方均同意解除合同的情况下，法院确认合同解除。综合考虑本案中被告某图书出版公司的违约行为、双方就合同的履行情况、涉案合同约定版税计算方法、合同约定的版税率及最低印册、双方庭审中所述印张数、印张单价等参考情况，法院酌定被告某图书出版公司赔偿李某经济损失5000元。[1]

（周贺微　撰写）

---

[1]《北京海淀法院公布4起涉知识产权领域典型案例》，载民主与法制网2021年5月10日，http://www.mzyfz.com/cms/pufazhuanlan/pufazhuanti/pufashijian/html/1177/2021-05-10/content-1481056.html。

第六章

附 则

第六十二条：著作权与版权

【法条对比】

2010年著作权法	2020年著作权法
第五十七条　本法所称的著作权即版权。	第六十二条　本法所称的著作权即版权。

【条文主旨】

本条是对"著作权"用语与"版权"用语关系的规定。

【修改理由】

本条规定的内容并未发生变化，只是法条序号由2010年《著作权法》第五十七条变更为2020年《著作权法》第六十二条。

【条文释义】

【价值、功能与立法目的】

世界各国对于作者因创作作品而享有的权利的称谓并不相同。英美法系国家将这一权利称为"版权"（copyright）。英国书商公会时期实行图书印刷登记制度，图书登记表明图书已经经过审查，可以合法印刷。1580年，登记用语由原来的"to print"变为"copy"，这一用语的变化表明观念的变化。"to print"意味着登记人经过官方审查，可以合法印刷某书，它是一种政治负担（未经许可不得印刷）的解除，登记人并不能够禁止他人印刷。"copy"当时的用语是指作品的"原稿"，意指登记人对作品原稿拥有的一种类似所有权的权利，也即任何人都不可染指登记人的"原稿"。17世纪40年代，"book"（图书）与"copy"成为登记用语，并且通常并列使用，以期涵盖当时尚不能为"copy"（原稿）一词涵摄的"原稿副本"。这一用语变化，表明原有的对原稿的所有权扩张到了原稿副本。[①]随着之后用语演变，"copy"一词不再具有"原稿"的意思，只留下了"副本"之意，"copy"与"right"组合构成的"copyright"一词，意指"复制原稿权"，由于当时复制的主要手段为"印刷"，"复制原稿权"也即印刷原稿之权。受到这一历史传统的影响，英国作者作品权利的立法理念着眼保护客体并且注重保护复制之权以及在此基础之上衍生而来的其他经济权利。

18世纪末，法国资产阶级革命对法国作者作品权利立法产生了深远影响，随着资产阶级兴起和"天赋人权"的广泛传播，作者的精神权利得到重视。同时，由于法国的表演和歌剧非常发达，表演被视为对作品的直接传播，保护作者的表演权利首先得到重视，并于1791年颁布了《表演权法》，1793年颁布了《作者权法》。与英国着眼保护客体并且注重经济权利不同，法国立法注重保护主体的权利并且注重作者的精神权利。受到法国影响，"作者权"的立法理念与术语表达为越来越多的国家所接受，德国、意大利等均采用"作者权"表述。

日本关于作者作品权利的官方用语，最初并非使用"著作权"表述，而是使用"版权"表述，如其1887年《版权条例》、1893年《版权法》。日本明治三十二年（1899年）《著作权法》才废止了"版权"，改用"著作权"。日本关于作者作品权利的立法理念，特别是其1899年《著作权法》主要受到德国等大陆法系的影响，但是日本作品作者权利立法过程中已经认识到了法德大陆法系国家有关作品作者权利立法的不足，例如强调权利归属作者，排斥作者之外的他人取得权利；法人不能成为作者。这些不足，导致日本著作权法虽然保持与大陆法系之间的血缘关系，但又接受了英美法系的一些立法理念，既注重保护作者的精神权利，同时规定法人（可以视为）作者，区分作者的精神权利与经济权利，规定经济权利可以归属作者之外的其他主体。这样日本立法实际体现了两大法系的融合，因此，日本立法并未采用"版权"用语，也未采用"作者权"用语，而是另辟蹊径，采用"著作权"用语，以体现其相关立法虽以大陆法系为基础，但是已经融合了两大法系的相关立法。

[①] 易健雄：《技术发展与版权扩张》，法律出版社2009年版，第20页。

尽管两大法系有关作者作品权利立法的基本理念与具体制度存在差别，但是随着各国签订与加入国际条约，各国之间有关作者作品权利保护的法律在保护客体、权利内容等主要方面均已趋同，例如英美法系国家规定了作者的精神权利，大陆法系国家规定雇主可以原始取得作品的著作权。

我国历史上"著作权"与"版权"并非本土用语，而是伴随清末西方势力的侵入移植而来的舶来用语。这一时期，既有相关学者使用"著作权"用语，如严复在其《致张百熙书》中说道，"是故国无著作权者，其出书必稀，往往无绝"，也有相关学者使用"版权"用语，如1904年美国传教士林乐知撰写并于《万国公报》上发表了《版权之关系》一文，指出"夫版权者，西国以保护著书者、印书者之权利也"。1903年《中美续议通商行船条约》乃是我国首先使用"版权"用语的官方正式文件，在其第十一条规定，"无论何国若以所给本国人民版权之利益一律施诸美国人民者，美国政府允将美国版权之利益给予该国之人民"。我国使用"著作权"用语的官方正式文件首先见诸《大清著作权律》。清末立法机构——修订法律馆，在沈家本等人的主持下派董康等人考察日本法制，同时聘请日本法学专家，翻译外国法律与著作。[①]在《大清著作权律》颁布之前，唯一一部被译成国语的著作权法是日本明治三十二年（1899年）著作权法，并且成为清末著作权律制定的范本。[②]1910年《大清著作权律》是我国最早关于作者作品权利保护的法律，这一法律的制定主要参照了日本明治三十二年著作权法，并在沈家本聘请的日本法学家田朝太郎、松冈正义、志田钾太郎等的帮助之下完成，中日著作权法的继受关系，导致《大清著作权律》使用的法律术语与立法体例都与日本著作权法较为相近，因此《大清著作权律》使用了"著作权"用语。《大清著作权律》对1915年和1928年北洋政府和南京国民政府颁布的《著作权法》的术语使用与立法体例产生了较大影响，这表明专门立法场合应当使用"著作权"而非"版权"的表述。但是这一官方用语的采用并未改变"版权""版权法"用

---

① 王兰萍：《近代中国著作权法的成长（1903—1910）》，北京大学出版社2006年版，第38页。

② 王兰萍：《近代中国著作权法的成长（1903—1910）》，北京大学出版社2006年版，第55页。

语在非专门立法场合的使用，特别是在翻译或者讨论英美法学著作之时，"版权"用语使用得更为频繁。总体而言，我国清末时期民间与官方对于指代作者作品权利的用语选择，受到包括日本、美国、英国在内的多国影响，其中既有大陆法系，又有英美法系，"著作权"与"版权"的用语作为指代作者作品权利的用语而被同时保留下来，并影响了我国后续立法实践。

在我国1990年《著作权法》制定之前，相关法律应当使用"著作权"还是"版权"的争论已经开始。为了调和这一争论，1986年发布、1987年实施的《中华人民共和国民法通则》第九十四条规定，"公民、法人享有著作权（版权）"。"著作权（版权）"这一用法表明，著作权与版权同义，但由于"版权"一词位于括号当中，仍应以"著作权"一词的使用为正宗。我国1990年《著作权法》制定过程中，就我国专门保护作者作品权利的法律应当采取何种术语的争议逐渐白热化，在这一争论过程中，产生了三种不同的观点。①第一种观点认为应当采用"著作权"的表述，理由在于：其一，清末《大清著作权律》以及北洋政府、南京国民政府《著作权法》等早期官方正式文件中均采用"著作权"用语；其二，改革开放之后发布实施《民法通则》和《继承法》采用了"著作权"用语，为与《民法通则》和《继承法》保持一致，应当采用"著作权"用语；其三，"版权"一词容易产生歧义，使人误为对作品的出版印刷之权。

第二种观点认为应当采用"版权"用语，理由在于：其一，"著作"一词通常是指"小说、论文"等文字作品，无法涵盖美术作品、摄影作品、工程设计图、产品设计图等；其二，"版权"一词符合国际通行用法，版权保护发源地的英国将作者作品权利称为"版权"，国际公约同样习惯采用"版权"用语，如1952年缔结、1955年生效的《世界版权公约》，1996年缔结的《世界知识产权组织版权条约》；其三，我国宋代便有"翻版必究"之说，这一说法已经具有近代版权观念的意思；其四，作者作品权利的行政主管部门称为"版权局"，并且社会公众更加习惯使用"版权"一词。

第三种观点认为应当采用"作品权"，理由在于：其一，"作品"一词可以涵盖包括文字作品、美术作品、摄影作品、工程设计图、产品设计图等

---

① 刘春田主编：《中国著作权法律百年论坛文集》，法律出版社2013年版，第466页。

在内的多种类型作品；其二，相关知识产权相关法律多以保护客体命名，如《商标法》即是以客体命名，知识产权国际条约，如《保护文学艺术作品伯尔尼公约》同样是以客体进行命名的。

随着时代发展，"著作"一词的外延显然已经扩展，"著作权"一词也随着时代发展超越了"著书立说之权"的范围。"版权"也不再局限于"出版印刷的权利"范围之内。随着各国文化交流的加深以及国际条约的签订，大陆法系与英美法系在保护作者作品权利这一问题上的立法实践在主要方面已经趋同。由于清末、北洋政府、南京国民政府的相关立法文件以及改革开放时期《继承法》与《民法通则》等官方正式文件使用了"著作权"一词，并且"版权"一词也已为我国社会公众普遍接受和使用，同时采用"著作权"用语的大陆法系与采用"版权"用语的英美法系已经随着国际条约的签订在作者作品权利保护主要问题上达成共识，出于尊重历史传统、照顾立法现实以及符合国际发展趋势的需要，我国1990年《著作权法》虽然采用"著作权"用语，但也同时规定"本法所称的著作权与版权系同义语"，《著作权法》第一次修改之后进一步强化了"著作权"与"版权"用语在我国语境下的联系，规定，"本法所称的著作权即版权"，从而结束了"著作权"与"版权"用语长久以来的争议。需要注意的是，由于大陆法系国家与英美法系国家在作者作品权利保护上仍然存在基本理念与具体制度上的差别，因此在谈及英美法系国家相关立法时，应以使用"版权"用语为宜，在谈及大陆法系国家相关立法时，应以使用"著作权"用语为宜。

【以案说法】

本条无案例。

（刁佳星 撰写）

第六十三条：出版与复制、发行

【法条对比】

2010年著作权法	2020年著作权法
第五十八条　本法第二条所称的出版，指作品的复制、发行。	第六十三条　本法第二条所称的出版，指作品的复制、发行。

【条文主旨】

本条规定了出版的定义。

【修改理由】

本次《著作权法》修改并未修改本条内容，仅将条文序号由2010年《著作权法》第五十八条变更为2020年《著作权法》第六十三条。

【条文释义】

【价值、功能与立法目的】

本条对2020年《著作权法》第二条中出版的含义进行了界定，出版含义的界定，直接影响了我国《著作权法》对外国人、无国籍人作品的保护范围。除了第二条外，2020年《著作权法》在第四条、第十六条、第二十四条、第二十五条、第三十一条至第三十四条、第三十六条至第三十七条、第五十二条至第五十三条、第五十九条、第六十三条、第六十六条中也使用了"出版"或"出版者"的概念，出版的定义也对上述条款的理解与适用有一定影响。

【规范内涵】

《著作权法》第二条所称的出版，指作品的复制、发行。

复制是著作权人的一项重要的财产权利,是指以印刷、复印、拓印、录音、录像、翻录、翻拍、数字化等方式将作品制作一份或者多份。发行是传播作品的重要途径之一,是指以出售或者赠予方式向公众提供作品的原件或者复制件。复制与发行虽然在著作权法上对应的是两项独立的权利,但是二者与实现作品的经济利益密切相关。根据2020年《著作权法》第二条的规定,我国公民、法人或者非法人组织的作品,不论是否发表均享有著作权,而对于外国人、无国籍人的作品,则根据其作者所属国或者经常居住地国同中国签订的协议或者共同参加的国际条约享有著作权,否则,只有首先在中国境内出版,或者首次在中国参加的国际条约的成员国出版,或者在成员国和非成员国同时出版,才受到我国《著作权法》的保护。

我国1990年发布的《著作权法》中,对于外国人的作品,首先在中国境内发表的,或者根据其所属国同中国签订的协议或者共同参加的国际条约享有的著作权,受我国《著作权法》的保护。所谓发表,指将作品公之于众。将作品公之于众可采取多种方式,例如广播电台电视台播放、表演者表演等,出版只是其中的一种方式。可见,这里的"出版"的范畴要比"发表"窄。2001年我国《著作权法》第一次修正将1990年《著作权法》第二条第二、三款中的"发表"修改为"出版",2010年《著作权法》第二次修正、2020年《著作权法》第三次修正均沿用了这一规定。

需要注意的是,本条关于出版定义的规定,仅适用于本法第二条,不能僵硬地用本条定义去解释2020年《著作权法》或其他法律规范中"出版"的含义。例如,2020年《著作权法》第四章中规定了图书、报刊的出版,该出版是指作者通过订立出版合同或者采取投稿的方式授权图书、报刊出版者出版或者刊登作品,并不包括音像制品、计算机软件等形式的出版,显然与《著作权法》第二条所称的出版有所区别。再如,《出版管理条例(2016修订)》第二条规定,本条例所称出版活动,包括出版物的出版、印刷或者复制、进口、发行;《网络出版服务管理规定》第二条规定,本规定所称网络出版服务,是指通过信息网络向公众提供网络出版物,显然也与《著作权法》第二条所称的出版有所区别。

【以案说法】

本条无案例。

（罗娇　撰写）

第六十四条：另行规定

（法条对比）

2010年著作权法	2020年著作权法
第五十九条　计算机软件、信息网络传播权的保护办法由国务院另行规定。	第六十四条　计算机软件、信息网络传播权的保护办法由国务院另行规定。

【条文主旨】

本条是对授权国务院制定计算机软件、信息网络传播权保护办法的规定。

【修改理由】

本条无文字内容修改，只有条文顺序的变动。

【条文释义】

【价值、功能与立法目的】

其一，有关"计算机软件保护办法由国务院另行规定"的价值、功能与立法目的。

计算机软件是指计算机程序及其有关文档，由计算机软件与计算机硬件共同构成可以操作运行的计算机系统。冯·诺依曼解释了由计算机软件和计算机硬件构成的计算机系统的工作原理："一台计算机是由输入设备、控制器、运算器、存储器和输出设备五个部分组成，机器内部是以二进制代码形式表示的指令与数据，计算机的工作原理是将使用者事先编制的程序和数据通过输入设备输入计算机的存储器中，然后启动计算机由控制器按照程序规定的指令与流程自动地执行，并由运算器进行逻辑与算术运算，最后将运算结果通过输出设备输出。"[1]从冯·诺依曼有关计算机系统工作原理的关系来看,计算机软件与计算机硬件之间彼此依存,计算机硬件是计算机软件运行的物质基础,没有计算机软件,计算机硬件实际毫无用处。

早期计算机软件大多是操作系统软件,预先安装在计算机当中并随计算机一起出售。随着计算机技术的飞速发展,越来越多的根据用户需求而开发的应用软件开始出现,并且种类繁多,计算机软件开始作为商品独立出售,应用软件的需求量与使用量大幅上升。与此同时,软件盗版行为日渐盛行。计算机软件的开发者认为他们开发软件付出了智力劳动并且投入了大量时间,但是软件盗版行为无须支付研发成本,且其复制成本极低,盗版软件通过低价销售而与正版软件进行竞争并且最终抢走正版软件的市场份额,导致计算机软件的开发者根本无法收回研发成本,计算机软件研发热情受到重挫。因计算机软件开发与使用所产生的各种社会关系亟须得到法律的调整,为了鼓励软件开发,促进软件的市场流通,解决软件纠纷,各国纷纷寻求计算机软件的保护之道。美国率先探索计算机软件的版权保护模式。1964年美国版权局接受了软件版权登记,并于1980年在其立法当中正式建立了对计算机软件的版权保护。在美国的积极推动之下,世界其他国家均建立了计算机软件的版权保护模式。1996年通过的《世界知识产权组织版权条约》第四条规定计算机程序作为《伯尔尼公约》第二条意义下的文学作品受到保护。

基于软件保护的现实需求与国际立法经验,我国1990年《著作权法》第三条将计算机软件纳入著作权法调整的客体范围之内。但是,由于计算机软件与人们传统认知下的作品类型有所区别,在权利内容、保护期限等方面也需要与一般作品有所区别,宜由国务院另行规定计算机软件的保护。因此,我国1990年《著作权法》第五十三条规定,计算机软件的保护办法由国务院另行规定。国务院根据1990年《著作权法》的授权于1992年发布了《计算机软件保护条例》,现行《计算机软件保护条例》为2013年的修订版本。

其二,有关"信息网络传播权保护办法由国务院另行规定"的价值、功

---

[1] 丁国威、李维宜、赵钰梅编著:《计算机软件的版权与保护——计算机软件保护条例应用》,复旦大学出版社1996年版,第7页。

能与立法目的。

根据2020年《著作权法》第十条的规定，信息网络传播权是指以有线或者无线方式向公众提供，使公众可以在其选定的时间和地点获得作品的权利。

我国《著作权法》制定之初，信息网络技术尚未普及，信息网络环境下的作品传播行为并不多见，国际条约尚未对此作出规定，因此我国1990年《著作权法》并未提及控制信息网络传播行为的"信息网络传播权"。进入20世纪90年代，信息网络技术发展加速。信息网络具有开放性、公共性的特点，以往作品的传播范围受到传播媒介的限制通常只在一国范围之内进行传播，但是信息网络具有开放特征，可以不受国界限制而与全球相通，相应的作品可以借助信息网络而在全球范围内传播，作品的传播范围得到极大扩展。同时，由于信息网络的非同步性，以往借助电话、广播、电视传播的作品的接受与其传播同步，但是信息网络可使公众在其选定的时间和地点获取作品，作品的获取更加便捷。伴随信息网络的普及，作品的复制技术也得到极大发展，数字复制技术可以低成本、高质量地制作作品副本，作品复制与传播的成本更加低廉。总体而言，信息网络技术的发展促进了作品的传播，有助于公众获取作品，但是信息网络技术也给著作权法带来了前所未有的挑战，作品传播的广泛性、低成本与公众获取作品的便捷性也使著作权人的利益遭到威胁——不经许可未付报酬的网络传播行为日渐增多并且通常难以被发现与被制止。

为了应对信息网络技术带来的现实挑战，1996年通过的《世界知识产权组织版权条约》第八条规定了"向公众传播权利"，即"文学和艺术作品的作者应享有专有权，以授权将其作品以有线或无线方式向公众传播，包括将其作品向公众提供，使公众可以在其个人选定的地点和时间可获得这些作品"。同年缔结的《世界知识产权组织表演和录音制品条约》规定了表演者享有以授权通过有线或无线的方式向公众提供其以录音制品录制的表演，使该表演可为公众中的成员在其个人选定的地点和时间获得的专有权，录音制品制作者享有以授权通过有线或无线的方式向公众提供其录音制品，使该录音制品可为公众中的成员在其个人选定的地点和时间获得的专有权。出于平衡著作权人与社会公众之间的利益的需求，并且参照国际条约以及相关国家对于作品"信息网络传播行为"的立法实践，我国2001年《著作权法》第十条规定著作权人享有信息网络传播权。但是由于网络环境下的信息网络传播行为的具体规制问题尚处于探索阶段，暂时难以作出具体规定，因此我国2001年《著作权法》在其第五十八条规定"信息网络传播权的保护办法由国务院另行规定"。2006年，由于通过信息网络传播作品的行为变得愈加普遍，我国以及世界其他国家已有规制信息网络传播行为的一定经验，在此背景之下，国务院根据2001年《著作权法》第五十八的授权制定了《信息网络传播权保护条例》。

【规范内涵】

其一，有关"计算机软件"的规范内涵。

根据我国《计算机软件保护条例》第二条、第三条的规定，计算机软件是指计算机程序及其有关文档，其中计算机程序是指为了得到某种结果而可以由计算机等具有信息处理能力的装置执行的代码化指令序列，或者可以被自动转换成代码化指令序列的符号化指令序列或者符号化语句序列；文档是指用来描绘程序的内容、组成、设计、功能规格、开发情况、测试结果及使用方法的文字资料和图标等，如程序设计说明书、流程图、用户手册等。

计算机软件的著作权人所享有的权利内容与一般作品著作权人所享有的权利内容有所差别。根据2013年修订的《计算机软件保护条例》第八条的规定，计算机软件著作权人享有发表权、署名权、修改权、复制权、发行权、出租权、信息网络传播权、翻译权以及应由软件著作权人享有的其他权利。一般作品的著作权人享有2020年《著作权法》第十条规定的四项著作人身权、十二项著作财产权以及一项兜底权利。与一般作品的著作权人不可许可、转让其著作人身权不同，计算机软件著作权人可以许可、全部或者部分转让其享有的发表权、署名权、修改权，《计算机软件保护条例》并未强行限制软件著作权人的人身权利的市场流转。

自然人计算机软件著作权与一般作品著作权的保护期限均采用"作者生前+作者身后五十年"的模式，保护期限始于开发或者创作完成之日；法人或者非法人组织的计算机软件著作权与一般作品著作权的保护期限均为五十年，起算日期为作品首次发表之日。

计算机软件的著作权法保护同样适用思想/表达二分法与合并原则，也即软件著作权的保护并不延及开发软件所用的思想、处理过程、操作方法或者数学概念,如果开发出来的软件由于可供选用的表达方式有限而与已经存在的软件构成相似,并不构成对已经存在的软件的著作权的侵犯。

软件侵权判定的基本思路为"接触+实质性相似",也即被控侵权人实际接触权利人软件或者具有接触权利人软件的可能,并且权利人软件与被控侵权软件之间构成实质性相似。判断权利人软件与被控侵权软件是否构成实质性相似应当比对独创性表达部分,软件当中包含的思想、处理过程、操作方法或者数学概念以及源于公共领域的开源部分并不在实质性相似的比对范围之内。[1]权利人应当举证证明被控侵权软件与其软件的源程序或目标程序构成实质性近似,但是如果受到技术限制,无法从被控侵权产品直接读出目标程序的情形下,被告又无正当理由拒绝提供被控侵权软件的目标程序或者源程序以供直接对比,并且权利人软件与被控侵权软件在设计缺陷方面基本相同,考虑到权利人的举证难度,可以认定被控侵权软件与权利人软件构成实质性相似。[2]

其二,有关"信息网络传播权"的规范内涵。

信息网络传播权控制的行为是信息网络传播行为,因此判断某一行为是否侵权了著作权人的信息网络传播权的关键在于特定行为是否构成信息网络传播行为。信息网络传播行为的构成要件包括两个,一是行为人实施了提供行为,二是是否向公众开放。其中"是否向公众开放"的判断较为容易,其并不要求公众实际获得作品,只要作品处于公众可得而知的状态即表明作品已经向公众开放。"提供行为"的判断存在理论争议,关于提供行为的判断标准有三:其一,服务器标准。即将作品上传到服务器并且形成作品的永久复制件即构成"提供行为",但是如果通过链接第三方网站中的内容,未将作品上传到服务器,则不构成"提供行为"。其二,用户感知标准。用户感知标准是从用户的视角判断是否构成提供行为,这一标准认为,如果用户使用网络服务过程当中,认为作品系由其所使用的网络服务提供而非任何第三方网络服务提供,不论作品是否存储于其所使用的网络服务提供者的服务器当中,

---

[1] 上海市知识产权法院(2018)沪73民初32号民事判决书。
[2] 江苏省高级人民法院(2007)苏民三终字第0018号民事判决书。

网络服务提供者均构成直接侵权。其三，实质替代标准。实质替代标准认为，如果深层链接行为的技术特征使得用户不必浏览被链网站的页面即可接触与获得作品，实际上是抢占了被链接网站的用户资源和市场份额，因此构成直接侵权。[1]

我国司法实践倾向采用服务器标准。[2]由于用户感知具有主观色彩，用户的主观感知难以形成一个可以量化的客观标准，因而用户感知标准无法保证"提供行为"这一客观事实认定的准确性，司法裁判采用这一标准，容易造成同案不同判，影响法律的确定性。判断被诉行为是否落入权利范围应以该权利所控制行为的法定要件为依据。实质性替代标准在对信息网络传播行为的认定中考虑损失及获益因素，系在侵犯著作权案件中采用了竞争案件的审理思路。服务器标准符合《最高人民法院关于审理侵害信息网络传播权民事纠纷案件适用法律若干问题的规定》第三条规定的"置于信息网络中"，并且这一标准更为客观，因此司法实践倾向采用服务器标准。

但是服务器标准并非唯一合理标准，对于服务器标准的适用也不应当绝对化。根据《最高人民法院关于审理侵害信息网络传播权民事纠纷案件适用法律若干问题的规定》第三条第二款的规定，"通过上传到网络服务器、设置共享文件或者利用文件分享软件等方式，将作品、表演、录音录像制品置于信息网络中，使公众能够在个人选定的时间和地点以下载、浏览或者其他方式获得的，人民法院应当认定其实施了前款规定的提供行为"。根据该款规定，将作品上传到网络服务器当中，只是将作品"置于信息网络中"的一种方式，随着技术的发展，"早期确定'服务器标准'之时所依赖的、提供某种服务内容或实现某种服务效果通常必须借助的技术手段在今天已并非必要"[3]，将作品"置于信息网络中"的新类型的技术手段层出不穷，仅因某种行为未将作品置于服务器当中就直接判定其不构成信息网络传播权直接侵权行为，未免过于草率鲁莽。笔者认为，不同标准的提出，意在对不同表现形态的侵

---

[1] 黄汇、刘家会：《网络聚合平台深层链接著作权侵权责任的合理配置》，载《当代法学》2019年第4期。

[2] 北京知识产权法院（2016）京73民终143号民事判决书。

[3] 黄汇、刘家会：《网络聚合平台深层链接著作权侵权责任的合理配置》，载《当代法学》2019年第4期。

权行为予以类型化，以此简化侵权行为的判定，选择何种标准固然重要，但是更为重要的是应当把握标准背后侵权行为判断的本质，也即某种行为是否构成信息网络传播权直接侵权行为很大程度上受到规制此种行为所引起的社会福利与放任此种行为所引起的社会福利的比较分析。[①]

【以案说法】

案例1：被侵权人软件的核心软件与被控侵权软件高度同一，并且被控侵权软件出现与被侵权人权利软件相同特征信息，足以认定二者构成实质性相似[②]

英立视公司是EVM全媒体互动电视软件V1.0的著作权人。金某（被告一）于2011年11月入职英立视公司，担任营销中心副总经理职务。2014年4月4日，金某离职，并于当日成立仁视公司（被告二）。杨某（被告三）2011年10月加入英立视公司，担任研发工程师职务，2015年4月29日，杨某辞职并加入仁视公司。相关鉴定结果显示原告软件与被告软件核心软件高度同一，鉴定意见为：1.鉴定材料中双方文件达到高度同一性，部分文件达到完全同一性；2.双方文件中出现多处相同的特征信息，如作者、更新时间、版权等；3.标识为"SONY"的光盘文件中检索出含有"英立视公司"提供的关键词的文件433个。原告认为被告侵犯了其软件著作权，诉请法院判令被告承担停止侵权、赔礼道歉并赔偿损失。

法院审理认为，判断被诉侵权软件是否使用了权利软件，一般采用"接触＋实质性相似"的判断规则。关于接触可能性，被告一与被告三均是原告员工，分别参与原告软件销售与软件开发，有机会接触到原告软件，被告具有接触原告软件的可能性。关于实质性相似，根据鉴定意见，被控侵权软件与涉案软件存在高度相似，并且出现与涉案权利软件相同的特征信息，如作者、更新时间、版权以及原告企业名称的关键词，被控侵权软件与涉案权利软件构成实质性相似，被告未经许可使用侵权软件并将其向客户提供，侵害了原告对其软件所享有的复制权与发行权。

[①] 蒋舸：《深层链接直接侵权责任认定的实质提供标准》，载《现代法学》2021年第3期。
[②] 上海市知识产权法院（2018）沪73民初32号民事判决书。

案例2：未经许可通过互联网向公众有偿提供作品侵犯信息网络传播权，提供基础技术服务的移动公司无须承担责任[①]

《血染的风采》的曲作者苏某将该歌曲的公开表演权、广播权、录制发行权和信息网络传播权委托音乐著作权协会（原告）管理。某网络公司（被告一）在其开办的163网站中，设有"短信中心"推荐服务项目，其中的"铃声传情"栏目收录了包括《血染的风采》在内的众多音乐作品，用户可以选择其中的作品作为移动电话的铃声下载使用。上述服务通过某通信公司（被告二）提供的专用设备和技术条件进行：某通信公司电话用户在163网站中选择"铃声传情"服务时，首先要通过电信部门的互联网登录163网站，在网站的相关网页上选择所需歌曲，然后通过某网络公司的服务器将该歌曲编辑成二进制代码，通过互联网发送至某通信公司的移动短信平台，并由某通信公司短信平台发送至其电话用户。原告认为，上述二被告的行为侵犯了其对《血染的风采》享有的著作权，要求被告停止侵权、赔礼道歉与赔偿损失。

法院经审理认为，未经许可，将他人的作品上网传播、供人使用的行为构成对著作权人信息网络传播权的侵害。某网络公司未经许可，将音乐作品《血染的风采》直接收录进163网站"铃声传情"栏目，并有偿向不特定的电话用户提供下载使用服务的行为，侵犯了著作权人的信息网络传播权。某通信公司为某网络公司提供网络信息传送的服务是技术性的和被动的，具体就是为接收某网络公司发送的信息及向电话用户发送该信息提供基础性的技术连接服务，实现从移动电话到互联网或者从互联网到移动电话的双向沟通。在提供该项网络信息的连接服务时，某通信公司所接收的信息是由某网络公司发布的，某通信公司在接收和发送信息过程中，所传送的信息始终处于二进制编码状态，某通信公司无法对其传送的信息内容进行遴选，也无法对其中的某一信息单独予以删除，且某通信公司在向电话客户和某网络公司提供传送服务时，对具体的传送信息内容并不负有审查的责任，实际上亦无法进行审查，故在主观上对侵权结果的发生，不存在法律上的过错，要求其承担共同侵权责任，缺乏法律依据。法院因此认为，某网络公司未经许可通过互联网向公众有偿提供作品，侵犯了著作权人享有的信息网络传播权，提供基

---

① 北京市第二中级人民法院（2002）二中民初03119号民事判决书。

础技术服务的某通信公司无须承担责任。

案例3：当作品被置于云服务器时，通过不同终端的云游戏平台可供用户点击、浏览、运行，符合通过信息网络提供作品和公众获得作品的交互性两个核心构成要件，属于信息网络传播行为[1]。

某计算机公司（原告一）与某科技公司（原告二）是《英雄联盟》《穿越火线》等游戏的运营方与维权方，腾讯科技公司（原告二）是《逆战》《QQ飞车》的共同权利人。点云公司（被告）未经许可将上述游戏置于云服务器中，供公众在网页版、移动端以及PC端使用其运营的"菜鸟"云游戏平台获得涉案游戏。二原告认为被告的行为侵害了涉案游戏的信息网络传播权，诉请法院判令被告停止侵权并赔偿损失。

法院经审理认为，信息网络传播权调整的是发生在互联网环境下的交互式传播行为，核心构成要件在于通过信息网络提供作品和公众获得作品的交互性。其一，涉案行为是否构成通过信息网络提供作品。行为人通过上传到网络服务器的方式并将作品置于信息网络中是典型的"提供"行为。随着云空间服务、移动互联网技术的发展，网络新技术得以广泛应用，本案中，就作品存储的载体而论，云服务器应属"网络服务器"广义概念之范畴，其作为作品存储的载体毋庸置疑，而从提供手段来看，点云公司作为服务提供方将涉案两款游戏"上传"至或放置在其云服务器中，通过上传行为和开放行为，以通过不同终端的云游戏平台提供作品，由此可见，无论是服务器的客观事实属性，还是从用户感知角度切入，都足以认定系由点云公司提供涉案作品。其二，涉案行为是否能使公众以个人选定的时间和地点获得作品，也即体现"交互式传播"。结合云游戏的便捷体验的特点，用户在点云公司运营平台网页端以外的电脑端和移动客户端所下载的软件并非游戏本身的安装包，而是运营平台的安装包，用户不需要在本地计算机或移动设备上安装涉案两款游戏，只需要通过点云公司提供的涉案平台渠道就可以直接操作涉案两款游戏，游戏软件在云端服务器根据用户指令调用资源库里的素材，然后向用户客户端返回一系列声音、视频影像。一般而言，获得作品包括下载、浏览或者其他方式，虽然涉案云游戏不需要下载安装，但云游戏软件的在线运行

---

[1] 杭州互联网法院（2020）浙0192民初1329号、（2020）浙0192民初1330号民事判决书。

亦是用户获得的方式。显然，涉案作品通过点云公司的上述提供方式，是可供用户获得并使用的，用户能够以点对点的方式根据个人需要获得涉案两款游戏。综上，在点云公司运营的涉案各客户端中，相关公众可根据个人选定的时间和地点，通过信息网络获得涉案作品，符合信息网络传播行为的特征。因此，点云公司的行为应当受到信息网络传播权的规制。

（刁佳星 撰写）

第六十五条：摄影作品保护期限

【法条对比】

2010年著作权法	2020年著作权法
第二十一条第三款 电影作品和以类似摄制电影的方法创作的作品、摄影作品，其发表权、本法第十条第一款第（五）项至第（十七）项规定的权利的保护期为五十年，截止于作品首次发表后第五十年的12月31日，但作品自创作完成后五十年内未发表的，本法不再保护。	第六十五条 摄影作品，其发表权、本法第十条第一款第五项至第十七项规定的权利的保护期在2021年6月1日前已经届满，但依据本法第二十三条第一款的规定仍在保护期内的，不再保护。

【条文主旨】

本条是关于摄影作品保护期限的特殊规定。

【修改理由】

此次《著作权法》对摄影作品的保护期限进行了修改，2010年《著作权法》第二十一条第三款规定，摄影作品的发表权及财产性权利保护期为五十年；修改后的《著作权法》第二十三条第一款规定，自然人的作品的发表权和财产性权利保护期为作者终生及其死后五十年，其中包括摄影作品。第六十五条为摄影作品保护期的特殊规定，即在2020年《著作权法》生效前，摄影作品的保护期已经届满的，则不再保护。

2010年《著作权法》对摄影作品的保护期限做了特殊规定，区别于一般作品，即作品首次发表后的五十年。针对2010年《著作权法》的规定，学界、产业界一直存在争议，主要有两种观点，这两种观点也正是《著作权法》

修改前后的规定。之所以对摄影作品规定了特殊的保护期限，是因为在摄影技术应用早期，认为摄影作品的产生所需要的"可能仅仅是用手按一下快门"[1]。摄影作品的产生方式较为"简单"，在《保护文学和艺术作品伯尔尼公约》中对摄影作品规定了较短的保护期。2010年《著作权法》有关摄影作品特殊保护期的规定也主要来源于《保护文学和艺术作品伯尔尼公约》第七条第四款的规定。

但随着著作权法律制度的发展以及人们对摄影作品认识的提高，有关摄影作品保护期的讨论也随之增加，认为摄影作品作为一种作品类型，不应受"歧视性"待遇，应与其他作品保护期保持一致，《世界知识产权组织版权条约》第九条对上述规定进行了调整。该条约于2002年3月6日生效，我国于2007年6月9日向世界知识产权组织提交了《世界知识产权组织版权条约》加入书，该条约于2007年6月9日对我国生效。[2]这也对我国摄影作品保护期限规定产生了重要影响，因此有关摄影作品保护期限有了修改。但修改后的摄影作品保护期会与2010年《著作权法》规定的保护期有产生冲突的情形，为了实现著作权法的顺利过渡，规定了上述第六十五条。

【条文释义】

【价值、功能与立法目的】

著作权的保护期是著作权人对其作品享有专有权的期限，在著作权保护期限内，著作权人有权许可他人使用作品并要求支付报酬，而著作权保护期限届满后，作品则进入了公有领域，社会公众可以自由使用、无须支付使用费。[3]著作权保护期限的规定主要是为了平衡著作权人与社会公众之间的利益问题。作品属于知识性财产，其不因载体的转移而变化，也不因载体的消亡而消亡（载体唯一属于例外情形），其可以无限复制。而社会文化科学

---

[1] Sam Ricketson, Jane C. Ginsburg, International Copyright and Neighbouring Rights : The Berne Convention and Beyond（2nd Edition），Oxford University Press, 2006, p.443.

[2] 王迁：《论我国摄影作品保护期与国际版权条约的衔接——兼评〈著作权法修正案（草案）〉第62条》，载《东方法学》2020年第6期。

[3] 张今：《著作权法（第三版）》，北京大学出版社2020年版，第160页。

事业的繁荣与发展一定程度上需要利用已有成果、在先作品，若对作品著作权不加以期限限制，则有碍作品的使用和传播，也会妨碍作品的再创作与文化事业的繁荣发展，因此有必要对作品的著作财产权设置一定的保护期。

《著作权法》对摄影作品的保护期限进行了修改，使得摄影作品保护期与其他作品都适用作者终生加死后五十年的规定。有关摄影作品保护期限的变化会产生现行法与旧法衔接的问题，《著作权法》第六十五条的规定就是为了避免现行法与旧法的冲突，对摄影作品保护期限做了特殊规定，以促进现行法的顺畅过渡与实施。规定摄影作品保护期在现行法生效前已经届满，但依据现行法有关作品有效期的规定仍在保护期内的，不再保护，也是符合"法不溯及既往"的原则。

【规范内涵】

《著作权法》第六十五条规定："**摄影作品，其发表权、本法第十条第一款第五项至第十七项规定的权利的保护期在2021年6月1日前已经届满，但依据本法第二十三条第一款的规定仍在保护期内的，不再保护。**"该条主要是为了现行法的实施与过渡，避免出现摄影作品保护期依据新旧法规定的冲突问题，其适用要点如下。

第一，摄影作品保护期适用一般保护期规定。摄影作品的著作权人一般是自然人，根据《著作权法》第二十三条的规定，自然人作品的发表权及财产权保护期为作者终生及死后五十年。2010年《著作权法》针对电影作品和以类似摄制电影的方法创作的作品、摄影作品规定了特殊的保护期，即作品首次发表后的五十年，远远短于其他作品的保护期。根据《保护文学和艺术作品伯尔尼公约》第七条第四款规定："摄影作品和作为艺术作品保护的实用艺术作品的保护期限由本同盟各成员国的法律规定；但这一期限不应少于自该作品完成之后算起的二十五年。"2010年《著作权法》规定了摄影作品自发表后五十年的保护期实际上高于《保护文学和艺术作品伯尔尼公约》的要求。2002年生效的《世界知识产权组织版权条约》就"摄影作品的保护期限"进行了规定，"对于摄影作品，缔约各方不得适用《伯尔尼公约》第七条第四款的规定"。根据世界知识产权组织编写的《世界知识产权组织管理的版权和相关权条约指南》，"既然排除了伯尔尼公约第七条第四款的适用，世界知识产权组织版权条约的缔约方就有义务适用有关保护期的一般规则"[1]。根据《保护文学和艺术作品伯尔尼公约》第七条第一款对作品保护其一般规则的规定,"本公约给予保护的期限为作者有生之年及其死后五十年内"。摄影作品的保护期限为作者终生加死后五十年,也是2020年《著作权法》对摄影作品保护期的规定。

第二,依照"法不溯及既往"原则,2020年《著作权法》生效前保护期已经届满的摄影作品,不再受《著作权法》保护。在2020年《著作权法》生效之前,摄影作品的发表权、财产权保护期已经届满,即使依照第二十三条第一款仍在保护期内的,不再保护,该条规定主要是为了促进新旧法之间的衔接。

【以案说法】

该条涉及修法后过渡条款,尚未有典型案例。

（郝明英 撰写）

---

[1] WIPO Guide to Copyright and Related Rights Treaties Administered by WIPO and Glossary of Copyright and Related Rights Terms, WIPO publication No.891（E）, 2003, p.211.

第六十六条：溯及力

（法条对比）

2010年著作权法	2020年著作权法
第六十条　本法规定的著作权人和出版者、表演者、录音录像制作者、广播电台、电视台的权利，在本法施行之日尚未超过本法规定的保护期的，依照本法予以保护。 　　本法施行前发生的侵权或者违约行为，依照侵权或者违约行为发生时的有关规定**和政策**处理。	第六十六条　本法规定的著作权人和出版者、表演者、录音录像制作者、广播电台、电视台的权利，在本法施行之日尚未超过本法规定的保护期的，依照本法予以保护。 　　本法施行前发生的侵权或者违约行为，依照侵权或者违约行为发生时的有关规定处理。

【条文主旨】

本条规定了《著作权法》的溯及力。

【修改理由】

2010年《著作权法》第六十条规定，"本法规定的著作权人和出版者、表演者、录音录像制作者、广播电台、电视台的权利，在本法施行之日尚未超过本法规定的保护期的，依照本法予以保护。本法施行前发生的侵权或者违约行为，依照侵权或者违约行为发生时的有关规定和政策处理"。2020年《著作权法》修正，将第二项"依照侵权或者违约行为发生时"后的"有关规定和政策处理"修改为"有关规定处理"，其他保持不变，即第六十六条"本法规定的著作权人和出版者、表演者、录音录像制作者、广播电台、电视台的权利，在本法施行之日尚未超过本法规定的保护期的，依照本法予以保护。

本法施行前发生的侵权或者违约行为，依照侵权或者违约行为发生时的有关规定处理"。

政策，泛指某一团体组织（如国家机关等）为实现目标所采取的标准化的方法或策略。政策反映的是某一团体的意志和利益，甚至会有正误之分。对于同一个问题，各地方政策会根据当地具体情况，制定符合当地经济发展水平以及文化创意产业发展水平的不同政策。例如，一茶叶大省为推进当地产业发展，将某一具有当地特色的茶叶名称和图案设计在全省推广，从而该省茶农使用该茶叶名称和图案设计可能并无风险，但若外地茶农使用了该名称和图案，则有可能被认定为侵犯著作权。此外，由于政策一般指行动纲领，常常会含糊不具体，导致不同法官对其理解不同，很容易出现"同案不同判"的情况。这对于不同著作权案件的审查标准和参考带来很大的压力。

因此，2020年《著作权法》删除了"依照政策处理"的规定，而以"规定"作为统一的参考和处理标准，这对于著作权侵权纠纷的审理标准统一有序具有重要的意义，也有利于权利人和相对人对自己的行为后果具有更高的可预测性。

【条文释义】

【价值、功能与立法目的】

法的溯及力是指法律是否适用于该法律生效前的事件和行为，也被称为"法律溯及既往的效力"。如果该法对于生效以前的事件或行为也适用，则该法具有溯及力；反之，该法就没有溯及力。[1]

一份出品的作品，无论其内容领域或者表现形式，一定凝结了作者大量的心血精力和脑力或体力劳动。与此同时，任何作品都不可能是孤立的，作者在创作过程中也一定对先前已有的成果有所借鉴和发展。因此，对于作品著作权的规范化，不仅应考虑当下著作权制度下作品的保护，而且应考虑不同作品之间各种传承或者其他的利益关系。

虽然"法不溯及既往"是法律适用的一般原则，但是对于著作权领域来

---

[1] 舒国滢主编：《法理学》，中国人民大学出版社2016年版，第148—152页。

说，自其正式面世的一刻起，其全部的艺术、科技价值就已经完全呈现出来了。因此，著作权的确权方式和一般的专利权、商标权获得方式不同。在《著作权法》保护范围之内的作品创作完成之时，无须经过国家行政机关的审查与授权，就自动产生著作权，也即"自动取得原则"。即使当时的《著作权法》不保护该作品的著作权，但若依照修改后《著作权法》该作品应当受到保护，该作品的著作权就自作品完成之日产生。因此，在处理作品的著作权保护期事宜时，法律应是有溯及力的。《著作权法》对于知识产权作品的保护范围和保护期限，或者说溯及范围，需要有明确统一的界定。

《著作权法》作为最重要也是最首要的保护著作权人的法律，对于作品的保护作用毋庸置疑。但显然，没有任何一部著作权法能够永久地保护不同时期的作品。时代背景不同，《著作权法》所要保护的出发点和侧重点也不同。例如，用今天的《著作权法》去评判封建时期的作品保护，既不现实也不合理，法律也将出现不可预测性。《著作权法》只能使作品在交流和传播过程中不受到阻碍的同时，尽可能地保护原作者的利益和创作热情，而不能一揽子通过一部法律囊括所有时期关于著作权的侵权行为，故而《著作权法》一般不具有溯及力。

但是，本条规定的著作权保护期则具有溯及力，体现了充分、有效保护文学、艺术和科学作品作者的著作权，以及与著作权有关的权益之立法目的。同时，本条也规定了本法对于侵权或违约行为没有溯及力，也体现了《著作权法》第一条有关鼓励有益于社会主义精神文明、物质文明建设的作品的创作和传播，促进社会主义文化和科学事业的发展与繁荣之立法目的。

【规范内涵】

关于第六十六条第一款"**本法规定的著作权人和出版者、表演者、录音录像制作者、广播电台、电视台的权利，在本法施行之日尚未超过本法规定的保护期的，依照本法予以保护**"。第一款说明了《著作权法》保护期限具有溯及力。该款的适用要点如下：

第一，明确了《著作权法》的保护对象，即哪些种类的作品属于《著作权法》的保护对象。即使某类型作品不受当时《著作权法》的保护，但若其属于修改后《著作权法》保护的客体，且没有超过修改后《著作权法》规定的保护期限，也应该受到保护。如现下常见的网络短视频、体育赛事节目等最近火热出现的作品类型,在本次《著作权法》修改之前,其是否受到著作权保护是具有非常大的争议的。①本次《著作权法》修改后,②即使作品创作的时间早于本法实施时间,但在本法发生效力后,满足条件的此类新型作品也会受到本法保护。

第二,对于属于《著作权法》的保护对象的作品,明确了其受保护的保护期限,即"本法施行之日尚未超过本法规定的保护期的",这里有两点含义:首先,受本法保护的权利超出本法规定的保护期后,不再受到保护。如《著作权法》第十条第一款第(五)项至第(十七)项规定的权利的保护期为"作者终生及其死亡五十年,截止于作者死亡后第五十年的12月31日"。在超过该保护期后,《著作权法》将不再保护该作者的这几项著作财产权。其次,受本法保护的权利超出了在过去的规定中设定的保护期限,但是在本法实施之日没有超过本法规定的保护期的,则仍然受到本法保护。

关于第六十六条第二款"本法施行前发生的侵权或者违约行为,依照侵权或者违约行为发生时的有关规定处理"。《著作权法》规定了哪些作品属于《著作权法》的保护范围之内,并且明确了《著作权法》对于作品的溯及时间判定。但是第二款则明确了,尽管对于作品的溯及力依照《著作权法》的规定来判定,但是实际上对于侵权和违约行为,法律裁定和处理则要按"侵权或违约行为发生时的有关规定处理",这一部分不属于《著作权法》的溯及范畴。这是因为法律需要给予社会公众可预测性,不能以行为发生后的法律要求之前的行为。

---

① 在新浪诉凤凰"体育赛事节目"系列著作权案中,一审法院北京市朝阳区人民法院作出的(2014)朝民(知)初字第40334号民事判决书认为"体育赛事节目"构成作品,但二审北京知识产权法院(2015)京知民终字第1818号民事判决书中却认为"体育赛事节目"不构成类电作品,再审(2020)京民再128号民事判决书再次扭转结论,认为"体育赛事节目"构成类电作品。

② 《著作权法》(2020年)第三条规定:"本法所称的作品,是指文学、艺术和科学领域内具有独创性并能以一定形式表现的智力成果,包括:(一)文字作品;(二)口述作品;(三)音乐、戏剧、曲艺、舞蹈、杂技艺术作品;(四)美术、建筑作品;(五)摄影作品;(六)视听作品;(七)工程设计图、产品设计图、地图、示意图等图形作品和模型作品;(八)计算机软件;(九)符合作品特征的其他智力成果。"

【以案说法】

案例1：著作权中不同权利的保护期限不同

傅雷为我国著名翻译家、文艺评论家，于1966年9月3日去世。1990年1月1日，傅聪与傅敏签订《备忘录》约定，傅雷所有著译在大陆地区的版权归傅敏拥有。《傅雷家书》中《傅雷家书中英文、法文信全部译文》《傅雷致梅纽因、杰维茨基函全部译文》《傅雷家书外文译注》《傅雷家书：傅聪家信及摘录》《傅雷家书代序：读家书，想傅雷》享有的全部著作财产权已通过转让合同转让与三原公司。被告T出版社未经授权，出版发行《傅雷家书》图书，署名"傅雷著"，侵犯了原告傅敏和三原公司的著作权，二原告因此提起诉讼。被告T出版社辩称，其本意是提前做好准备工作，在保护期限截止的2016年12月31日之前出版发行涉案图书是三河市腾飞印务有限公司的误操作和发行公司的误发行造成的。

根据《著作权法》规定，"本法规定的著作权人和出版者、表演者、录音录像制作者、广播电台、电视台的权利，在本法施行之日尚未超过本法规定的保护期的，依照本法予以保护"。不同权利的保护期限不同。作者的署名权、修改权、保护作品完整权的保护期不受限制。发表权和《著作权法》第十条第一款第（五）项至第（十七）项规定的权利的保护期为作者终生及其死亡后五十年，截止于作者死亡后第五十年的12月31日。

本案中，傅敏、三原公司主张的权利为署名权、复制权、发行权，分别为保护期不受限制及《著作权法》第十条第一款第（五）项、第（六）项规定的权利，故根据现有证据，傅敏、三原公司主张的上述权利在《著作权法》施行之日（即1991年6月1日）尚未超过该法规定的保护期（傅雷书信的著作财产权的保护期限截至2016年12月31日），应依照该法予以保护。被告侵权事实成立。[1]

案例2：认定著作权权属时，即使适用现行《著作权法》也要回归创作之时的历史背景

原告胡某、吴某是被告上海美术电影制片厂的职工，上海美术电影制片

---

[1] 北京知识产权法院（2017）京73民终986号民事判决书。

厂指派胡某、吴某担任系列动画片《葫芦娃》的造型设计，两原告为"葫芦娃"角色造型形象的原创作者。胡某、吴某认为，虽然"葫芦娃"角色造型美术作品诞生于《著作权法》施行之日前，但由于本案涉及的作品仍在保护期内，故《著作权法》可回溯适用本案争议。角色造型美术作品先于电影而存在，根据《著作权法》的规定，可以独立于影片而由作者即两原告享有著作权，故请求法院确认"葫芦娃"角色形象造型原创美术作品的著作权归原告所有。但一审、二审法院经审理，均驳回了两人的诉讼请求。

本案的关键就在于该职务作品的著作权归属问题。本案系争造型美术作品创作于《著作权法》施行之前，当时的法律法规和政策对职务作品著作权的归属并无规定，因涉案作品尚在著作权保护期内，故本案应适用《著作权法》的现行规定予以处理。但是在认定著作权权属时不可避免地要回归到创作之时的创作背景、物质条件和意思表示。法院认为，就当时的法律环境来看，我国尚未建立著作权法律制度，社会公众也缺乏著作权保护的法律意识，双方当事人对此也予以认可。因此，才有证人所述的，谈论权利问题是"很不光彩的事情"的情况发生。这说明，针对动画电影的整个创作而言，完成工作任务所创作的成果归属于单位，是符合当时人们的普遍认知的。最终，"葫芦娃"被认定为特殊职务作品，由被告上海美术电影制片厂享有除署名权以外的其他著作权。[1]

案例3：持续的侵权行为的法律适用

十名原告作为原著作权人的继承人，依法继承取得莆仙戏《春草闯堂》的著作权。2011年6月，一原告发现被告中唱公司出版发行了黄梅戏《春草闯堂》VCD唱片，但该剧没有署名原作品著作权人，仅在片尾署名改编人丁式平，并标注了"根据福建省莆仙戏同名剧本移植改编"。被告安徽电视台和妙人公司系黄梅戏《春草闯堂》的制作单位，被告联合公司系黄梅戏《春草闯堂》VCD光盘的复制单位。四被告未经原告同意制作出版发行黄梅戏《春草闯堂》，原告以其侵害了十原告对莆仙戏《春草闯堂》享有的著作权为由，诉至上海市徐汇区人民法院，后部分原告和被告不服一审判决，上诉至二审上海市第一中级人民法院。

---

[1] 上海市第二中级人民法院（2011）沪二中民五（知）终字第62号民事判决书。

此案的一审法院认为:"根据著作权法关于法律溯及力的规定,现行法施行前发生的侵权行为依照侵权发生时的法律处理,持续到现行法施行后的侵权行为适用现行法。"本案中,黄梅戏《春草闯堂》摄制于2000年3月,一审法院认为此摄制行为应适用1990年《著作权法》;中唱公司和联合公司的复制行为持续至2001年《著作权法》修改以后,发行行为持续至2010年《著作权法》修改以后,故一审法院认为该复制行为适用2001年修订的《著作权法》,发行行为适用2010年修订的《著作权法》。但二审法院推翻了一审法院的法律适用观点。二审法院认为,中唱公司发行行为从2000年至少持续到2010年,故对其发行行为是否构成侵权的认定应分别适用1990年《著作权法》、2001年《著作权法》和2010年《著作权法》。联合光盘公司复制涉案光盘从2000年至少持续到2006年,其复制行为是否构成侵权,应分别适用1990年《著作权法》和2001年《著作权法》。[1]

(闻馨 撰写)

---

[1] 上海市第一中级人民法院(2014)沪一中民五(知)终字第115号民事判决书。

第六十七条：生效日期

（法条对比）

2010年著作权法	2020年著作权法
第六十一条 本法自1991年6月1日起施行。	第六十七条 本法自1991年6月1日起施行。

【条文主旨】

本条是关于著作权法施行日期的规定。

【修改理由】

此条无文字内容修改，只有条文顺序的变动。

【条文释义】

【价值、功能与立法目的】

该条明确了法的生效时间。而法律时间效力问题一直是司法实践中较为关注的问题。法的时间效力规定主要解决的问题为：如若持续一段时间的民事法律关系跨越了新旧两部法律，那么需要出台相关的时间效力规定，明确旧法规定在何种程度上发挥效力，以及在何种情况下现行法应予适用的问题。[1]而《著作权法》中此种问题尤为突出，因为著作权中的发表权及其他财产权的保护期限为作者终生及其死亡后五十年，而修改权、署名权、保护作品完整权更是不受期限限制，很多作品自创作至侵权纠纷发生往往横跨了不

---

[1] 贺栩栩：《法的时间效力界限与法的稳定性——以德国民法为研究视角》，载《环球法律评论》2011年第5期。

同版本《著作权法》衔接的时间节点。

该条文明确本法施行自1991年6月1日,指现行《著作权法》虽然历经2001年、2010年、2020年三次修改,但都仅对部分条文予以修改而未作大范围的改动,因此仍沿用1991年《著作权法》的施行日期而未予以修改。但是对于三次修改后的条文所涉纠纷,仍应遵守法不溯及既往等原则,因此有必要基于此对《著作权法》适用中的法不溯及既往、有利溯及等基本原则精神予以重申。

根据法理学的基本原则,修法后原则上应遵循法不溯及既往的原则。亦即,法律规范只能调整其生效后人们的行为,如果人们在修法之前实施了原先法律许可的事项,立法机关及司法机关不得溯及既往而对之前发生的此行为认定为违法。[1]这既是法的安定性的题中应有之义,也是当下推进全面依法治国的必然要求。但是,对于修法后有利于民事权益保障的部分,可以对该有利部分溯及既往,以充分保障人民群众的合法权益。同时,对修法以前未有规定的民事纠纷,可考虑以修法后条文的立法精神为指引进行类推适用,以充分保障当事人的合法权益。以最高人民法院出台的《民法典》时间效力司法解释为例,其规定了在《民法典》施行前的民事纠纷,原则上应当适用当时的法律、司法解释规定,如若《民法典》的规定有利于当事人则可依据有利溯及的原则予以适用。同时,在《民法典》施行前发生的民事纠纷当时未有规定的,可以类推适用民法典相关规定。[2]

【规范内涵】

一、法律施行日期的含义

法律的施行日期,指法律的生效日期,即法律何时生效、何时失效,以及法律对于发生在法律施行日期前的事件的溯及力问题。《立法法》第五十一条规定,法律应当明确规定施行日期。根据法不溯及既往原则,法律一般没有溯及力,《著作权法》也同样如此。

---

[1] 刘风景:《法不溯及既往原则的法治意义》,载《新疆师范大学学报(哲学社会科学版)》2013年第2期。

[2] 《最高人民法院关于适用〈中华人民共和国民法典〉时间效力的若干规定》第一条、第二条、第三条。

二、法律施行日期的类型

我国对法律施行日期的规定主要包括四种类型：第一种是规定法律自公布之日起生效施行；第二种是法律通过之后并不立即生效施行，而是经过一段时间后才开始施行，法律中明确规定生效施行的日期；第三种是法律公布后先予以试行或者暂行，而后由立法部门加以补充修改，再通过为正式法律公布施行；第四种是一部法律的施行时间以另一部法律的施行为条件。

对于第一种自公布之日起施行的类型而言，主要适用于法律、法规的修正或法律、法规较少涉及公民权利义务的情形。例如《民事诉讼法》第二百八十四条规定，"本法自公布之日起施行，《中华人民共和国民事诉讼法（试行）》同时废止"。

对于第二种由法律规定施行日期的类型而言，是目前我国制定现行法或者修订法律时所适用的主要类型。例如2020年5月28日通过的《民法典》第一千二百六十条规定，"本法自2021年1月1日起施行"。再如2021年1月22日修订通过的《动物防疫法》第一百一十三条规定："本法自2021年5月1日起施行。"制定现行法意味着一部现行法的出台，法律修订涉及对法律的全面修改，都将引起法律关系调整的大范围变化，在正式实施之前需要有一定的过渡期进行充分的宣传和准备，因此并不适合自法律公布之日起实行，而是根据实际需要另行规定法律的施行日期。

对于第三种法律公布后先予以试行的类型而言，法律在试行期间也具有约束力。例如《食品卫生法（试行）》第四十五条第一款规定，"本法自一九八三年七月一日起试行"。在试行了十二年之后，1995年10月30日修改后的《食品卫生法》正式实施。

对于第四种以另一部法律的施行为条件的，例如由中华人民共和国第六届全国人民代表大会常务委员会第十八次会议于1986年12月2日通过的《企业破产法（试行）》第四十三条规定，"本法自全民所有制工业企业法实施满三个月之日起试行，试行的具体部署和步骤由国务院规定"。

《著作权法》采用的是第二种类型的法律施行日期规定，1990年9月7日第七届全国人民代表大会常务委员会第十五次会议通过，自1991年6月1日起施行。

三、法律修改后的生效时间

根据法律修改的形式不同，法律修改之后的生效日期亦有所变化。

第一种法律修改的方式是修订。修订是指对原来的法律规范进行整体的修改，提出整部法律的修订草案提交审议机关进行审议，审议通过后重新公布的法律文本将替代原来的法律文本。对法律进行修订涉及大范围的制度修改，一般采取重新规定法律施行日期的做法。例如2021年修订的《中华人民共和国行政处罚法》第八十六条规定，"本法自2021年7月15日起施行"，改变了之前第六十四条第一款所规定的"本法自1996年10月1日起施行"。

第二种法律修改的方式是修正。修正是指对一部法律的部分规定进行修改，仅需要将修改内容的草案提交审议机关进行审议。对法律进行局部调整不会影响整部法律的施行日期，而是需要分情况对待：对于修正部分的条文，规定新的生效日期；对于没有修改的部分，仍然适用原来的生效日期。例如2017年修正的《行政处罚法》第六十四条第一款规定"本法自1996年10月1日起施行"，只有修正部分适用新的生效日期。

《著作权法》自1991年6月1日施行以来，总共经历了2001年、2010年和2020年三次修正。其中《著作权法》2001年修改是为了履行加入世界贸易组织中的知识产权协议，并结合当时我国信息技术的发展实际进行了修改，而2010年、2020年修改主要是针对当时技术发展和知识产权的保护需求，对《著作权法》进行了局部的调整。整体而言，这三次对《著作权法》的修正都没有进行全面的修改，因此对于未修改部分仍然适用原来的施行日期。在《著作权法》第三次修改过程中，以李明德教授为代表的学者认为，没有必要起草一部大而全的《著作权法》，而应当保留现存的著作权法体系，只规定基本原则和重大问题，将具体问题留到具体的条例中予以明确。[①]

【以案说法】

案例1：作品创作于现行《著作权法》施行之前，尽管当时的法律法规和政策对职务作品著作权的归属并无规定，考虑涉案作品尚在著作权保护期内，即可考虑类推适用《著作权法》的现行规定予以处理

两原告系被告电影厂负责动画设计、导演等职位工作人员。涉案影片在

---

① 李明德、管育鹰、唐广良：《〈著作权法〉专家建议稿说明》，法律出版社2012年版，第17页。

当年的创作背景是：1985年，被告向文化部电影局上报1986年题材计划，在暂定节目项下共有各类影片四十本，其中包含剪纸片《七兄弟》（民间故事）八本。经证人证实，1986年前后，导演等创作人员均需完成美影厂创作办公室每年下达的任务指标，导演每年需完成一部长片（约20分钟）或两部短片（约10分钟），主要由美影厂指派任务，其他创作人员跟随导演完成相应工作量，创作成果均归属于单位。就案涉影片的造型设计及影片的创作而言，1985年年底，被告成立《七兄弟》影片摄制组，原告先后绘制《葫芦兄弟》十三集分镜头台本。为加快影片拍摄进度，1986年1月至12月，被告成立单、双集摄制组。经比对，分镜头台本中的"葫芦娃"角色造型与影片中的"葫芦娃"外形基本一致，前者为黑白、笔法简略、前后呈现细节上的诸多不一致；后者为彩色、画工精致、前后一致。1988年，原告先后绘制《葫芦小金刚》六集分镜头台本，"金刚葫芦娃"的造型与"葫芦娃"基本一致，仅改为身穿白衣、颈项佩戴金光闪闪的葫芦挂件，以示"金刚葫芦娃"由葫芦七兄弟合体而成。

原告主张请求法院确认《葫芦兄弟》及其续集《葫芦小金刚》系列剪纸动画电影中"葫芦娃"角色形象造型原创美术作品的著作权归原告所有。其主要理由为：一是上诉人提供的前三集分镜头台本中的"葫芦娃"形象是葫芦兄弟和金刚葫芦娃角色形象的原创美术作品，是由上诉人于1984年创作完成的；二是上诉人对"葫芦娃"职务作品应享有完整的著作权，而非仅有署名权。被告辩称《葫芦兄弟》影片和"葫芦娃"形象是在被告的集体领导下创作完成的，属于法人作品。

二审法院认为，本案系争造型美术作品创作于《著作权法》施行之前，当时的法律法规和政策对职务作品著作权的归属并无规定，因涉案作品尚在著作权保护期内，故本案应适用《著作权法》的现行规定予以处理。《著作权法》第十六条区分了职务作品著作权归属的不同情况，本院认为，系争作品属于该条第二款第（二）项规定的"特殊职务作品"，即"法律、行政法规规定或者合同约定著作权由法人或者其他组织享有的职务作品"，理由主要有：

首先，本案中，双方当事人的确没有就系争作品的著作权归属签订书面合同，但这是特定历史条件下的行为。其次，就当时的法律环境来看，我国尚未建立著作权法律制度，社会公众也缺乏著作权保护的法律意识，双方当事人对此也予以认可。再次,从被告的行为来看,被告在动画电影拍摄完成后,对原告将《葫芦兄弟》连环画对外投稿并出版的行为未加干涉,并不表明其放弃了权利,而只是放弃行使权利,即放弃利用作品所带来的经济利益,故其行为不能看作对权属问题的表态。最后,本案中,系争"葫芦娃"角色造型美术作品确由原告二人创作,体现的是二人的个人意志,故对上诉人作为作者的人格应予尊重。具体而言,对于系争作品这样的"特殊职务作品",应根据《著作权法》第十六条第二款的规定,由上诉人享有署名权,著作权的其他权利由被上诉人享有。综上,本案系争的"葫芦娃"角色造型美术作品属于特定历史条件下,上诉人创作的职务作品,由被上诉人享有除署名权以外的其他著作权。[①]

案例2:对涉案角色造型创作于《著作权法》施行之前的著作权权属认定,应当考察作品创作完成时的社会、法律和制度背景,当事人对涉案角色造型的使用支配、权利主张及其真实意思表示以综合判断

涉案影片拍摄于1978至1979年间,在现行1991年《著作权法》出台之前。被告系原告电影厂的美术设计、导演,在拍摄中被告绘制了诉争的阿凡提、小毛驴等造型,于1979年完成了案涉木偶片的拍摄。木偶片摄制完成后,先在影院放映,后在电视台播放,20世纪90年代初制作VCD发行,2000年后制作DVD发行,还包括图书发行。被告方在之后对阿凡提的动漫形象进行了一系列的版权运营、许可他人使用。同时原告电影厂也曾以著作权人的身份与他人签订过一系列许可协议。本案中争议主要集中在《著作权法》修改以前创作的,而当时协议尚未明确著作权权益的归属问题。

二审法院认为,涉案角色造型创作于《著作权法》施行之前,当时著作权法律制度尚未建立,因此,对涉案角色造型创作完成时的权利归属的确认,并不宜直接适用现行《著作权法》对职务作品的权利归属所确定的判断标准,否则可能会导致判断结论与当事人的实际预期不一致的结果。涉案角色造型创作完成时,社会公众普遍缺乏著作权保护意识,原告作为被告电影厂的职工,在没有其他约定的情况下,根据其职责所在完成工作任务所创作的成果

[①] 上海市第二中级人民法院(2011)沪二中民五(知)终字第62号民事判决书,载《最高人民法院公报》2013年第4期。

归属于单位，符合当时社会公众的普遍认知。但本案的特殊性在于原告和被告通过诉讼主张涉案角色造型作品著作权的归属是在涉案作品创作完成的三十余年后，因此，对涉案作品著作权归属的确定除应当考察作品创作完成时的社会、法律和制度背景外，还应当深入探究自作品创作完成至美影厂提起本案诉讼整个期间当事人对涉案角色造型的使用支配、权利主张及其真实意思表示，并结合公平、诚信原则来进行综合审查判断。在综合审查后法院认为，自涉案角色造型作品创作完成至提起本案诉讼长达三十余年的期间内，原、被告双方各自使用涉案作品的共存状态是客观存在的事实，被告方在知道上述事实的情况下，一直未表异议也未主动启动救济程序向原告方主张权利，此种状态已足以使被告方信赖其可以作为涉案作品的著作权人行使和支配相关权利。并且，被告方持续支配和使用涉案作品的行为同样也对涉案作品的知名度和内涵价值作出了贡献，因此，此种情况下若将涉案作品的著作权财产权归属一方当事人单独享有，显然会导致权利失衡，也有违公平原则。原审法院基于当事人对涉案作品著作权的行使情况，并考虑公平、诚信等因素，确认涉案角色造型美术作品的著作权财产权由双方共同享有，并无不当，法院予以认同。[1]

（邵红红 撰写）

---

[1] 上海知识产权法院（2015）沪知民终字第200号民事判决书。

图书在版编目（CIP）数据

著作权法评注与案例 / 冯晓青，杨利华主编 . —北京：中国法制出版社，2023.10
ISBN 978-7-5216-3849-3

Ⅰ.①著… Ⅱ.①冯… ②杨… Ⅲ.①著作权法—法律解释—中国 ②著作权法—案例—中国 Ⅳ.①D923.415

中国国家版本馆CIP数据核字（2023）第161846号

责任编辑：侯　鹏　　　　　　　　　　　　　　　　封面设计：李　宁

著作权法评注与案例
ZHUZUOQUANFA PINGZHU YU ANLI

主编 / 冯晓青　杨利华
经销 / 新华书店
印刷 / 三河市国英印务有限公司
开本 / 710毫米×1000毫米　16开　　　　　　　　印张 / 34.25　字数 / 543千
版次 / 2023年10月第1版　　　　　　　　　　　2023年10月第1次印刷

中国法制出版社出版
书号 ISBN 978-7-5216-3849-3　　　　　　　　　　　定价：119.00元

北京市西城区西便门西里甲16号西便门办公区
邮政编码：100053　　　　　　　　　　　　　　　　传真：010-63141600
网址：http://www.zgfzs.com　　　　　　　　　　　编辑部电话：010-63141826
市场营销部电话：010-63141612　　　　　　　　　　印务部电话：010-63141606
（如有印装质量问题，请与本社印务部联系。）